소설장르의 역동학

소설장르의 역동학

펴낸곳 서울대학교출판문화원
펴낸이 오연천
지은이 우한용

초판 1쇄 인쇄 2011년 6월 25일
초판 1쇄 발행 2011년 6월 30일
출판등록 제15-3호

주소 서울 관악구 관악로 599 우편번호 151-742
대표전화 02-880-5252 **팩스** 02-888-4148
마케팅팀(주문상담) 02-889-4424, 02-880-7995
이메일 snubook@snu.ac.kr
홈페이지 www.snupress.com
영문 홈페이지 eng.snupress.com

ISBN 978-89-521-1209-5 93810

소설장르의 역동학

우한용 지음

서울대학교출판문화원

Towards a Dynamics of Novelistic Genre

Woo, Han Yong

Seoul National University Press

머리말

소설과 서사의 결고틀기

소설 편에서 보자면, 모든 종류의 문학이 소설의 지붕 아래 운용된다. 소설이라는 용어가 장르적으로 편협하다고 한다면 서사(敍事) 안에서 모든 문학이 작동한다고 말할 수 있다. 문학을 한다는 것은 작가의 문학행위를 전제한다. 문학행위는, 크고 작고를 구별할 것 없이, 그것이 의미 있는 행위인 한은 서사 형태로 전개될 수밖에 없다. 이는 작품의 수용이라 하는 독서의 경우도 마찬가지다. 독자는 어떤 작품을 시간을 들여서 읽고 의미를 생산하는 서사행위의 주체로 규정된다. 그렇기 때문에 소설장르는 역동성을 지니게 마련이다.

여러 측면에서 소설장르의 역동성을 논의할 수 있을 것이다. 우선, 언어적으로 보자면 소설은 담론 형태로 존재한다. 시는 대부분 맥락이 제거된 상태의 언어체로 제시된다. 소설의 언어는 작중인물의 감성과 의식을 구체적인 시공간 안에서 드러내며 상호 교섭을 하는 양태로 운용된다. 맥락적 구체성이 소설언어의 특징이다. 이러한 언어를 분석하고 평가하는 데는 담론의 방법이 적절하다는 점을 전제하고 논의를 전개한 것이 제Ⅰ부의 내용이다.

어떤 인간이든지 언제, 어디의 인간이라야 그 인간의 정체성이 확인된다. 그래서 소설은 구체적인 시공간 안에서 인간의 움직임을 형상화한다. 환상을 다루든 현실을 다루든 간에 시공간을 떠나서는 소설이 성립되지 않는다. 시간과 공간은 인간의 기본적인 인식범주에 해당하기 때문이다. 소설의 시공간은 작가의 문학적 삶과 연관된 문제로 다룰 수도 있고 어느 시기, 어느 도시 등으로 다룰 수도 있다. 아울러 시공간 안에서 인간이 살아가는 좀 느슨한 규범, 즉 풍속이 있게 마련인데 소설의 풍속을 다루는 일은 결국 소설의 시공간을 검토하는 문제에 연관된다. 이러한 내용을 검토한 글들이 제II부에 모아져 있다.

허구적 상상력이 소설의 본질 요건 가운데 하나라는 데에 의의(疑義)를 제기할 사람은 별로 없다. 그런데 허구적 상상력은 현실관여적으로 작동한다. 허구적 상상력은 소설의 디테일을 보완하여 구체성을 돋아나게 하고, 삶의 문제와 연관되는 경우 윤리성을 띠기도 한다. 또한 소설을 읽는다는 것은 허구적 상상력으로 구축된 텍스트에 독자의 허구적 상상력을 결합하여 새로운 세계를 구축하는 일이다. 제III부에는 이러한 내용을 다룬 글들을 모았다.

문화적 독자성은 다른 문화와 비교할 때 두드러지게 나타난다. 서로 영향을 주고받으며 문화를 형성하기 때문이다. 특히 서사에 바탕을 둔 소설은 인간 보편의 감수성과 상상을 당지(當地)의 여건과 결부하여 형상화하기 때문에 문화 간의 교류를 다중적으로 반영하기 마련이다. 비교문학이 성립될 수 있는 여건 또한 여기 있다. 보편성을 띤 모티프의 수용, 문학행위 전반과 소설의 관계, 문화변동의 격류를 타고 있는 현재 한국의 상황을 소설화하는 문제 등이 문화교류 형태로 전개되는 소설 논의의 화두 하나가 된다. 다문화사회로 진전해 가는 한국 사회의 소설을 전망할 필요가 있는 것이다. 제IV부는 소설장르의 역동성을 문화교류와 연관지어 논의한 글들이다.

소설과 연관된 나의 작업은 맥락이 좀 얼크러져 있다. 소설의 연구, 소설교육의 수행과 연구, 소설창작 등 가닥이 갈라진 가운데 일을 하다 보니 막상 소설론은 『한국 현대소설 담론연구』(삼지원, 1996) 이후 큰 진전을 이루지 못하였다. 그러나 내 관심의 큰 가닥은 소설연구에 있었고, 앞으로도 이 분야를 지속적으로 공부해야 하리라. 계획대로 일이 진척된다면, 한국 근대소설의 언어미학을 정립하는 과제가 앞에 있고, 한국 근대소설에 형상화된 정서와 그 소통구조를 밝히는 작업이 이어질 것이다. 이러한 맥락을 짜는 것은 소설의 창작을 비롯하여 생산론적 문학교육론을 모색하는 데 연계되기 때문이다. 능력은 모자라고 시간은 촉박한 가운데 이루어진 작업을 정리한 책이라서 부끄러운 부분이 많다. 독자들의 꾸짖음을 기대한다.

출판문화에 사명감을 가지고 일하는 서울대학교출판문화원에서 책을 내게 되어 기쁘다. 아울러 얼크러진 자료를 정리하느라 애쓴 박사과정의 이인화, 정진석, 한태구, 우신영, 석사과정의 김향연, 김지혜, 정대영, 고은정, 서리에게도 고마움을 전하며, 이 책을 만드는 데 들인 시간이 문학을 공부하는 길에 자양이 되기를 바란다.

2011년 5월

충주 앙성 상림원桑林園 서실에서

우공于空 우한용禹漢鎔

차례

I
소설과 서사의 역동적 전이

01 소설언어의 역동적 의미 형성

– 소설문체론의 반성과 과제

소설언어와 문체론/담론

문학연구 일반이 그러하듯이, 소설연구도 막다른 골목에 이른 느낌이다.[1] 소설의 작가, 작품(텍스트)의 구조, 소설의 세계 반영, 독자의 소설 수용 등 거의 모든 분야에 걸쳐 연구가 이루어졌다. 그렇다고 다른 연구를 안 해도 좋을 만한 결론이 나 있는 것은 아니다. 새로운 작가들이 등장하고, 그 죽음을 예고한 이들을 비웃기라도 하듯이 소설은 계속 쓰여지고 있다. 독자도 또 새로 탄생한다. 연구자들이 방법론의 한계와 생산의 지속이라는 이이러니 속에 암중모색을 지속하고 있는 가운데 소설현상[2]은 진전되어 나간다.

한편, 우리는 무엇을 연구하기가 불편한가를 따지는 데 골몰한 적도 있다. 작가의 의도나 체험은 복원할 수 없기 때문에 연구의 대상이 되기 어렵다는 것이 미국 신비평(New Criticism) 이론가들의 주장이다. 소설 텍스트는 언어의

1 느낌은 때로 '주체'를 드러내는 가장 강력한 증거가 되기도 한다. 논리를 마련하기 이전에 느낌이 논리를 모색하는 원천이 되기 때문이다.

2 분석 대상으로 작품을 가리킬 때는 '소설'이라 하고, 소설이 창작되고 읽히는 과정을 모두 아우를 때는 '소설현상'이라 한다.

구조물이기 때문에 언어학적 연구가 당연한 것이라는 주장에 대해, 소설의 언어는 문학이라는 예술 영역의 언어이기 때문에 언어학적 방법으로 접근하기 어렵다는 주장으로 맞서기도 했다. 독자의 반응은 역시 미국 신비평 이론가들에 의해 '효과의 오류'로 일축되기도 했다. 한편으로 독자의 반응이 문학사 측면에서 새롭게 조명을 받은 바 있으나,[3] 그 실체를 확인하기 어렵다는 비판 때문인지 논의가 멈춰 있는 형편이다.

소설연구의 이러한 난점을 타개할 수 있는 학술어로 등장한 것이 '문화'와 '교육'이다. 인간의 상징적 교섭행위로 규정할 수 있는 문화는 인간이 주체가 되어 수행하는 행위의 측면에 주목하게 된다. 소설을 짓고, 읽고, 소통하는 인간의 행위를 '소설현상(小說現象)'이라 규정하자. 소설현상은 양상을 달리할 뿐 문화적 행위로 지속된다. 소설현상을 둘러싸고 가장 중요한 문제로 부각되는 것이 인간이다. '주체'라는 말을 써도 좋겠지만 과도히 사변적인 논의를 환기하는 불편함이 있다. 소설현상을 제도적인 방식으로 지속해 나갈 수 있도록 하면서 정향성을 유지할 수 있게 해 주는 것은 교육이다.

소설현상의 중심에서 소설현상을 추동하는 에너지원으로서 인간에 주목했을 때 연구 영역과 방법은 다시 살아난다. 언어적 존재로서 인간의 문제는 인문학적 논의에서 늘 본질 요건을 구성했다. 소설가의 소설작업은 언어적 존재인 인간의 자아실현 과정이다. 독자의 소설독서 또한 반응을 생산하는 것 이상의 가치론적 문제를 불러온다. 인간의 자아실현과 연관된 과업을 수행하는 것이기 때문이다. 소설현상을 언어운용의 본질 국면으로 규정할 때, 그것은 교육의 문제와 분리하여 논할 수 없다. 교육은 인간의 자아실현, 성장 등과 연계되는 사항이다. 교육은 인간의 이념이란 국면을 포함한다는 점에서 이데올로기적이다.

---

3 H. R. Jauss, *Literaturgeschichte als Provokation*, 장영태 역, 『도전으로서의 문학사』, 문학과지성사, 1983 참조.

소설 텍스트의 인간은 언어적으로 형상화된 존재이다. 소설의 작중인물은 살아 있는 인간처럼 생각하고, 말하고, 어떤 행위를 한다. 요컨대 "소설은 인간 체험의 언어화된 기억이다." 삶을 현동화하고 포착하는 정신기구가 소설인 셈이다. 한나 아렌트(Hannah Arendt, 1906-1975)가 지적한 것처럼 소설은 언어를 통한 삶의 사물화이다.[4] 달리 말하자면 소설은 삶의 기억에 대한 언어적 형상화이다. 언어적 형상물은 정신문화의 재산 혹은 문화자본이 된다.

이제까지 우리는 소설을 실체로 상정한 바탕에서 연구를 수행해 왔다. 소설 텍스트, 소설작품 등을 사물 차원에서 분석하고 구조를 밝히고 문학적 의미를 부여하는 식으로 연구를 해 온 셈이다. 그런데 문학연구는 방법이 정밀하고 진지함이 더할수록 갓길로 빠지기 쉽다. 실증적 방법으로 자료를 수집하고 분석하여 결론을 얻었을 때, 그 결론의 가치가 무엇인가를 보증해 줄 근거가 명확하지 않다. 해석에 치중하다 보면 이데올로기적 추상성에 빠지기 쉽고, 문학에 대한 취향과 감각을 중시하는 방향으로 나갈 경우 주관주의적 비평에 기울게 된다. 이러한 한계를 아우르면서도 생산성 있는 방법론을 모색하기 위해 소설현상의 언어적 국면에 주목하게 된다.

문체와 문체론을 중심으로 논의를 전개하고자 하는 이유는 소설의 실체로서, 정서적 가치가 착색된 언어를 상정하게 되기 때문이다. 소설이 언어예술의 한 영역이라는 전제를 수용하고, 소설의 논리성과 형상성을 동시에 포착

---

4 여기서 삶과 언어의 문제에 대한 한나 아렌트의 견해를 참고할 수 있다. "행위, 언어, 사유가 세계의 사물이 되기 위해서는, 다시 말해서 행위, 사실, 사건, 그리고 여러 유형의 사상 또는 관념이 되려고 한다면, 우선 보이고 들리고 기억될 수 있는 것이라야만 하고, 그 다음에 사물(시, 씌어진 페이지, 인쇄된 책, 그림 또는 조각, 모든 종류의 기록, 문서, 기념물 등)로 변형되어야 한다. 말하자면 사물화되어야 한다. 인간의 모든 사실세계가 실재하고 계속 존재하기 위해서는 첫째로 보고 듣고 기억하는 타인이 현존해야 하고, 둘째로 무형의 것을 유형의 사물로 변형시킬 수 있어야 한다." 또 "행위, 언어, 사유가 실재성을 갖고 물질화되기 위해서는 인공세계의 다른 사물들을 만들어내는 장인의 활동이 똑같이 필요하다."고 주장한다(Hannah Arendt, *The Human Condition*, 이진우 외 역, 『인간의 조건』, 한길사, 1996, p. 150).

하는 논의 가능성을 탐구하고자 하는 데서 문체론 연구의 실마리를 잡을 수 있다. 이는 담론의 이론으로 논의가 전개된 바 있으나, 문체론과 상관성을 중심으로 한 연구는 아직 미흡한 실정이다.

소설의 장르적 성격과 소설언어

소설의 현실적 존재(혹은 실체)는 낱낱의 작품을 뜻한다. 그러나 소설이 소설다운 면모를 갖추게 하는 데는 일정한 규칙을 공유하는 한 무리의 작품이 상정된다. 소설이라는 장르 안에 작품이 개별적으로 존재하는 것이다. 따라서 소설의 문체를 검토하기 위해서는 소설을 장르로 나누게 하는 원리를 바탕으로 거기 포함되는 낱낱의 작품과 그들의 관계를 고려할 필요가 있다. 그런데 소설장르는 다시 세부 양식으로 분화하기 때문에 여기서는 넓은 의미에서 소설장르를 고려하기로 한다.[5]

서사의 근대적 형태인 소설은 일반형을 설정하기 어려울 정도로 다양한 양상을 띠고 있다. 소설이라는 장르는 '장르의 장르'라 할 만큼 잡박(雜駁)스럽다. 형태상으로는 단편소설과 장편소설로 구분한다. 양식상으로는 농민소설, 도시소설, 성장소설, 관념소설, 세태소설, 귀향소설 등 다양한 양식을 설정할 수 있다. 소설의 속성이 이렇게 다양하기 때문에 그 양식을 가능하게 하는 언어의 양상 또한 다양하기 이를 데 없다. 작가의 직접 서술로 구현되는 언어, 작중인물의 의식을 반영하는 언어, 당대 사회의 분위기를 반영하는 언어 등 이루 다 예거하기 어렵다. 아울러 전달의 직접성과 매개성이 언어의 양상을

---

5 소설장르의 진행적 성격과 대식가적인 특성은 소설을 명확한 용어로 규정하기 어렵게 한다. 여기서 '소설'이라고 할 경우는 장르 차원의 소설을 가리키고, 분석의 대상을 지칭하는 경우 '소설작품'을 뜻한다.

더욱 복잡하게 한다.[6]

이러한 장르적 복합성과 잡박성 때문에 소설의 언어가 다양하리라는 것은 충분히 짐작할 만하다. 바흐친(M. M. Bakhtin, 1895-1975)의 지적대로 소설언어는 이질적인 언어가 장르 안에 통합되고, 주체들 그리고 이질적 언어들 사이에서 지속되는 대화작용의 양상을 보인다.[7] 단편소설에서는 이러한 규정이 잘 들어맞지 않는 경우도 있다. 장편소설을 염두에 두고 논의를 해야 소설언어의 속성이 제대로 설명된다.[8]

장르로 존재하는 소설은 특별한 방식으로 조직된 언어체이다. 따라서 소설연구의 '큰길'로 들어서기 위해서는 문학언어에 대한 기왕의 관념이 달라져야 하리라. 문학언어의 운용구조를 다시 설계하고 문학언어 운용의 실체를 다시 검토해야 한다. 인간의 언어운용 체계 속에서 소설이라는 장르의 언어운용 방법은 소설을 수용하는 수용자의 언어 인식과 운용의 방식이 문제가 된다. 언어운용 주체로서 소설에 나타나는 여러 층위의 인간 형상과 언어의 연관성을 고려하자는 것이다. 언어운용 주체로서 작가와 서술자, 작중인물, 독자의 역할을 구명(究明)하고 언어운용의 규칙을 점검하는 일이 우리들의 과제가 된다.

언어의 문학적 운용에 대한 시각을 달리할 필요가 있는데, 문학언어의 운용은 작가와 독자의 상호 관계 속에서 텍스트의 객관성을 넘어서는 주체들의 개입이 언어운용의 기본 추동력이라는 점. 그런 의미에서 소설의 언어는 텍스트가 아니라 담론이어야 한다.[9] 주체와 언어와 대상 사이의 역동적 작용이 문제

6 M. M. Bakhtin, *The Dialogic Imagination*, 전승희 외 역, 『장편소설과 민중언어』, 창작과비평사, 1988 참조.

7 이질언어(heteroglossia), 대화주의(dialogisme) 같은 용어는 『대화적 상상력』 등을 참조.

8 일반적으로 그렇다는 개연성이 드러나는 것이지 모든 장편소설이 그렇다고 하기는 어렵다. 장편소설은 그 장르 안에서 또 다른 유형성을 나타내게 마련이다.

9 담론이라는 용어는 그 내포가 과도한 부하를 지니고 있다. 영어의 discourse는 담화로

가 되기 때문이다. 언어의 운용이라는 측면에서 보자면 어떤 단어도 문장도 그 자체로서는 의미를 지니지 못하고 발화상황 속에서만 의미와 가치를 드러낼 수 있다.[10]

소설에 관여하는 여러 층위의 주체들이 소설 내적인 구체적 상황에서 발화를 수행하는 양상에는 언어의 일차적 의미와 함께 다양한 가치가 착색된다. 추상성, 논리성, 실체성 등을 연상하게 하는 의미에 착색되는 가치는 소설의 형상화 요건 중에 포함된다. 우리는 소설을 사실로 읽기도 하지만 느낌으로도 읽는다. 소설이 허구인지 아닌지는 큰 상관이 없다. 주체가 사실에 반응하는 방식과 허구에 반응하는 방식은 그렇게 명확하게 구분되지 않는다. 독자는 허구를 사실로 전환하여 수용하기 때문이다. 아니, 오히려 사실까지도 허구로 전환하여 읽기도 한다.

특징적인 언어적 구축물인 소설에서 의미와 정서적 가치를 아우르는 기존의 용어가 문체이다. '문체'라는 용어는 내용과 기법, 주제와 형상화, 보편성과 개성, 표준과 일탈 같은 이분법을 지양하고, 한 단계 높은 차원의 방법론을 구축할 수 있게 한다.[11]

소설의 문체를 문제삼는 이유는 소설의 장르적 속성이 인간의 언어운용 전 국면을 포괄하기 때문이다. 소설의 언어를 고찰하는 것은 인간의 언어운용

번역되며, 화용론을 하는 이들의 용어로 정착되어 있다, 불어의 discours나 독일어의 Diskurs는 언설, 언술, 술화 등으로 번역되기도 하는데, 실제로 강의, 강연, 연설 등 담화 양식을 뜻하기도 하고, 이들 양식이 언어로 구체화된 그 실체를 뜻하기도 한다. 이 책에서는 구체화된 담화의 실체와 그에 대한 메타적 언급으로서의 언어를 동시에 뜻하는 용어로 사용하고자 한다. 맥락과 발화 상황에 따라 그 뜻이 스스로 분명하게 드러날 것이기 때문에 구태여 층위를 두어 구분하지 않으려 한다.

10 Gary Saul Morson and Caryl Emerson, *Mikhail Bakhtin: Creation of a Prosaics*, 오문석 외 역, 『바흐친의 산문학』, 책세상, 2006 참조.

11 여기서 우리는 구체적인 주체들이 타자와 언어적인 교섭을 도모하는 소설언어의 특징을 고려하여 '발화문체론'이라는 용어를 고려함 직하다. 그러나 우리의 관행으로 '발화'는 언어학의 소관사라는 관념이 상존한다.

모든 국면을 고찰하는 셈이 된다. 그렇기 때문에 문학인가 문학이 아닌가 하는 문제보다는, 소설의 언어가 인간의 감수성, 인식, 이념 등의 차원에 어떻게 관여하느냐가 문제의 핵심이 된다. 문체가 주로 산문, 즉 소설에서 문제가 되는 이유도 여기에 있다.

상대적으로 단일언어를 지향하는 시에서는 문체를 논하기 어렵다.[12] 원칙적으로 말하자면, 시적 담론에서는 언어의 안과 바깥이 따로 없다. '사회 속의 언어'라는 표현도 마찬가지 모순을 내포한다. 어떤 개인과 집단이 운용하는 언어가 그 사회의 내용을 이룬다. 소설의 언어는 복합성과 다양한 방향으로 뻗어나가는 힘의 응축이라는 점에서 아리스토텔레스(Aristoteles)의 '에네르게이아(energeia)' 개념에 가깝다.[13] 이러한 역동학을 규율하는 원리 전반을 문체라 규정할 수 있다. 그런데 어느 작품 하나를 만들어 가는 언어적 특징을 문체라 할 수도 있다. 우리가 생각하는 문체론에서는 작품, 작가, 장르 등 차원에 문체가 존재한다는 점을 전제한다는 점에서 그러하다.

소설이라는 장르적 속성의 복합성과 다면성이 소설언어의 복합성을 가져오게 한다. 복합적이고 언어의 층위와 층위 사이에 대화관계가 이루어진다는 점에서 소설의 언어는 언어와 사물 세계, 주체와 대상, 대상과 대상 사이의 엄격한 분리를 주장하기 어렵다는 특징이 있다. 소설을 구성하는 언어는 현실을 매개하는 소재이다.

소설언어의 모든 것, 그 속에 드러나는 규칙성이 소설의 문체이다. 바흐친의 지적대로 문체론은 연구자와 작품(텍스트) 사이를 연결하는 고리이다. 문

12 시에서는 '문체'가 크게 문제가 되지 않는다. 원론적으로 말하자면, 주체와 대상의 일치를 지향하는 시적 언어에서는 언어 자체가 시를 구성하는 것이지 언어의 안과 밖이 따로 없다. 정지용의 〈바다〉 같은 작품에서 주체와 대상, 사물과 언어 등을 갈라서 논의하는 것은 거의 무의미하다. 가치평가를 떠나서 말한다면 거의 완벽한 단일언어(monologism)에 이른 것이 시이다.

13 Hannah Arendt, 앞의 책, pp. 268-270. 에네르게이아는 행동, 작용, 힘 등을 뜻하는데, 내용과 형식과 추동력을 동시에 포함하는 역동성을 의미한다.

체론이 소설연구 방법론으로 부상될 수 있는 것은 이 지점이다. 산문적 잠재력을 가장 잘 실현하는 것이 소설이다.[14] 그리고 "(이질언어적) '언어'는 신념들의 복합체이다."[15] 신념의 주체와 그 작용을 고려할 때라야 분류론을 벗어날 수 있다. 소설에서 언어 자체는 없다. 소설의 언어는 다른 모든 영역의 언어와 대화적 관계에 놓이고, 따라서 언어가 모든 것이다. 언어에 대한 관심은 모든 것에 대한 관심이다. 그만큼 소설의 언어는 역동적 체계로 존재한다.

소설문체론은 어떻게 전개되어 왔는가

소설연구와 연관된 근래의 각종 논의에서 '문체론'은 중심에 놓여 있지 않다. 소설연구에서 관심의 방향이 변화된 결과이다. 연구자의 관심 방향은 근래 문학연구의 범위 안에 있다. 이전에는 작가, 텍스트, 반응 등을 연구의 주제어로 했다면 우리 시대에는 분단 모순, 포스트모더니즘, 탈식민주의, 생태학, 여성주의, 신체성, 가족의 해체, 디아스포라, 이데올로기 비판, 담론 등이 소설연구의 핵심어로 등장했다. 문제는 이러한 가치항목이 소설에 드러나는 방식이다. 이들의 실체는 따로 존재하는 것이 아니라 언어를 통해서 드러난다. 언어로 형상화되어 있는 대상을 언어의 운용 원리를 벗어나 논의할 수 없다. 따라서 소설의 의미와 이념 차원의 논의가 따로 진행될 수 없고 언어적 형상화를 거친 결과가 문제로 부각된다.

거듭하거니와 문학의 언어적 조건은 필연적이다. 언어로 형상화된 것만이 문학일 수 있다. 말이 대상을 지시하고 형상화하는 작용 때문에 언어는 문학에서 결정적이다. 언어는 기억을 보존하고 미래를 상상할 수 있게 한다. 이

---

14 Gary Saul Morson and Caryl Emerson, 앞의 책, p. 529.

15 위의 책, p. 530.

점은 한나 아렌트를 참조할 만하다.

> 말이 없다면, 어떤 기억도 존재하지 않는다. 현상하여 빛나는 새로운 것들을 일시적이나마 물질화하고 기억시키는 말이 없다면 장차 올 사람들과 함께 오게 될 사물들의 어떤 기억도 존재할 수 없다. 그리고 권력이 없다면, 말과 행위를 통해 공적으로 발생하는 현상의 공간은 생생한 말과 행동이 사라지는 만큼이나 빠르게 없어질 것이다.[16]

이러한 논의는 소설언어의 기능과도 상응한다. 말은 대상을 기억 속에 보존하는 유일한 수단이다. 소설의 경우도 마찬가지라서 제반 요소가 언어적으로 전환된 것만이 보존된다. 비유적으로 '그림 읽기'나 '음악 읽기'는 그림과 음악을 언어적으로 전환할 때 가능한 일이다. 문학을 문학으로 유용하는 데는 언어적 검토, 메타언어적 성찰이 필수적이다. 문체를 다시 이야기하는 이유가 이것이다. 그런데 학술용어는 시대적 패러다임 안에서 스스로 법칙을 만들면서 작동한다. 학술담론이 시대 변화에 따라 패러다임을 형성하면서 진행된다는 사실은 소설의 문체연구 경향에서도 그대로 드러난다. 이는 소설의 전개와 방법론의 일치를 희구하는 연구자들의 의지와 연관되는 사항이며, 학술담론의 자율성과 연관되는 사항이기도 하다.

1960년대 소설론의 핵심어는 소설의 요소론과 구조와 형식이었다. 1970년대에는 소설에 대한 구조주의적 분석과 소설사회학이, 1980년대는 모더니즘 소설론이, 1990년대는 담론과 이데올로기 논의가 각각 핵심어로 부상하였다. 소설의 문체론[17]은 문학론 일반의 전개와 맥을 같이하면서, 1960년대에 연구

---

16 Hannah Arendt, 앞의 책, p. 267.

17 문체론은 문체를 다루는 학문이란 뜻에서 '문체학'이라고 할 수도 있다. 영어의 stylistics, 불어의 la stylistique 등은 문체를 연구하는 학문이라는 뜻으로 쓰인다. '문체'는 영어의 style, 불어의 le style, 독일어의 der Stil 등에 해당한다. 이는 예술적 양식, 특성 등을 뜻하기도 하고 화풍이나 어떤 사람의 의상, 머리모양, 사는 방식 등에 나타나는 특징을 뜻하기도 한다. 문체와 유사한 개념으로 쓰이기도 하는 '문채(文彩)'는 불어의 la figure에 상

의 핵심으로 부각된 이후 1980년대까지 소설연구와 비평의 중요한 방법으로 여겨졌다.

소설문체론에 대한 관심은 문학의 언어 문제에 대한 관심과 맞물려 있다. 그 성과는 다시 논의해야 할 것이지만, 문학 문체의 개척자로 우리는 이인모를 들어야 할 것이다. 통계적인 방법으로 김동인(金東仁)과 염상섭(廉想涉)의 문체 차이를 구명하여 작가의 성격을 밝히고 있다. 정한모는 『김동인과 이효석』이라는 작가론적인 성격의 글에서 두 작가의 문체를 비교하고 있다. 이어서 구인환은 문체론에 대한 새로운 연구의 시각을 드러내었다. 구인환의 연구는 소설연구 영역에 널리 분포되어 있는데, 스피처(Leo Spitzer, 1887-1960)의 '문헌학적 순환'이라는 방법이 동원되고 있다. 이어서 최창록, 김상태, 김정자 등의 연구 결과가 학계의 주목을 받았다. 이 가운데 논문과 저서의 학술적 성과가 돋보이는 김상태와 김정자 두 경우만 자세히 살펴보기로 한다.

김상태는 당시까지 진행된 문체론의 연구방법을 비판적으로 검토하고, 작가의 내면 혹은 무의식 측면에 대한 고려가 없다는 점을 지적한다. 문체론의 방법론으로 '상징과 신화'를 작가의 내면적 의식이 문체상으로 드러나는 방법이란 점을 고구하여 문체론의 새로운 방법을 모색한다. 이러한 방법은 『문체의 이론과 해석』[18]에서 이광수(李光洙), 이상(李箱), 이효석(李孝石), 김유정(金裕貞) 등의 문체를 검토하는 데 실효성을 검증한다.

이광수의 소설을 문체론적으로 검토하는 데서는 어조와 은유를, 이상의 소설에서는 문체인상, 문장의 길이, 종지사(終止詞) 등을 통해 문체의 특징을 드러내고 있다. 이효석의 경우는 자연과의 융화, 주어 없는 문장, 은유, 개인어

응하며 모양, 형상 등을 나타내는 라틴어 figura에 어원을 두고 있다. 이는 문체의 하위 영역에 속하는 수사법을 뜻하기도 하고, 어떤 경우는 문체의 범주보다 큰 내포를 지니기도 한다. 문체의 수식법(figure de style), 낱말의 문채(figure de mots), 논리적 문식(figure de pensée) 등의 예는 문체보다 큰 개념으로 쓰인다는 예증이 된다.

18 김상태, 『문체의 이론과 해석』, 새문사, 1982.

등을 가지고 전반적으로 검토하고 〈메밀꽃 필 무렵〉을 신화와 상징이라는 점에서 자세히 검토하고 있다. 김유정은 활력(vigour)의 언어, 이중의 비전, 아이러니적 양상, 투사적 서술(投射的 敍述) 등을 문체의 특징으로 부각하고 있다는 점을 지적하고 〈동백꽃〉의 경우를 자세히 검토하고 있다.

김정자는 『한국 근대소설의 문체론적 연구』[19]에서 문체론이 소설기법의 문제로 전환될 수 있음을 전제하고, 소설기법의 중핵 요소인 '시간착오의 서술기법'을 새로운 방법론으로 제안한다. 이러한 방법으로 이광수, 김동인, 염상섭, 김유정, 이효석, 이상 등의 소설을 분석하여 문체 특징을 드러내었다. 이광수의 경우 양면성의 갈등, 내면적 흐름, 미래지향성과 불확정성, 미온적 완만성과 지속적 움직임 등이 문체의 특이성으로 드러난다는 점을 밝혔다. 김동인의 경우 과거지향성과 확정성, 단일구조와 직선성, 양면적 갈등 등이 문체의 특이성으로 드러난다고 한다. 염상섭의 경우 투사적 형상화와 지향적 서술, 변증법적 재생과 미래지향성, 침정적 우울성과 성찰력 등을 문체 특징으로 드러낸다는 평가를 하고 있다.

이효석의 경우 주축 없는 오늘과 시간의 애매성, 동시성으로서의 융화, 초월적 자세와 무시간성 등을 들고 있다. 이는 김상태의 연구와 대비하여 연구성과의 대화화 혹은 상호 조회를 시도해 볼 수 있는 예가 된다. 김상태가 지적하는 '신화와 상징'과 김정자의 '시간의 애매성과 동시성', 그리고 '무시간성'은 의미의 측면에서 상통하는 점이 있다.[20]

그 뒤로 이상신의 연구는 문체론을 기호론과 연관지어 연구하는 방법론의

19 김정자, 『한국 근대소설의 문체론적 연구』, 삼지원, 1998. 이 책의 제3장은 방법론으로 제시한 '시간착오기법'의 구체적인 적용에 해당하는 내용으로, 각 작가의 기법적 양상을 자세히 밝히고, 이를 바탕으로 문체의 특이성을 밝혀내고 있다.

20 이는 〈메밀꽃 필 무렵〉이 '은유적 구조'를 지니고 있으며, 작가의 관점이 '반근대적'이라는 점, 서술이 은유적 언어로 되어 있다는 우한용의 지적과 상통하는 바가 있다(우한용, 「"메밀꽃 필무렵"의 기호론적 해석」, 『한국현대문학연구』 1, 한국현대문학회, 1992 참조).

쇄신을 보였다.[21] 뒤이어 필자는 문체를 담론의 문제로 전환하여 새로운 방법을 시도하였다.[22] 소설의 언어가 텍스트상으로는 '이질언어적'으로 구축되어 있으며, 언어의 운용 측면에서 본다면 대화적으로 소통을 수행한다는 점, 따라서 소설언어의 주체와 세계 사이의 역동적 상호작용 양상을 소설언어의 기본 속성으로 전제한 방법론이다. 주체에 의해 역동화된 언어, 대화화된 언어, 발화적 언어 등에 관심을 표명한 것이다. 이는 소설언어의 다성성(多聲性)에 주목한 연구이다.[23] 소설의 다성성은 이념적 지향성을 지니는 용어이다. 장편소설의 이념으로서 바흐친이 지향하는 바이기는 하지만 한국의 장편소설이 모두 그러한 다성성을 지니는 것은 아니다.

황도경은 "문체연구란 언어를 통해 작품의 주제나 작가의 개성에 접근하려는" 연구방법이라는 점을 전제하고 출발한다.[24] 소설을 언어로 빚어진 항아리에 비유하면서, 문체론 연구의 어려움을 다음과 같이 지적한다. "그(항아리 – 인용자) 안에서는 언어들이 서로 부딪히고 섞이며 고유의 울림과 향기를 만

---

21 정한모, 「김동인과 이효석」, 『현대작가연구』, 범조사, 1957.
이인모, 『문체론』, 선명문화사, 1959.
구인환, 「문체론적 비평고」, 『동악어문논집』 1, 동악어문학회, 1964.
최창록, 『한국소설의 문체론적 연구』, 형설출판사, 1973.
권영민, 「개화기소설의 문체 연구」, 『서울대 현대문학연구』 14, 1975.
김상태, 『문체의 이론과 해석』, 새문사, 1982.
김정자, 『한국근대소설의 문체론적 연구』, 삼지원, 1985.
이상신, 『소설의 문체와 기호론』, 느티나무, 1990.

22 우한용, 「채만식소설의 담론 특성에 관한 연구」, 서울대학교 박사학위논문, 1991. 『채만식 소설담론의 시학』(개문사, 1992), 『한국 현대소설 담론연구』(삼지원, 1996) 등은 소설의 언어를 '담론' 측면에서 고구한 것으로, 넓은 의미의 문체 개념과 상응하는 글들이다. 소설의 언어는 담론으로 존재하고, 담론의 구조로 소통에 참여한다. '문체'라는 용어를 피하는 이유는 문체가 내용을 형상화하는 기법이라는 문학의 부가적 요건인 것처럼 인식되기 때문이다.

23 우한용, 「채만식소설의 담론특성에 관한 연구」, 서울대학교 박사학위논문, 1991 참조.

24 황도경, 『문체로 읽는 소설』, 소명출판사, 2002, p. 28.

들어 낸다. [⋯] 문제는 그 울림을 느끼는 직관 그리고 이를 객관적으로, 언어학적으로 기술하는 능력에 있다."[25] 황도경의 이 글은 문체론을 비평적 감수성으로 실천한 예가 된다.

문체론에 대한 국어학 편의 관심은 박갑수, 심재기[26] 등의 연구를 통해 그 면모를 드러내었다. 국어학을 전공한 학자의 문체에 대한 관심은 국어문체론을 성립하게 함으로써 문학문체론의 정립과 진전에 기여한 바가 크다. 특히 문장의 평균 길이, 어휘의 분포 등 국어의 문체적 규범을 명시화한 공적은 기록될 만하다. 작가의 언어적 선택과 조직이라는 관점을 취하는 경우 규범은 필수적 전제가 된다.[27] 어학 중심의 문체론에서 제시한 규범은 개인의 문체론을 가능하게 하는 타자 역할을 한다.

문체론은 당대의 다른 나라에서 전개된 문학연구 경향과 맞물려 있다. 서양에서 문체론 이론서가 나오기 시작한 것은 1950년대부터 1970년대까지로,[28] 이후에는 특화된 문체론에서 일반수사학으로 전이되기도 하고, 텍스트언어학과 연관된 논의가 진행되기도 했다. 그리고 소설언어의 특성을 주체의 구체적인 개입으로 실현되는 담론 양상으로 파악하는 담론의 이론이 문체론을 대신하게 되었다. 이는 언어의 본질을 달리 규정하게 하고, 구체성을 띤 살아 있는 언어를 다룸으로써 문학언어의 새로운 국면을 드러내는 데 공헌하였다.

---

25 위의 책, p. 28.

26 박갑수, 『문체의 이론과 실제』, 세운문화사, 1977.
박갑수 편저, 『국어문체론』, 대한교과서, 1994.
심재기, 『국어문체 변천사』, 집문당, 1999.

27 규범과 일탈의 문제, 표준언어(standard language)와 일탈의 언어로 문체를 규정하는 경우, 규범과 표준의 설정은 통계적 자료를 바탕으로 마련되는 것인데, 언어운용의 측면에서 그런 전제가 타당한가 하는 문제가 제기된다.

28 한국에는 P. Guiraud, R. Fowler, G. Leech와 M. M. Short, E. Enkvist, L. Spitzer, S. Ullmann, R. Ohman, T. Seobeok, G. Hough 등의 서양문체론 이론서가 수용되었다. 아울러 R. Jakobson과 M. M. Bakhtin 등의 저술이 담론 이론으로 수용된 것도 확인된다.

지금 우리가 이르러 있는 곳이 문체론의 최종 결론 혹은 도달점일 수 없다. 소설의 언어는 변화를 거듭하고 있으며, 소설을 읽는 독자들의 취향과 언어 감각도 계속 변하고 있다. 소설언어의 문화적 수행과 의미의 해석과 그 장래를 모색하는 교육은 그 자체가 결말개방적(open ended) 속성을 지닌다. 따라서 소설의 문체론 또한 부단히 변모하는 소설언어의 양상을 점검하고, 그 속에 드러나는 지향을 검토해 나가면서 방법론을 다양화, 역동화해야 한다.

소설문체의 개념, 어떻게 규정할 것인가

문학연구에서 대부분의 정의(定義)는 잠정적이다. 문체의 '정의'를 앞세우는 논의는 생산적이기 어렵다. 문체에 대한 개념을 어떻게 설정하고 작업을 했는가를 검토하는 것이 순서바른 일이다. 소설의 문체를 논의하는 방법 또한 마찬가지이다. 소설에 대한 정의가 불가능한 판에, 소설의 문체를 정의하는 것은 방법론을 저해할 수도 있다. 그렇기 때문에 소설의 문체를 둘러싸고 있는 몇몇 고정관념과 문제점을 지적하고 문체 개념을 규정하는 방법을 재고할 필요가 생겨난다.

문체에 대한 고정관념 가운데 하나가 문체인상이다. 이태준의 『문장강화』에서 시작되는 문체의 유형은 문체인상을 바탕으로 한 것이다. 간결체/만연체, 강건체/우유체, 화려체/건조체 등의 구분이 그것이다.[29] 독자가 소설독서 과정 혹은 독서 결과를 정리하는 과정에서 인식하는 '문체'는 객관적으로 존재한다기보다는 심리 내면에서 형성된다. 심리문체(mind style)라는 규정이

29 이태준, 『문장강화』, 박문사, 1946. 이 책은 『문장』지에 1939년 2월부터 10월까지 9회에 걸쳐 연재된 것을 책으로 발간한 것이다. 이 글의 원본은 잡지 『중앙』(1934. 6-12)에 「글 짓는 법 ABC」라는 제목의 연재물이다.

이를 지지한다.[30] 기술문체론에서 발생문체론을 지향하는 이유가 여기에 있다.[31] 그것이 인상이든, 언어 특성의 집합이든 간에 발견적 의미에서 '문체'를 상정하고 논의를 진행하는 것은 자연스러워 보인다.

문체와 연관된 또 다른 고정관념은 '개성'이다. 작가가 글을 쓰는 과정에 드러내는 개성은 개인의 기질, 개인의 성장 과정에서 생긴 행동 특징, 개인의 이념적 지향, 개인의 감수성 특징 등 여러 측면에서 논의할 수 있다. 개성이라는 말은 '성격'이라는 용어와 같이 쓰기도 하고 구별하여 쓰기도 한다. 근대와 더불어 등장한 '개인'이라는 개념은 개별적 주체성을 전제로 한다. 이념과 제도에 종속된 존재로 살아가던 시대에는 개성이 존재하지 않았다. 문체론을 "개성적 표현에 주안점을 두고 탐구하는 문학연구의 방법"[32]이라고 규정한 것은 문학에 대한 근대적 인식을 반영한다. 이광수 문체의 특성을 텍스트에 나타나는 '어조'와 '은유'의 운용 방법 등에서 규명하는 것도 이광수의 개성을 인정하는 바탕에서 가능하다.

그런데 문제는 이광수 소설의 문체적 특징으로 드러나는 '어조'나 '은유'가 작가가 의식적으로 선택한(의식된) 개인적 정체성(individual identity)을 드러내는 데에 얼마나 기여하고 있는가 하는 점이다. 근대화된 세계에서 개인으로서 작가가 정체성을 유지하는 데 유의미한 문체지표로 작용하는 개성이라면 충분히 고려할 만하다. 그리고 단지 개인의 성격 특성을 드러내는 개성이라고 하더라도 다른 작가의 문체에 드러나는 개성과 대화적 관계를 형성할 수 있다면 생산적인 논의를 이끌 수 있는 계기가 될 것이다. 그런데 개인의 개성이 문체로 드러나는 경우라 하더라도 그 개성은 타자를 조회 항목으로 동반하는 것이라야 한다. 다른 작가의 개성과 차이를 드러내는 데서 해당 작

---

30 Geoffrey N. Leech and Michael H. Short, *Style in Fiction*, London: Longman, 1981.

31 김정자, 앞의 책, pp. 40-41.

32 김상태, 앞의 책, p. 174.

가의 개성은 유의미한 항목으로 부상되는 것이다. 대화관계의 맥락을 설정하지 않은 상태의 개성은 모든 작가가 지닌 보편적 개성이다.

작가 개인이 당대의 언어 자장 안에서 개인적 언어 특징을 얼마나 드러낼 수 있는가. 문체를 선택한다는 이론을 펴는 경우가 없지 않지만, 이 경우 개인이 문체를 선택하는 일은 의식적인가 하는 문제를 불러온다. 귀스타브 플로베르(Gustave Flaubert, 1821-1880)의 말대로 "사람은 자기가 원하는 것을 쓰는 게 아니다."[33] 달리 생각하면 작가의 개성은 모든 작가가 가지고 있는 언어적 특성이다. 심지어는 개성이 없는 작가의 몰개성까지도 개성으로 규정될 수 있기 때문이다.

개인을 단위로 하든 당대의 언어 일반을 단위로 하든 독자가 인식하는 문체는 '일탈'이란 의미로 다가온다. 독특함, 특별함, 유다름 등은 표준을 전제로 한 것이다. 일탈이 일탈로서 의미를 지니기 위해서는 표준이 있어야 한다. 국어문체론을 바탕으로 규범을 정하고 그 규범에서 일탈하는 양상을 문체로 규정하기도 한다.[34] 이러한 규정은 문체를 과도한 일탈의 영역으로 몰아내는 느낌이 있다. 일탈이 아니라 하나의 '세계창조'가 작가의 몫이고, 작가는 일탈이 아니라 자신의 예술적 의장(意匠) 안으로 다양한 언어를 이끌어들여 집중하는 것이다.[35]

명제 형식의 문체에 대한 규정은 그 자체로서는 의미를 지니기 힘들다. 장

---

33 부르디외가 『예술의 규칙』에서 제사(題辭)로 인용하고 있는 말이다(P. Bourdieu, *Les Règles de l'art*, 하태환 역, 『예술의 규칙』, 동문선, 1999, p. 158). "규칙을 따를 때 나는 선택하지 않는다. 나는 규칙을 맹목적으로 따른다."

34 국어문체론에서 규범(norm)을 마련하고 거기서 일탈하는 양상을 밝힌 다음, 그것이 작가의 개성과 연관되는 방향으로 해석을 하는 경우가 있다.

35 Octavio Paz, *El Arco y la Lira*, 김홍근 외 역, 『활과 리라』, 솔, 1998, p. 218. "상호 간의 끝없는 생성 과정 속에서 모순은 동일성으로부터 탄생한다. 인간은 끊임없이 자기 자신과 합의하고 헤어졌다가 다시 합치는 대화이며, 다의성이다. […] 시인의 수동적 받아들임은 그 수동성이 가능할 수 있는 능동성을 요구한다. 노발리스(Novalis)는 이 모순을 다음과 같이 표현한다. "능동성은 수동성을 받아들이는 능력이다."

르로 분화되어야 하고, 각 작품의 논의에 긍정적으로 기여해야 한다. 소설문체의 개념 규정은 소설의 본질 조건에 맞아야 하고, 소설을 연구하고 수용하는 데 의미 있는 방법론을 뒷받침해야 한다. 문체를 중심으로 한 연구는 다른 연구와 상호 조회되면서 연구성과를 낼 수 있어야 한다. 문체연구가 작품의 구조 특징을 밝히고, 소설이 사회를 반영하는 데 기여하는 바를 구명하고, 독자의 작품 수용구조를 밝힐 수 있는 방법론으로 전환되어야 하는 것이다. 이렇게 된다면 소설연구에서 문체의 연구는 소설의 모든 것을 논의하는 일이 된다.[36]

소설문체가 소설언어의 모든 것이라는 규정은 너무 광범하고 추상적이다. 문체가 형성되는 요인에 따라 문체를 규정하는 방법이 타당성을 지니는 것은 이 때문이다. ① 언어환경에 따라 결정되는 문체, ②주제, 장르 등 형식에 따라 규정되는 문체, ③ 수신자나 상황에 따라 규정될 수 있는 문체, ④ 작가의 품성에 의해 결정되는 문체 등이 문체를 규정하는 요건이 된다.[37]

소설의 문체는 텍스트에 나타나 있는 각종 특성과 지표를 따라 객관적으로 결정되는 것은 아니다. 독자가 텍스트를 읽고 그 의식 가운데 형성되는 문체의식이 문체 개념에 포함되어야 한다. 이를 '독자의 문체의식'이라 하겠다. 독자가 문체를 인식하는 것은 문체형성 요인을 고려하면서 수용자가 소설을 읽고 수용하는 방식에 따라 결정된다. 그리고 문체의식은 소통 과정에 '문체감각'을 형성하게 된다. 이때 문체를 구성하는 요인은 소설 수용주체의 언어의식과 연관된다. 소설의 수용주체는 일상적인 언어운용의 연장선상에서 소설을 읽는다. 일상적인 언어운용의 규칙이 소설의 경우에도 적용된다. 허구니 작가의 문체화니 하는 것들은 전제 없이 사실로 용허된다. 소설작품이 허구라는 것을 알고 있지만 독자의 심리 내면에서는 하나의 실체로 현상된다. 소

36 David Lodge, *The Modes of Modern Writing*, Edward Arnold Ltd., 1977 참조.

37 김상태, 앞의 책, pp. 38-45. 이하 이 책의 내용을 주로 참조하기로 한다.

설의 허구성은 소설에 대한 메타적 검토 과정에서라야 드러난다.

그렇다면 소설을 무엇으로 생각하는가, 소설의 일반적 특성이 무엇인가 하는 소설장르의 특성이 문제가 된다. 소설장르의 특성은 '장르의 장르'라고 할 정도로 다양한 담화장르를 그 안에 포용하는 것이다. 소설은 산문장르 가운데 하나로, 산문장르의 각종 담화장르가 소설 속에 수용된다. 그렇기 때문에 소설은 다른 장르를 수용하여 재조직되는 이차 장르이고, 이차 장르 특성에 따라 수용이 이루어진다.[38] 산문장르의 언어적 특징은 문체연구의 구체적인 방법에 이르기 위한 매개 개념이 될 수 있다. 산문의 특성으로 ① 주체와 대상의 명확한 분리, ② 관찰과 분석의 인식 특징, ③ 조리적(discursive) 형태의 지향을 들 수 있다.[39] 이러한 일반론은 소설이라는 장르의 문체로 수렴되어야 방법론적 효용을 드러낸다.

아울러 소설장르를 구성하는 조건에 대한 검토가 있어야 한다. 문체요소는 텍스트에 구체화되어 있고 텍스트는 장르로 존재한다. 거꾸로 말하면, "문체가 있는 곳에 장르가 있다."[40] 소설의 이러한 장르적 속성 때문에 소설언어의 이질언어성(異質言語性)과 다양한 담화장르의 수용 가능성에 바탕을 두어야 소설문체의 개념을 합리적으로 수립할 수 있다.

소설의 장르적 특성 가운데 가장 두드러지는 것은 소설담론의 양식적 거대함이다. 소설양식 가운데 일상언어의 모든 양식을 포용할 수 있다는 주장은 설득력이 있다.[41] 나아가 소설의 언어가 다시 소설로 들어오기도 한다. 작

---

38 M. M. Bakhtin, *Estetika slovesnogo tvorchestva*, 김희숙 · 박종소 역, 『말의 미학』, 솔, 2006, pp. 353-356.

39 김상태, 앞의 책, pp. 71-73.

40 M. M. Bakhtin, 앞의 책, p. 357.

41 일상언어란 정리되기 어려운 혼잡상을 보여 준다. 아이들이 놀면서 외치는 소리들, 집안 사람들의 이야기, 부부가 침실에서 주고받는 말, 장사꾼의 상담, 홍등가에서 외입쟁이와 창녀 사이에 오가는 말, 노사 간의 설전, 데모대의 외침, 정치인의 연설, 목사의 설교, 주지의 설법, 수행자의 명상, 평론가의 소설평에 이르기까지 모두 열거할 수 없을 정도로

중인물이 소설 읽은 이야기를 소설에 쓸 수도 있고, 소설가가 되려는 인물의 소설이 소설 속에 들어올 수 있으며, 비평가가 등장하면 비평문이, 시인의 시가, 그리고 그 친구의 시평이 소설장르 속에 문체화될 수 있다. 이렇게 자기 수렴적인 언어가 소설 텍스트를 형성한다. 바흐친(M. M. Bakhtin, 1895-1975)의 이질언어와 대화성을 소설언어의 기본 특징으로 들고 있는 것도 이와 연관된다. 소설의 언어는 일상언어의 모든 장르를 소설 안에 포회할 수 있다. 매체언어뿐만 아니라 매체인식에 대한 언어까지 소설에 들어갈 수 있다.

그런데 이들 언어가 텍스트상에 고정된 것이 아니라 주체의 개입으로 언어적 활성화에 도달한다는 점이 중요한 고려사항이다. "한 편의 소설도 일상적 대화에서 주고받는 말이나 개인적인 편지처럼, 그 전체로서 발화이고, 따라서 그것들과 공통된 특징을 지니지만, 전자와 달리 소설은 이차적(복합) 발화이다."[42] '발화' 양태로 존재하는 소설의 언어는 발화이기 때문에 "말의 발화 지향성, 수신자 정향성"[43] 때문에 의미 있는 타자를 요한다. 발화는 대답의 의무를 지는 타자를 요하고, "발화의 대답은 미래에 있다."[44]

소설장르를 고려한 문체론, 구제척인 장르 가운데 발화화된 문체를 다루는 문체론을 '발화문체론'이라 하자. 문체의 개념 규정을 동적인 것으로, 살아 있는 것으로 하기 위해서는 언어의 맥락화와 구체화 양상을 고려해야 한다. "서술은 맥락 속에서 발화가 된다." 맥락이 구체성과 지향성을 유도하기 때문이다. 낱말도, 문장도 맥락이 없이는, 발화가 되지 않고는 고유한 의미를 지닐 수 없다. 소설의 문체 또한 독자의 개입과 독자가 연계하는 텍스트 외적인 사상(事象)의 매개 없이는 문체로 형성되지 못한다. 결국 소설읽기는 서술의 실

많은 언어가 소설 속에 들어와 '문체화'된다.

42 M. M. Bakhtin, 앞의 책, p. 352.

43 위의 책, p. 394.

44 위의 책, p. 395.

체를 맥락 속에 놓아 발화가 되게 하는 과정이다.

이렇게 보아 온다면, 소설문체는 '소설이라는 구체적 텍스트에 일관성을 부여하는 언어적 속성과 운용방법의 총체'로 규정될 수 있다. 큰 틀의 문체 규정이 마련된 셈이다.

그런데 문체를 인식하는 주체들이 문체를 문체로 인식하는 지표가 설정되어야 문체인식이 가능해진다. 텍스트 안에서 문체지표가 무엇인가를 밝히는 것은 문체개념을 명료하게 한다. 문체지표(style marker)는 어떤 문체를 문체로 인식하게 하는 요소를 뜻한다.[45] 문체지표는 연구자에게는 문체를 분석하는 단위가 되며, 소설의 수용자에게는 문체를 인식하는 근거가 된다. 소설 전체를 관류하는 어떤 분위기를 상정한다고 하더라도 그것이 구체적으로 드러나는 요소는 독자가 인식할 수 있는 것이라야 한다. 특히 문체를 선택으로 볼 경우에는 더욱 지표를 설정해야 선택의 원리를 설명하기 용이하다.[46]

소설 전체를 하나의 텍스트로 볼 경우, 그것은 다종다양한 발화들이 일정한 원리를 바탕으로 결합된 발화체이다. 이 발화체 전체를 통어하는 일관성, 전체를 규율하는 언어적 특성을 '문체'라고 규정할 수 있다면, 그 일관성을 드러내는 지표를 '문체지표'라 할 수 있다. 그런데 이러한 지표는 읽는 사람의 의식으로 파악될 수 있다는 점에서 잠재태로 존재해도 기능은 발휘된다. 그리고 외형적으로 드러나는 것은 언어학적 문체론에서 제시하는 것처럼 음운론적 층위, 어휘론적 층위, 형태론적 층위, 통사론적 층위, 초통사적 층위 등

45 '문체지표'는 엔크비스트(Tomas Enqvist)의 용어인데, 스피처(Leo Spitzer)가 내세운 '문체소(stylisticum)'에 근원을 두고 있으며, 이것이 일본을 통하여 한국에 전해진 것으로 본다(김정자, 앞의 책 참조).

46 심재기는 '문체는 선택이다'라는 전제로 어떤 언어로 서술하는가 언어요인(표준어와 방언 등), 어떤 소재를 주제로 형상화하는가 하는 주제요인, 담화가 구성되는 환경, 즉 대상, 문화 요건 등이 담화환경 요인, 작가의 개인적 품성 등을 문체요인으로 들고 있다(심재기, 『국어문체 변천사』, 집문당, 1999, pp. 18-21).

을 상정할 수 있다.[47] 그러나 내면의 문체소[48]를 상정해야 이러한 층위들에 드러나는 언어 특징에 질서를 부여할 수 있다. 이는 화자와 작중인물의 발화방법과 연관된다. 발화방법은 주체의 의식과 발화가 이루어지는 상황 맥락에서 파악되는 일종의 양식, 바흐친의 표현으로는 일차 장르에 해당한다. 이들을 분석해 내기 위해서는 텍스트 언어의 다양한 층위에 대한 성찰이 필요하다. 독자로서의 문체인식과 연구자로서 설정하는 문체지표의 관계 결합 속에서 문체가 설정된다. 그렇다면 문체론은 작품 해석의 중핵적 요소로 부각된다.

문체론은 소설연구에 어떤 기여를 할 수 있는가

소설의 연구방법은 소설구조론과 소설사회학으로 축약된다. 소설구조론으로 대표되는 형식주의적 소설론은 소설의 언어적 조건을 바탕으로 형성된다. 따라서 소설의 사회적 연관을 크게 고려하지 않는 방법이다. 구조주의, 미국의 신비평, 러시아 형식주의 같은 방법론이 여기 속한다. 그러나 앞에서 본 바와 마찬가지로, 소설의 언어는 그 언어가 지시하는 현실과 무관할 수 없다는 점에서 이러한 이론은 비판의 대상이 된다.

소설은 현실 삶의 구조를 드러내고 현실에서 가능한 전망을 모색하는 것이 제일의 과업이라는 전제에서 출발할 수 있다. 소설이 인간의 현실적 삶을 반영하고 전망을 모색하게 한다는 리얼리즘 이론을 비롯해 소설사회학, 소설의 인류학적 기술–묘사, 소설의 장르론 등이 여기 속한다. 소설이 사회·역사적 연관을 지닌다고 보는 입장은 대체로 이러한 방법론의 영역에서 운용된다.

---

47 위의 책, pp. 22-32.

48 문체지표를 통해 문체의식이 형성되고, 형성된 문체의식이 작품 전체를 휘감하는 일정한 원리를 포착할 때 이를 '문체소'라 하기로 한다. 이는 문체의 '에네르게이아'에 해당한다.

소설구조론은 텍스트 중심의 논의를 이끌어오고, 소설사회학은 소설의 이념성을 중시하는 방식으로 수행된다. 그런데 이들의 극단적인 양상은 둘 다 추상주의로 빠질 위험이 있다. 소설이 언어적 구조물이라는 전제에서 출발하는 논리는 언어적 추상주의로 빠지게 된다. 소설이 삶의 반영이고 역사전망을 모색하는 일이라는 점을 강조하는 방법론은 이데올로기적 추상주의로 기울어질 우려가 있다. 이 점은 이미 앞에서 지적한 바이다.

소설의 언어는 구조와 이데올로기를 매개하면서 형상화하는 소설의 질료이다. 소설언어는 안과 밖이 따로 없다. 소설에서 어떤 인물의 감수성과 사고와 이념은 언어를 매개로 해서 형상화된다. 행동은 서술자의 언어로 묘사되거나 서술되고, 그의 언어 또한 이념으로 착색된 채 소설의 맥락에 따라 문체화되어 소설 텍스트 안으로 회귀한다.[49] 이상에 언급한 내용이 소설언어의 운용 규칙에 해당한다. 이러한 규칙을 발견하는 것이 소설연구에서 문체론이 할 수 있는 가능역이다.

문체론이 소설연구에 기여할 수 있는 점은 그것이 소설의 해석에 어떤 도움을 줄 수 있는가 하는 문제로 전환된다. 독자가 문학을 수용하는 것은 넓은 의미의 해석행위이다. 의미 해석은 언어적 텍스트의 가치를 자신의 삶의 가치와 연계한다는 뜻이다. 이는 인간의 근원적 문제와 연관된다. 소설(좋은 소설)은 인간의 근원적인 문제를 제기한다. 소설을 읽는 가치는 더 증명을 요하지 않는다.

그렇다면 소설을 읽는 계기는 무엇인가? 한마디로 소설에 대한 사랑 때문이다. 소설이 인간 삶의 이야기라면, 소설에 대한 사랑은 삶에 대한 사랑으로 전이된다. '철학적 인간학'의 창시자로 불리는 막스 셸러(Max Scheler, 1874-

49 바흐친의 용어인 '문체화(stylization)'는 소설의 제반 요소를 소설이라는 구체적인 텍스트 안으로 이끌어들이는 방법이다. 묘사를 통한 대상의 제시, 층위가 다른 언어 사이의 관계 설정, 인물의 언어를 매개하는 방법 등 소설쓰기 과정에서 작용하는 언어적 방법 전체를 뜻한다.

1928)는 사랑이 인식의 바탕이라는 점을 다음과 같이 설명한다. "사랑은 인식과 의지에 앞서서 그것들을 결정해 주는 가장 근원적인 것이다. 사랑은 인식의 어머니이다. 한 인간이 무엇을 사랑하는가가 무엇을 인식하는가를 결정해 주기 때문이다."[50] 그렇게 본다면 의당 "인식의 정도는 사랑에 비례한다."[51] 이러한 논리를 소설의 연구와 해석에도 적용할 수 있을까. 소설에 대한 애정으로 소설을 읽고 수용하는 과정에 드러나는 문체요인과 그 에너지를 정확히 파악하기 위해서는 소설에 대한 사랑의 속성이 무엇인가를 밝힐 필요가 있다.

소설에 대한 사랑은 익애(溺愛)가 아니라 지적 통제가 이루어진 일종의 미학적 사랑이다.[52] 거리두기를 통해 형성되는 차이의 인식이 동감을 불러온다는 셸러의 주장은 설득력이 있다. 염상섭의 문체가 있어야 이상의 문체가 있게 된다. 염상섭과 이상의 문체가 구분이 안 된다면 두 문체는 성립될 수 없는 것이다. 차이의 인식이 동감을 불러온다는 것은 이러한 차이를 통해 정체성을 드러낼 수 있다는 뜻이다. 차이와 동감의 동질성에 대한 인식은 사유의 역동성을 바탕으로 형성된다.

소설의 의미, 의미의 해석, 의미의 내면화로 이어지는 과정에서 문체를 어떻게 인식하고 의미 해석에 어떤 기여를 하는가의 문제는 '소설적 삶'의 핵심에 해당하는 것이다.[53] 소설은 한 편 한 편이 각각 하나의 세계이며, 그 세계는 각기 자기 빛깔을 지니고 있다. 이를 '소설의 분위기' 혹은 '소설의 정서적 기

50 M. Scheler, *Wesen und Formen der Sympathie*, 조정옥 역, 『동감의 본질과 형태들』, 아카넷, 2006, p. 524.

51 위의 책, p. 558.

52 미학의 논의에서 '거리두기'의 문제는 예술의 수용에 하나의 원리로 작용할 수 있다. 공감을 바탕으로 한 감수성의 지적 통제 결과로 미학적 수용이 이루어진다.

53 소설과 더불어 살기, 소설문화의 향유, 다른 말로 '소설살이' 등을 뜻한다. 삶이 온통 소설 읽기로 점철될 수는 없는 일이다. 그러나 소설과 더불어 운영되는 삶이 가치를 지니고 그 가치를 다시 삶의 맥락으로 전이하는 그러한 삶을 상정하게 된다.

조'라 하자. 소설의 인식적 의미를 심리 내면에 형상적으로 착색하도록 하는 것은 문체의 힘이다.

문학의 의미는 인생에서 생각해 봐야 할 굵직굵직한 문제나 사회·역사적 현상에 대한 비판, 세계관의 성립 등을 뜻한다. 자기초월, 이른바 '주제'라는 것이 그런 것일 터이다.[54] 그런데 소설을 수용하는 수용주체의 삶과 연관된 창조적 수용을 어떻게 가능하게 하느냐가 문제의 핵심이다. 소설의 문체와 작가의 개성이 무엇인가를 따지기 전에 소설의 의미가 어떻게 형상적으로 전환되는가 하는 점부터 살펴봐야 한다.

해석학이 서사학과 최종적으로 만나는 지점에 있는 폴 리쾨르(Paul Ricoeur, 1913-2005)처럼 인간을 시간적인 존재로 보고 삶의 시간연관적 속성을 밝히고 그러한 속성이 인생을 어떻게 지배하는가에 착목할 수도 있다.[55] 리쾨르는 시간에 구속된 인간의 삶을 시간의 구속에서 풀어주는 방법을 추구한 마르셀 프루스트(Marcel Proust, 1871-1922)의 소설 〈잃어버린 시간을 찾아서〉를 분석의 대상으로 하여 자신의 시간철학을 풀어내고 있다. 그런데 시간구속적 존재로서 인간의 삶의 양상이 어떠하고, 그것이 나의 삶과 어떤 연관이 있는가 하는 문제를 자신의 화두로 전환하는 데는 공감이 있어야 한다. 그 공감은 사랑에서 비롯된 인식의 한 양상이다.

그리고 소설의 문체를 통해 형성되는 아우라는 소설의 해석에 필요한 부분과 전체의 상호 조회를 해주는 거멀못이다. 소설의 전체적인 의미는 소설의 분위기를 통해 일관성을 유지한다. 이러한 통일성은 소설의 부분을 갈라내고 그것을 조회할 수 있는 전체를 형성하는 데 필수 불가결한 요소이다. 소설을

54 "시는 인간이 자신으로부터 빠져나오는 동시에 원초적 존재로 돌아가게 만든다."(Octavio Paz, 앞의 책, p. 149) 이러한 초월지향은 소설의 경우도 마찬가지이다.

55 Paul Ricoeur, *Temps et récit I, II, III*, 김한식 외 역, 『시간과 이야기』 1, 2, 3, 문학과지성사, 1999, 2000, 2004 참조.

수용하는 과정에서 전체와 부분은 변증논리를 이룬다. "소설은 객관 정신과 주관 정신의 치열한 결합으로써 그 위대성과 감동을 완성한다."[56] 소설의 해석과 이해에 전체적인 틀을 제공하는 '기법의 총체로서의 문체'는 소설을 설명하고 해석하는 단초의 중핵에 해당한다.

그리고 가장 중요한 것은 기법으로 전환되는 문체가 소설작품 전체의 언어운용에 나타나는 일관성을 통해 인물의 성격적 통일을 가능하게 함으로써 일관된 이념을 보여 줄 수 있다는 점이다. 어떤 인물의 사상과 이념의 일관성은 그 인물의 화법[57]의 일관성이라 해도 좋다. 이 일관성은 작가의 작품 통어력이기도 하고, 골드만(Lucien Goldmann, 1913-1970) 식으로 하자면 텍스트에서 독자가 발견하는 의미 있는 전체 구조이기도 하다. 달리 말하자면 '신화' 구조를 제공하는 것이 문체이다.[58]

문체는 소설의 형상화 차원에서 이념의 차원에 이르기까지 소설의 의미폭 전반을 휘갑하는 언어적 원리이다. 소설장르의 언어적 이질성과 운용의 대화성을 바탕으로 한다면, 문체 개념을 이용한 소설연구와 해석은 핵심사항이 될 것이다.

---

56 김주연, 「아버지상징, 그 파괴의 서사적 힘」(『변경』의 해설평론), 『변경』 12권, 문학과지성사, 1998, p. 259. "시대 현실의 세부적 묘사에 이르기까지 치밀한 객관성의 확보는 엄밀한 의미에서 그것을 지배하는 높은 수준의 주관성이 동반될 때에 가능한 것이다. 전자를 이른바 산문정신이라 한다면, 후자는 아마도 서정적 문학정신에 가까울 것이다." 용어는 그대로 수용하기 어려운 점이 있지만 디테일, 부분을 통괄하는 '전체의 감각'은 루카치 식으로는 '역사전망'과 유사한 개념이 된다.

57 발화양식의 의미. 관용어로 일관하는 사람, 직업어로 일관되게 이야기를 이어가는 사람, 남의 말을 인용하지 않고는 이야기를 못하는 사람 등은 발화양식이 이념을 드러내는 예가 될 것이다.

58 "원래 하나이며, 동일한 것이었던 상상력과 이성은 상징적 표상, 즉 신화를 통하지 않고는 표현될 수 없는 자명함 속에서 하나가 된다."(Octavio Paz, 앞의 책, p. 306)

문체론의 방법론적 가능성 – 담론의 이론

학문적 추구에서 대상과 방법론의 문제가 핵심어이다. 소설문체론의 대상은 '소설의 문체'이다. 소설 자체는 문체를 포함하는 상위 개념이고, 소설문체론은 문체론 일반의 하위 영역을 구성한다. 문체론 일반에서 운용하는 방법론들, 즉 통계학적 방법, 심리학적 방법, 기호학적 방법, 상징-원형론적 방법, 서술기법적 방법, 담론적 방법 등은 그 나름의 성과를 이룩하였다.[59] 이제는 소설을 수용하는 독자가 문체를 어떻게 인식하고 어떤 방법으로 문체 또는 문체감각을 형성하는가에 주목할 때이다. 텍스트에 자아를 개입하지 않고 작업을 하는 객관적 존재로서의 연구자에게는 문체지표만 드러난다. 문체지표가 해석의 차원으로 구체화되는 것은 주체의 개입으로 소설의 언어가 '발화'되었을 때라야 한다.

독자는 소설을 읽는 과정과 읽은 내용을 재구성하는 과정에서 하나의 발화체로 볼 수 있는 전체적 의미구조의 틀을 만든다. 이를 추상적 언어로 표현한 것이 이른바 주제이다. 주제는 '신화', '아키타입', '모티프' 등 다양한 용어로 바꾸어 부를 수 있다. 남을 위해 아르카디아(Arcadia)를 만들어 주려고 헌신하는 주인공의 결말이 비애 섞인 미완성 상태에 이를 수밖에 없다는 인식이 〈당신들의 천국〉의 의미구조틀이다. 그런데 독자가 이러한 의미구조틀을 만들어 내는 것은 개별 자아의 독립적인 행동으로서가 아니다. 독자는 자신이 읽은 소설을 다른 소설과 연관짓고, 자신의 경험을 투여하기도 하면서 대화화한다. 독자는 사회·문화·역사적인 존재로 텍스트에 개입한다. 구체적인 예를 보기로 한다. 김동리(金東里)의 〈을화〉 첫머리는 '무녀의 집'이라는 장 명칭이 붙어 있고, 다음과 같이 시작된다.

---

59 김상태, 김정자, 우한용 등의 논의에서 이러한 방법들을 실험하고 있다(앞에 제시한 문헌 참조).

을화(乙火)가 당우물까지 가서 물을 길어왔을 때에도, 월희(月姬)는 그냥 곤히 잠든 채였다. 당우물이라고 하면 그녀의 집에서 한 마장이나 좋이 되는, 동네 앞 당나무 곁의, 예부터 내려오는 큰 우물이다.

여기는 본디 서낭당이 있었던 곳으로 당집과 함께 당나무 당우물들이 있었으나 지금은 당나무 곁에 우물만 남아 있다.

을화는 아침마다 남 먼저 이 우물에 가서, 자그만 동이에 물을 채우고 나면, 거기서 아예 세수까지 마치고 돌아오는 것이다.

그녀가 이렇게 매일 아침 왕복 두 마장 거리도 넘는 당우물을 찾는 것은, 이 우물이 워낙 깊어 물맛도 유별나게 좋으려니와, 그보다도 이웃의, 남의 집안에 있는 우물은 이른 아침부터, 그것도 주인 먼저 가서 물을 길을 수 없을 뿐 아니라, 더군다나 거기서 세수까지 한다는 것은 도저히 용인될 수 없는 일이기도 했기 때문이었다.[60]

소설의 '의미구조틀'로 향하는 이러한 출발은 전체 의미의 시발점이라는 점에서 주의를 요한다. 웬만한 독자라면 작가 김동리에 대해서도 얼마간은 알고 있다. 그리고 〈을화〉가 〈무녀도〉와 연관이 있다는 것도 안다. 〈무녀도〉의 주인공 '모화'와 〈을화〉의 '을화'는 작가에게 있어서 자매라는 것, 한국 소설사에서 자매간이라는 것을 안다.[61] 이를 '안다'는 것은 독자가 자신의 의식 안에서 다른 텍스트를 연관짓는 정신작용을 수행하고 있다는 의미이다. '무녀의 집'은 '이웃', '남의 집', '주인' 같은 어휘 목록을 타자로 하여 의미가 매김된다.

아침 일찍부터 활동하는 어머니와 잠에 곯아떨어져 있는 딸의 대립적 설정

---

60 김동리, 『을화』, 동아출판사, 1995, p. 11.

61 소설독서 과정에서 안다는 것은 한눈에, 단번에 알아채는 것이 아니라 독서 과정을 따라 조금씩 단계적으로 쌓여가는 작은 앎의 단위들이 모이고, 앞에서 제기한 의문에 뒤에 풀리기도 하고, 앞에서 세운 가정이 뒤에 수정되는 과정을 통해 전체를 알게 된다. 그리고 전체가 이런 의미라는 확정적인 의미를 드러내는 데서도 다시 앞으로 돌아가 그것이 올바른 혹은 유의미한 해석인가를 다시 검토하면서 알게 되는 '누적적인 앎'이라는 데 특징이 있다.

도 주체를 타자화하는 과정이다. 김동리는 〈사반의 십자가〉에서 그것이 발상 구조로 본다면 샤머니즘에 뿌리를 두고 있음을 밝히고 있다.[62] 검증이 필요하겠지만, 〈을화〉와 〈사반의 십자가〉가 샤머니즘이라는 동일한 정신구조를 가지고 있다는 점을 밝힐 수 있는 장치는 역시 문체론이 가장 유력한 것으로 보인다. 내용과 형식, 의미와 기법 등의 양분화를 극복하면서 동질성을 밝히는 작업으로서.

독자는 자아 내부에 다른 텍스트를 끌어들여 텍스트 자체를 대화화하고, 다른 텍스트를 기억 가운데 끌어내어 지금 읽고 있는 텍스트에 연관성을 만들어 간다. 소설의 독서 과정에서 독자가 읽은 자료는 누적되면서 가설을 수립하고, 그 가설에 따라 혹은 전개되는 텍스트에 가설을 적용해 보면서 의미의 전체 틀을 구성한다. 이러한 과정에서 독자가 발견하는 것은 소설의 부분들이 결합되어 한 편의 완결성이 있는 작품을 만든다는 사실이다. 이 과정에 작용하는 일관성 있는 규칙이 문체이다. 이렇게 함으로써 텍스트는 문체를 획득한다. 즉 독자가 텍스트를 전유할 수 있게 하는 힘이 문체이다.

〈을화〉는 비교적 단순한 스토리를 지니고 있다. 그러나 이문열(李文烈)의 〈변경〉 같은 작품은 형편이 다르다.[63] 12권으로 되어 있는 이 소설의 대미는 '제47장, 변경의 한낮 – 인철의 편지'라고 되어 있다. 월북한 공산주의자의 아내와 자식 4남매가 남한에서 이루어가는 삶 가운데 '변경의식', 즉 주변부 인

---

62 『사반의 십자가』(홍성사, 1981)의 후기 「개작에 붙여」에 이런 대목이 있다. "이 작품에 나오는 예수의 이적에 관한 이야기나 하닷의 점성술은 나의 다른 작품에서 다루어지는 샤머니즘과도 일치함을 밝혀둔다."(p. 397)

63 〈변경〉은 1986년 8월에 시작하여 1998년 11월에 이르기까지 12년에 걸친 작업이다. 작품은 1959년 봄부터 1972년 10월 유신까지에 걸쳐 전개된다. 명훈의 어머니와 그 자식들이 엮어나가는 이야기는 매우 복잡하고, 소설에 동원할 수 있는 각종 양식의 글들을 수용하고 있다. 명훈, 영희, 인철 삼남매가 당시 사회의 밑바닥을 골고루 체험하며, 인철이 작가의 길로 들어서는 데서 소설은 끝난다. 인철은 작가 자신의 이력과 닮은 길을 걸어가며, 작가가 되는 과정은 성장소설의 면모를 보여 준다.

간의 의식을 지닌 인물들이 각각 자기 나름의 고민을 가지고 살아가는 삶의 줄기가 상당히 복잡하다. 이 소설에서 작가 자신의 면모를 가장 닮은 인물은 인철이다. 이 소설의 큰 줄기 하나는 인철이 소설가가 되는 과정이다. 그는 그동안의 여러 가지 체험을 마무리하면서 '문학'으로 돌아오겠다는 이야기를 월북한 아버지, 죽은 형, 친구, 그리고 자신이 돌아가 거기서 삶을 실천하고자 하는 '문학'에도 편지를 보냄으로써 소설을 끝맺는다. 자신이 모든 것을 버리고 왜 문학을 지향하는가를 편지로 형상화하고 있다. 몇 구절만 인용하기로 한다.

> 부주전(父主前) 상서
>
> 열흘 전 이 아메리카 제국의 변경에서는 엄청난 일이 벌어졌습니다. 변경의 정권 담당자가 제국의 정치이념에 '한국적' '토착화'란 수식어를 붙여 오래 전부터 그 이념을 갈고 닦아온 제국의 이상주의자들에게는 상상도 못할 제한과 변조(變造)를 감행한 것입니다. 이름하여 시월유신(十月維新)입니다.
>
> 오늘 제가 헤어진 지 22년이 넘는, 얼굴도 기억 못하고 생사도 알 수 없는 아버님께 이 글을 올리는 것은 바로 그 일 때문입니다. (권12, p. 219)

편지라는 장르와 고유문(告由文), 최상의 금기라서 접근하지 못할 아버지라는 존재, 나라의 변경, 아버지 세대의 변경, 자기 세대의 변경 등 '변경의식'에 대한 성찰이 이 장에 펼쳐진다. 그리고 이 변경의식은 시월유신이 '정치적 재앙'을 초래할 수 있다는 판단을 하게 한다.

죽은 형에게 보내는 편지는 각별한 의미를 지닌다. 아버지가 없는 변경인의 삶에 형과 어머니가 수행하는 역할이 압도적일 수 있기 때문이다. '고향 같은 곳', 즉 문학으로 돌아가는 이유가 '삶의 층위 혹은 역할'과 계급적 실천에 있음을 언명한다. 주변 계급의 역할을 '자칫 극단으로 치닫기 쉬운 두 계급의 가운데서 그들을 비판하고 조정하는 기능을 할 수 있는' 유일한 계급으로 파악한다.

> 하지만 이제는 문학이 계급적으로 분류되는 것을 승인합니다. 나는 그 문학으로 주변 계급에 머물러 있겠습니다. 저 쉽게 미치고 절망하고 잔인해지는, 그래서 일쑤 끔찍한 리바이어던을 만들어내는 두 기본계급 사이에 위엄있게 머물러 그 욕망을 조정하고 이해를 조화시켜 보겠습니다. 제게 그럴 만한 힘이 있는지 모르지만 문학이 그런 것이라면 한 남자로서도 꿈꾸어볼 만한 일이 아니겠습니까.(권12, p. 227)

'남자', '위엄', '욕망', '미침', '잔인함' 등은 이 소설이 길게 전개해 온 주제 항목들이다. 이 소설을 진행하게 하는 힘이 되는 것들이다. 한 인간이 자신의 계급적 실천을 위한 결단에 이르렀을 때 할 수 있는 일과, 그 일을 알리는 그 양식 사이에 현상적 차원의 일치를 읽어낼 수 있게 된다. 형에게 보내는 이 편지에서 "그 고향 같은 곳은 바로 문학입니다."(권12, p. 225)라고 고백하는 일. 저 서사시의 세계에서 고향으로 돌아가는 이야기는 이념적 근거가 뚜렷했다. 그런데 변경 지역이 확실해진 이제는, 개인에게 있어서 역사의 소용돌이 길목에서 그 문학은 "언제나 아득한 그대"일 수밖에 없다. 그래서 문학에게 보내는 편지는 연서(戀書) 형식으로 되어 있다.

"언제나 아득한 그대에게/ 이제 이리 늦어서야 그대를 향해 떠납니다." 이렇게 시작하는 마지막 편지를 쓰게 하는 동인은 잠시 접했다 떠난 문학에 대한 '그리움' 때문이다. "또 다른 뜬소문에 들떠 새로운 길로 나서기보다는 마지막으로 그대의 자취를 느낀 그곳으로 돌아가 보렵니다. 거기 그대가 없을지라도 돌아가 그곳에서 기다리겠습니다. 그리고 설령 그대를 향한 내 노래가 짝사랑의 노래로 끝날지라도 그치는 일은 결코 없을 것입니다./ 부디 그때처럼 화안하게, 따뜻하게 그곳에 머물러 계십시오. 다시 아득한 그대에게." 이런 편지를 띄우는 시점은 "스물넷의 어느 가을 새벽 돌아가는 길에"이다(권12, pp. 232-233).

한 인간의 '자기깨달음', 자기이해에 이르는 길에 대한 문체지표를 여기서 요약하고 있다. 삶의 디테일과 이념의 선명성을 획득할 때까지의 방황, 그리고 삶의 정향은 문화와 교육을 압축하는 이 소설의 문체지표이다.[64]

문체론의 학문적 성과는 다음과 같다. 문체론의 전개는 언어를 보는 관점을 달리하게 했다. 이는 텍스트언어학과 담론의 이론이 문체론 진전에 기여한 바와 연관된다. 언어를 체계나 구조로 보던 관점에서 주체의 개입으로 발화된 언어라야 언어의 원상이라는 인식이 널리 퍼졌다. 아울러 활성화된 구체성의 언어가 문학의 언어라는 인식을 확대하였다. 그동안 언어를 그 운용주체와 절리(絕離)된 상태에서 객관적 대상으로 바라보던 관점을 수정하게 했다.

문체론의 진전으로 달라진 인식 가운데 하나는 내용과 표현이라는 이분법적 사고가 한계에 달했다는 점이다. 언어와 연관된 논의에서 양분법은 그 효용이 끝났다는 점이 드러났다. 내용 자체, 형식 자체라는 개념 설정이 어려운 것처럼, 거듭하거니와 '언어 자체는 없다'. 따라서 문학에서 언어에 대한 관심은 문학의 모든 것에 대한 관심이다. 바흐친의 말대로 문체론은 연구자와 작품(텍스트)을 연결하는 고리이다.

문체론의 진전은 문학의 자율성 인식에 기여했다. 특히 소설장르의 경우 어떤 단일한 원리로 포착할 수 없는 특성을 지닌다. 이는 바흐친이 말하는 소설장르의 "종결 불가능성"에 기인하는 것이라고 봐야 할 것이다. "그 어떤 최종적인 것도 아직 이 세계에서는 발생하지 않았으며, 세계의 마지막 말도 세계에 대한 마지막 말도 아직 발화되지 않았다. 세계는 열려 있고 자유로우며, 모든 것은 여전히 미래에 놓여 있고 또한 언제나 미래에 있게 될 것이다."[65]

---

64 작가 개인의 문체 특성이 작품의 소재에 따라 달라질 수 있다는 점을 확인하기 위해 이문열의 〈황제를 위하여〉와 〈변경〉을 대비적으로 검토할 수 있을 것이다.

65 Gary Saul Morson and Caryl Emerson, 앞의 책, p. 85.

현실에 대한 허구적 형상화로서 소설을 바라볼 경우, 그것은 현실에 다가가기인 동시에 현실을 떠나 새로운 세계를 모색하는 일이다. 이는 바흐친의 용어로 "소설의 창조적 이해"와 연관된다.[66]

소설을 읽는 행위는 눈으로 나열된 문자를 읽는 것이기 때문에 단어, 문장, 단락, 절, 장 등의 순으로 나아가야 한다. 그러나 소설의 의미를 해석하는 소설읽기는 다른 방식을 취한다. 하나의 작품을 다 읽은 다음에는 전체적인 윤곽을 그린다. 그리고 그 전체 윤곽에 인물, 사건, 논리 등이 보증을 해주는 방식으로 부분들이 조회된다. 이 과정에서 문체는 독자에게 전망을 제시한다. 배를 타고 저어간 뱃길을 조망할 수 있는 전망대로 독자를 끌어올리는 통일성, 통일적 감각이 문체에 대한 독자의 몫이다. 이를 해석의 문체라 할 수 있으리라. 그러한 감각을 형성하는 질료는 언어체로서의 텍스트이다. 텍스트에 대한 분석은 전체를 모체로 하여 부분이 수렴된다. 부분은 여러 층위의 문체지표를 포함하고 전체의 지표에 조회되면서 거기로 수렴되어 들어간다.

소설의 장르적 속성을 고려한 언어운용을 바탕으로 논의의 궁극점에 놓이는 것이 산문학(prosaics)이다. 시학(詩學, poetics)이 문학의 이론 전체를 대신하는 용법이 있었다. 시를 대상으로 하는 이론이라는 의미에서는 '시의 이론'이다. 그런데 아리스토텔레스가 쓴 책으로 전해지는『시학』은 그리스 비극을 대상으로 한 연극론이다. 연극은 오랜 전통에 힘입어 그 나름의 법칙을 수립했으나,[67] 서사장르의 근대적 형식인 소설은 한 단어로 거머잡을 수 없는 복합성을 지니고 있다.

소설의 언어는 문체론을 형성하기 지극히 어렵게 한다. "엄밀하게 말해서,

---

66 위의 책, p. 498.

67 시학이 시의 이론과 작시법을, 드라마투르기가 연극이론과 드라마작법이라는 두 가지 뜻을 동시에 포괄하는 데 비해 '산문학'은 '소설창작법'을 뜻하지는 않는다.

소설은 문체론이 이해하는 바의 스타일을 가지고 있지 않기 때문이다."[68] 이 거머잡을 수 없는 언어를 다루는 방식, 거기서 추출할 수 있는 논리는 대상의 속성을 반영한 것이라야 한다. 이 복잡하고 이질적이며 유동적인, 따라서 형성적인 산문의 논리를 추구하는 학문을, 바흐친은 '산문학'이라는 용어로 부른다.

산문학은 바흐친이 개발한 소설언어의 특징에 기반을 둔 이론을 지칭한다. 다시 말하자면 소설적 담론은 일개 스타일이 아니라 스타일들의 스타일, 좀 더 정확히 말하자면 스타일들의 대화로 간주한다.[69] 그렇게 되면 소설 텍스트는 독자에 의해 층이 거듭되고, 다른 텍스트와 의미적인 대화 맥락에 들어가게 된다. 어떤 단어나 문장이 의미를 지니는 것은 그것이 구체적인 맥락 속에서 대화화된 발화가 될 때인 것처럼, 발화체로서 소설의 의미는 독자의 수용과 매개를 통해서 발현된다. 이를 '소설의 창조적 이해'라 한다.

창조적 이해는 독자의 개입으로 소설 텍스트가 문체를 형성하도록 하는 과정과 그 결과를 뜻한다. 소설의 독자는 해석자이다. 아울러 텍스트에 개입하는 대화관계를 촉진하는 의미 촉진자이다. 텍스트와 텍스트, 의미와 의미를 맞서게 하고 그 관계 속에서 다른 의미를 일관성 있게 산출하는 그 언어적 원리가 문체이다. "의미는 그것이 또 다른 낯선 의미와 마주치고 접촉하게 될 때만 그 깊이를 드러낸다. 이 의미들은 일종의 대화에 참여하는데, 대화는 이 특수한 의미들, 이 문화들의 폐쇄성과 일방성을 극복한다."[70] 이러한 문체론을 이름하여 '대화문체론'이라 할 수 있는데, 소설의 연구와 수용에 이러한 문체 개념이 작용하는 양상과 그 힘을 추구하는 것이 대화문체론의 지향점이다.

---

68 Gary Saul Morson and Caryl Emerson, 앞의 책, p. 544.

69 위의 책, p. 543.

70 위의 책, p. 498.

그런데 바흐친의 이론은 과도하게 산문지향적이라는 비판을 받을 수 있다. 서정소설을 보여 준 이효석(李孝石), 포스트모던한 발상을 시대에 앞서 보여 준 이상(李箱), 심리소설을 쓴 최명익(崔明翊)과 허준(許俊) 등도 분명 소설가다. 그리고 이들의 언어에 대한 다른 전제와 분석이 필요하다. 비대화(非對話)의 언어가 대화화(對話化)되는 것은 장르적으로 이질적인 작품의 대질을 통해서이다. 이 대질을 하는 주체는 독자이므로, 따라서 독자의 몫은 늘 미래에 있게 된다.

앞으로 문체론은 다양하게 분화해 갈 것이다. 작품의 문체론, 작가의 문체론, 장르의 문체론, 시대의 문체론, 문화권의 문체론 등으로 문체론이 대상으로 하는 분야에 따라 분화가 예상된다. 이러한 문체론의 분화는 문체론 사이에 대화관계를 형성함으로써 더욱 생산성 있는 문체론으로 전개될 것이다. 문체론이라는 이름을 유지할지는 모를 일이다. 문체의식은 미래를 살아가는 사람들에게 있기 때문이다. 원리적으로 본다면 문체론은 담론의 이론에 수용될 것으로 예견된다.*

* 이 글은 본래 '현대소설의 문체변이와 문체론적 방법'이라는 제목의 글로, 현대소설의 문체가 변이해 온 궤적을 통시적으로 점검하고 이를 바탕으로 새로운 방법을 모색하고자 했으나 방만해질 것 같아 방법론 방향으로 문제를 집약하였다.

02 소설담론의 역동성

– 김유정 소설담론의 역동성

소설언어의 미학적 차원

한 작가가 자기 문체를 형성하고 있다는 것은 그 작가의 영광이다. 그리고 그 영광은 우리 언어문화의 질을 결정하는 자산이 된다. 작가들의 문체로 드러나는 언어 특징은 우리 언어문화의 수준을 가늠하게 하는 지표라고 할 수 있다. 그런 점에서 김유정(金裕貞, 1908-1937)의 독특한 언어운용방법은 우리 소설사, 나아가 우리 문학사에서 중요한 의미를 지닌다. 문학사적 중요성을 지닌 언어체에 대한 연구자들의 관심은 우리 언어문화를 기름지게 하는 작업으로 연결된다. 작품의 해석은 결국 문학의 가치 축적을 가져온다. 문학적 가치는 독자가 해석한 결과의 집적물이기 때문이다.

김유정은 독특한 문체로 일가를 이룬 작가이고, 그러한 언어 특성에 대해 많은 연구자들이 주목한 바 있다. 그가 사용하는 어휘의 향토성,[1] 작중인물들이 구사하는 토속적인 화법,[2] 문장의 이중부정적 특징, 언어적 아이러니의 설정,[3]

---

1 이주일, 「김유정소설연구」, 명지대학교 박사학위논문, 1991.

2 구인환, 『한국근대소설연구』, 삼영사, 1977.

3 김상태, 『문체의 이론과 해석』, 새문사, 1982.

서술자를 다층적으로 설정하는 서술방법[4] 등이 연구자들이 지적하는 김유정 소설의 언어적 특징이다. 김유정 문학 전반을 다루는 가운데 언어적 특성을 밝힌 연구로 전신재와 유인순 등의 업적을 들 수 있다. 그런데 소설 텍스트의 구조를 밝히고, 서술자의 운용방식을 밝히는 것이나 토속적인 언어를 추출하여 그 항목을 열거하는 것은 소설언어의 미적 자질 가운데 한 부분에 지나지 않는다. 방법을 달리하여 지속적인 논의를 할 필요가 있다.

소설의 언어는 다층적인 사회 · 문화적 층위 안에서 구축된다. 작가의 언어적 개성은 그 작가가 속한 사회, 그 사회가 처한 문화적 상황 안에서 발현된다. 어떤 작가의 언어적 특질이 드러나기 위해서는 그 특질을 드러내 주는 배경이 필요하다. 언어에 관한 한 전적으로 독창적인 특질이란 존재할 수 없다. 사회언어를 배경으로 하여 '전경화된 것'이 소설의 텍스트이기 때문이다. 그 사회언어는 표준적 언어라는 속성을 지닌다.

김유정 소설의 언어적 특질을 미학적 차원으로 해석하는 데는 몇 가지 전제가 있어야 한다. 그 시대의 언어, 작가가 주로 활약한 문학판의 언어, 작가가 몸으로 익힌 생애의 언어, 소재로 동원하는 작은 세계(영역)의 언어 등이 어떤 조합을 이루는가에 주목해야 한다. 이들과 무관한 김유정 고유의 언어는 없기 때문이다.

방법과 관련하여 김유정의 언어 특질이 드러나는 작품을 모두 검토할 수도 있고, 그의 특징적인 면모를 두루 반영하는 작품을 선택하여 검토할 수도 있다. 여기에서는 김유정의 대표작으로 평가되는 〈만무방〉을 중심으로 그의 언어적 특징을 담론의 차원에서 밝혀 보고자 한다. 이 작품을 기호론적 구조로 분석해 보고, 그 결과를 해석의 차원으로까지 접근시켜 보고자 한다. 이 과정에서 김유정의 언어적 역동성이 드러날 것으로 기대한다.

4　최병우, 「〈만무방〉의 서술구조」, 『先淸語文』 제16 · 17호 합집, 1988.

소설언어 – 담론의 운용

김유정의 소설은 재미가 있다. 설정된 인물의 성격이 여실하고, 인물들이 처한 상황은 아이러니한 경우가 대부분이다. 또한 그들이 벌이는 행동은 시대상을 반영함과 동시에 독자적 특성을 보여 준다. 이러한 특성은 김유정이 구사하는 언어의 힘으로 형상화된다. 김유정 소설의 언어에 대한 관심은 여기서 출발한다. 김유정 소설의 텍스트를 분석하기 전에 소설을 분석하고 해석하는 데 필요한 몇 가지 전제를 검토하고 넘어가는 것이 순서일 듯하다.

근대적 개념으로 소설은 텍스트 형태로 존재한다. 따라서 소설의 언어를 제대로 보기 위해서는 우선 텍스트를 분석해야 한다. 분석은 형식적 추상주의를 벗어나야 의미를 지닌다. 문학 텍스트 일반이 그러하듯이 소설 텍스트는 해석을 요하는 의미의 예술이다. 그러나 해석은 자칫 이데올로기적 추상주의에 기울 수 있다. 이러한 두 가지 추상주의를 극복하기 위해서는 소설 텍스트를 '기호론적 실천' 양태로 볼 필요가 있다. 즉 소설의 언어를 담론으로 보자는 것이다.[5]

소설의 언어는 바흐친의 지적대로 다층성과 이질성을 그 특징으로 한다. 이는 소설이 다양한 인간들이 살아가는 실상을 바탕으로 구축되는 서사이기 때문이다. 또한 소설은 논리와 감성을 아우르는 매우 정교한 의사소통의 체계이다. 서사문학의 하위 장르인 소설을 기호론적 실천의 관점에서 분석한다는 것은 소설을 의사소통의 체계로 분석함을 뜻한다. 발화구조의 분석만으로 언어적 의사소통의 본질을 드러낼 수 없는 것과 마찬가지로, 소설의 소통구조를 분석하는 작업 또한 구조 분석으로는 충분하지 못하다. '작용태(作用態)'로서 구조를 분석하고, 거기에 해석이 겸해져야 '기호론적 실천'의 의미가 드

5 우한용, 『채만식소설담론의 시학』, 개문사, 1992, 제1장 참조.

러나는 것이다. 소설의 언어를 대상으로 할 경우 소설적 소통의 거대구조 차원과 텍스트의 미세구조 두 차원의 분석이 필요하다.

거대구조 차원의 분석은 '소설현상'에 대한 분석이다. 문학을 거대 소통행위로 보는 관점을 문학현상의 관점이라고 한다면 소설을 거대 층위에서 바라보는 소통행위구조를 '소설현상'이라 할 수 있다.[6] 소설가는 소설을 쓰고 그것은 소설책이 되어 서점이나 도서관을 통해 독자에게 보급된다. 독자는 소설을 읽은 다음에는 어떤 형식으로든지 반응을 나타낸다. 그 반응은 간접적이기는 하지만 작가에게로 되돌아간다. 작품의 구매력이라든지 비평가의 비평이 작가에게 영향을 행사한다면 이것이 수용자가 작가에게 돌려주는 반응의 실상이다.

이는 일상언어적 소통과 구조가 유사하다. 소설가는 독자에게 어떤 이야기를 하고 독자는 그 이야기의 뜻이 무엇인지 캐 들어가면서 자신의 문화체험에 따라 반응하게 된다. 그 반응은 다시 작가에게 돌아가 작가의 창작행위를 규제하게 된다. 문학의 이러한 소통구조를 '문학현상(文學現象)'이라 한다면 소설의 경우 이를 '소설현상'이라 할 수 있다. 소설의 이러한 소통구조를 기호론적 구조라 할 수 있다.[7]

소설 내적인 소통구조는 텍스트의 담론구조로 환원하여 그 특성을 설명할 수 있다. 소설의 이야기는 소설가가 자기 자신의 이야기를 하는 것이 아니라 '다른 인물'을 시켜 이야기를 한다는 것이 특징이다. 즉 소설의 서술과 전달은 서술자의 개입을 전제로 한다. 소설의 언어 층위가 복잡해지는 것은 서술자

---

6 '문학현상'은 문학이 이루어지는 내적·외적 제반 조건을 고려한 현동화 양상을 가리킨다. 즉 작가와 작품과 독자의 역동적인 작용태를 뜻하는 동시에 문학을 둘러싸고 있는 사회·역사적 조건까지를 포괄하는 개념이다(구인환 외, 『문학교육론』, 삼지원, 1992 참조).

7 기호론적 구조는 언어를 통한 의사소통의 구조와 유사한 것으로 생각할 수 있다. 즉 작가–작품–독자 사이의 의미 전달과 수수 관계이다(R. Jakobson, *Language in Literature*, 신문수 역, 『문학 속의 언어학』, 문학과지성사, 1989 참조).

(敍述者, narrator)가 스토리를 전달하기 때문이다.[8] 서술자는 텍스트 표면에 나타나기도 하고 숨기도 한다. 텍스트 표면에 나타나는 서술자의 양상도 여러 가지이다. 작중인물이 되는 경우도 있고, 작중인물 역할을 하지 않는 경우도 있다. 작중인물이 되더라도 주인공 역할을 하는 경우도 있고 조역을 담당하는 경우도 있다. 소설에 나오는 서술자의 이러한 역할 분화는 이른바 액자소설에서 잘 나타난다.[9] 액자소설은 내용으로서의 이야기와 그 이야기를 전달하는 구조가 명백하게 나타난다.

소설 텍스트는 작가, 서술자, 작중인물, 그리고 서술자나 작중인물에 의해 지시되는 텍스트 외적 인물들의 언어로 층위를 이루며, 이들 층위 사이에 나타나는 상호작용은 대화적 속성을 띤다. 소설의 기호론은 소설을 이루는 층위 사이에 나타나는 대화적 속성을 밝히는 데 기여한다. 이는 소설의 요소를 독립적인 것으로 파악하는 것이 아니라 의사소통의 구조 안에서 요소들 사이의 연관성을 중시한다. 요소들 사이의 연관성은 시각의 조정을 통해 다양한 의미를 드러내는 예술적 장치 역할을 한다.

소설은 작가가 독자에게 어떤 의미를 지닌 이야기를 함으로써 문제를 이끌어내는 양식이다. 소설 내적인 문제 상황에 독자가 동참하게 되는 것은 기호론적 구조의 언어화, 즉 담론(談論)을 통해서이다. 소설의 언어는 이중적인 의미에서 담론의 형태로 되어 있다. '작가－작품－독자'의 층위와 '서술자－작중인물－피서술자'의 층위를 상정할 수 있기 때문이다. 담론은 언어학에서 분석의 대상으로 삼는 정태적 자료인 언어가 아니라 주체들이 개입함으로써 역동적으로 활성화된 언어를 말한다. 다른 말로는 '대화화(對話化)된 언어'를

8 서술자라는 용어 대신에 '화자(話者)'라는 용어를 사용하기도 하지만, 소설의 대화에 직접 참여하는 작중인물과 동일한 의미를 띠어 혼란이 예상된다. narrator는 서술자(敍述者)로 speaker는 화자(話者)로 사용하는 것이 합리적이다.

9 액자소설은 '격자소설(格子小說)'이라는 용어로 부르기도 한다. 이야기 속에 다른 이야기를 이끌어들여 이야기의 신빙성을 확보하는 방법으로, 오랜 전통을 지닌 서사기법이다.

뜻한다. 대화화된 언어는 텍스트를 고정된 언어체로 보는 관점으로 분석하기 어렵다. 사상과 감정을 전달하는 것에 언어운용의 목표를 한정하지 않는다. 사상과 감정을 전달하되 상대방을 일정한 방향으로 움직이고자 하는 의도(意圖)를 포함한다. 이 의도는 넓은 의미의 이데올로기를 포함한다. 따라서 담론화된 언어는 '언어를 통한 이데올로기 실천'이라는 의미를 지닌다.

언어를 사용하는 주체가 메시지를 발동하고 그 언어의 상대역이 그 언어를 주체적으로 수용하는 가운데 언어를 사용하는 주체와 상대방은 동등한 자격의 주체로 자리잡을 수 있다. 담론의 장에서는 말을 하는 주체와 그것을 수용하는 상대방이 고정되어 있는 것이 아니라, 언어행위에 참여하는 주체들은 쌍방적이고 상호주체적(相互主體的)인 위치에 놓인다. 이는 소설가와 독자의 관계에서도 마찬가지로 상정되는 소통구조이다. 소설에서 인물들의 역할은 일차적으로 소설담론의 주체가 된다.

이러한 역동적 구조를 통해 그 사회의 구성원들은 의미를 공유하고, 새로운 의미를 발견하며, 의견의 조정을 이루어내기도 한다. 그렇기 때문에 단지 구조를 분석하는 것으로 소설의 의미화 작업이 끝나지 않는다. 분석의 결과를 해석하는 과정이 뒤따라야 한다. 소설의 구조 해석은 수용자의 의미 해석과 연관된다. 따라서 소설 소통구조의 거대구조와 미세구조는 크고 작은 치차(齒車)의 톱니처럼 서로 맞물려 돌아가게 마련이다. 역동적(力動的) 구조로서의 소설은 담론의 구조라 할 수 있다. 이것이 넓은 의미에서 말하는 소설의 기호론적 구조이다. 이상에서 설명한 방법에 따라 김유정 소설의 언어적 특성을 살펴보겠다.

소설담론의 주체

일반화해서 말하자면, 소설 속에는 두 가지 이야기가 있다. 흔히 내용이라고 하는 작중인물(作中人物)의 이야기가 있고, 그것을 전달하는 전달자, 즉 서술자의 이야기가 있다. 작가는 자신의 이야기를 고백하는 것이 아니라 남의 이야기를 하되 서술자를 내세워서 하기 때문에 텍스트에는 일종의 '그림자' 처럼 존재한다. 작중인물은 소설 텍스트 내적인 존재이기 때문에 독자에게 직접 이야기를 할 수 없다. 소설에 인물의 형상으로 나타나는 존재들은 작가로 지칭되는 그림자 인물, 작중인물, 그리고 작중인물의 행동과 말을 전달하는 서술자 등이 층위를 이루고 있다. 서술자는 인물형상을 이루는 존재들 사이에 언어의 여러 층위를 조정하고 의미관계를 형성하면서 담론을 조직해 간다. 다시 말해 담론의 주체는 작중인물과 서술자로 대별된다. 우선 담론의 주체로서 〈만무방〉이 누구의 이야기인가 하는 점, 작중인물을 보기로 한다.

〈만무방〉 전체는 도둑 이야기라고 해도 지나침이 없다. 전체 내용을 작중인물인 응오를 중심으로 단락별로 요약해 보기로 한다.[10]

① 부랑민 형이 돌아와 아우네서 머문다. (사건의 배경 상황)
② 아우네 집 벼이삭을 도둑맞는다. (사건의 발생)
③ 형이 도둑의 누명을 쓴다. (사건의 여파)
④ 형이 도둑을 잡으러 나선다. (사건 해결의 시도)
⑤ 형이 도둑을 잡는다. (사건 해결 성공)
⑥ 도둑은 아우라는 것이 밝혀진다. (해결한 사건의 재사건화)
⑦ 아우는 자기 벼를 훔친(것이)다. (해결한 사건의 무효화)
⑧ 형이 아우를 위해 다른 도둑질을 하려 한다. (사건 해결의 다른 방향)
⑨ 아우가 형의 제안을 거절한다. (⑧의 부정)
⑩ 자기 벼를 도둑질한 아우는 진실하다. (의미의 역전 현상)

10 최병우, 앞의 글, pp.866-877 참조.

〈만무방〉의 서사구조를 이루는 작중인물 가운데 중심은 형과 아우이다. 서사단락 ⑤와 ⑥이 사건의 핵심이라 할 수 있는데, 형이 도둑의 누명을 벗기 위해 길목을 지키고 있다가 잡은 도둑이 자기 동생으로 판명된다. 거기다가 동생은 자기 논의 벼를 자기가 훔치는 행동을 한다. 동생의 도둑질과 형의 도둑잡기가 담론의 주체들이 보여 주는 행동의 핵심이다. 여기서 이 작품이 아이러니한 구조로 되어 있다는 점이 밝혀진다.

〔한 식경쯤 지났을까, 도적은 다시 나타난다. 논뚝에 머리만 내놓고 사면을 두리번거리더니 그제서 기여나온다. 얼굴에는 눈만 내놓고 수건인지 뭔지 흔겁이 가리었다.〕

〔{도둑은} 봇짐을 등에 걸머메고는 허리를 구붓이 뺑소니를 놓는다.〕 (그러자 응칠이가 날쌔게 달겨들며)

〈"이 자식 남우 벼를 훔쳐가니……"〉

(하고 대포처럼 고함을 지르니) 〔논둑으로 그대로 데굴데굴 굴러서 떨어진다.〕 얼결에 호되게 놀란 모양이었다.[11]

여기서 작중인물들이 실제로 하는 말은 대화로 표시되어 있는 한 마디밖에 없다. 그 뒤에는 "성님까지 이렇게 못살게 굴기유?", "내 것 내가 먹는데 누가 뭐래?" 하는 대화가 지문 사이에 끼어 있다. 차례대로 앞의 하나는 상대방, 즉 동생을 향해 있다. 뒤의 둘은 형을 향해 있다. 그 나머지는 텍스트 내적인 상황을 따라다니는 서술자가 이야기하는 것이다.

이 인용에서 서술자의 역할을 보기로 한다. 〔 〕 부분은 작중인물이 직접 바라보고 있는 현상일 수도 있고, 작중인물을 따라다니는 서술자가 본 것일 수도 있다. 그러나 ( ) 부분은 작중인물이 직접 이야기할 수 없는 부분이다. 이야기하는 사람이 자기 자신의 이름을 불러가며 이야기를 하지는 않는다.

---

11 전신재 편, 『원본김유정전집』, 한림대학교출판부, 1987, p. 102. 이하 이 책에서 인용하는 경우 본문 괄호 안에 면수만 밝히기로 한다.

이는 서술자가 전담하여 전달하는 말이다. 〈 〉 부분은 작중인물의 말이라고 표시가 되어 있을 따름이지 사실은 서술자가 전달하는 것이다. 대화에 이어지는 전달동사 혹은 인용지표 '하고' 와 '대포처럼'이라는 해석이 서술자의 몫으로 들어가 있기 때문이다.[12] 다시 〔 〕부분은 작중인물과 서술자가 공유하는 의식을 서술자가 전달하는 것이다. 소설의 지문에 서술자가 개입할 때는 화법이 달라짐으로 해서 가치평가(價値評價)를 동반한다.[13]

우리가 말을 할 때 의도하든 의도하지 않든 간에 많은 가치평가가 개입된다. 이때 가치평가라는 것은 대상에 대한 지향성(指向性, intentionality)을 뜻한다. 이 지향성은 언어운용을 둘러싸고 일어나는 각종 의미실현 현상을 뜻한다. 가령 도둑이 들어왔는데 주인이 "불이야!" 하고 외쳤다고 하자. 그 한 마디 속에 숨어 있는 지향성은 간단치 않다. 상황이 절박함은 물론, 도둑이 들어왔으니 동네 사람들이 달려와서 붙잡아 달라는 간절한 요청을 표현하고 있는 것이다. 또 나는 도둑(님/ 놈) 당신을 붙잡을 생각은 없다, 그러니 해치지 말아 달라는 애원도 들어 있는 것이다. 그뿐만이 아니다. 집에 들어온 도둑을 잡는다든지 싸워서 상해를 입히는 경우 언젠가 해꼬지를 당하게 마련이니 도둑은 제 발로 달아나도록 해야 한다는 대대로 내려오는 삶의 슬기, 즉 상황에 대처하는 전통적인 방식이 거기 담겨 있는 것이기도 하다. 이러한 의미작용을 포괄적으로 '지향성'이라는 용어로 일컬을 수 있다.[14] 이처럼 말을 한다는 것은 언어를 통해 지향성을 실천하는 양상으로 구현된다. 신념, 소망, 공포, 욕망 등 사실의 표현을 뛰어넘는 많은 요소가 언어행위에 포함되는 것이다. 그런데 그 방향이 쌍방향적이라는 점에 주목할 필요가 있다.

---

12 이필영, 『국어의 인용구문 연구』, 탑출판사, 1993, pp. 13-19 참조.

13 위의 책, p. 16. "인용절은 원발화의 내용을 중심으로 하되, 원발화의 형식을 인용화자가 임의로 변개하여 나타낸 것인데, 이때 인용화자는 그것(인용한 말)을 인용화자 자신의 말이기보다는 원발화자의 말인 것처럼 나타낸다. 따라서 간접인용에는 인용화자의 관점이 개입할 가능성이 많다."

14 John Searle, *Intentionality*, Cambridge University Press, 1983 참조.

작중인물은 다른 작중인물을 향해 말을 할 때, 앞에서 설명한 지향성을 가지고 말을 한다. 그 말을 듣고 되받는 사람 또한 그러한 지향성을 가지고 상대방의 말을 변용하여 수용한다. 그렇게 말이 오가는 사이에 지향성은 방향을 달리하면서 지속적인 해석(解釋)이 이루어진다. 이처럼 소설담론의 지향성은 서술자의 전달 과정에서 그 방향이 달라진다. 서술자의 해석 방향에 따라 주제 방향이 달라진다고 할 수도 있다. 독자가 소설을 읽는 가운데 투사하는 지향성 또한 해석의 방향을 달라지게 한다. 소설의 인물을 논하면서 담론 특성을 고려하지 않을 때, 작중인물의 유형론에 빠지거나 성격화(性格化)의 방법을 논하는 형식주의에 기울게 된다. 담론 양상과 인물의 의식(意識)과 지향성이 어떻게 연관되는가를 살피는 것이 소설을 이해하는 방법을 제공한다. 다음의 예를 보기로 하자. 앞의 인용에 이어지는 장면이다.

> ① 응칠이는 덤벼들어 우선 허리께를 나려조겼다. 어이쿠쿠쿠 하고 처참한 비명이다. 이 소리에 귀가 번쩍 띄이어 그 고개를 들고 팔부터 벗겨 보았다.
>
> ② 그러나 너무나 어이가 없음인지 시선을 치걷으며 그 자리에 우두망찰한다.
>
> ③ 그것은 무서운 침묵이었다.
>
> ④ 살뚱맞은 바람만 공중에 북새를 논다.
>
> 한참을 신음하다 도적은 일어나더니,
>
> ⑤ "성님까지 이렇게 못살게 굴기유?"
>
> 제법 눈을 부라리며 몸을 홱 돌린다. 그리고 늣기며 울음이 복바친다. 봇짐도 내버린 채,
>
> ⑥ "내 것 내가 먹는데 누가 뭐래?"
>
> 하고 데퉁스러히 내뱉고는 비틀비틀 논 저쪽으로 없어진다.
>
> ⑦ 형은 너무 꿈속 같아서 멍하니 섰을 뿐이다.
>
> ⑧ 내 걸 내가 먹는다 — 그야 이를 말이랴, 허나 내걸 내가 훔쳐야 할 그 운명도 얄궂거니와 형을 배반하고 이즛을 버린 아우도 아우렸다.
>
> ⑨ 에-이 고현 놈, 할 제 보를 적시는 것은 눈물이다.(pp. 102-103)[15]

15 설명의 편의를 위해 번호를 달았고 단락도 다소 달리 갈랐다.

위 인용에서 ①을 포함한 처음의 세 문장에는 서술자의 평가가 그리 분명히 나타나지 않는다. ②에는 ①에 대한 해석이 나타난다. 그 내용은 ③에서 강화된다. ④에 가면 자연현상의 서술을 통해 서술자의 해석이 강화되고 있음을 알 수 있다. ③이 주관적인 평가라면 ④는 그것을 객관화한 것이다. 대화 형태로 제시된 ⑤와 ⑥은 이 소설의 아이러니적 성격을 암시한다. ⑤의 의미가 ⑥에 가서 보다 구체화된다. ⑦은 ⑤와 ⑥에 대한 해석이 행동으로 구체화된 것이라 할 수 있다. 서술자의 해석이 가장 직접적으로 강화된 것이 ⑧이다. 자기 것을 자기가 훔쳐야 하는 상황, 그것은 비극적 아이러니라고 할 수 있다. 이를 두고 당시 농촌의 피폐상를 보여 주는 것이라고 한다면 지나치게 단순한 시각이라는 폄하를 면하기 어렵다. ⑨는 인물의 심리까지를 표현한 것인데 양가감정(兩價感情)이 나타난 예이다.

이러한 예를 통해 알 수 있듯이 소설담론은 작중인물의 말에 대한 서술자의 해석이 거듭 가해지는 가운데 의미작용을 수행해 간다. 이러한 구조 속에서 인물의 성격이 드러나기도 하고 인물의 이념이 구체화되기도 한다. 소설담론의 주체들은 소설의 언어를 통해 자기를 드러내고, 독자를 포함한 남과 언어적 교섭을 해나간다고 할 수 있다.

담론주체의 행위범주

우리는 〈만무방〉을 담론 측면에서 이해하기 위해 문학현상에서 연유하는 '소설현상'을 상정하였다. 그리고 소설현상이 기호론적 실천의 국면이며, 이는 언어적으로 본다면 담론 양상으로 드러난다는 것도 확인하였다. 소설이해를 위해서는 담론의 주체를 고려해야 함은 물론이고 이 주체들의 행위범주도 고려해야 한다. 즉 주체들이 보여 주는 행동과 그러한 행동을 촉발하는 동기

(動機)를 살펴보지 않고는 인물들이 보여 주는 행위의 의미를 알 수 없다. 동기에 따라 주체들의 행동은 특별한 방향으로 의미화된다.

첫째, 〈만무방〉은 고향을 떠났던 작중인물이 고향에 돌아와 도둑의 혐의를 받는 이야기이다. 아내와 행복한 가정을 이루기 위해 백방으로 노력하다가 실패하고 고향을 떠나 부랑(浮浪)하는 사람으로 인물설정이 되어 있다. "농사는 열심으로 하는 것 같은데 알고 보면 남는 건 겨우 남의 빚뿐"이어서 고향을 떠난다. 그리고는 걸인행각을 하다가, 아내와도 헤어지고 도박과 절도범으로 전락하고 만다. 응칠이가 고향을 떠나게 된 경위, 즉 '팔자를 고치던 첫날'은 다음과 같이 제시되어 있다.

> 그(신문지 – 인용자) 위에다가 아내가 불러주는 물목대로 일일이 내려 적었다. 독이 세 개, 호미가 둘, 낫이 하나, 로부터 밥사발, 젓가락집이 석단까지 그 다음에는 제가 빚을 얻어 온데, 그 사람들의 이름을 쭉 적어 놓았다. 금액은 제각기 그 아래다 달아 놓고, 그 옆으론 조금 사이를 떼어 역시 조선문으로 나의 소유는 이것밖에 없노라. 나는 오십 사원을 갚을 길이 없으매 죄진 몸이라 도망하니 그대들은 아예 싸울 게 아니겠고 서로 의론하여 억울치 않도록 분배하여 가기 바라노라 하는 의미의 성명서를 벽에 남기자 안으로 문들을 걸어닫고 울타리 밑구멍으로 세 식구가 빠져나왔다.(pp. 82-83)

그렇게 고향을 떠나 유리걸식(遊離乞食)하던 응칠이 고향에 다시 돌아온 것은 혈육의 정 때문이었다. 그러나 고향의 형편은 혈육의 정을 확인하기에는 너무나 피폐해 있다. 농사는 피롱(被農)이 되고 그의 계수씨는 병이 들어 소생의 가망이 없는 상황이다. 거기다가 아우네 논의 벼를 도둑맞는 사건이 일어나자 주인공은 도둑 혐의를 받는다. 작품의 결말에 가면 남의 집 소를 도둑질하려는 생각까지 한다. 고향의 삶은 일그러질 대로 일그러져 있다. 노름과 싸움이 성행하고, 도둑질하다가 감옥에 갔다 온 사람을 부러워할 지경으로 시달리는 삶과 그들의 왜곡된 심성이 고향의 풍경이다.

둘째, 일 없이 어슬렁거리는 사람들, 소위 '매팔자'라는 사람들의 이야기이다.[16] "산골에, 가을은 무르녹았다."로 시작되는 응칠의 송이파적은 네 페이지에 걸쳐 서술되어 있다. 거기에는 '일'의 의미가 다음과 같이 왜곡된 모습으로 나타난다.

> 오늘 아침만 해도 한 친구가 찾아와서 벼를 털 텐데 일좀 와 해 달라는 것을 마다하였다. 몇 푼 바람에 그까짓것을 누가 하느냐. 보다는 송이가 좋았다. 왜냐면 이땅 삼천리 강산에 늘려놓은 곡식이 말정 누거럼. 먼저 먹는 놈이 임자 아니냐. 먹다 걸릴만치 그토록 양식을 쌓아 두고 일이 다 무슨 난장마즐일이람. 걸리지 않도록 먹을 궁리나 할 게지. 하기는 그도 한 세번이나 걸려서 구멧밥으로 사관을 틀었다. 마는 결국 제 밥상우에 올라앉은 제 몫도 자칫하면 먹다 걸리긴 매일 반 — (p. 79)

위 인용에서, 왜 일을 할 필요가 없는가 하는 점을 작중인물의 논리로 밝히고 있다. 이 어슬렁거리는 사람들의 행동은 술마시기로, 도박으로, 도둑질 등 파행으로 나타난다. 어느 사회가 정상적인 사회가 되자면 사회 성원들에게 할 일이 분명히 결정되어 있어야 한다. 일이 없는 사람들의 사회는 왜곡된 사회, 결핍된 사회일 수밖에 없다. 이는 현진건(玄鎭健)의 〈빈처(貧妻)〉 같은 작품에 중요한 모티프로 나타나는 점이다. 여기에서 함께 언급되어야 할 사항은 도박이다. 도박은 도둑질과 함께 이 소설의 중요한 모티프가 되어 있다.[17]

셋째, 도둑질하는 이야기라는 점. 남의 닭 잡아 먹기, 자기 논의 벼 훔치기, 남의 소 도둑질하려는 도모(圖謀) 등 도둑질이 이 작품의 주요 모티프를 이룬다. 다음은 어처구니없는 도둑질의 한 예이다. 물질에 대한 과욕 때문에 빚

16 응오, 응칠 등은 매 '응(鷹)'자를 이름에 사용하여 '매팔자'를 연상하게 한다.

17 도박의 일상화는 식민지의 피폐한 삶을 상징적으로 보여 준다.

어지는 도둑질이 아니라 먹을 것을 구하는 도둑질이 엽기적인 지경에 이르러 있다. 이는 사회의 무규범성을 보여 주는 예가 된다. 가을이 오면 기쁨에 넘쳐야 될 시골이 점점 살기만 띠어 가는 가운데 농군이 장을 보고 오는 농군을 낫으로 찍어 죽이는 사건이 벌어진다. "그것도 많이나 되면 모르되 빼앗은 것이 한껏 동전 네 닢에 수수 일곱 되. 게다가 흔적이 탄로날까 하여 낫으로 그의 얼골의 껍질을 벗기고 조기대강이 이기듯 끔찍하게 남기고 조긴 망나니이다. 흉악한 자식. 그 잘량한 돈 사전에 나 같으면 가여워 돈을 더 주고 왔으리라."(pp. 93-94)

작중인물이 비판의 대상으로 설정한 행동을 스스로 선택하는 데서 아이러니는 빚어진다. 작중인물 응오는 도둑의 혐의를 벗기 위해 도둑을 잡으러 나선다. 그런데 그 자신이 도둑질을 함은 물론이고 도둑질로 문제를 해결하려 하는 데서부터 아이러니는 비롯된다. 도둑으로 알고 잡은 것이 자기 동생이고, 그 동생은 자기 논의 벼를 자기가 훔친 것이 판명된다. 형은 동생의 처지를 불쌍히 생각하고 동정한다.

> 에—이 고현 놈, 할 제 보를 적시는 것은 눈물이다. 그는 주먹으로 눈을 쓱 부비고 머리에 번적 떠오른 것이 있으니 두레두레한 황소의 누깔. 시오리를 남쪽 산속으로 들어가면 어느 집 바깥뜰에 밤마다 늘 매여 있는 투실투실한 그 황소. 아무렇게 따지던 칠십원은 갈 데 없으리라. 그는 부리나케 아우의 뒤를 밟았다.(pp. 102-103)

동생이 아내를 살리기 위해 요구했던 돈을 만들어 주는 방법으로 도둑질을 생각하고 아우에게 제안을 한다. 아우는 형의 그러한 제안을 거부한다. 내적으로 반복 강화되던 도둑질의 논리는 여기서 그 악순환을 벗어나는 것이다. 그러나 도둑질의 논리를 결국 벗어날 수 없는 것은 도둑질의 악순환을 조성하는 소설 외적인 텍스트의 성격 때문이다.

넷째, 갈 데가 없는 사람들의 이야기이다. 소설의 구조는 흔히 길의 구조 혹은 제사의 구조로 비유된다.[18] 주인공이 삶의 종착지를 향해 여행하는 구조가 소설에 나타난다고 보는 경우 소설은 길의 구조가 된다. 주인공들이 어떤 일을 계기로 모여들어 그 모인 장소에서 문제를 일으키고 논의를 벌이고 해결을 도모하는 경우, 이는 제사나 축제의 구조로 비유된다. 염상섭(廉想涉)의 〈만세전〉이 길의 구조를 보여 준다면 채만식(蔡萬植)의 〈태평천하〉는 제사의 구조를 보여 준다고 할 수 있다. 〈만무방〉에는 길의 구조가 변형되어 나타나 있다. 길을 출발해 간다고 해도 결국은 제자리로 돌아오는 원점회귀적(原點回歸的) 구조로 되어 있다.

고향을 버리고 타향을 떠돌아도 '형제는 그리운 법'이어서 고향에 돌아온다. 그러나 고향은 삶의 보금자리라는 의미를 잃은 훼손된 공간이다. 거기서 벌어지는 노름의 생리 또한 원점회귀적이다. 딴 것과 잃은 것이 같이 망하는 길로 통하기 때문이다. 이 훼손된 공간에서는 패가망신밖에 없다는 것을 알면서도 노름에 탐닉한다. 풍속(風俗)의 와해가 심리의 왜곡을 초래한다는 점은 앞에서 밝힌 바와 같다.

작품 속에서 벌어지는 도둑질도 원점회귀적 구조로 되어 있다고 볼 수 있다. 비유컨대 결국은 자기 물건을 자기가 훔치는 것이고, 속된 표현으로 제 닭 잡아먹기이다. 형이 아우의 문제를 해결해 주기 위해 소도둑질을 생각하는 것도 그러한 반복의 한 예이다. 도둑질의 이러한 반복구조가 이 소설의 한계로 지적될 수 있다. 지주와 대결하려는 의지가 부각되는 것도 아니고 그러한 구조적 모순에 대한 분노도 없다. 따라서 현실을 개혁하려는 의지가 결여되어 있다고 할 수 있을지 모른다.

이처럼 한정된 공간에서 벗어나지 못하는 삶의 이야기를 통해 우리는 그

---

18 김윤식, 「염상섭의 소설구조」, 김윤식 편, 『염상섭』, 문학과지성사, 1977, 제1장 참조.

세계가 통로 없는 폐쇄상황에 처해 있음을 알게 된다. 통로가 없는 세계는 절망적 상황의 상징이다. 상황의 이러한 상징성이 이 소설이 당대의 문제를 본격적으로 제시하고 있다는 점을 읽어 낼 수 있게 한다.

담론의 양상과 의미연관

소설 텍스트는 다양한 사회적 말투가 예술적으로 문체화(文體化)된 결과이다. 소설의 담론은 다양한 계층의 언어를 두루 포괄한다. 또한 개인의 다양한 말씨를 예술적으로 조직한 것이다.[19] 소설언어를 이렇게 폭넓게 규정하는 것은 장편소설을 대상으로 할 때라야 잘 들어맞는다. 단편소설은 장편소설과 달리 언어적 단일성(單一性)을 지향하는 양식이다. 삶의 단편을 단일한 인물과 단일한 시점을 통해 문체를 통일해 가는 것이 단편소설의 원칙이다. 언어 측면에서 본다면 단편소설은 이러한 단일성을 강조하는 것이기 때문에 시적(詩的) 양식에 가깝다고 할 수 있다. 이효석의 〈메밀꽃 필 무렵〉 같은 경우가 이러한 규정에 잘 어울리는 예이다.[20] 거기 비해 '움직이는 대상의 전체성'을 포착하고자 하는 장편소설은 단일한 언어를 구사하기가 어렵다. 소설의 언어를 분석할 때 대상으로 하는 작품의 양식(樣式)을 고려해야 하는 이유가 여기 있다.

담론의 차원에서 논의되는 소설의 언어는 일차적으로 작중인물들의 시각(視角)으로 착색된 대화가 이용되고, 서술자의 존재로 말미암아 해석이 가해진 언어이다. 그리고 여러 가지 다른 양식의 말이 다양한 층위에서 역동적으로 조직된다.

---

19 M. M. Bakhtin, *The Dialogic Imagination*, Texas University Press, 1981, p. 262.

20 우한용 외, 『소설교육론』, 평민사, 1993, pp. 123-146.

김유정의 〈만무방〉은 단편소설이기는 하지만 소설 일반의 언어양상을 잘 보여 준다. 몇 가지 특징을 들어 보기로 한다.

첫째, 서술자와 작중인물의 말이 유착(癒着)되어 있다. 이는 삼인칭 주관적 서술에 해당하는 방법이다. 이를 '투사적 서술(投射的 敍述)'이라고 설명하기도 한다. "삼인칭 관찰자의 시점인 자연의 묘사에서조차 김유정은 그의 감정을 투사하고 있는 것이다. 그의 서술의 특징은 서술자의 위치를 지키지 못하고 언제나 스토리 속의 인물 속에 뛰어드는 데 있다. 인물의 감정과 서술자의 감정은 수시로 용해한다."[21] 그 결과 독자의 시각이 이야기 자체가 아니라 서술자를 향하게 한다. 이러한 서술방법은 리얼리즘 소설에서는 그 가치를 크게 인정받지 못한다. 퍼시 러보크(Percy Lubbock, 1879-1965)의 구분으로는 드라마적인 수법이 되지 못하는 것이다.[22] 다음 예에서 우리는 서술자와 작중인물의 말이 교묘히 얽혀들어가는 양상을 확인할 수 있다.

> 산골에, 가을은 무르녹았다.
>
> 아람드리 노송은 빽빽이 느러박였다. 무거운 송낙을 머리에 쓰고 건들건들. 새새이 끼인 도토리, 뻣, 돌배, 갈입들은 울긋불긋. 잔디를 적시며 작은 샘이 졸졸거린다. 산토끼 두 놈은 한가로이 마주앉아 그 물을 할짝거리고. 이따금 정신이 나는 듯 가랑잎은 부수수, 하고 떨린다. 산산한 산들바람. 귀여운 들국화는 그 품새에 새뜩 새뜩 넘논다. 흙내와 함께 향깃한 땅김이 코를 찌른다. 요 놈은 싸리버섯, 요 놈은 잎 썩은 내 또 요놈은 송이—, 아니 가시넝쿨 속에 숨은 박하풀 냄새로군. (p. 78)

이는 〈만무방〉의 서두이다. 앞부분부터 서술자가 전지적 서술(全知的 敍述)

21 김상태, 『문체의 이론과 해석』, 새문사, 1982 참조.

22 P. Lubbock, *The Craft of Fiction*, Jonathan Cape, 1957, p. 21. 그러나 소설이 서술에서 객관성을 유지하는 것의 한계 또한 정확히 검증되어야 한다. 객관적 제시는 소설의 형식론적 설명의 한 방법일 뿐이다.

을 하고 있기는 하지만 서술자와 작중인물의 말이 유착되어 있는 것은 "흙내와 함께 향깃한 땅김이 코를 찌른다."의 뒤에서 확인된다. 서술자의 서술을 통해 읽는 것이기는 하지만, 작중인물의 행동을 일종의 '자유간접화법'을 통해 보여 주고 있다.[23] "요놈은 …… 박하풀 냄새로군." 하는 부분에 따옴표를 지르고 서술어만 추가하면 이는 곧 작중인물의 대화를 그대로 옮긴 것이 된다. 이처럼 작중인물의 말과 서술자의 말이 같은 층위에 녹아 있는 것이 〈만무방〉의 두드러진 서술 특징 가운데 하나이다. 이러한 서술 특징은 다른 작품인 〈금따는 콩밭〉, 〈노다지〉 등에서도 발견된다.

다음은 작중인물이 자기가 딴 송이를 먹으면서 중얼거리는 장면이다. 송이를 팔아서 저녁거리를 사가지고 오는 인물을 머릿속에 그려 보면서, 한편으로 그들의 신세를 생각하면서 또 자신의 처지와 비교하는 것이다.

> 저녁거리를 기다리는 아내를 생각하며 좁쌀 서너되를 손에 사들고 어두운 고개치를 터덜터덜 올라오는 건 좋으나 ① 이 신세를 멋에 쓰나, 하고보면 을프냥궂기가 짝이 없겠고— ② 이까진걸 못먹어 그래 홧김에 또 한 놈을 뽑아들고 이번엔 물에 흙을 씻을 새없이 그대로 텁석어린다. 그러나 ③ 다른 놈들도 별 수없으렸다. 이 산골이 송이의 번고향이로되 아마 일 년에 한 개조차 먹는 놈이 드므리라.
>
> ④ — 흥, 썩어진 두상들!
>
> 그는 폭넓은 얼골을 이그리며 남이나 들으란듯이 이렇게 비웃는다. 썩었다, 함은 되생겼다 모멸하는 그의 언투이었다. (p. 80)

위 인용에서 밑줄 친 부분은 직접화법으로 옮겨 놓아도 무리가 없다. 그런데 서술자의 서술에 '대화'를 그대로 노출시킴으로써 작중인물의 말과 서술자

23 자유간접화법은 행위주체나 의식주체의 언어를 서술자가 주체의 위치를 바꾸어 서술하는 방식으로 나타난다(김천혜, 『소설구조의 이론』, 문학과지성사, 1990, pp. 151-161).

의 말이 같은 층위에 놓이게 된 것이다. ①은 작중인물이 머릿속에 떠올리는 다른 인물의 말이다. ②는 작중인물의 말이다. ③은 작중인물의 말과 서술자의 말이 같은 문장 안에 녹아 있는 경우이다. ④는 작중인물의 말이다. 이처럼 작중인물의 말과 서술자의 말이 함께 녹아 있는 것이 〈만무방〉의 서술 특징 가운데 하나이다.

둘째, 작중인물들의 화법이 비대화적(非對話的)이다. 이는 서사구조와 인물의 성격이라는 두 측면에서 그 원인을 찾아볼 수 있다. 소설론 일반에서 어떤 사건이 삽화 형식으로 되면서 전체 구성에 유기적 연관성을 지니지 못하는 경우 리얼리티를 드러내는 데에 한계가 있는 것으로 논의된다. 〈만무방〉의 서사구조를 지배하는 핵심은 도둑놈 찾기와, 찾은 도둑이 자기 것을 자기가 훔치는 아니러니를 보여 주는 데에 있다. 응질의 송이파적이라든지 술 마시기, 노름하기, 응오의 생활고, 잔인한 도둑 이야기 등은 응칠의 행동을 구체화하는 에피소드이다. 이는 김유정의 소설이 현실의 모순구조를 깊이있게 파헤치지 못했다는 지적을 받게 하는 점이기도 하다.[24] 이처럼 에피소드를 엮어서 추리소설 형식을 취하는 경우, 어떤 사회의 총체적인 흐름이나 역사의 전망까지 보여 주기는 어렵다. 작은 에피소드들이 점경화(點景化)된 결과 에피소드 사이의 유기성이 부족해지면서 거기 사용된 언어는 비대화적 성격을 띠게 된다.[25]

또한 이는 인물의 성격이 배타적이라는 점과도 연관된다. 작중인물 응칠이 고향을 버리고 부랑생활을 하다가 고향에 돌아와 어정거리는 장면으로 시작되는 이 소설의 첫머리에는 다음과 같은 부분이 포함되어 있다. "때는 한창 바쁜 추수때이다. 농군치고 송이파적 나올 놈은 생겨나도 안었으리라. 허나

24 전영태, 「김유정의 〈산골〉」, 『한국 현대소설 작품론』, 문장, 1981, p. 226.

25 그러나 작품에 그려진 작중현실과 실제 현실을 대비함으로써 독자는 대화성을 발굴하면서 독서를 하게 된다.

그는 꼭 해야만 할 일이 없었다. 싫으면 하고 말면 말고 그저 그뿐.” 이러한 성격은 공동체적인 삶에 자신을 투여할 수 없다. 따라서 고립적인 행동을 보이거나 다른 사람과의 관계에서 일방적인 대응을 보이게 된다. 다른 사람의 언어에 일방적으로 대응한다는 것은 언어 측에서 이른바 또 다른 관점을 인정하지 않는다는 뜻이 된다. 이는 인물의 태도를 서술하는 서술자의 해석으로 강화된다. “농군치고 송이파적 나올 놈은 생겨나도 안었으리라.” 하는 것이 그것이다. 또한 응칠이가 야반도주를 하면서 써붙이는 ‘성명서’에도 언어 전달의 일방성이 드러난다. 몸을 의탁한 집 친구와 대화하는 것이라든지, 응칠이 동생 집에 가서 하는 대화 등이 일방성을 띠고 있다. 노름판에서 이루어지는 대화 또한 그렇다. 뒤에 자세히 살피겠지만, 의미의 역전현상(逆轉現象)이 나타나는 데서도 그러한 사정은 마찬가지이다. 해당 부분의 대화만 뽑아 보면 다음과 같다.

형: “이자식, 남의 벼를 훔쳐가니……”
동생: “성님까지 이렇게 못 살게 굴기유?”
동생: “내것 내가 먹는데 누가 뭐래?”
형: “애, 좋은 수 있다, 네 원대로 돈을 해줄께 나구 잠깐 다녀오자.”
형: “이눔아!”
형: “명색이 성이라며?”

여기서 볼 수 있는 바처럼 각각 작중인물은 독백을 하고 있다는 인상을 받게 된다. 이는 이효석의 〈메밀꽃 필 무렵〉 같은 작품의 대화와는 현격히 다른 면이다. 이처럼 대화성이 부족한 언어로 서술되어 있기는 하지만, 소설언어의 진면목을 보여 주는 것은 다른 측면에 있다. 즉 계층의 언어를 적절히 구사하고 있다는 점이 그것이다.

셋째, 계층의 언어가 잘 드러나 있다. 〈만무방〉에 나오는 작중인물들의 계층은 작품명처럼, 생활의 방도라고는 없는 사람들로 한정되어 있다. 한정된 계층의 언어이기 때문에 대화성이 떨어진다고 할 수 있지만, 소설에서 계층 의식이 언어를 통해 어떻게 표현되는가를 잘 보여 준다. 이는 토속어(土俗語)를 잘 활용하고 있다고 설명되어 오던 것이다.[26] 토속어라는 것은 어휘 항목으로 논의될 성질의 것이 아니다. 토속적 삶을 살아가는 사람들의 의식을 여실히 표현할 때라야 토속어로서 의미를 지닌다. 여기서 토속어가 계층적 의미를 띨 수 있게 된다. 우선 응칠의 성격은 다음과 같은 데서 찾을 수 있다. "그는 오라는 데는 없어도 갈 데는 많았다. 산으로 들로 해변으로 발부리 놓이는 곳이 즉 가는 곳이었다."(p. 82) 한마디로 떠돌이 삶을 살아가는 인물이다.

① 이번 멀리 아우를 방문함은 생활이 궁하야 근대러 왔다거나 혹은 일을 해보러 온 것은 결코 아니었다. 혈족이라곤 단 하나의 동생이요 또한 오래 못 본지라 때없이 그리웠다. 그래 모처럼 찾아온 것이 뜻밖에 덜컥 일을 만났다. (pp. 83-84)

② 가뜩 한데 업치고 덥치더라고 올에는 고나마 흉작이었다. 샛바람과 비에 벼는 깨깨 배틀렸다. 이놈을 가을하다간 먹을 게 남지 않음은 물론이요 빚도 못 가릴 모양. 에라 빌어먹을 거. 너들끼리 캐다 먹던 마던 멋대로 하여라, 하고 내던져 두지 않을 수 없다. 벼를 털었다고 말만 나면 빚쟁이들은 우 — 몰려들 거니깐…… (pp. 84-85)

③ 응칠이는 그꼴(성팔이 도망치듯 달아나는)을 이윽히 바라보고 입안으로 죽일 놈, 하였다. 아무리 도적이라도 같은 동료에게 제 죄를 넘겨 씌우려 함은 도저히 의리가 아니다.

그건그렇다 치고 응오가 더 딱하지 않은가. 기껀 힘들여 지어놓았다 남 좋은 일 한 것을 안다면 눈이 뒤집힐 일이겠다.

이래서야 어디 이웃을 믿어 보겠는가…… (p. 87)

---

26 이주일,「김유정소설연구」, 명지대학교 박사학위논문, 1991, pp. 105-109.

④ 그렇게도 벼에 걸신이 들었다면 바루 남의 집 머슴으로 들어가 한 달포 동안 주인 앞에 얼렁거리는 건이어니와 신용을 얻어 놨다가 주는 옷이나 얻어 입고 다들 잠들거든 벼섬이나 두둑히 질머메고 덜렁거리면 그뿐이다. 이건 맥도 모르는 게 남도 못 살게 굴랴구. 에이 망할 자식두 그는 분노에 살이 다 부들부들 떨리는 듯 싶었다. (p. 88)

위 인용문은 부분적으로 언어의 계층적 특징을 보여 주는 예들이다. ①에는 피붙이[血族]에 대한 관념이 나타나 있다. 혈족에 대한 '때없는 그리움'은 토속적 인정의 세계라 할 수 있다. ②에는 현실의 불합리에 대응하는 방식이 나타나 있다. 논리적인 대응이 아니라 즉물적인 반응이다. "에라 빌어먹을 거. 너들끼리 캐다 먹던 마던 멋대로 하여라." 하는 것이 그 예이다. ③에는 의리를 중시하는 작중인물의 관점이 나타나 있다. 합리성을 따지기보다 의리를 앞세우는 것 자체가 계층적 의미를 머금은 것이다. ④는 상황을 타개하는 현실적 방식이 드러나 있는 부분이다. 도둑질을 할 것이 아니라 머슴살이를 해서 자기 앞을 꾸려야 한다는 것은 제도화된 삶을 긍정하는 태도이다. 이는 술집 주인이 하는 말, "농사군은 그저 농사를 지야 돼." 하는 안정감과 대비되면서 의미를 획득한다. 민요(民謠)의 삽입으로 현실감을 확보한다는 점에 주목할 만하다. 그 가운데 "증긔차는 가자고 왼고동 트는데 정든님 품안고 낙누낙누…… 낼 갈지 모레 갈지 모르는데 옥시기 강냉이는 심어 뭐 하리"(p. 93) 하는 구절이 나온다. 이는 현실적 삶의 질곡에 지친 이들의 푸념이라는 의미를 띤다. 민요는 민중들의 삶을 담아내는 형식이면서 그것은 형식의 변화를 통해 삶의 양상을 변형하게 된다.[27]

당시 농촌의 현실은 "형언치 못할 슬쓸함이 떠돌"고 "삼십여 년 전 술을 빚어 놓고 쇠를 울리고 흥에 질리어 어깨춤을 덩실거리고 이러든 가을과는 저 딴쪽"(p. 93)으로 인식된다. 이러한 현실의 질곡이 반복됨으로써 자기부정의 타인

27 김유정의 수필 〈강원도 여성〉, 〈잎이 푸르러 가시던 님이〉 등에도 민요가 소재로 등장한다.

지향적(他人志向的) 성격이 형성된다. 이는 작중인물들의 말을 통해 드러나는데, 자신들이 부정하는 요소에 오히려 가치증대를 시켜놓는 것을 볼 수 있다.

> 응칠이는 모든 사람이 저에게 그 어떤 경의를 갖고 대하는 것을 가끔 느끼고 어깨가 으쓱거린다. 백판 모르는 사람도 데리고 앉아서 몇번 말만 좀 하면 대번 구부러진다. [⋯] 한편 퍽 부러운 모양이었다. 저들도 그와 같이 진탕 먹고 살고는 싶으나 주변 없어 못하는 그 울분에서 그런 이야기만 들어도 다소 위안이 되는 것이다. 응칠이는 그걸 잘 알고 그 누구를 논에다 거꾸로 박아놓고 다라나다가 붙들리어 경치던 이야기를 부지런히 하며
>
> "자네들은 안적 멀었네 멀엇서—"
>
> 하고 흰소리를 치면 그들은, 옳다는 뜻이겠지, 묵묵히 고개만 꺼덕꺼덕 하며 속없이 술을 사 주고 담배를 사 주고 하는 것이다. (p. 95)

계층의 안정성이 깨어진 결과는 권위(權威)의 와해로 나타난다. 도박판에서 젊은이와 상투잽이 늙은이의 싸움이 벌어지는 장면에서 그러한 점을 확인할 수 있다. 연령에 따른 위계질서가 무너진 것이다. 이는 농촌의 계층구조가 와해된 결과를 반영하는 것이라고 해석할 수도 있다. 문제는 그러한 사회구조를 분석하고 있다는 것이 중요한 게 아니라, 그러한 현상이 담론 차원에서 포착되어 있다는 점이다. 젊은이의 폭언과 늙은이의 허위의식으로 가득 찬 발언이 그것을 보여 준다. "이 자식 죽인다⋯⋯" 하며 머슴이 마주앉은 상투의 뺨을 갈겼을 때 늙은이는 "허 이놈이 왜 이래누, 어른을 몰라보구." 하는 식으로 대응한다. 더럽다는 듯이 허허, 웃고 "버릇 없는 놈 다 봤다고!" 하는 식으로 격에 어울리지 않는 질책을 하는 것이다. 이는 다음 항목에서 설명할 의미의 전도현상과 연계된다.

이처럼 훼손된 계층의식을 보여 주지만 작가는 다른 한편으로 인간의 본원지정(本源之情)이 불변함을 동시에 보여 줌으로써 담론의 대화성을 드러낸다. 형 응칠이 아우 응오에게 도둑질을 권하는 데에 나타나는 아우의 반응을 통

해 그것을 확인할 수 있다. 아우는 도둑질로 문제를 해결하려는 형의 제안을 단호히 거부한다.

넷째, 의미의 전도현상(顚倒現象)이 드러난다는 점이〈만무방〉의 담론 특징 가운데 하나로 부각된다. 바쁜 계절에 한가한 사람, 농사짓기가 빚지기, 자기 것 자기가 가져가는 것이 도둑질 등 의미의 전도현상이 나타난다. 이는 시대 상황의 특성과 관계되는 사항이다. 궁핍의 절정인데 술판을 벌이고 노는 사람들의 행동과 텍스트연관성(intertextuality)을 지닌다. 다음에서 그러한 예를 볼 수 있다. "북쪽 산밑 미루나무에 싸여 주막이 있는데 유달리 불이 반짝인다. 노세, 노세, 젊어서 놀아. 노래소리는 나즉나즉 한산히 흘러온다. 아마 벼를 뒷심대고 외상이리라 ……" 술을 외상으로 마실 수밖에 없는 사람들의 행동은 정상적인 의미의 삶이라 할 수 없다. 이는 일을 거부하는 응칠의 행동에 대한 친구의 대응을 통해 확인되는 점이다. 섬을 쳐 달라는 친구의 부탁을, 노름에 몸이 팔려 고만 잊고 잊고 하다가 최후까지 친구의 건의를 받아들이지 않는다. 친구는 친구대로 언제나 재우치는 법이 없이 그럼 잘 다녀오라고 허용하지 않을 수 없다. 이러한 이들의 행동에 대한 서술자의 평가는 "이렇게 그의 신상만 편하기를 비는 것이다."로 되어 있다. 여기서 '그의 신상만 편하기를 비는 것'은 이중적인 의미로 읽힌다. 그 자신의 평안함일 수도 있고 상대방의 편안함을 가리킬 수도 있기 때문이다.

다음 예는 앞에서 잠깐 설명한 부분으로, 도박을 하다가 머슴에게 늙은이가 뺨을 맞는 장면이다.

> 이때 한 옆에서 별안간
> "이 자식 죽인다 ……"
> 악을 쓰는 것이니 모두들 놀라며 시선을 모은다. 머슴이 마주앉은 상투의 뺨을 갈겼다. 말인즉 매조 다섯끝을 엎어 쳤다,고……

허나 정말은 돈을 잃은 것이 분한 것이다. 이 돈이 무슨 돈이냐 하면 일년 품을 팔은 피묻은 사경이다. 이런 돈을 송두리 먹다니 …….

"이자식 너는 야마시꾼이지 돈 내라."

멱살을 훔켜잡고 다시 두 번을 때린다.

"허 이놈이 왜 이래누, 어른을 몰라보구."

상투는 책상다리를 잡숫고 허리를 쓰윽 펴더니 점잖히 호령한다. 자식뻘 되는 놈에게 뺨을 맞는 건 말이 좀 덜 된다. 약이 올라서 곧 일을 칠 듯이 응뎅이를 번적 들었으나 그러나 그대로 주저앉고 말았다. 악에 바짝 바친 놈을 건드렸다가는 결국 이쪽이 손해다. 더럽단 듯이 허허, 웃고

"버릇 없는 놈 다 봤다고!"

하고 꾸짖은 것은 잘 됐으나 그여히 어이쿠, 하고 그 자리에 폭 엎으러진다. 이마가 터져서 피는 흘렀다. 어느 틈엔가 돌맹이가 나라와 이마의 가죽을 터친 것이다. (p. 99)

의미의 역전현상은 행동의 동기와 결과 사이의 격차에서 빚어진다. 견문발검(見蚊拔劍) 같은 것이 그 예이다. 화투장 하나 엎어 친 것이 피흘리는 싸움으로 번지는 데서 의미는 전도된다. 상투노인의 말에서 의미가 전도되어 있다는 것이 분명히 드러난다. '어른'이 되기 위한 조건을 갖추지 못한 주제에 어른을 내세우는 것이다. 따라서 꾸짖을 처지가 못 되는 데도 '꾸짖는다'는 것은 그 꾸짖음이 자신에게 돌아와야 하는 역설이 된다.

의미의 역전현상은 행동을 서술하는 언어에서도 나타난다는 것을 위 인용은 보여 준다. 화투장 하나 엎어 치는 사소한 계기가 유혈의 싸움으로 비화하는 것이다. '피묻은 사경'으로 표현되는 돈을 잃는 것과 거기 대한 분풀이로 어른을 때리는 행동이 같은 차원으로 동일시되는 것이다. 이러한 원한 감정은 어른과 아이의 차이를 전도(顚倒)시킨다. 어른이 돼 가지고 젊은 사람들 화투하는 데에 참예하는 것이나, 젊은 사람에게 얻어맞으며 '어른을 몰라본다'고 호령을 하는 것이나 어른의 처지에 어울리지 않는 행동이기는 한가지이

다. 어른이라는 대상에 대한 독자의 기대와 행동 사이에 의미의 역전현상이 나타나는 것이다. 이는 서술자의 해석이 개재됨으로써 아이러니의 효과를 나타낸다. “상투는 책상다리를 잡숫고 허리를 쓰윽 펴더니 점잖히 호령한다. 자식뻘 되는 놈에게 뺨을 맞는 건 말이 좀 덜 된다. 약이 올라서 곧 일을 칠듯이 응뎅이를 번쩍 들었으나 그러나 그대로 주저앉고 말았다.” 이 부분에서 서술자의 주관적 개입을 확인하게 된다. 이를 언어 기능으로 본다면 메타언어적 기능을 활용하면서 의미의 역전현상을 일반화하는 것이라 할 수 있다.

다음은 응칠이 도둑을 지키다가 잡은 도둑이 자기 동생이라는 것을 알게 되는 장면이다. 의미의 역전현상이 집약적으로 드러나는 장면이다.

> 응칠이가 날쌔게 달겨들며
> “이 자식, 남의 벼를 훔쳐 가니 ……” […]
> 응칠이는 덤벼들어 우선 허리께를 나려조겼다. 어이쿠쿠,쿠 하고 처참한 비명이다. 이 소리에 귀가 번쩍 띄이어 그 고개를 들고 팔부터 벗겨 보았다. 그러나 너무나 어이가 없음인지 시선을 치걷으며 그 자리에 우두망찰한다.
> 그것은 무서운 침묵이었다. 살뚱맞은 바람만 공중에 북새를 논다.
> 한참을 신음하다 도적은 일어나더니,
> “성님까지 이렇게 못살게 굴기유?”
> 제법 눈을 부라리며 몸을 홱 돌린다. 그리고 늣기며 울음이 복바친다. 봇짐도 내버린 채,
> “내 것 내가 먹는데 누가 뭐래?” 하고 데퉁스러히 내뱉고는 비틀비틀 논 저 쪽으로 없어진다.
> 형은 너무 꿈속 같아서 멍하니 섰을 뿐이다. (p. 102)

내 걸 내가 먹는다 — 그야 이를 말이랴, 허나 내 걸 내가 훔쳐야 할 그 운명도 얄궂거니와 형을 배반하고 이즛을 버린 아우도 아우렸다. 에-이 고현 놈, 할 제 보를 적시는 것은 눈물이다. 그는 주먹으로 눈을 쓱 부비고 머리에 번쩍 떠오른 것이 있으니 두레두레한 황소의 누깔. 시오리를 남쪽 산속으로 들어가면 어느 집

바깥뜰에 밤마다 늘 매여 있는 투실투실한 그 황소. 아무렇게 따지던 칠십원은 갈 데 없으리라. 그는 부리나케 아우의 뒤를 밟았다. (pp. 102-103)

요약하여 말하자면 〈만무방〉은 서술자의 개입으로 작중인물의 시각과 서술자의 시각이 넘나드는 가운데 현실적 언어를 동원하여 소설의 리얼리티를 살리고 있다. 그런 가운데 의미의 역전현상을 보여 줌으로써 현실을 비판하고 있다. 언어의 측면에서 본다면, 인간의 가장 바람직한 삶의 조건으로 설정할 수 있는 것은 의미의 공유와 생성이 원활한 세계일 것이다. 이는 개인과 전체 사이에 언어적 소통이 원활한 세계를 뜻한다. 그러한 세계에서라야 개인과 전체가 소통작용이 원활해져 소외를 극복할 수 있기 때문이다. 그러한 점에서 의미의 소통이 장애를 받거나 의미공유가 이루어지지 않는 사회나 의미가 역전되는 사회는 바람직한 사회라고 할 수 없다. 따라서 어느 사회의 언어병리(言語病理)를 보여 주는 것 자체가 그 사회에 대한 비판이라는 논리가 성립하는 것이다. 말하자면 김유정은 사회의 언어병리를 소설의 담론으로 이끌어들여 당대 사회의 모순을 환기한다고 할 수 있다.

소설의 분석에서 해석 차원으로

김유정의 〈만무방〉을 기호론적 구조라는 관점에서 분석해 보았다. 그러한 분석의 결과가 만족스러운 것은 아니다. 해석의 차원으로 이끌어져야 하고 작품의 평가를 할 수 있어야 한다. 앞에서는 해석의 차원을 동시에 고려하였지만 작품의 평가는 깊게 하지 않았다. 여기서는 소설의 담론을 검토하면서 작품 해석을 할 때 유의할 점 몇 가지를 제안하고자 한다.

소설의 기호론적 구조는 소설의 '텍스트연관성(intertextuality)'을 최대한으로 고려하는 역동적인 구조를 뜻한다. 따라서 분석과 해석을 동시에 수행하지 않을 수 없다. 이는 기호론적 구조가 의미의 공유와 의미의 생산을 담지하는 실천의 의미를 띠고 있기 때문이다. 기호론적 관점에서 분석한 결과를 놓고 소설을 평가할 때는 다음의 몇 가지 사항을 고려해야 한다.

첫째, 그 작품에 대한 비평적 가정(批評的 假定, critical assumption)을 잘 세워야 한다는 점이다. 작품의 대체적인 경향이 어떠한 것인가 하는 성격 규정에서 비롯된다. 달리 말하자면 무엇을 어떠한 방법으로 다룬 소설인가 하는 데에 대한 가정적인 방향 설정이다. 장편소설인가 단편소설인가 하는 구분도 소설의 성격을 규정하는 요인이 된다. 이는 단지 양적 구분의 의미를 넘어선다. 다루는 세계와 지향점(志向點)이 다르기 때문이다. 장편소설은 이른바 '움직이는 대상의 전체성'을 그리는 양식이라 한다. 여기에는 사회의 분위기와 함께 어느 시대 사람들의 열망과 이념까지 포함된다. 거기에 비해 단편소설에서는 삶의 단면을 그리는 것이 원칙이다. 삶의 단면을 그릴 때, 인간의 삶이 역동적이라는 점은 중요하게 고려되지 않는다. 삶을 이끌어 나가는 요인 가운데 몇 가지를 집중적으로 다루게 된다. 그러한 세계에서는 역사의 원동력이라든지 어떤 사회의 분위기까지를 포괄하는 것은 무리이다. 이와 관련하여 사회적인 사실을 중심으로 그리는가, 인물의 심리를 집중적으로 그리는가 하는 점도 소설의 성격을 규정하는 요인이 된다. 〈만무방〉은 단편이되 당대 현실을 아이러니적 수법으로 비판적 시각에서 인식할 수 있도록 담론을 조직해 낸 소설로 평가된다.

둘째, 소설을 서사론(敍事論) 차원에서 볼 것인가, 장르론 차원에서 볼 것인가 하는 문제이다. 소설을 서사론 차원에서 볼 경우, 넓은 의미의 이야기 문학의 한 갈래일 뿐이다. 인물이 있고, 그 인물이 행동을 보여 주며, 행동이 구체화되는 배경이 있게 마련이다. 또한 소설을 서술하는 방법이 문제가 된다. 시점이라든지 서술자의 유형 등이 문제가 되는 것은 이러한 영역이다. 따라서 이러한 방법을 택할 경우 형식주의적 방법으로 기울게 된다. 소설을 장르론적 관점에서 보는 경우 소설은 그것이 탄생된 사회·역사적 조건을 고려하는 것이 된다. 따라서 이는 시대와 이념의 문제를 고려하는 방법, 즉 소설사회학(小說社會學)적 방법으로 기울어지게 된다. 리얼리즘 소설론에서 중요한 방법으로 활용하는 전형(典型) 개념이라든지 세계관 등이 이 방법론의 중요한 검토 항목이 된다. 〈만무방〉은 연구방법의 두 방향을 모두 충족할 수 있는 가능성을 지닌 작품이다.

셋째, 텍스트의 요소와 요소 사이에 이루어지는 텍스트연관성을 고려해야 한다. 평범하게 말해서 '내용은 좋은데 형식은 미흡하다'든지 '형식은 정제되어 있는데 내용은 부실하다'는 식의 소설 평가는 어불성설이다. 원칙적으로 예술은 내용과 형식의 유기성이나 상동성(相同性)을 지향한다. 예이츠(William Butler Yeats, 1865-1939)의 비유처럼 무대 위에서 벌어지는 춤에서 무용수를 제거하고는 무용이 성립될 수 없는 것이다. 그러한 점에서는 이야기와 그것을 서술한 담론의 상호 연계성을 고려해야 한다. 앞에서 살펴본 대로 김유정의 〈만무방〉을 서술자의 개입 없이 객관적으로 서술할 경우, 그 효과는 감소할 게 틀림없다. 그와 반대로 주요섭의 〈사랑손님과 어머니〉를 〈만무방〉과 같은 방식으로 서술한다면 이야기는 천박함을 면하기 어려울 것이다. 인물의 성격과 사건 사이에, 인물의 대화와 서술자의 대화에 대한 해석 사이에, 시대 배경과 인물의 심리 사이에 유기적 연관성을 고려하지 않을 수 없는 것이다. 김유정의 〈만무방〉은 전지적 서술로 이야기하는 우리 이야기 전통의 맥을 잇는 의미를 지니는 것으로 판단된다.

넷째, 소설의 내적 구조와 외적 구조의 연관성을 고려하는 것은 작품수용의 측면에서 중요한 의미를 지닌다. 즉 작품이 시대를 반영하면서 시대를 초월한다는 이중성을 고려한다는 뜻이다. 어느 작품이 한 시대를 정확히 반영하였다고 하더라도 시대가 달라짐으로써 의미를 상실한다면 좋은 작품이라 할 수 없다. 이른바 문학의 보편성(普遍性)과 항구성(恒久性)이라는 조건을 충족시키지 못하기 때문이다. 여기에서 소설의 구조 분석은 역사적 시각을 아우르게 된다. 김유정의 다른 소설도 그렇지만, 〈만무방〉은 소설 텍스트의 안팎을 함께 연계하여 해석할 수 있는 자질을 갖춘 작품으로 판단된다. 〈만무방〉에 집중되었지만, 이 작품이 김유정의 대표작이라는 점을 고려한다면 이로써 김유정 소설언어의 특징이 대개 드러났다고 본다. 그는 소설의 언어미(言語美)를 잘 살리고 있음은 물론이고, 아이러니적 감각을 동원함으로써 지나친 단순화나 감상을 드러내지 않을 수 있었다. 현실을 그리되 현실의 전형성을 띠는 상황을 포착하여 그것이 당대 사회의 전반적인 구조와 그 문제점으로 해석될 수 있도록 했다는 평가가 가능하다.

한 가지 덧붙일 것은 소설 텍스트를 구성하고 있는 담론과 연구자의 언어적 감수성 사이에 텍스트연관성이 희박해진다는 점에 대한 걱정이다. 소설의 평가나 감상에서 수용주체의 감수성이 텍스트에서 멀어질 때 이 거리를 좁히는 문제를 지속적으로 검토해야 할 것이다.*

* 이 글의 원래 제목은 '〈만무방〉의 기호론적 구조와 해석'이었는데, 담론의 역동성에 초점을 맞춰 맥락을 조정하였다. '기호론적 구조'만 볼 경우 우한용의 『한국현대소설담론연구』(삼지원, 1996)를 참조하기 바람.

03 창극의 소통구조와 언어미학

– 국립극장 공연 창극 〈淸〉을 중심으로

창극의 소통구조와 언어

창극(唱劇)은 판소리의 창을 중심으로 하는 음악극이다. 음악극을 줄여서 악극(樂劇)이라고도 한다. 판소리 장르를 바탕으로 하기 때문에 창극에는 판소리의 요소가 변형된 채로 살아 있다. 연창자(演唱者)가 배우가 되어 소리를 하고, 고수가 담당하던 북장단은 여러 가지 악기로 편성된 합주단이 연주한다. 극이기 때문에 이야기가 있고, 그 이야기를 연기하는 배우와 무대가 설정된다. 조명과 소도구, 의상, 분장 등 극에 필요한 장치가 동원됨은 물론이다.

창극은 극장르의 속성을 지니기 때문에 극장르의 소통구조가 창극의 기본적인 소통구조를 이룬다. 극을 만드는 편으로 보자면 대본을 만든 작가, 연출을 맡은 연출자, 소리의 가사를 만든 작창 담당자, 작곡가, 감독이 제작진을 구성한다. 음악극 장르의 특성상 악단이 있어야 하고, 소리꾼은 배우 역할을 겸하게 된다. 그리고 장면이 만들어지는 경우 춤, 재담 등이 들어갈 수 있고, 집단적인 연행(演行)이 도입되기도 한다. 때로는 곡예 능력이 있는 배우가 역할을 하게 된다.

작가, 연출가, 배우(연창자)를 중심으로 하여 거기 동원되는 제작진의 구성이 복합적인 데 비하면 관객의 역할은 극장의 관객에 머물러 판소리를 감상하는 이들처럼 추임새를 넣을 기회가 없거나 적어진다. 그러나 관객이 감상해야 하는 층위는 복합적으로 구현된다. 창극의 줄거리에 해당하는 이야기의 이해, 배우들의 연기, 연창자의 창, 무대장치, 소도구, 의상, 춤, 악단의 연주 등을 동시에 감상하게 된다. 따라서 종합적인 소통이 이루어진다고 할 수 있다. 그러나 판소리의 경우와 달리 소통은 일방성을 띤다.

창극의 언어는 위에서 지적한 구조와 소통 방식에 따라 그 양상이 규정된다. 판소리의 언어와 극의 언어, 그리고 이 둘이 복합적으로 관객에게 다가가기 위한 언어를 구사하게 된다. 작가와 연출자의 의도가 창극의 언어를 쇄신하는 한편, 판소리의 언어를 수용하고 있는 것이 창극의 언어적 특성이다. 여기서는 창극의 언어 특성을 〈심청가〉를 바탕으로 만든 〈청(淸)〉을 사례로 분석해 보고자 한다.[1]

공연 대본에서 창극의 제재를 '〈우리시대의 창극2〉를 위한 전제'라는 제목으로 다음과 같이 밝히고 있다. ① 창극의 세계화를 위해 우리만의 전통양식을 개발하는 한편 악극의 보편성을 따라 공감대를 넓힌다. ② 심청과 아버지 사이의 심리적 흐름이 자연스럽게 읽혀지도록 공연을 마련한다. ③ 공연은 음악과 춤이 소리를 감싸주며 진행한다. 우리 고유의 판을 도창이 중심이 되어 진행해 나가는 틀거리로 형상화한다. ④ 시각적 효과를 위해 무대, 의상, 조명, 소도구, 장치 등을 적극적으로 개발하는 것이다. ⑤ 코러스와 방창(傍唱), 다양한 악기의 활용, 정교한 작곡이 요구된다.

연출의 원칙이라 할 수 있는 위 내용은 '창극의 언어'를 극적인 제반 원리와 분리하여 논할 수 없음을 짐작하게 한다. 악극의 보편성을 바탕으로 한 전

1 국립창극단의 창극 〈청(淸)〉은 2006년 9월 전주 세계소리축제에서 초연된 후 2010년 현재까지 계속해서 공연되고 있다. 2006년 11월 국립극장 해오름극장에서 서울 본공연이 성황리에 이루어졌는데, 이 글의 직접적인 대상은 바로 그때 관람했던 공연물 〈청(淸)〉이다.

통양식을 구축한다든지, 작중인물의 심리 추이를 극에 반영한다든지, 도창(導唱)의 역할을 강조하는 등 창극의 양식적 쇄신을 추구하는 점 때문에 창극의 일반적 속성을 주목하는 것은 그다지 큰 의미가 없을 듯하다. 또는 언어적 요소와 속성에 주목하는 것 또한 한계가 있을 게 분명하다. 그러나 방법상 언어에 중점을 두고, 언어가 수행되는 데 부수되는 연극적 효과에 대해 언급하기로 한다.

장르언어의 지속과 변화

창극은 판소리를 바탕으로 하기 때문에 판소리의 줄거리를 기본으로 해서 전개된다. 〈청〉의 경우 소설, 판소리, 영화, 연극 등을 통해 관객들에게는 스토리가 익숙한 스키마(schema)를 형성하고 있기 때문에 줄거리를 이해하는 데 부담을 주지 않는다. 창극의 제1막 제1장은 도창으로 시작된다. 판소리의 첫머리 줄거리를 압축하여 아니리 형식으로 제시하면서 창으로 이어간다. 아니리는 심청의 출생이 지니는 의미를 부각하는 데 집중된다.

> (아니리) 옛날 옛적에 황주 도화동 사는 봉사 한 사람이 있는데, 성은 심이요 이름은 학규였다. 하루는 심봉사 먼눈을 번뜩이며 "여보 마누라 우리 나이 사십이나 슬하 일점 혈육 없으니 명산대찰 신공이라도 드려 남녀간에 하나만 낳고 보면 평생 한을 풀 것 같구만." 곽씨부인 이 말 듣고 공손히 대답하되, "옛글에 허였으되, 불효 삼천 중 자식 없는 죄가 제일 큰 불효라 하였으니, 뼈를 갈고 품을 판들 무슨 일을 못허리까?" 곽씨부인 그날부터 지극신공 드려 그달부터 태기가 있난디…[2]

2 대본은 「국립창극단 우리시대 창극2 〈청〉」 프린트본을 이용한다.

판소리 사설과 대비했을 때, 장면화를 위해 서사적 서술을 과감히 축약하고 있음을 볼 수 있다. 판소리 사설에는 심봉사의 집안 내력이며 부인의 가문 등에 대한 내용이 자세히 서술되어 있다.[3] 이런 차이는 근본적인 문제인데, 서사의 구체화와 연관된 문제이기도 하다. 이야기(서사)를 문자언어로 서술하는 경우는 세부사항까지 기술할 수 있다. 판소리의 경우는 노래하기에 적절한 정도까지만 서술이 허용된다. 노래로 하기 어려운 국면은 '아니리'로 처리한다. 창극에서는 배역을 나누어 맡은 연창자의 연기와 시각언어를 활용하면서 무대 위에서 재현하기 때문에 서술하는 언어를 가급적 축약하게 마련이다.

축약된 언어로 서술되기 때문에 언어의 정확성이 크게 문제가 되지 않을 수도 있다. 그러나 대본을 가지고 언어를 고찰할 경우에는 정확성을 도외시할 수 없다. 아니리 가운데 "불효 삼천 중 자식 없는 죄가 제일 큰 불효라 하였으니"라는 대목은 인용 구문이다. 불효가 삼천 가지나 되는데 그 가운데 자식 없는 죄가 가장 크다는 뜻이다. 그런데 판소리 사설에는 "옛글에 하였으되, 오형지속 삼천인데, 불효가 큼이 되고, 불효한 죄 중에는 무후가 크다 하니"로 되어 있다. 형벌에 해당하는 것이 큰 범위로 다섯이 있는데 그중에 불효가 가장 크다는 뜻이다. 효경의 "오형지속삼천(五刑之屬三千), 이죄막대어불효(而罪莫大於不孝)"란 구절을 변용하여 인용하고 있다.[4] 자식 없음이 불효라는 점을 강조하는 맥락은 이해가 되지만 자식 없음과 불효가 곧바로 연결되어 혼란을 초래할 수 있다.

앞의 아니리로 제시되는 도창은 거의 일상언어로 되어 있다. 대화까지 포함되어 일상언어의 면모가 약여하다. 그러나 이러한 일상어와 한문투가 교직(交織)되는 판소리의 언어구사방법이 여기에도 그대로 반영되어 있다. 예컨대

3 강한영 교주본, 『신재효 판소리사설』, 민중서관, 1972.

4 강한영 역주, 『신재효판소리사설집』(3판), 민중서관, 1974, p. 159.

심청의 어머니가 아이를 잉태하여 태교를 하는 모양은 이렇게 되어 있다.

> (중중모리) 석부정부좌(席不正不坐), 할부정불식(割不正不食), 이불청음성(耳不聽淫聲), 목불시악색(目不示惡色), 좌불안석(坐不安席) 십삭일(十朔日)이 찬 연후에 하루는 해복(解腹) 기미가 있구나.

판소리와 창극에 공통되는 언어운용이라는 점에서 고전의 인용을 널리 활용하는 것은 장르 간의 교합이라는 특성을 이해할 수 있다. 앞의 두 구절은 『논어』 향당편에 나오는 구절이다. 귀로는 음란한 소리를 듣지 아니하고, 눈으로는 사특한 색을 보지 아니한다는 것인데, 그 다음의 '좌불안석'은 그 아래 맥락에서 묻어온 말로 보인다. 반듯한 자리를 골라 앉는다는 이야기는 이미 앞에 나왔고, 그 내용을 되풀이한다면 자리가 편안하지 않으면 앉지 않았다는 표현으로 가야 옳다. 창으로 듣는 것이라서 대강 뜻을 짐작할 수는 있지만 언어적인 면에서 정확을 기할 필요가 있다. 더구나 자막으로 처리되는 경우는 전체 맥락을 이해하는 데 장애가 될 수도 있다. 물론 이러한 작은 실수나 부정확함이 본질적 요건이 되지는 않을지 모르나, 작품의 완성도라는 점에서는 부적 요인이 된다.

기본적인 스토리가 있고 그 스토리를 구체화하는 창, 그리고 언어적 요소를 시각화하거나 음악으로 대신하는 영역의 연출언어가 창극의 층위를 이룬다. 심청이 인당수에서 선인들에게 도화동이 어디인가를 묻고 물에 뛰어들 임시해서 장면은 이렇게 연출된다.

"심청, 선인이 손짓한 곳을 향해 두 손 모으고" (자진모리) "아이고, 아버지 불효여식 청이는 조금도 생각 마옵시고 어서어서 눈을 떠서 대명천지 다시 보옵소서. 아버지 아버지!" 그 뒤에 "크게 합장하고 물에 뛰어든다"라는 지문이 간단히 붙어 있다. 그리고 이 장면이 끝나는 지점에 다음과 같은 지시문이 제시되어 있다.

청을 잡아 삼킨 물결이 요동친다.

청이 정적 속에서 하얀빛으로 아주 느리게 진공상태처럼 바닥으로 떨어진다.

무대 중앙에서 물에 젖은 심청이 무대 깊숙이 천천히 걸어 들어간다.

도착할 무렵 무대 중앙 위에서 꽃잎이 떨어져 내린다.

매화, 연꽃 이파리가 한 줄로 떨어져 내리면서 적막한 그림.

후주가 차분히 연주된다. 물방울 소리 크게 울리며.

연출자는 이러한 지시문을 바탕으로 극을 만든다. 심청이 물에 빠지고 나서 노도(怒濤)가 일렁인다는 것은 사건의 고조된 느낌이나 상징적 의미로 보아 자연스럽다. 창으로 하는 것보다는 효과음을 이용하여 연출할 수 있는 가능성이 큰 부분이다. 그런데 물에 빠진 심청이 "정적 속에서 하얀빛으로 아주 느리게 진공상태처럼 바닥으로 떨어진다. 무대 중앙에서 물에 젖은 심청이 무대 깊숙이 천천히 걸어 들어"가는 장면에는 언어가 개입되지 않는다. 비유하자면 침묵의 언어, 영상의 언어가 무대에 펼쳐질 뿐이다. 배우의 연기와 영상으로 실현되는 이와 같은 장면은 언어를 벗어난 감동을 자아낸다. 이러한 연출은 회전무대와 경사무대를 활용함으로써 가능하게 된다. 이러한 연출은 그 자체가 언어는 아니지만 관객의 뇌리에 각인되는 영상을 관객이 재생하는 데서는 언어화를 거치게 되고, 따라서 이는 창극의 언어 영역으로 논의를 할 수 있는 부분이다. 대본 텍스트의 언어와 연출가의 연출을 거친 언어의 구체상을 동시에 논의의 대상으로 삼을 수 있는 것이다. 이는 텍스트의 전이 과정에서 구체화되는 언어의 미적 자질에 해당한다.

그 뒤에 이어지는 영상은 창극 〈청〉의 압권이다. 지문은 "도착할 무렵 무대 중앙 위에서 꽃잎이 떨어져 내린다. 매화, 연꽃 이파리가 한 줄로 떨어져 내리면서 적막한 그림"이라고 되어 있다. 이 짤막한 문장이 연출되었을 때 나타나는 효과는 언어로 서술할 수 없을 정도로 크다. 창극 〈청〉의 전체 주제를 내면으로 수용할 수 있는 정화된 장면이 연출되는 것이다.

거듭하거니와 청이 물에 빠지는 장면은 명품이다. 통곡과 아수라장 같은 훤소(喧騷)와 그 뒤에 이어지는 정적. 그 정적 한가운데를 섬세하게 가로질러 나아가는 오케스트라의 선율, 이들의 절묘한 조합은 극적 긴장과 이완을 조절하는 데에 크게 기여한다. 제1막 마지막 장면은 창극의 연출력 측면에서 압권이다. 무대 양편에서 흰 구름이 조용히 밀려 나와 바닥에 깔리면서 소복을 한 청이 천천히 걸어 나와 무대 저편으로 걸어서 소실점을 향해 나아가는 장면, 거기에 하늘에서 내려주는 꽃비. 허공을 부유하는 나비떼 같은 꽃잎이 팔랑거리며 영혼의 마른 잎새처럼 떨어져 내리는 가운데, 오래 보여 주어서는 안 될 비의를 들키기라도 한 듯 급히 막이 내려온다. 환상에 빠져 있던 관객들은 조였던 가슴에서 심호흡을 뱉어낸다.

이러한 아이디어는 제2막의 마무리에도 변형되어 나타난다. 맹인잔치에서 눈을 뜬 아비의 손을 잡고 무대 왼편에서 오른편으로 가로질러 사라지는 장면에서 우리는 인생의 두 길을 생각하게 된다. 청이가 간 이승에서 저승으로 가는 길이 하나이고, 다른 하나는 청의 아버지가 걸은 고단한 삶의 길이다. 이 장면에 와서 관객은 〈청〉을 보는 과정이 자신의 삶의 길과 어떤 연관이 있는가 하는 화두를 지니고 극장을 나서게 된다.

창극은 판소리와 달리 집단 무용과 제의적인 요소를 많은 몫으로 삽입할 수 있다. 〈청〉의 경우, 심청의 어머니가 죽어서 출상하는 장면과 선인들의 출행 장면, 맹인잔치 장면 등에서는 집단적 의례를 활용하고, 출상 장면에서는 합창으로 분위기를 조성한다.

> (중모리) 한숨겨워 부는 바람 삽삽비풍(颯颯悲風) 되어 불고, 눈물 맺어 오는 비는 소소세우(疎疎細雨) 되었어라. 하늘은 나직허고 구름은 자욱한데, 수풀가지 우는 새는 적막히 너 우느냐. 북천의 외기러기 애원하게 슬피 운다. 어이타 인생이야 풀잎에 이슬이라.

상여꾼들이 상여를 메고 율동적으로 움직이는 과정에서 상두꾼이 견전축(遣奠祝)을 올린다. 이는 상례의 형식으로 결정되어 있는 것인데, 한문투로 되어 있다. "영이기가(靈以旣駕) 왕즉유택(往卽幽宅) 재진견례(載陳遣禮) 영결종천(永訣終天)."

향두가(香頭歌)가 바탕에 깔리고 삽입가요가 불린다. 상두꾼이 "북망산천이 머다드니 저 건너 안산이 북망이로구나." 하고 메기면, 다른 상여꾼들이 "워 넘차 너화넘"으로 받고, 상여꾼이 이런 사설을 읊는다. "물가 가재는 뒷걸음치고 다람쥐 앉아서 밤을 줍는디, 먼 산 호랑이 술주정하네." 이는 일종의 미적 균형감각에 해당하는 것으로, 산 풍경을 익살스럽게 노래함으로써 장례의 슬픔을 눅지게 하는 효과를 얻는다. 이어서 시간의 경과를 상징하는 구절이 나온다. "새벽 종달이 쉰길 떠 서천 명월이 다 밝어 온다."

장례 과정에 심봉사가 소리꾼으로 참여하여 처절한 슬픔을 중모리 장단으로 부른다. "아이고 마누라. 날 버리고 어디 가오. 산첩첩노망망(山疊疊路茫茫)에 다리가 아파서 어이 가며, 일침침월명명(日沈沈月暝暝)에 주점이 없어서 어이 가리. 부창부수(夫唱婦隨) 우리 정분 날과 함께 가사이다." 여기 이어지는 상두꾼의 사설은 이렇게 되어 있다. "여보소 친구네들 세상사가 허망하네. 자네가 죽어도 이 길이요, 내가 죽어도 이 팔자로다." 이러한 노래는 전체의 주제와 거리가 있지만 공감을 자아내는 데 기여한다. 삶의 허망함을 노래하는 가사와 공통점을 지니기 때문이다.

이상에서 본 것처럼 상두가 속에 제의적 언어, 개인의 심정의 발로, 죽음에 대한 의미부여(방식) 등이 나타난다. 이러한 언어운용 방식은 판소리의 언어와 변별되는 점이기도 하다. 여기에 이용되는 제의적 언어는 관객이 공유하는 언어이기 때문에 공감을 유발하는 데 기여한다. 언어를 공유한다는 것은 풍속, 세계 인식의 방법 등을 공유한다는 의미가 되기도 한다.

이렇게 진행되는 제의(祭儀) 장면에 대한 해석을 추가하자면 다음과 같다.

한국인의 인생 인식에서 탄생이 죽음과 맞물려 있다는 사실, 그것은 누구나 그렇게 생각하는 원형질적인 것이다. '청의 탄생'과 모친의 이른 죽음은 이 작품의 전체 구조를 형성하는 하나의 골간이다. 〈청〉은 아이러니를 통한 비극의 초월을 읽어낼 수 있게 한다. 그런데 무대에서 중점이 놓이는 것은 탄생보다는 죽음을 다스리는 '제의'이다. 탄생이 고독과 더불어 이루어진다면, 죽음을 다스리는 과정은 공동체의 의식이기 때문에 '제의성'을 지닌다. '출생과 장례'라는 제목이 붙은 제1장에서 '출상 장면'은 젊은 사람들에게는 좀 지루한 장면이 될 수도 있지만, 나이 지긋한 이들에게는 익숙한 문화다.

전체 구성 가운데 '출상 장면'의 비중을 긴장감 있게 조정할 필요가 있다. 맹인의 운명, 아내의 죽음 등 철천지한 혹은 통한의 피울음을 쏟아놓을 만한 장변임에 틀림이 없다. 그리고 그러한 부분에 '더늠'을 둘 수도 있다. 그러나 구조적 균형감각이 떨어질 경우 효과는 반감된다. 한마디로 이 장면이 과도히 부각된 느낌이다. 철두철미한 비극을 만들지 않는다는 것은 우리 문화의 특질 가운데 하나이다. 존재의 괴멸로 이끌어가는 구조로 되어 있는 소설 작품이 없고 보면, 그것은 우리들 미학의 양질 부분이라 해야 옳다. 그렇다면 비극성보다는 제의상의 다른 요소를 부각하는 방법도 고려함 직하다. 장면 구성을 달리하면 언어 또한 달라질 것은 물론이다.

관객의 언어수용구조

창극의 관객은 사설과 노래를 함께 듣는다. 판소리거나 창극이거나 이야기 줄거리를 모두 창으로 부를 수는 없다. 판소리에서 아니리와 창을 반복하면서 호흡의 급박과 이완을 조절하는 방법을 원용하고 있는 것과 마찬가지로 창극에서도 서사 전개의 언어로서 사설의 역할이 중요한 부분을 차지한다.

창극에서 서사를 진행하는 방법은 다음의 몇 가지가 있다. 도창을 이용하는 방법이 그 하나이고, 장면의 전환을 이용하는 방법이 다른 하나이다. 도창은 일반 서사물의 서술자(내레이터) 역할을 한다. 장면전환은 언어로 표현되지 않는 서사 진행의 극적 방법이다.

〈청〉의 제2장은 '성장'이라는 제목인데 다음 도창 가운데 시간의 경과가 드러난다. "이렇듯이 동네 사람들 모여들어 곽씨부인 장례를 치른 후에, 세월이 여류하여 심청 나이 십오세가 되어갈 제"라는 인용 속에 15년 세월의 흐름이 나타나고, 심청의 성장이 암시된다.[5]

심청이 승상 부인을 만나 이야기를 하는 장면은 대사로만 되어 있다. 이는 인물의 성격 혹은 신분이 소리를 하기 적절치 않다는 점, 감정의 추이를 드러내기 쉽지 않다는 점에서 의미 있는 처리로 생각된다.

이처럼 사설로 사실을 전달하고 이야기를 진행하며, 소리(노래)로 정서적 강화를 수행하는 구조의 반복과 순환을 통해 창극이 운영된다. 정서적 강화를 위해서는 시각적 · 청각적 공감의 논리를 활용한다. 무대 위에서 보여 주는 방법과 음향효과를 이용하는 방법은 판소리에서는 활용할 수 없는 방법이다.

극의 언어 일반이 강한 관습(컨벤션)을 지니고 있어서 관객은 일정한 기대를 지니게 된다. 아울러 창작극이 아니라 전통극의 경우 관객들은 극의 언어에 어느 정도 익숙해져 있다. 이 또한 극의 언어에 대한 기대를 만들어 낸다. 다음은 심청이 행선을 앞두고 모친의 제단에 드리는 기도이다.

> **청** (진양조) ①아이고 어머니. ②불효여식 청이는 부친 눈을 띄우려고 삼백석 몸이 팔려 제수로 가게 되니, ③불쌍한 아버지를 차마 어이 잊고 가며, ④분묘

---

5 창극에서 도창이 극의 진행을 방해한다는 비판도 있지만, 도창이 창극의 서사성을 강화한다는 점은 부인할 수 없는 사실이다. 도창은 작품의 내용과 상황을 구축하며 창과 조화를 이루어 총체적인 생명력을 갖게 한다는 의미에서 그 의미와 기능이 강조된다(서연호, 「창극 발전의 새로운 방향과 방법 재고」, 『판소리연구』 2, 판소리학회, 1991, pp. 19-20).

의 돋난 풀은 뉘 손으로 벌초허며, 년년이 오는 기일 뉘랴서 받드리까? ⑤ 내 손으로 부은 술을 망종흠향(亡終歆饗) 허옵소서. ⑥ 아이고 아버지~

①과 ⑥은 세상을 하직하는 심정이 통곡의 형식으로 되어 있다. 그 사이에 서사적 사실을 고백하는 언어가 ②, 부친을 떠나야 하는 자식의 심정이 ③으로 서술되고, 묘사관리와 봉제사(奉祭祀)에 대한 관념이 ④처럼 표현되어 있다. 이 부분은 텍스트 내적으로는 주제에 일관된 언어적 연관성을 지니지만 현대 관객들에게는 관념적 상투어로 들릴 소지가 있다. ⑤의 언표 대상은 죽은 모친이고, 따라서 제의적 언어 양상을 보여 준다. 한 단락 안에 층위가 다른 언어가 치밀하게 배열되어 있는 셈이다.

이 장의 전체적인 상황과 정조를 드러내는 방식은 합창이다. 그런데 그 합창에 동원되는 언어는 다분히 판소리의 삽입 시가의 효과를 도모하는 방식으로 되어 있다. "우리 부친 이별이야 어느 때나 다시 보리" 하는 소리를 위해 중국 고전이 인용되고 있다. "하량낙일수운기(河梁落日數雲起)는 소통국(蘇通國)의 모자이별(母子離別),"[6] "용산의 형제이별," "서출양관무고인(西出陽關無故人)이라 상봉헐 날이 있건마는" 등에는 전고(典故)가 있다. 한나라 무제의 신하 소무(蘇武)가 흉노에게 잡혀 흉노 여인과 인연을 맺고 아이를 낳았는데, 그 아이가 소통국이다. 후에 아이를 데려오매 모자가 이별하게 되었고 그 슬픔이 드러난 고사가 인용되고 있다.

'용산의 형제이별'과 '서출양관 무고인'은 각각 왕유(王維, 701-761)의 〈구월구일억산동형제(九月九日憶山東兄弟)〉와 〈송원이사안서(送元二使安西)〉라는 시에 나오는 내용과 구절을 차용하고 있다. 왕유의 시 〈구월구일억산동형제〉는 다음과 같이 되어 있다.

---

6 '數雲'은 구름 몇 덩어리가 일어난다는 뜻이 되기는 하나 '愁雲'이라야 전체 맥락에 맞는다. '근심을 자아내는 구름'이라는 뜻이 되기 때문이다.

獨在異鄉爲異客 (독재이향위이객)
每逢佳節倍事親 (매봉가절배사친)
遙知兄弟登高處 (요지형제등고처)
遍揷茱萸少一人 (편삽수유소일인)

대비를 하는 의미에서 〈송원이사안서〉를 인용하면 다음과 같다.

渭城朝雨浥輕塵 (위성조우읍경진)
客舍靑靑有色新 (객사청청유색신)
勸君更盡一杯酒 (근군경진일배주)
西出陽關無故人 (서출양관무고인)

이러한 전거가 있는 언어운용은 작가와 청중이 같은 언어권에 속한다는 점을 전제로 한다. 동일한 교양의 권역에 속한다는 소속감은 일종의 문화적 동질성을 뜻하는데, 이러한 맥락이 형성되지 않는 경우 소통에 문제가 생길 수 있다. 창극 대사 가운데 한시를 이용하는 방법은 시대 차이를 나타내는 언어 지표 역할을 한다. 더구나 문자로 기록된 텍스트를 앞에 두고 읽는 경우와 달라서 정확한 언어를 구사하기 어렵다. 어떤 판본에는 '하략낙일 수운리는 소통국의 모자이별'[7]이라고 되어 있다. 언어의 정확성이 손실되면서 상투어 혹은 관용어가 되는 경향을 보인다.

이러한 수사는 〈춘향전〉에도 유사한 예가 발견된다. 작품 사이의 텍스트연관성(intertextuality)에 대한 검토가 필요할 것이다. 아울러 소설, 판소리, 창극의 언어를 대비적으로 고찰하는 작업이 필요하다.

7 국립극장 편, 『국립극장 완창판소리』, 국립극장, 2006, p. 51.

창극언어의 심미 차원

문학의 언어는 독자의 이지적 수용을 전제로 한다. 감성적 공감을 주로 하는 것은 사실이나 텍스트와 마주한 독자는 텍스트의 상황, 작중인물의 감수성과 판단 등에 공감과 거리두기를 반복하는 가운데 이른바 '비판적 독서'를 하게 된다. 그러나 창극의 경우에는 거리두기보다는 공감하기가 우선이다. 공감의 원리 가운데 작중인물의 신분과 상황에 적절한 언어가 동원되는 것이다.

언어의 심미성이란 언어의 정서적 공감을 촉발하는 역능(役能)이다.[8] 정서적 공감이 논리와 분리되는 것은 아니다. 그러나 텍스트 내적으로 통용되는 컨벤션이 공감을 불러오기도 한다. 컨벤션은 일종의 문화적 집적물이다. 다음과 같은 데서 논리와 사실은 노래의 재미를 위한 양해사항이 되어 있다.

심청을 황후로 맞이하는 "궁중 잔치가 벌어진다. 무희들 합창하며 무대 가득 춤추면, 대왕과 심청 사라졌다 왕실대례복을 입고 중앙으로 등장. 무희 속에서 춤을 추며 대왕과 심황후 함께 노래한다."에 이어지는 합창은 중중모리로 되어 있는데, 다음과 같이 화초를 나열한다. 이러한 나열식 수사는 판소리에서 가감 없이 수용한 것으로 보인다.

> 화초(花草)도 많고 많다. 팔월(八月) 부용(芙蓉)의 군자용(君子容), 만당추수(滿塘秋水) 홍연화(紅蓮花), 암향부동(暗香不動 sic 浮動) 월황혼(月黃昏), 소식전(消息傳) 튼 한매화(寒梅花), 진시유랑(盡是劉郎) 거후재(去後哉)는, 붉어 있다고 복숭꽃. 구월구일(九月九日) 용산음(龍山飮) 소축신(笑逐臣) 국화(菊花)꽃, 삼천제자(三千弟子)를 강론(講論)하니, 행단춘풍(杏壇春風)의 은행(銀杏)꽃.

8 '역능'이라는 용어는 불어의 puissance에 해당한다. 기술적 능력과 작용을 동시에 지칭하는 복합성을 띠는 용어이다.

심왕후 이화만지(梨花萬地) 불개문(不開門)하니, 장신문전(長信門前) 배꽃이요. 천태산(天台山) 들어가니, 양변개작약(兩邊開芍藥)이요. 원정부지(怨征夫之) 이별(離別)하니, 옥창오견(玉窓五見)의 앵도화(櫻桃花).

대왕 촉국한(蜀國恨)을 못 이기어, 제혈(啼血)허든 두견화(杜鵑花). 이화노화 계관화(鷄冠花). 홍국백국(紅菊白菊) 사계화(四季花). 동원도리(東園桃李) 편시춘(片時春), 목동요지(牧童遙指) 행화촌(杏花村).

대왕 · 심왕후 월중단계(月中丹桂) 무삼경(無三更). 달 가운데 계수(桂樹)나무. 백일홍(百日紅) 영산홍(映山紅). 왜철촉(倭擲燭) 진달래. 난초파초(蘭草芭蕉) 오미자(五味子) 치자(梔子). 감자(柑子) 유자(柚子) 석류(石榴) 능낭. 능금 포도 머루, 어름 대초(大棗).

합창 각색화초(各色花草) 갖은 향과(香果), 좌우(左右)로 심었는데, 향풍(香風)이 건듯 불면, 벌나비 새 짐승들이, 지지 울며 노닌다.

중중모리의 빠른 속도로 진행되는 소리는 내용을 비판하고 분석하는 것보다는 그 리듬을 함께 타고 즐기며, 소리꾼들의 빠른 호흡이 다른 생각을 차단하며 몰입하게 한다. 이는 서사의 진행을 방해한다. 서사의 진행이 지연되는 동안, 청중은 서사의 압력에서 벗어나 노래의 즐거움에 몰입하게 된다.

그런데 작중인물의 신분과 연관되는 언어가 구사되는 경우 몰입의 양상은 달라진다. 뺑덕어미가 심봉사에게 접근하여 맺어지는 과정에서, 중매를 하겠다고 하면서 자기를 넌지시 감추고 소개할 인물을 자진모리로 몰아가는 대사는 이렇게 되어 있다.

저 재 너머 한 여자가 있는디, (자진모리) 쌀 퍼주고 떡 사먹고 벼 주고 고기 사기 헌 의복은 엿 사먹고, 잡곡일랑 돈을 사 청주, 탁주 모두 받어 저 혼자 실컷 먹고 시원한 정자 밑에 웃통 벗고 낮잠자기, 사시장천 밥을 앓고 이웃집에 가 밥붙이기, 코큰총각 유인, 여자 보면 내외허고 남자 보면 방긋 웃고 빈 담뱃대 손에다 들고 보는 대로 담배 청키, 이돈저돈 모두 받어 조석으로 술받기와 상하촌 머슴들과 팔잡고 춤추기, 이웃집에 가 욕 잘허고 초상집에 가 쌈 잘허기, 잠자며 이갈기 배 긁고 발목 털고 한밤중 울음 울고, 일에는 반편이요 말에는 촐랑이라 먹을 속은 깽맥이로다. 힐끗허면 핼끗허고 핼끗허면 힐끗허고, 삐죽허면 빼죽허고 빼죽허면은 삐죽허고, 남의 혼인 허랴허고 단단히 믿었는디 해담을 잘허기와, 신랑 신부 잠자는디 가만 가만 가만 가만 가만 가만이 들어가서, 봉창에 입을 대고 "불이야~"

이러한 인물형상은 판소리 안의 인물형상을 전이한 것이다. 창극 안에서는 〈흥부가〉의 놀부를 연상하게 하는 수사로 인해 전형으로서 역할을 하는 인물형상이 된다. 따라서 현실의 인물과는 거리가 있다. 관객의 기대는 소리로 연출되는 인물의 (언어적) 형상화에 있지, 인물의 능력이나 외모 혹은 도덕적 수준에 있지 않다. 판소리 사설에는 뺑덕어미의 인물에 대한 묘사에 소홀하지 않다. 반면 창극에서는 극장르의 특성으로 인해 인물의 행동에 중점이 놓이게 된다.[9]

창극은 전체적으로 전개되는 이야기를 기본 가닥을 흐트러뜨리지 않는 범위 내에서 장면화한다. 그리고 그 장면에 맞는 언어를 배열하고 변형한다. 〈청〉은 2막으로 구성되어 있는데 각 막은 6장으로 총 12장이다(제1막: 1장 출생과 장례, 2장 성장, 3장 권선문, 4장 공양미 삼백석, 5장 행선날, 6장 임당수, 제2막: 1장 씻김, 2장 환생, 3장 뺑덕어미, 4장 추월만정, 5장 황성 가는 길, 6장 해후). 각 장의 독자성을 살려 언어를 운용하고 있는 것을 볼 수 있다. 소설 〈심청전〉이나 판소리 〈심청가〉와 달리 출생과 장례를 하나의 장으로 한 점은 극적 구성의 의도가 반영된 것이다. 씻김굿을 도입한 것은 장르의 혼용을 도모하는 시도이다.

장르의 혼용을 시도한 예로 민요를 도입하는 방법을 들 수 있다. 맹인잔치

9 강한영 교주, 『신재효 판소리사설』, 민중서관, 1972, p. 215.

에 참석하려고 황성 가는 길에 맹인들이 장기자랑을 하는 장면에서는 각 지역의 민요를 삽입하여 한판 민요잔치가 벌어진다.

봉사2 내는 경상도 밀양에서 온 남봉산니더. 함 들어보이소. 날좀 보소 날좀 보소 동지섣달 꽃 본 듯이 날 좀 보소. 아리아리랑 쓰리쓰리랑 아라리가 났네~ 아리랑 고개로 날 넘겨주소.

봉사3 아거 속아쑤다. 근데 거 뭐우꽈? 노래라 햄은 아맹이나 허영불명 여기 아방어멈 모두 조케쑤꽈? 둥그레 당실 둥그레 당실 둥그레 당실 너도 당실 연자 버리고 달도 밝고 냇가 머리로 갈까나. 오돌또기 저기 춘향 나온다. 달도 밝고 냇가 머리로 갈이거나.

황봉사 덩기덩 덩덩덩 덩덩덩 아니나 노지는 못하리라. 간밤 꿈에 기러기 보고 오늘아침 오동 위에 까치 앉아 짖었으니 반가운 편지 올까 그리운 님이 올 꺼나. 얼씨구 얼씨구 얼씨구 지화자 좋네. 아니나 노지는 못하리라. 아니 노지는 못하리라~~

봉사1 아따 잘허요마는, 나가 저 해남 땅끝서 돈깨나 우려먹든 진도아리랑 하나 들어보씨요. 날 보고 날 봐라 내가 너 따러 살거냐, 눈에 안 보이는 정 때문에 내가 널 따라 산다. 아리아리랑 쓰리쓰리랑 아라리가 났네~ 아리랑 음~~ 아라리가 났네.

봉사4 얼~씨구씨구씨구~ 들어간다. 절씨구 들어간다. 어따 여봐라 정금아 내 말을 들어봐라. 너희 부모가 너를 나아. 나의 부모가 나를 나아. 고이나 곱게 길러서 초당의 삼간에 집을 짓고 독서당에 다 모셨네. 어 품바가 들어간다.

각 지역의 민요는 관객에게는 친숙한 언어이다. 아울러 지역에 따라 언어적 다양성을 보여 주는 계기가 되기도 한다. 무대로 한정되는 공간 여건이 아니라면 관객과 함께 어우러질 수 있는 동기부여의 속성을 지니고 있다. 소경의 경 읽기와 무당의 춤추기 등도 장르의 혼성이라는 측면에서 의미를 지니는 점이다. 이러한 장르 혼효(混淆)가 관객의 수용력을 복합적으로 형성한다는 점은 음미를 요한다.

창극언어의 역동적 생산력

창극의 언어는 장르의 변이와 재창조를 도모하는 생산성을 지니고 있다. 창극은 판소리의 사설을 바탕으로 하되 판소리와는 다른 극적인 언어가 된다.[10] 아울러 연극적 연출의 결과로 창조적 생산성을 지니게 된다. 예술에서 반복, 되풀이는 죽음이다. '심청'은 이 나라 사람이면 누구나 잘 안다. 그러나 그것을 노래하고 극으로 만들어 무대에 올릴 수 있는 것은 판본마다 달라지는 새로움 때문이다. 창극 〈청〉은 예술에 필수적으로 요구되는 새로움을 성취한 경우로, 무대와 연출, 창법과 연기가 두루 새롭다는 느낌을 받게 하는 작품이다.

예술 창조의 과정은 이전 것을 깨뜨리고 새것을 만들어 내는 '혁명'의 과정이다. 그러나 예술을 수용하고 감상하는 과정은 일종의 길들이기의 과정이다. 길들이되 '서로 길들이기'이다. 생텍쥐페리(Antoine de Saint-Exupéry, 1900-1944)의 〈어린 왕자〉에서 어린 왕자와 여우가 친해지는 과정을 재귀동사를 써서 '서로 길들이기(s'apprivoiser)'로 규정하는 것은 예술의 수용과 연관지어 생각해도 핵심을 찌르는 말이다. 관객은 어느 장르든지 작품을 자주 봐야 익숙해지고 친밀감을 느끼게 된다. 창극 〈청〉에 나오는 언어가 낯설게 느껴지는 부분은 우리 시대에 한문교양이 보편화되지 않은 까닭이다.

어느 장르든지 예술작품의 언어는 관객의 언어적 감수성과 수준의 향상에

---

10 정병헌, 「남북한 극예술의 판소리 수용과 창극의 진로」, 『판소리연구』 17, 판소리학회 2004.

따라 풍부해진다. 그러자면 자주 접해야 한다. 그런데 자주 보고 듣는 것만이 능사가 아니다. 좋은 작품, 예술적 수준이 있는 작품을 자주 보고 들어야 예술적 감각이 풍성해진다. 아울러 예술의 인식을 명확하고 깊게 하는 데에는 경험의 양적 축적만이 아니라 감상 대상의 질적 수준이 문제가 된다. 예술적 감수성의 질을 보장하기 위해서는 작품의 수준이 높아야 한다. 작품의 수준과 감상자(관객)의 수준은 맞물려 있는 셈이다. 그렇게 본다면 작품의 언어 수준을 높여 주는 주체는 작가보다는 관객이다.

창극 〈청〉은 다양한 우리 노래가 주요 구성요소를 이룬다. (도창을 맡은 안숙선 명창의 소리는 언제 들어도 일품이다.) 거기다가 출상 장면의 향두가, 남경 선인들의 뱃노래, 청이 왕비로 간택된 후 '박'을 두드리면서 추는 춤에 더불어 부르는 화초가, 맹인들이 황성 맹인잔치에 가다가 쉬는 동안에 장기자랑으로 부르는 경상도 밀양 아리랑, 전라도 진도 아리랑, 제주 오돌또기, 경기 창부타령, 각설이타령 등 푸짐한 노래를 들을 수 있다. 이런 노래를 통해 소리꾼들의 솜씨를 보는 재미도 재미거니와, 함께 판에 어울릴 수 있다는 참예(參預)와 동행의 묘미를 맛볼 수 있게 한다. 이는 창극이 자아내는 공감의 미학이다.

그런데 이런 노래들을 관객이 언제든지 부를 수 있고 즐겨 들을 수 있게 하는 방법을 모색할 필요가 있다. 이 대목에서 우리는 서양의 오페라를 참조할 수 있다. 오페라에서 어느 장면에서 따내어 독립된 노래를 부르는 '아리아'를, 창극에서도 개발할 필요가 있다는 생각이다. 〈춘향가〉의 '사랑타령', 〈흥부가〉의 '돈타령'처럼 창극이 공연되면 그 창극의 얼굴에 해당하는 노래를 만들고 널리 보급하여 누구라도 부를 수 있게 해야 한다. 그래야 창극의 생산성이 제고된다. 우리 민족의 문화유산인 판소리가 이제 유네스코 지정 세계문화유산으로 등록되었다. 그 부산물로 독립성이 있는 노래를 만들어 내는 일은 과히 어렵지 않으리라고 생각된다.

창극의 장르분화를 의도적으로 시도하는 일이 창극의 언어적 생산력을 높이는 길이다. 창극 〈청〉이 여러 버전으로 장르 분화하여 '청그룹'의 장르 이본이 형성될 수 있을 것이다. 공연된 창극 〈청〉의 후반부는 전반부에 비해 활력이 넘친다. 전반부가 좀 길다는 느낌이 드는 것은 이야기의 기본 골격이 그렇기 때문이기도 할 것이다. 그러나 원본이 그렇기 때문에 어쩔수 없는 일이라고 포기하는 것은 바람직하지 않다. 불가능한 것을 알면서 도전하는 것이 예술 아니던가. 과감한 상상력으로 새로운 마름질을 시도해 볼 수 있을 것이다. 그 방향에 따라 주제와 방법이 달라질 수 있고 언어적 풍성함이 증대될 수 있다.

예컨대 〈청〉을 처절한 비극으로 구성하여 울음으로, 통곡으로 이어지는 창극을 만들 수도 있다. 그리하여 한국 최고의 비극으로 부상할 수 있을 것이며, 한국에 비극이 없다는 부정적 평가를 벗어나는 계기를 마련할 수 있을 것이다. 상여놀이, 맹인들의 노래자랑처럼 놀이판 중심으로 판을 다시 짤 수도 있다. 이렇게 놀이판에서 관객들이 같이 어울려 흥을 돋우는 관객참여형 창극을 만들어 볼 수도 있을 것이다. 그리고 소리는 최소화하고 춤을 중심으로 변형을 시도할 수도 있다. 관객은 집단무 속에 녹아나는 슬픔을 공감으로 수용할 수도 있을 것이다.

창극의 언어적 풍성함과 미학적 차원의 상승을 위해서는 현대 관객의 언어와 기대를 고려한 과감한 변형과 재창조가 필요하다. 〈심청전〉, 판소리 〈심청가〉 등의 정전(正典)을 훼손하는 일을 감행해야 하는 것이다. 정전은 깨지기 위해 존재한다. 그리고 예술의 정전은 경전이 아니다. 장르와 장르 사이의 혼성을 과감히 수용하고, 해석의 다양성을 보장하는 창극을 모색할 필요가 있다. 창극의 언어적 다양성과 수준의 향상은 제작진의 예술적 치열성과 관객의 언어적 감수성이 맞물려 형성되는 문화적 실천으로 구체화될 수 있다.*

* 이 글은『국어국문학』제145권(2007)에 실린 내용을 손본 것이다.

Ⅱ
소설의 크로노토프를 찾아서

04 소설문학의 문화적 생산성

– 오영수 소설의 지역성과 생산성

문학과 문화의 연관성

책으로 유통되는 소설은 그 장르적 역동성으로 인해 문화적 영역으로 전이해 가기도 한다. 소설이 인간 삶의 이야기라는 서사를 기본으로 하고 있기 때문에, 인간사를 다루는 다양한 영역과 연관을 지니게 마련이다. 특히 인간의 실용적인 행동이나 일보다는 '문화'로 지칭되는 영역과 깊은 연관성을 지니게 된다.

인간사를 다루는 영역 가운데, 그 구도 속에서 더불어 살고 활동하는 '상호적 상징작용'을 문화라 하자.[1] 문화는 인간의 실천적 활동을 전제로 한다. 그런데 상호작용이기 때문에 개인적 수행보다는 개인과 개인 사이, 개인과 집단 사이, 집단들 사이의 상호작용으로 이루어진다. 쉽게 말하자면 문화는 집단 구성원을 느슨하게 묶어 주는 일종의 규범이다. 그렇기 때문에 문화는 집단 구성원을 결속하는 기능을 하며 동시에 교육의 지표 역할을 한다. 교육의

---

1 문화에 대한 개념 규정이 매우 복잡스럽기는 하지만, 문학을 포함하면서 문학과 연관된 영역의 문화는 카시러의 문화 개념의 핵심인 '상징적 상호작용'과 가장 근접한 것이라고 본다. Ernst Cassirer, *An Essay on Man: An Introduction to the Philosophy of Human Culture*, 최명관 역, 『인간이란 무엇인가』, 창, 2008.

지표뿐만 아니라 문화행위 자체가 교육기능을 한다. 문학의 수행은 일종의 내면적으로 이루어지는 정신의 연소(燃燒)를 떠올리게 한다. 이에 비해 문화는 활동을 환기하는 점에서 문학과 차이가 있다.

문학과 문화가 연관되는 국면은 문학을 가능하게 하는 언어와 그 언어를 운용하는 방식의 영향을 받는다. 크게는 문학과 음악, 문학과 미술, 문학과 영상, 그리고 이들의 복합 양식을 고려할 수 있다. 그리고 문학, 특히 소설은 인간이 살아가는 이야기라는 점에서 이야기를 만들며 살아가는 여러 국면에 문화로 역할을 할 수 있게 된다. 이러한 예는 현대의 상황에서만 논의될 수 있는 것은 아니다.

고전소설의 경우 '판소리계 소설'이라는 용어가 있는 것처럼, 판소리와 소설은 밀접한 연관을 가지고 전개되어 왔다.[2] 소설과 음악의 결합을 통해 '노래하는 소설'이라는 장르가 가능하게 되었고, 판소리와 소설의 공통 요소에 연극적 요소를 더하여 창극을 만들어 냈다. 이른바 '근원설화'라고 하는 언어서사에서 음악서사인 판소리로, 그것을 다시 소설로, 판소리와 소설이 창극으로 장르의 전이와 통합을 보이면서 장르의 전이와 확대를 도모해 온 것이다.

현대에 와서 소설을 대본으로 하여 드라마가 만들어져 공연되기도 하고, 영화로 제작되어 소설보다 더 인기를 누리는 경우도 생겼다. 서사물이 연극으로 공연된 것은 오랜 전통이라 할 수 있다. 이른바 대서사(gross Epik) 양식에 공통으로 포함되는 점에서 의당 그럴 만하다. 소설, 연극, 영화 사이에는 경계를 넘나드는 혼교현상(混交現象)을 보이면서 역동성이 드러난다. 한국 영화의 경우 '문예영화'라 해서 독자들의 의식공간에 명작으로, 혹은 인상 깊게 정착되어 있는 소설작품을 영화화함으로써 성공한 예가 꽤 있다. 이광수(李光

2 김대행, 『우리 시대의 판소리 문화』, 역락, 2001.
김종철, 『판소리의 정서와 미학: 창을 잃은 판소리를 중심으로』, 역사비평사, 1996.
정병헌, 「판소리의 전승과 공간적 배경의 관계 연구」, 『판소리연구』 25, 판소리학회, 2008.
정병헌, 『판소리와 한국 문화』, 역락, 2002.

洙)의 소설을 영화화한 〈꿈〉, 주요섭(朱耀燮)의 소설을 영화화한 〈사랑방손님과 어머니〉,[3] 나도향(羅稻香)의 〈뽕〉, 계용묵(桂鎔默)의 〈백치 아다다〉 등을 예로 들 수 있다. 김승옥(金承鈺)의 〈무진기행〉을 영화화한 〈안개〉도 그러한 예이다. 그런가 하면 장편소설이 영화나 드라마로 장르를 바꾸어 성공한 예도 다수 있다. 조정래(趙廷來)의 〈태백산맥〉, 박경리(朴景利)의 〈토지〉 등이 그러한 예이다.

특히 영화에서는 소설가의 독특한 허구적 상상력을 장르의 변혁과 전환에 이용하는 경우를 볼 수도 있다. 예컨대 SF 계열의 작품은 사실주의 영화에서는 다루기 어렵다. 그러나 애니메이션 기술의 발달로 작가의 상상을 화면에 실현하는 데 아무런 지장을 느끼지 않을 정도이다. 이는 장르의 교섭과 혼효를 통해 상상력의 확장을 가져온 것이라 할 만하다.

또한 매체의 발달로 소설의 언어가 복합 미디어의 속성을 발휘하고, 소통의 속도가 실시간화함으로써 소설은 음악, 미술, 애니메이션 등 다른 장르와 섞이게 된다. 아울러 소통의 쌍방향성으로 인해 독자와 작가의 위상 교환이 가능하게 되었다. 이는 언어운용의 문제인가, 문화와 연관된 문제인가 하는 논의의 여지가 없는 바 아니다. 그리고 이는 소설의 범위를 넘어서서 서사의 문제이기는 하지만, 인간의 모든 활동이 스토리를 포함한다는 전제에서 출발하면, 서사의 구체화라 할 수 있는 스토리텔링은 관여할 수 없는 영역이 없다고 할 정도로 넓은 영역의 생산성을 보이고 있다.[4]

---

3 원작의 제목인 〈사랑손님과 어머니〉는 중의적 해석이 가능하다. 사랑(舍廊)에 묵는 손님과 사랑의 대상으로서 손님이라는 의미가 된다. 그런데 '사랑방손님'으로 제목이 바뀌면 '사랑방'에 머무는 손님으로 의미가 한정된다.

4 이인화, 『디지털 스토리텔링』, 황금가지, 2003.
차봉희 편, 『디지로그 스토리텔링』, 문매미, 2007.
최혜실, 『문화산업과 스토리텔링』, 다할미디어, 2007.
최혜실, 『테마파크의 스토리텔링』, 글누림, 2008.

단편작가로 알려진 오영수(吳永壽, 1914-1979)의 소설을 문학의 생산성이라는 점에서 검토하고, 문학의 문화화와 연관된 몇 가지 논의를 하고자 한다.

문학교육에서 작가를 수용하는 문제

교육이 문화의 한 분야라는 점은 아무도 부정하지 않는다. 그런데 교육에 대한 관점이 문학을 보는 관점을 어느 방향으로 경사하게 하는 경우가 있다. 문화로 수행되는 문학교육을 지식의 전수라 한다면 문학교육이 정당하게 이루어지기 어렵다. 따지고 보면 교육만큼 문화를, 문학을 역동적 생산성으로 이끌어가는 도구가 따로 없다. 여기서는 문학의 역동적 생산성을 교육과 연관지어 검토하기로 한다.

문학교육에서 어떤 작가를 수용하는 것은 그 작가를 정전 계열의 인물로 가치부여를 하는 일이 된다. 우리 근대 문학교육에서 그러한 사례로 황순원(黃順元)과 오영수(吳永壽)를 들 만하다. 그런데 이들 작가 전반의 문학적 업적이나 성격과는 거리가 있다는 데 문제가 있다. 황순원은 〈소나기〉의 작가로 오영수는 〈요람기〉의 작가로 인식되고 그 영역 안에서 평가되는 것이다.[5] 교육적 안목 때문에 어느 작가가 선택되어 교육적으로 해석되는 것은 잘못일 까닭이 없다. 그러나 어느 한 작가를 교과서에 작품이 실리는 그 범위로 한정하여 인식하고 평가하기 위해서는 그 작가 전반의 가능성에 대한 이해를 바탕으로 해야 한다. 그래야 그 작가의 문학적 가능성이 드러난다.

한 작가의 문학과 문학적 삶을 살피는 데는 약간의 예비적 고찰이 있어야 한다. 글쓰기란 무엇인가, 작가의 작가다움이란 무엇인가, 작가는 어떤 세계

5 최병우, 2008년 5월 20일 '오영수문학제' 발표 원고 내용 참조.

를 형성하며 살았는가 하는 점이 검토해 볼 항목들이다. 이는 작가와 작품을 분리하지 않는 원칙을 전제하는 방법이다. 잘 알려진 것처럼 미국의 신비평이 도입된 이래 문학에 대한 '분석주의' 일변도로 연구가 진행되고 작가를 평가하는 방법은 그 가능성과 한계가 분명해졌지만, 교육에서는 여전히 분석주의에 함몰되어 있는 것이 실상이다.

어느 작가의 문학적 생애를 정당하게 이해하고 이를 그 작가의 문학과 연관지어 설명하기 위해서는 '삶으로서 글쓰기'라는 개념으로 돌아갈 필요가 있다. 일반화하여 말하자면, 문학적 글쓰기는 삶의 과정이다. 따라서 문학적인 글은 자기목적성을 지닌다. 문학적인 글이 완벽한 자기목적성을 지닌다면 문학 외적인 모든 여건이 사상(捨象)되어야 한다. 그러나 문학의 매재인 언어가 그렇게 자립적일 수 없기 때문에 문학의 자율성은 제한적이다. 작가의 체험과 시대 여건, 사회·문화적 여건이 작품에 반영될 수밖에 없는 것은 언어의 본질이 그러하기 때문이다. 그러나 작가에게 진정한 의미의 문학은 작가의 삶의 과정, 언어적인 삶의 과정이다. 작가가 작품을 쓴다는 것 자체가 삶의 과정이기 때문에 작가의 글쓰기는 참여적이다. 글쓰기를 떠난 참여는 문학 외적인 행동에 지나지 않는다. 이는 작가가 아닌 일반인의 삶과 구별되지 않는 영역이다. 작가는 글쓰기를 삶의 방법과 내용으로 선택한 존재를 말한다.

그런데 글쓰기를 삶의 방법으로 선택한 모든 사람을 작가라 하지는 않는다. 글쓰는 사람의 작가다움이 분명히 드러나는 이에 한해서 우리는 '작가'라는 이름을 붙여 준다. 작가(作家)는 '글쓰는 일로 일가(一家)를 이룬 사람'을 말한다. 이는 세속적인 의미의 성공과 필연적 관계를 지니는 것은 아니다. 작가가 자기 세계를 구축했다는 것은 작품에서 다루는 대상이 그만의 독자성이 있고, 대상을 형상화하는 언어가 그만의 독특함을 보인다는 뜻이다. 이는 달리 말하자면 문학으로 자기 세계를 구축했다는 뜻이다. 작가가 구축한 세계이기 때문에 작가의 감수성과 이념이 동시에 드러난다. 작가의 감수성과 이념을 오영수만큼 선명하게 부각한 예가 흔하지 않다. 거듭하거니와, 오영수는 작가로서 일가를 이룬 드문 사례에 해당한다. 이는 문학의 가치 문제와는 다소 거리가 있는 파악이다. 다시 말하자면 문학 편에 중점을 둔 파악이다. 오영수라는 작가의 삶에 주목하되 문학적 삶에 국한한다는 의미이다. 여기에서 우리는 오영수의 작가적 세계를 살필 이유를 발견하게 된다.

다시 말하거니와, 오영수는 스타일이 선명한 작가이다. 독자가 어떤 작품을 읽든지 금방 오영수의 작품이라는 것을 알게 되는 독특함을 지니고 있다. 소설의 소재, 분위기, 구조 등이 '오영수답다'는 느낌을 준다. 한 작가가 자기 스타일을 가진다는 것은 일가를 이루었다는 것과 거의 동일한 의미를 지닌다. 이는 작품의 양이나 장르의 규모 등과는 관계가 없는 일이다. 문체로 규정되는 스타일은 작가의 문학적 삶을 규정하는 독자적인 평가척이 되기 때문이다.

오영수 문학의 특질로 다음과 같은 것들이 지적된다. 온정과 선의의 세계를 다루고 있다는 점(김동리), 주인공이 긍정하는 인간상으로 형상화되고 있다는 점(천승준), 인정의 미학, 반문명적 인간성을 그리고 있다는 점(장문평), 한(恨)적인 특징과 인정적 특징이 주조를 이룬다는 점(천이두), 아울러 원초적 세계를 갈구한다는 지적(이현진)도 있다.[6] 이러한 특징들을 공통적 자질로 묶어 주는 것은 오영수가 '단편양식'으로 한정하고 문학활동을 했다는 점과 연관된다. 이는 문학 양식을 중심으로 한 연구의 가능성을 시사하는 점이다. 단편소설의 미학과 연관되는 사항이기 때문이다. 작가 오영수가 문학교육에 지속적으로 수용되는 것은 그의 문학적 양식과 무관하지 않다.

---

6 이현진, 「원초적 세계로의 갈구」, 『예술세계』 74, 한국예술문화단체총연합회, 1996.
천이두, 「선의 · 해학의 문학: 오영수론」, 『작가연구』 10, 새미, 2000.
장문평, 「반문명적 인간상의 예시, 오영수의 작품세계」, 『한국문학』 69, 한국문학사, 1979.
천승준, 「대간의 긍정: 오영수론」, 『현대문학』 5, 현대문학, 1959.
김동리, 「온정과 선의의 세계: 오영수 저 〈명암〉을 중심으로」, 『신문예』 7, 정양사, 1959.

어느 작가의 작가다움은 '작가적 주체 형성 – 세계 형성'과 연관되는 사항이다. 오영수 문학의 특징 가운데 하나는 현실을 다루되 현실과 거리를 두고 사는 인간을 그림으로써 현실의 직핍적(直逼的) 요구를 피해 간다는 점이다. 이는 현실의 문제를 정면으로 다루지 않았다는 평을 들을 수 있는 점이다. 그러나 현실을 정면으로 다룬다고 할 경우 작가가 이념으로 설정하는 유토피아를 그릴 수 없게 된다. 작가의 세계는 작가가 일상적 삶을 영위하는 현실과 그 현실을 뛰어넘는 이념적 차원으로 구성된다. 그래야 완벽한 세계가 될 수 있다. '반문명적 인간성'이라든지 '원초적 세계의 갈구' 등은 세계를 형성하는 기본 요소로서 초월의 전망이라는 의미를 지닌다. 어떠한 형식으로든지 이러한 초월의 전망과 무관한 문학적 삶은 세계를 형성해 냈다고 할 수 없다. 이러한 시각에서라야 오영수 문학을 교육에 수용하는 길이 열린다. 이는 오영수 문학 또는 소설을 문화로 바라볼 수 있는 근거가 되기도 한다.

문학연구의 생산성

문학연구는 역동적 관여로 이루어지는 '문학현상' 전체를 둘러싸고 이루어지는 작업이다. 따라서 작가, 작품, 영향(효용), 배경 등 어디에 중점을 두는가에 따라 연구방법이 달라진다. 그러나 일반적으로 문학연구라 할 경우는 작품에 대한 연구를 상정하게 된다. 따라서 작가가 남긴 작품에 대한 연구가 문학 연구의 일차적인 과업이라 할 수 있다.

작품에 대한 연구는 작품의 구조와 의미를 밝히는 일이 된다. 그런데 작가가 남긴 작품이 많지 않고 작품의 경향이 뚜렷할 경우 다면적인 연구가 이루어지기 어렵다. 오영수의 경우도 그러한 예에 해당한다. 단편소설을 중심으로 일관된 문학활동을 전개한 작가이기 때문이다.

문학작품에 대한 연구는 일차적으로 작품구조의 해명을 목적으로 한다. 그러나 작품구조의 해명은 작품의 의미 발견이라는 평가에 연관된다. 달리 말하자면 작품에 대한 의미부여가 전제된 분석이라야 한다는 뜻이다. 의미부여는 달리 말하자면 의미창출이다. 따라서 이는 의미의 생산이 된다. 연구 결과 생산된 의미는 시간의 축을 따라 누적된다. 의미가 쌓이면서 작품은 새로운 해석의 여지를 더하게 된다. 그러한 점에서 어느 작가의 작품이 의의를 축적해 가기 위해서는 다양한 방법을 동원한 연구가 지속되어야 한다. 이는 연구자들의 의무이기도 하다. 그런 맥락에서 보자면 작가의 작품에 대한 연구는 진행형이라고 할 수 있다. 문학교육에서 어떤 작가의 작품을 다루면서 그 작품의 의미를 확정적으로 규정하는 것은 오류에 해당한다. 작품연구의 진행에 따라 의미는 가변적이고 축적적이기 때문이다.

연구방법의 다양화는 연구 영역을 개척하는 데 기여한다. 어느 작가의 작품뿐만 아니라 '작가의 문학활동에 포함된 연구 계기'를 포착하는 일이 중요함은 물론이다. 다양한 연구방법을 구사한다고 해도 작품이 그런 연구를 가능하게 하는 빌미 혹은 논리적 근거를 제공해야 한다. 예컨대 〈명암〉 같은 경우, 궁핍한 삶을 살아가는 가난한 인간들이 사회적 부적응으로 말미암아 감옥살이를 하게 되고, 감옥이라는 특수한 폐쇄 공간에서 인간의 심리가 어떻게 나타나는가 하는 문제를 다룬 소설로 볼 수 있다. 이러한 관점은 소설의 사회적 연관을 중점에 두고 방법론을 전개하는 경우에 한해서 타당성을 지닐 수 있다.

그러나 작품을 출발점으로 삼는 연구는 그 영역을 다양화할 수 있다. 이 작품에 암시되거나, 배경으로 처리되거나, 아니면 연계성을 지닐 수 있는 요소를 적출하여 그것을 바탕으로 방법론을 설정할 경우 연구 영역을 확대하는 것이 가능하고 동시대의 작품이나 장르적 유사성을 지닌 작품을 연구 대상으로 삼아 논리를 구축할 수 있다. 다음과 같은 연구 항목을 설정해 볼 수 있다.

1) 양식상 단편소설이라는 점과 연관된 연구: 단편소설의 미학
2) 근대화와 감옥의 탄생: 문학에 나타난 감시와 처벌의 문제
3) 인간심리의 기미: 수감과 출감의 과정에 나타나는 심리 변화, 상황과 심리 관계
4) 소설적 인간상의 유형론: 상황과 인간의 문제

이러한 연구는 오영수 문학을 출발점으로 해서 연구 방법과 영역을 개척하는 의미를 지닌다. 한 작가의 문학활동을 출발점으로 해서 전개될 수 있는 연구는 작가의 문학적 성공과는 간접적인 연관이 있을 뿐이다. 연구 범위를 확대하고 방법론을 개척하는 일이 연구자들의 책무인 까닭은 바로 여기 있다. 그런데 문학교육에서는 문학교육에 수용하는 작품을 출발점으로 삼기 어렵다는 문제가 있다. 일종의 완결형이 되기를 요구해 오는 문학 외적 압력을 현실로 수용해야 하기 때문이다.

문학현상 전반을 두고 볼 때 생산성의 핵심 국면은 작품의 창작이다. '문학의 생산성'이라는 용어의 핵심에 창작의 생산성이 자리잡는다. 그러나 창작과 수용이 동시적으로 이루어지는 현상이라는 점에 대한 이해는 문학교육이 문학연구에 돌려주는 몫이다. 작가나 작품에 몰두한 나머지 창작이 독서와 직결된다는 점에 대해서는 원천 연구 등에 내몰리는 형국이 되어 왔다. 모든 작가는 동시에 독자이다. 이렇게 본다면 한국의 모든 작가는 일차적으로 한국문학의 독자라고 할 수 있다. 이는 매우 당연한 사실이지만 주목을 받지 못하고 때로는 잊혀지기도 한다.

한 작가의 작품은 다른 작가가 작품을 창작하는 원천을 제공한다. 언어적 차원에서, 구조 차원에서, 발상법 차원에서 작가는 선대(先代) 작가의 영향을 수용하게 된다. 특별한 인연으로 어느 작가에게 경도되는 경우가 없지 않지만, 그것이 하나의 문학문화를 이루고 있는 한 문화적 장(場)을 형성하고 그 장이 다른 장을 만들어 낸다.[7] 그러한 점에서 작가의 작품은 다른 작가가 작품

7 장(場, le champ) 개념은 부르디외의 용어이다(P. Boudrdieu, *Les Règles de l'art*, 하태환

을 생산하는 원천이 되는 것이다. 작가의 생산성은 독자의 잠재적 작가성으로 전환된다. 작가가 연구자나 학자보다 문학의 생산성에 더 큰 기여를 할 수 있는 까닭은 다른 작가의 작품생산의 근원이 된다는 점 때문이다. 어느 작가의 작품이 생산성의 원천이라는 점에 입각한 연구가 중요한 것은 이 까닭이다.

오영수 문학을 출발점으로 하는 연구 영역과 방법

1) 논의의 작은 전제

한국 근대소설사는 단편소설과 장편소설의 교직 가운데 전개되었다. 단편소설의 예술적 우위성을 강조하여 단편소설 위주의 문학사(소설사)를 구상한 적이 있었으나, 이제는 장편소설을 주류로 하여 소설사를 구성하기도 한다. 장편소설의 창작이 활발하게 이루어진 결과이기도 하지만, 연구방법의 확대와도 관련이 있다. 1970년대 이후 리얼리즘 문학론이 활발하게 전개되고 소설사회학의 영향으로 방법론이 확대되어 문학사를 다시 쓰게 한 결과이다.[8]

단편과 장편 중 어느 쪽이 한국 소설사의 주류인가를 논하기 이전에 한국 근대소설사가 리얼리즘을 바탕으로 형성되었다는 점은 평명(平明)하게 인정되어야 한다. 리얼리즘은 근대문학의 이념이 되어 왔고 그러한 맥락 속에서 한국 근대소설이 형성되고 성장한 것은 사실이다. 그러나 리얼리즘이 문학연구의 방법론을 넘어서서 가치증대 현상을 보이게 되었다. '리얼리즘의 승리'니 '리얼리즘에 도달한 문학'이니 하는 평가는 리얼리즘 자체가 가치평가적인 용어가 되었음을 보여 준다.

역, 『예술의 규칙』, 동문선, 1999).

8 김윤식 · 김현의 『한국문학사』(민음사, 1972)는 당대 학술담론을 반영한 결과라 할 만하다.

리얼리즘은 문학과 사회의 연속성을 전제로 하는 이론이다.[9] 문학과 사회의 연관성은 이른바 반영론으로 전개된다. 나아가 사회주의 리얼리즘으로 전개되는 문학론에서는 문학이 역사전망을 형상화하는 것을 이념으로 설정한다. 이러한 이론이 속화(俗化)되면 문학 혹은 소설은 사회 현실을 반영하는 역할을 해야 한다는 억압으로 작용한다. 그렇게 되면 소설의 인물이 전형적인 상황에서 사회의 모순을 고발하고 나아갈 바를 제시하는 데로 나아가는 전형성을 띤다.

이러한 경향은 소설의 예술성을 지향하는 단편소설을 연구 대상에서 배제하는 쪽으로 방향을 잡게 된다. 아울러 소설의 본질이 대사회적 발언으로 규정되기도 한다. 이러한 억압에서 벗어나 소설문학의 연구 영역을 확대하고 방법론을 다양화해야 하는 시점이다. 오영수 문학의 연구 생산성을 확대하기 위해서는 문학에 대한 안목의 억압을 제쳐 내는 일이 선행되어야 한다. 리얼리즘 일변도의 문학연구는 지양되어야 한다는 것이 논의의 전제인 셈이다. 리얼리즘의 억압에서 풀어 주기는 문학교육에서도 중요한 과제로 부각된다. 문학이 사회를 반영한다는 당연한 논리를 강조할수록 문학의 문학다움에 대한 감각이 무뎌질 수 있다.

2) 미학적 차원의 소설연구

오영수의 문학적 특징 가운데 하나는 문학의 예술성 추구에 있다. 작가는 소설에 대해 이렇게 규정하고 있다. "소설이란 결국 인간이 만나서 빚어내는 사상을 표출해내는 예술입니다."[10] 문학의 예술성을 추구하기에 적합한 양식은 단편소설이다. 역사와 사회의 간섭을 벗어나 자율성을 어느 정도 보장받을 수 있는 양식이 단편소설이다. 오영수는 평생 단편만 썼으며, 단편소설을

9 최유찬, 『리얼리즘이론과 실제비평』, 두리, 1992.

10 이재인, 『오영수 문학 연구』, 문예출판사, 2000, p. 77.

예술적 경지로 이끌어올린 성과는 누구도 부정할 수 없는 문학적 성취라 할 만하다. 장편을 쓰지 않았다고 해서 문학적 성취가 미흡하다는 평가를 하는 것은 단견이다. 사회 현실을 거리를 두고 바라보았다는 점을 들어 '치열한 작가의식의 결여'라고 하는 것도 정당한 평가가 아니다. 그의 예술적 성향과 그가 선택한 양식 사이에 정합적 연관이 있다면, 이는 시각을 달리하여 연구하고 평가해야 한다.

소설의 예술성을 논하기 어렵다는 주장을 내세우거나, 소설의 서정성이 산문정신의 와해(瓦解)라고 폄하하는 것은 소설의 예술적 위상과 연관되는 문제라서 늘 성찰을 요하는 사항이다. 소설의 언어 문제, 소설과 현실의 상관성 등이 문제의 핵심에 해당한다. 결론을 먼저 말한다면 '산문예술'로 지칭되는 소설은 부분적 자율성을 지니는 양식이다. 완벽한 자율성을 이룩하자면 의미를 떠나야 하고, 그래서 형식 자체가 의미로 전환되는 구조를 지녀야 하는데 언어로 하는 작업에서 그러한 요구는 모순된 것이다. 언어가 이미 의미를 전제하는 도구적 성격을 지닌 상징이기 때문이다.

누구나 아는 것처럼, 소설은 허구적 서사물의 일종이다. 허구적 서사물이란 서사의 언어적 형상화라는 뜻이다. 그런데 언어의 도구적 속성 때문에 문학의 예술성을 미술이나 음악 같은 예술(fine art)과 동렬에 놓고 논의하기는 쉽지 않다. 음악은 음(음향과 음성)이 매재(媒材, media)이다. 피아노 소리에 이념이 깃들기 힘들다. 이처럼 음악의 이념은 음악의 매재(질료)에 있지 않고, 형식과 전통에 이념이 실리게 된다. 그림이나 조각의 경우 물감이나 대리석(조각재료)에 이념이 착색되지 않는다. 어떤 대상을 어떤 방법으로 재현하는가 하는 데서 이념이 배어나온다. 이에 비해 문학의 매재인 언어는 도구성을 본질로 한다. 언어는 의미전달의 기호이고 상징이기 때문에 철학과 과학을 수행하는 데 사용되는 도구이다. 아울러 언어가 지시하는 언어 바깥의 세계를 표상한다. '언어예술'로 지칭되는 문학은 다분히 이념성을 지닌다. 도구성을 지니는 언어로 만들어지기 때문에 해석을 요하는 '의미의 예술'이 문학인 셈이다.

언어예술로서 문학이 예술적 독자성을 지니기 위해서는 언어가 지시하는 언어 바깥의 현실, 즉 역사, 사회, 문화 등과 거리를 두어야 한다. 현실에 대해 괄호치기를 해야 하는 것이다. 언어적 구조물인 작품 안에서 일관성과 통일성을 지니는 플롯을 구성하고 문체의 통일성을 이루어내야 하며, 서술의 규칙성을 확보함으로써 텍스트 자체의 완결성을 이룩해야 한다. 바깥의 역사, 사회의 현상을 텍스트 안으로 이끌어 들이는 순간 텍스트의 완결성과 문체의 통일성은 깨어진다.

소설의 예술성은 텍스트에 대한 작가의 위치(stance) 문제이기도 하다. 현실은 현실대로 규칙을 가지고 움직이는 텍스트이다. 소설을 창작하는 과정에서 현실 텍스트를 소설 텍스트로 전환하자면, 즉 예술적 형상화를 하자면 현실 텍스트를 규제하는 각종 법칙 혹은 규칙을 준수하지 않으면 안 된다. 농촌에서 농사짓는 사람을 그릴 경우, 농민의식이 밑바탕에 깔린 언어를 소설 텍스트 안으로 이끌어 들여야 하고, 당시의 생활조건이 고려되어야 하고, 삶의 디테일이 그려져야 하며, 당대의 시대이념을 한 축으로 그려야 한다. 작가가 현실을 발명할 수는 없는 것이다. 그런데 작가가 자신이 구성하는 텍스트를 완벽하게 지배하여 일관성과 통일성을 구축하기 위해서 작가는 작품에 대한 우위를 차지하지 않으면 안 된다. 현실에 떠밀리거나 지배를 당하면 소설의 예술적 자율성을 확보할 수 없다. 이는 일찍이 1920년대에 김동인이 그의 소설작법에서 설명의 묘를 얻은 바 있다.[11]

소설의 예술성을 지향할 때 단편소설 양식을 택할 수밖에 없는 셈이다. 단

---

11 김윤식, 「김동인 문학의 세 가지 형식」, 『한국학보』 11, 일지사, 1985.
김윤식, 『한국현대문학사』, 서울대학교출판부, 1999.
최성윤, 「김동인의 창작방법론과 〈소설작법〉의 의의」, 『한국문학이론과 비평』 30, 한국문학이론과비평학회, 2006.
김동욱, 『김동인 연구』, 새문사, 1989.

편소설의 미학은 현실을 괄호로 묶고 소설 텍스트 내적으로 완결성을 지니게 하는 데서 성취된다. 오영수 소설에서 현실이 후경으로 물러나고 인물의 본능적 차원의 정서나 충동이 전면에 부각되는 이유는 단편소설의 미학적 성취를 위한 작가의 자기통제 결과라고 해야 할 것이다. 그러나 이러한 논의는 원칙론이라는 한계를 지닌다. 서사장르의 다양한 하위양식에서 서사 일반의 원칙이 통용될 것은 자명한 이치이기 때문이다. 이에 대한 연구는 단편소설론을 수립하는 과정에서 진전이 있을 것이다. 아울러 한국의 서사전통 안에서 단편소설의 위상을 검토하는 일이 뒤따라야 한다.

오영수 소설을 출발점으로 하는 연구에서 '단편소설론'을 중심에 둘 필요가 있다. 단편소설의 미학을 수립하는 일은 한국 소설사의 맥락에서 단편소설을 재평가하게 할 수 있을 것이다. 문학교육에서 단편소설을 수용하는 경우 또한 한국 소설사의 특수성을 감안한 것이라야 한다는 점이 분명해진다.

3) 신화문학론의 가능성

한국 서사문학의 계보는 신화 → 전설 → 민담 → 소설로 전개된 것으로 일반화되었다. 한국 서사문학의 뿌리가 신화라는 설명이다. 이런 도식이 반드시 옳은 것인가는 의문의 여지가 있다. 전승되는 데 한계가 있을 뿐이지, 신화시대에도 일상사 가운데 벌어지는 자잘한 사건의 이야기는 얼마든지 있었을 것이다. 서사문학의 뿌리를 시정(市井)의 일상사를 전하는 이야기에서 찾는 이론이 설득력을 얻기도 한다. 그러나 소설의 크로노토프(chronotope)를 일상적인 시공간과 격리할 경우 그것은 신화적인 시공간이 된다.[12] 그러한 예를 〈은냇골 이야기〉에서 볼 수 있다.

12 크로노토프(chronotope)는 시간을 뜻하는 chronos와 공간을 뜻하는 topos를 조합하여 만든 바흐친의 용어이다(M. M. Bakhtin, *The Dialogic Imagination*, Texas University Press, 1981).

이 소설은 신화적인 공간이 배경으로 설정되어 있다는 점에 우선 주목하게 된다. "국도에서 사십여 리 떨어진, 태백산맥의 척추 바로 옆 골미창 은내(隱川谷)라는 골짜기"[13]에 들어선 칠팔호가 마을의 전부이다. 임진란을 피해 들어온 이들이 마을의 선조인데, 그 이전의 내력은 '전설'로 처리되어 있다. 채약(採藥)을 하는 두 형제가 산삼을 발견하고 바위너덜을 내려가 산삼을 캐는 중에 욕심이 발동하여 형제가 모두 절벽에 떨어져 죽는다는 '이야기'가 전하는 마을로 되어 있다. 이렇게 설정된 공간이기 때문에 그 공간에 사는 이들의 삶은 외부와 절연된 신화적 구조를 이룬다.

이 공간에서는 계절의 변화가 삶의 리듬을 형성한다. 계절의 변화가 급박한 행갈이를 하는 문체로 형상화되어 있다.

> 이 해는 별나게 눈이 많이 왔다.
> 속절없이 눈 속에서 겨울을 났다.
> 앞 개울에 눈 녹은 물소리가 들리기 시작했다. (p. 199)

눈이 많이 오는 겨울, 그리고 겨울나기, 봄이 오는 계절의 변화가 세 문장으로 요약되어 있다. 계절의 변화 속에 겨울을 나는 동안 마을에 죽음이 있고, 봄과 더불어 새로운 삶을 시작하는 삶의 리듬이 형성된다. 신화적인 공간에서 이루어지는 삶의 리듬은 가장 원초적인 삶의 양상이라 할 수 있다.

신화적인 공간에서 가장 중요한 일은 둘로 집약된다. 하나는 인간의 생명을 이어가는 것이고, 다른 하나는 먹는 문제를 해결하는 것이다. 이는 인간이 살아가는 곳이라면 어디서고 통하는 현실 공간의 문제이기도 하다.

이 마을에는 손이 귀하다. 남자들이 고사리를 많이 먹는 탓으로 진단된다. 마을 사람들의 이러한 믿음은 사실 여부와는 상관이 없다. 신화는 일종의 믿

13 『한국소설대계』 36, 동아출판사, 1995, p. 193. 판본과 관계가 없는 사항은 이 책을 인용하며, 이 경우 본문 괄호 안에 쪽수만 밝히기로 한다.

음의 체계이기 때문이다. 이러한 문제를 해결하는 데는 농사짓는 원리가 적용된다. 요약컨대 농사에는 씨가 중요하기 때문에 씨를 "끔찍이 간수"하고, "밭이 좋아도 씨가 충실치 않으면 곡식이 영글지 않"는다(p. 204). "그러니까 내 집 씨가 충실치 않을 때는 나의 집 씨를 빌려다 심는단 말이요!"(p. 204) "우리가 사는 게 다 그런 잇속이오." 하는 양노인의 제안에 따라 김가라는 인물이 양노인의 며느리를 찾아가 '씨를 심는' 일을 단행한다. 생명을 이어가는 데는 일상의 윤리를 뛰어넘어 비유로 나타나는 원시적 사고, 신화적 사고가 이 마을 사람들이 사는 이치가 된다. 마을에서는 씨를 빌리는 것이 일종의 '풍속'이 되어 있다. 이는 인류학적 상상력의 발휘라고 할 수 있다. 신화적 공간의 재생제의를 형상화하고 있다는 의미가 되기 때문이다.

오영수의 모든 작품을 이런 방법으로 연구하는 것이 적합한지는 다시 검토할 필요가 있다. 다만 오영수의 작품에서 출발하여 한국 단편소설에서 전형적으로 나타나는 신화적 상상력을 검토하는 일, 인류학적 방법 적용이 가능한 작품의 계열화와 실제적인 연구가 가능할 것이다. 이는 문학연구의 방법론적 생산성에 해당하는 것이다.

인간은 육신을 지닌 물질적 존재이기 때문에 먹어야 산다. 먹는 문제는 본능 차원의 문제이다. 김가의 아내 덕이가 아이를 가져 만삭이 된다. 그런데 식량이 떨어진다. 남편이 식량을 구하러 외지로 나간 사이 아내는 아이를 낳는다. 허기와 굶주림 끝에 헛것에 휩싸인 산모 덕이는 아이를 솥에 넣고 삶으려 한다. 남편이 돌아왔을 때 아내는 혼절해 있고 아이는 죽은 채 솥 안에 놓여 있다. 남편은 외지에서 가져온 식량으로 겨우 아내의 목숨을 살려낸다.[14] 먹고 사는 문제, 자기 존재를 유지하는 본능은 어쩌면 생명을 이어가는 것에 우선

---

14 기아로 혼절하기 직전에 아이를 희생하는 장면에서, '문둥이'가 심리적 억압으로 남아 있다. 천형인 문둥병을 고치기 위해 아이를 잡아먹는다는 원형적 천형의 존재는 서정주의 시 〈문둥이〉와 텍스트연관성을 지닌다.

하는 것일지도 모른다. 외지에서 가져온 곡식, 이는 공간과 공간 사이의 순환 작용(metabolism)을 상징적으로 보여 준다. 마을 사람들이 흉년을 나기 위해 마을을 떠나 외지에 갔다가 돌아오는 공간이동 또한 재생제의의 상징성을 형상화한 것으로 읽힌다.

현실을 벗어나 고립된 공간에서 갇혀 살 수만은 없다. 공간과 공간 사이의 상징적 이동과 그에 수반된 일종의 재생제의는 신화적 상징성을 띤다. 이러한 자연리듬의 순환과 공간의 이동 등은 이 소설의 해석가능성일 뿐만 아니라 방법론의 확장이라는 의미를 지닌다. 이 작품에서 읽어낼 수 있는 신화적 발상법과 재생제의적 구조(rebirth ritual structure)는 다른 작품을 해석하는 데 하나의 전례(典例)를 제공한다고 할 수 있다.[15] 현실과 절연된 가난한 사람들의 순박한 삶이라든지 하는 것을 시나 인류학적 구조를 구축하며 삶을 이어가는 이들의 형상화이기 때문이다.

인류학적 설명이나 평가가 가능한 작품으로 〈갯마을〉을 들 수 있다. 남편을 잃고 살아도 농촌보다는 갯마을에 태생적으로 길들여진 주인공 해순이의 갯마을 떠나기와 갯마을로 돌아오기, 이는 일종의 제의성(祭儀性)을 띠는 행위라 할 수 있다. 바다를 무대로 사는 이들이 바다에 목숨을 버리고, 그러면서도 갯마을에 살아가는 '과부'들이 그리는 삶의 궤적은 갯마을의 고달픈 삶을 떠나 제의화된 삶의 발현 양식이라는 의미를 지닌다.

좀 성급한 판단일 수 있지만, 어느 작품이 인류학적 상상력의 구조를 형상화하고 있다면 이는 그 작품의 가치가 보편성을 지니는 것이라는 점을 방증한다. 인간의 삶이 현실적 맥락과 함께 보편성을 지니는 것으로 파악될 수 있다면, 이는 현실적 삶의 가치를 증대시키는 예술적 가능성이 아닌가.

---

15 김병욱 외, 『한국문학과 신화』, 예림기획, 2006.
N. Frye, *Anatomy of Criticism: Four Essays*, 임철규 역, 『비평의 해부』, 한길사, 1988.

4) 소설의 이념으로서 유토피아 사상

유토피아는 늘 현실의 저 너머에 설정되는 이념적 공간이다. 따라서 현실을 떠난다는 것 자체가 유토피아적 이념의 표상일 수 있다. 현실은 늘 현실적으로 요구되는 세속의 논리를 강요해 온다. 그러한 강요는 역시 세속적인 논리라야 대응이 가능하다. 현실을 떠나 삶을 유지하는 데는 그만한 난관이 도사리고 있게 마련이다. 인간 사이에서 부대끼지 않으려고 자연에 숨어드는 경우 자연은 인간에 대한 적대자로 부각된다. 그런데 오영수의 소설에서 자연은 적대자가 아니라 인간에게 매우 친화적인 대상으로 가치가 부여된다. 소설의 작중인물이 '산의 울음'을 들을 정도로 자연과 일치를 이루는 지경에 이르면, 이는 주관과 객관이 통합 지양되는 경지에 이른 것이라 할 수 있다.

산을 좋아하는 작중인물 동욱은 "산을 바라보고 있으면 마음이 한결 든든하고 미덥다. 산골에 들어온 것이 마치 고향에라도 온 것처럼 한결 마음이 흐뭇하고 너그럽다."(p. 136) 산이 고향과 동일시되는 그러한 세계는 유토피아의 한 형상이라 할 수 있다. 현대를 '고향 상실의 시대'라고 명명한 것은 독일의 철학자 하이데거(Martin Heidegger, 1889-1976)였다. 고향을 '태어나 자란 지역'이라고 피상적으로 규정할 수 없는 이유는 고향이 특별한 의미를 지니기 때문이다. 고향(故鄕, die Heimat)은 인간의 '본질과 근원'에 닿아 있는 유토피아를 떠올리게 한다. 그러한 유토피아의 자연과 인간의 합일 경지는 감각 차원의 형상으로 구체화되어 있다. 논리의 세계와 분석의 대상이 아니기 때문이다.[16]

> 간간 산이 쩡— 하고 울 때가 있다. 하루에 한 번쯤, 어쩌면 한 달에 몇 번쯤——— 산골이 깊으면 깊을수록 산은 자주 운다. 먼 지축에서나 울려 나오듯 은은하면서도 맑고 중후한 그런 울음이다.
>
> 동욱은 산이 울 때마다 산의 생명감 같은 것을 느끼고 마음이 경건해진다.(p. 136)

---

16 박찬국, 「현대에 있어서 고향상실의 극복과 하이데거의 존재물음」, 『하이데거연구』 1, 한국하이데거학회, 1995.

작가 오영수가 분명히 서술하고 있지는 않지만, 유토피아 공간의 포용성은 삶의 다른 차원을 보여 준다. "산은 너그럽고 허물이 없어 좋다."(p. 149)라는 대목에 암시되어 있는 포용력이다. 이러한 포용력은 주인공 동욱에게 집을 지어 주는 박노인의 행동으로 구체화되어 있다. 노인이 산으로 들어온 사연은 일종의 악연이다. 박노인은 "일손이 급할 때 데려다 쓰던"(p. 154) 윤방구라는 사내가 아내와 부정한 짓을 하는 것을 목도하고 집에 불을 지르고는 지리산으로 들어온다. 그런데 사람의 인연은 논리적으로 설명이 안 되는 터라서 때로는 운명의 빛깔을 띠기도 한다. 노인의 아내와 일을 저지른 윤방구는 삼척 탄광으로 갔다가 6·25 때 인민군에 끌려간다. 피아골 전투에서 졸경(卒更)을 겪고 지리산으로 들어온 것을 박노인이 숨겨 주어 목숨을 부지하고 있는 형편이다. 박노인은 지리산에 남은 유일한 '빨갱이'인 윤방구를 새로 마련한 동욱의 집에 같이 있게 해 달라는 부탁을 한다. 박노인과 동욱이 이런 말을 주고받은 뒤이다. "사람은 뭐니 해도 사람끼리 사는 기요."라고 박노인이 말하자 동욱은 "먹는 것보다 사람이 더 아쉬워요."라고 받는다.

동욱이 윤방구를 받아들이는 데는 약간의 위험부담이 있기도 하다. 그의 전력이 문제를 일으킬 소지를 지니고 있기 때문이다. 그런데 동욱은 윤방구를 받아들인다. 이는 단지 인정상 인간을 수용하는 것이 아니라 유토피아 공간으로 상정된, 이 공간의 포용성이 이러한 수용을 정당화한다. 어쩌면 존재의 근원적인 울림이 '메아리'로 상징되는 형상성을 얻은 것은 이러한 공간의 포용성 때문인지도 모른다.

그러니까 외부와 절연된 공간에서 유토피아를 구축하고 사는 이들은 현실도피적인 은둔이 아니라 현실논리로만 무장되어 있는 경직된 사회에 대한 일종의 저항이라는 의미를 지니는 것이라고 할 수도 있다. 유토피아 이념은 〈메아리〉와 더불어 〈오지에서 온 편지〉에도 잘 형상화되어 있다. 현실적인 '피해자'로서 서울을 '지옥'으로 인식하는 주인공이 시골(산골)로 가서 그곳을 개척하면서 살아가는 삶의 재미(雅趣)를 그리고 있다. "인간이란 결국 자연에 적응되게 마련이고, 인간 본연의 생활이란 역시 자연과 자연의 섭리에의 적응에서만이 찾을 수 있지 않을까"(p. 233) 하는 이념을 보여 준다. 그리고 목장을 일구고 과수를 심으면서 생활공동체를 이루어 살아가는 내용이다. 오영수 소설 가운데 유토피아 실현의 구체상이 가장 여실하게 그려진 작품이라 할 수 있다.

소설은 일반적으로 디스토피아를 살아가는 인간의 결핍을 그림으로써 유토피아를 생각하게 한다. 역으로 유토피아를 그리는 것은 디스토피아에 대한 반성과 비판을 촉구하는 일이 된다. 그렇다면 작가가 유토피아를 완벽하게 그리는 것은 불가능하거나 불필요한 일이다. 작가는 유토피아를 설계하는 사람이 아니라 인간의 유토피아 이념을 매개로 삶의 조건을 성찰하게 하는 임무를 띤 사람이기 때문이다. 문학교육에서 소설의 해석 또한 이러한 구도를 전제로 할 필요가 있다. 유토피아를 제시하는 것이 아니라 유토피아 의식을 촉발하는 것이 소설이고, 그러한 의식을 자각하도록 하는 것이 문학교육의 몫이다. 문학교육은 문학의 역동성을 현동화하는 문화장치인 셈이다.

5) 환경문학론의 가능성

인간이 자연과 더불어 삶을 구가하는 이상형을 모색하는 일은 유토피아 이념과 분리되지 않는다. 인간과 환경의 분리 또는 괴리가 분명해지기 시작한 것은 근대 이후의 일이다. 환경을 인간과 분리하는 사고는 인간중심주의의 결과이다. 그러한 사유에서는 인간을 중심으로 환경이 인간지향적 상호작용을 하는 일종의 불평등구조를 상정하였다. 인간이 환경으로 대상을 사유하되 환경을 유의미한 존재로 인정하는 데서, 인간과 환경의 양분법을 극복할 수 있는 계기가 마련된다. 이른바 대상을 '의미 있는 타자(meaningful others)'로 인정하는 것이다. 나아가 인간과 자연의 동등함을 인식하는 데서 새로운 사고가 가능해진다.

'의미 있는 타자'라는 개념을 설정하는 것은 일종의 유기체적 세계관으로 전환하는 것을 뜻한다. 인간을 둘러싸고 있는 환경을 인간과 동일하거나 그 이상의 존재로 가치를 부여하는 경우, 이전의 존재들이 이루어 온 체계는 재편성된다. 물과 하늘과 땅을 포함하는 자연과 그 자연에 깃들여 생명을 누리는 모든 존재를 인간의 존재조건으로 승인하는 것이다.

이러한 사유는 데카르트(René Descartes, 1596-1650)의 명제에 대한 반성과 극복의 의미를 지닌다. 널리 알려진 것처럼 데카르트의 명제는 주체의 단독적 드러남을 특징으로 한다. "나는 생각한다, 그렇기 때문에 존재한다(Cogito ergo sum)"는 것이 그것이다. 이는 맹자의 '측은지심(惻隱之心)', 노자의 '도법자연(道法自然)', 공자의 '인자악산 지자요수(仁者樂山 知者樂水)' 등과는 사유형태가 판연히 다른 것이다. 그리고 인간을 단독자로 중심에 두는 이러한 사유가 근대의 이념과 연관되어 있다는 것은 잘 알려진 사실이다. 기능과 효율을 중시하는 실용주의가 여기 결합됨으로써 인간과 타자의 관계는 적대관계나 대결관계가 되었다.[17]

인간이 의미 있는 타자를 설정하고, 그 범위를 확대함으로써 존재의 확충을 꾀하는 이념에서 보면 근대의 정서, 사유, 윤리는 인간중심주의를 바탕으로 시간적·공간적 단절을 가져온다. 〈화산댁이〉에서 도시와 시골의 괴리, 부모와 자식의 단절 등도 왜곡된 근대화의 한 모습으로 이해된다. 전쟁의 상흔이 후방의 인간을 왜곡하는 양상을 그리면서 인정적 인간유대를 형상화한 〈후조〉도 전쟁이라는 근대이데올로기의 폭력성을 반성하게 하는 작품이다. 이데올로기의 대립과 그 결과가 인간의 생명을 처참하게 말살하는 참상을 그린 〈후일담〉도 주체의 일방적인 폭압이 인간을 어떻게 말살할 수 있

17 René Descartes, *Discours de la méthode*, 권오석 역, 『방법서설: 성찰, 세계론』, 홍신문화사, 2006 참조.

는가를 그리고 있다. 이러한 계열의 작품들에서 환경문학론의 가능성을 엿볼 수 있다.[18]

의미 있는 타자로서 환경에 대한 인식은 애초에는 자연의 아름다움을 예찬하는 데서 출발한다. 환경이 훼손되지 않았을 때 시인들은 자연의 아름다움을 예찬했다. 아름다운 자연 속에서 비참한 삶을 영위하는 인간을 그리는 경우에는 아름다운 자연과 비참한 인간을 대조함으로써 인간의 비참함을 드러내는 방식으로 문학을 전개했다. 이후 자연의 훼손과 파괴가 인간 심성의 황폐화를 촉진하고 근대화의 일환인 도시화가 인간 환경의 훼손은 물론 인간 심성의 왜곡과 파탄을 불러오는 요인이 되었다. 이러한 현실을 비판하면서 이상적인 삶의 공간에 대한 모색과 실천을 그리는 작업을 동시에 진행하는 것이 환경문학의 전개에 나타나는 일종의 패턴이다.

훼손된 환경에 대한 비판과 고발에서 출발하여, 도시를 떠나 시골로 돌아와 자연과 더불어 사는 방법을 모색하고 그 실천 과정에서 찾는 삶의 보람을 그리는 작품으로 〈오지에서 온 편지〉를 들 수 있다. 현실에서 패배한 인물이 시골로 돌아가 은둔하는 삶을 그리고 있다는 식의 안일한 평가로는 이 작품의 의미를 충분히 해석하지 못한다. 생태론적 시각을 동원함으로써 새로운 방법론을 구사할 수 있는 작품이라는 점, 그리고 이를 출발점으로 하여 오영수의 다른 작품에 대한 환경문학적 시각의 연구가 가능하다는 점, 다른 작가들의 작품, 나아가 한국 문학의 연구에 이러한 시각을 확대 적용해 볼 수 있는 단서를 여기서 찾을 수 있다는 점은 분명하다. 생태문학의 관점이 중요한 까닭은 인간관계에 대한 새로운 안목을 거기서 발견할 수 있기 때문이다. 주체와 타자의 대립과 대결로 특징지어지는 근대를 초극하는 방법이 생태문학

---

18 환경문학론이란 용어는 생태비평(生態批評), 생명문학(生命文學) 등으로 쓰이기도 하고, 영어권에서는 Eco-criticism, Environmental Criticism, Ecology of Literature 등의 용어가 쓰인다.

적 관점에 내재해 있다고 보기 때문이다.

문학에서 문화로 향하는 생산성

작가의 작품을 읽는 것은 독자의 문화론적 실천이다. 개별 독자들의 작품 읽기는 사회적인 맥락을 형성한다. 작품을 읽는 맥락이 한 사회의 분위기를 형성할 경우 그것은 곧 그 사회의 문화가 된다. 아울러 한 작가의 문학적 생애를 조명하고 현재의 문학풍토 혹은 삶의 맥락에서 그것이 어떤 의미를 지니는가에 대한 고려는 연구 차원을 넘어서는 일이다. 이는 작가와 작품이 당대의 문화로 삼투(滲透)되어 들어오는 양상이다. 연구자들의 연구 담론 속에 작가가 갇히는 것은 바람직하지 않다. 문학의 문화적 생산력을 위해서는 문학이 문화형태로 전이될 필요가 있다. 물론 그것이 과도하게 세속화되어 저질문화로 흘러간다면 단호히 배격해야 마땅하지만.

한 작가의 문학을 문화로 활성화하는 데는 학술연구와 문화적 향유를 가능하게 하는 '문학제' 등의 기획을 고려할 필요가 있다. 학술발표나 문학제로 수행되는 행사를 보다 다채로운 문화실천의 양태로 전개하고, 정례화·상시화할 필요가 있다. 아울러 문화제의 내용을 보다 풍부하게 하고 참여 범위를 확대하는 노력과 다채로운 프로그램을 개발할 필요가 있음은 물론이다.

여기에서 하나 언급해 두고자 하는 사항은, '문학제'나 '문화제'의 내용을 과도하게 고급문화 지향으로 하는 것은 바람직하지 않다는 점이다. 문화는 계층 간에 뒤섞이고 장르들 사이에 가로지르기를 하는 가운데 생산력을 지닌다. 문학이 문화로 수행되는 과정은 정형화된 문화의 경직성을 연성화하는 일이기도 하다. 오영수 문학의 가치를 조명하는 작업이 기반이 되어야 함은 물론이지만, 이를 문화 형태로 전환하는 작업이 병행되어야 문학이 문화적 역동성을 획득하게 된다.

이러한 관점에서 '오영수문학제'에 대해 몇 가지 제안을 하고자 한다. 현재 운영되고 있는 문학제의 형태는 오영수문학상 시상식과 학술대회를 겸하는 것이다. 이는 기념 강연과 시상식을 겸하던 방식에서 한결 진전된 모습이라 할 만하다. 작가로서 오영수의 문학적 유지를 전승한다는 점에서는 문학상을 제정하고 시상하는 것은 매우 의미 있는 일이다. 따라서 지속적인 사업으로 수행해 나갈 필요가 있다. 문학상의 수상자를 선정함에 있어 문학적 성향과 함께 문학적 역량을 고려해야 문학상의 권위를 유지할 수 있다. 오영수다운 문학인을 발굴하는 것이 문제가 아니라 한국 문학의 문학적 수준을 높이고 영역을 확장하는 데 기여한 작가를 발굴하는 일이 더욱 중요한 의미를 지닌다. 이는 오영수 문학의 자장을 넓히는 일과 연관되며, 아울러 작가 오영수에서 출발하는 문학적 생산성을 제고하는 일이기도 하다.

1) 학술대회와 연관된 문제

학술발표대회가 작가의 작품에 대한 연구 영역을 확장하고 방법론을 개발한다는 의의가 있다는 점은 누구나 동의하는 사항이다. 그런데 한 작가의 이름을 달고 개최하는 학술대회에서 그 작가의 생애와 작품만을 대상으로 하는 경우, 연구 영역과 방법에서 한계를 드러내기 쉽다. 따라서 앞에서 제안한 바와 마찬가지로 오영수 문학을 출발점으로 해서 연계되는 다양한 주제를 설정하고 연차적인 계획을 수립하여 이를 수행하는 것이 바람직하리라고 본다.

예컨대 '오영수 문학과 지역문학'이라는 주제를 내걸고 오영수 문학의 지역성을 집중적으로 검토할 수도 있고, 오영수와 같은 지역, 즉 울산문학, 영남문학 등을 연계하는 연구도 필요하다. 아울러 오영수의 지역문학 특성이 도시문학과 대립적인 의미를 지닌다는 점에서 '지역문학과 도시문학' 같은 주제를 설정할 수도 있다. 또한 생애를 불행하게 마감하는 계기가 되었던 작품(독자들은 〈특질고〉와 연관된 해프닝을 기억하리라)에 대한 재평가를 통해 당시의 오해를 풀어주는 것도 학술대회의 과제로 생각된다.

아울러 오영수 문학과 연관된 자료를 발간하는 일도 의미 있는 작업이다. 작가연구를 위해서는 정전[비평판 자료, critical edition]에 해당하는 자료의 구득이 편이해야 한다. 비평판 자료집은 작품연구에 대단한 편이를 제공한다. 텍스트의 정밀한 독해를 위해서는 원본 비판이 앞서야 하는데, 원본과 비평판을 일일이 대조하는 작업을 해내기에는 시간과 공력이 과도하게 들어간다.

또한 오영수는 교육적 영향력을 다분히 가진 작가이기 때문에 작품이 교육적 맥락에서 활용될 경우를 대비해서라도 자료를 정리 · 발간하는 사업은 지속적인 관심을 가지고 추진해야 하리라고 본다. 자료집에 수록될 자료는 작가의 작품에 해당하는 일차 자료와 작품을 이해하고 해석하는 데 참고가 되는 이차 자료로 구분할 수 있다. 이 양자를 결합하여 자료집을 만들 경우 전집 성격을 띠게 될 것이다.

2) 문화행사와 연관된 문제

문학제라는 이름으로 수행되는 문화행사는 문학을 문화로 역동화 · 현동화하는 구체적인 활동이다. 이러한 행사를 통해 문학은 활력을 얻고, 문학적 의미의 전이를 가능하게 한다. 그러한 뜻에서 교육적 의의를 아울러 지니게 된다. 문학제에서 베풀어지는 문화행사는 작가의 삶을 재현해 보여 줌으로써 작가에 대한 인상을 오래 간직할 수 있게 하고, 참여 의욕을 제고하며, 삶의 과정에 작가의 문학정신이 녹아들게 하는 일이다. 따라서 흥미 있고 유익한 문화체험이 되도록 해야 함은 물론이고, 그것이 전통문화의 가닥과 연관되게 하여 문화계승의 의미를 지닐 수 있도록 모색할 필요가 있다.

이러한 제안은 문학중심주의적 시각에 따르면 호사취미라는 비판을 받을 소지가 없지 않다. 그러나 문학은 현실과 허구를 넘나들며 인간의 정신적 자장(磁場)을 넓히고 사고의 깊이를 더하는 작업이다. 그리고 그것이 형상화를 방법으로 하기 때문에 구체적인 감수성 차원의 접근 또한 문학을 현동화하는 데 기여한다. 그러나 작가의 문학을 중심에 두고 방사형으로 자장을 넓히는 방식으로 문화화가 이루어져야 함은 물론이다.

작가 오영수의 삶은 단순했던 것으로 알려져 있다. 그러나 과연 그렇게 단순한 삶이었던가 하는 데는 반성의 여지가 있다. 그의 예술적 재능, 남다른 원예 취미 등은 물론이고 낚시를 통한 사색의 공간 등은 그렇게 단조로운 삶이라고 평가하기 어렵다. 아울러 작품에서 비롯되는 가능성을 고려하여, 문화행사의 내용을 다음과 같이 모색할 수 있을 것이다.

첫째, 오영수의 취미활동과 연관된 문화행사를 고려할 수 있다.

• 만돌린 연주회: 작가 오영수는 다방면의 예술적 재능을 지니고 있었고 평소 만돌린을 연주했던 것으로 알려져 있다. 문학과 음악이 만나는 자리가 될 수 있다는 점에서 문학적 생산력으로 유도할 수 있을 것이다. 이를 확대하여 오영수 탄생일을 기념하는 음악회를 구상할 수도 있다.

• 사생대회: 작가 오영수는 호를 '난계(蘭溪)'라고 했는데, 이는 난 기르기 취미와 연관된 것이기도 하지만, 난처럼 청아한 삶을 희구한 것이 아닌가 생각되기도 한다. 아무튼 그는 미술교사로 활동한 적이 있고, 극장의 간판을 그리는 일로 부업을 삼기도 했다. 이런 역정이 자랑스러운가 아닌가는 부차적인 문제이다. 문학과 미술의 만남이 구체적인 작품의 주고받기만을 뜻하지 않는 것처럼, 문학과 미술이 만나는 계기를 마련한다는 교육적 의의를 고려한다면, 이런 기획은 의미 있는 일로 여겨진다.

• 낚시대회: 작가 자신이 평소 낚시를 즐겼음은 물론이고 작품 〈수련〉이나 〈수변〉 등은 낚시 체험이 작품의 모티프를 이루고 있다. 낚시대회를 통해 작가의 작품을 상기하고 되돌아보는 계기를 마련한다면 이는 오영수문학제의 한 항목이 될 만하지 않은가.

둘째, 오영수 작품에 나타나는 음식을 중심으로 한 장터 개설을 고려할 수 있다. 요즈음 각종 축제가 활성화되는 가운데, 축제의 내용은 부실하고 대중 가수를 불러다가 무대를 운영한다든지, 온갖 음식을 벌려놓고 먹자판으로 치달아 간다는 비판이 있다. 이러한 현상은 자정 과정을 거쳐 내용이 알찬 축제는 남을 것이고, 그렇지 못한 축제는 도태될 것이라는 시각으로 보아야 한다. 예상한 결과는 성패가 늘 반반이 아니던가.

• 음식체험: 농주, 게장, 징게미 매운탕, 망개떡, 닭국 밀국수, 표고 요리, 밀막걸리 등은 〈오지에서 온 편지〉 등에 나타나는 음식 목록이다. 머루주(〈머루〉), 딸기주(〈산딸기〉) 같은 주류 또한 관심의 대상이 될 만하다.

셋째, 오영수 문학에 대한 문화지도의 제작과 문화여행을 고려할 만하다. 이는 일종의 테마파크 조성과 연관되는 사항이기도 하다. 작가의 작품에 나타나는 배경 지역을 지도에 표시하고 연관된 내용을 소개하면서 이 지역을 산책할 수 있는 문화거리를 조성할 수 있을 것이다. 아울러 작품 〈갯마을〉을 모티프로 하여 '해순이 마을' 테마파크를 조성하는 문제를 고려할 만도 하지 않겠나. 또한 테마파크에 '난계 도원'(〈잃어버린 도원〉)을 꾸미는 일도 가능하다. 〈잃어버린 도원〉은 물론 〈오지에서 온 편지〉는 테마파크를 꾸밀 수 있는 충분한 콘텐츠를 가지고 있는 작품이다.

넷째, 한국 산촌박물관 개설을 고려할 수 있을 것으로 본다. 오영수만큼 산골을 소재로 한 소설을 보여 준 작가가 없다. 작품의 배경을 재현하거나 현지에서 유사성을 발견하여 다음과 같은 사업을 할 수 있을 것으로 본다.

• 산골마을 재현, 산골의 산물, 예컨대 작가 오영수의 호를 딴 '난계 목물전' 등을 개설할 수 있을 것이다. 그 안에 곤충박물관(〈매미〉)을 설치하는 방법도 고려함 직하다.

• 풍속 거리 조성: 구두닦이(작품 〈후조〉 연관), 엿장수(〈남이와 엿장수〉), 고무신(〈고무신〉) 등 당대 풍물을 볼 수 있는 전시공간을 마련하고 아직 실용성

이 있는 제품은 문화상품으로 판매할 수도 있을 것이다.

이처럼 문학을 문화화하는 것은 자칫 문학을 세속화할 우려가 있다. 허구적 상상력의 자장을 현실로 이끌어들여 가두어놓을 가능성을 배제할 수 없기 때문이다. 그러나 독자의 수준이 향상되면 허구의 현실화를 곧이곧대로 받아들이지 않는다. 예컨대 '김유정문학촌'을 방문한 사람이 김유정의 고향 '실레마을'이 배경이 되었다는 작품을 읽으면서, 작품의 배경을 온통 그 마을로 전환해 놓고 사실과 다르다고 불평을 하는 경우는 없기 때문이다. 독자는, 텍스트는 텍스트가 요구하는 문법에 따라 이해하고, 문화물은 문화물로 수용하는 방식을 알아 그렇게 수용하는 다면적 수용구조를 지니고 있다. 세련된 독자는 허구와 현실 사이를 오가면서 이 둘 사이를 조정할 줄 아는 유연성을 지닌다. 문학은 언제나 현실 곁에 혹은 위에 다른 층위를 형성하는 것이지 현실과 대응되는 산술치로 존재하는 것이 아니다. 문학은 상상적 체험의 출발점일 뿐 도달점은 수용자의 내면에 형성되는 것이다.

오영수 문학의 문학교육적 자장

문학연구와 문학교육 사이에는 일종의 갈등관계가 지속되어 왔다고 보는 것이 온당하다. 문학연구자 편에서는 연구의 결과를 가르쳐야 한다고 주장하고, 문학교육을 모색하는 편에서는 문학교육연구와 실천의 논리가 문학연구에 환류되어야 한다고 강조한다.[19] 이러한 갈등은 이론적으로 극복되어야 하며, 그 극복 가능성의 한 측면을 문학생산의 이론에서 발견할 수 있다는 것이 이 글의 전제이다.

19 박인기, 『문학교육과정의 구조와 이론』, 서울대학교출판부, 1996.

문학교육에서는 문학의 수용과 창작을 동시에 다룬다. 문학의 수용을 대표하는 독서현상은 문학의 의미를 생산하는 과정이다. 그리고 문학의 변용은 수용의 창조적 국면에 해당한다. 문학교육의 학습자는 문학의 독자로서 의미의 생산자 역할을 하고 문학의 창조적 변용에서 문학의 생산성을 높인다. 아울러 문학의 독자는 잠재적 작가이다. 따라서 문학의 텍스트 생산에 해당하는 창작을 담당하는 주체들은 일차적으로 문학의 수용자인 것이다. 문학현상의 이러한 구조에 대한 정당한 이해와 인식이 문학교육과 문학연구의 선순환(善循環)을 가능하게 하는 바탕이 된다.

현재의 문학교육이 처한 난점 가운데 가장 시급히 해결해야 할 과제는 학습자가 어떻게 작품을 '체험'하도록 계획하고 실천할 것인가 하는 점이다. 필자가 관찰한 바로는, 중·고등학교 현장에서 체험이 결여된 문학교육이 이루어지고 있다. 작품을 읽고 음미할 시간이 없는 것이다. 문학은 절반쯤 자율성을 지니고 있기는 하지만, 그래도 그것이 예술의 반열에 드는 것은 형상화의 산물이기 때문이다. 대상의 속성이 형상화를 바탕으로 한다는 것은 대상의 수용이 형상적 수용이라야 한다는 점을 뜻한다. '형상적 수용'이란 구체적인 체험을 뜻한다. 문학의 체험은 일차적으로 작품을 읽는 데서 출발한다. 일반화해서 말하자면, 문학에 대한 지식은 문학의 체험을 바탕으로 귀납적으로 구축되는 것이다. 또는 그래야 한다.

장르마다 형상화의 방법은 다르다. 그러나 작품의 체험 방식은 동질성을 지닌다. 작품을 읽는 과정을 거치지 않거나, 읽는 과정에서 학습주체가 작품의 구체적인 맥락에서 작중인물과 더불어 환희하고, 번민하고, 사색하는 가운데 즐거움과 깨달음을 얻지 못한다면 문학을 공부했다고 할 수 없다. 예술체험은 마치 사랑의 체험과 같다. 남이 하는 사랑을 관찰하고 기록한다고 해서 사랑을 체험하는 것은 아니다. 마찬가지로 문학을 이야기한 비평문을 읽고 요약하고, 문학을 이루는 요소가 무엇이라는 식으로는 문학체험이 되지 않는다. 좀 우직하게 말하자면, 읽고 사색하고 써보지 않고는 진정한 의미의 문학체험은 불가능하다.

문학연구도 문학을 읽는 즐거움, 문학체험의 절실함을 바탕으로 해야 한다. 혐오해 마지않는 문학을 연구대상으로 삼는다면 정당한 연구는 아예 불가능하다. 문학연구는 일종의 호교론적(護教論的) 속성을 지닌다. 문학의 평가를 최종 목표로 하는 비평 또한 마찬가지이다. 대상 작품에 대한 애정이 결핍된 비평은 평가를 오도할 가능성이 크다. 설령 가치평가에서 가혹한 평가를 하더라도 그것은 문학에 대한 정당한 옹호의 의미를 지니는 것이라야 한다.

문학교육에서 어떤 작가를 전면적으로 수용하기는 현실적으로 어려움이 있다. 우선 학습자들의 문학수용을 다양하게 하자면 다양한 경향의 작품에 대한 체험이 필요하다. 아울러 학습자들이 접하는 문학은 학습자들이 처한 역사와 사회적 상황, 즉 문학교육의 맥락에 연관성을 지니는 방향으로 변화를 가져야 한다. 그런데 우리 현실은 그렇지 못한 것이 사실이다. '교과서 작품'의 목록에 한번 오르면 그 영향력이 오래 지속된다. 학습자의 환경과 요구가 달라지는데도 대상 작품이 일정 범위에 한정되는 것은 바람직하지 못하다. 그러한 점에서 오영수의 〈메아리〉가 30년 이상 교과서에 실리는 현상을 비판한 최병우 교수의 시각은 음미할 만하다.[20]

한 작가의 작품이 교과서에 실리는 것은 우리 교육의 맥락에서 독특한 의미를 지닌다. 연구자의 연구 결과나 비평계의 평가와는 달리 교과서에 실리는 작품은 교육정전의 의미를 지니기 때문이다. 한번 형성된 교육정전은 다른 작품을 배제하는 권력으로 작용한다. 그리고 그 권력(힘)이 지속성을 띤다는 데에 더욱 심각한 문제점이 있다. 더구나 우리의 교육현장에서는 교과서를 해체

20 울산매일신문사, 『2008 오영수 문학제 자료집』, p. 61.

하거나 하나의 사례에 해당하는 것으로 다루는 것이 아니라 유일 정전(unique canon)으로 가치화하기 때문에 영향력이 왜곡될 소지가 더욱 크다.

체험이 결여된 문학교육을 벗어나기 위해서는 작품의 체험을 중심으로 교육과정이 개선되어야 한다. 이러한 시각에서 보자면 오영수 문학은 문학교육의 도달점이 아니라 출발점에 두어야 한다. 오영수 문학의 자연친화적 성격이 물질문명화된 현대의 학습자의 정서와 수용구조에 맞는가 맞지 않는가를 논의할 것이 아니라, 현대적 삶의 대타항으로서 의미를 지니는 것으로 보아야 한다. 그래야 교육에 이끌어들일 수 있게 된다.

교육정전은 문학적 상상력의 방향을 규제하는 역할을 한다. 오영수의 〈메아리〉라는 소설이 한 세대 이상 교과서에 실린 터라 독자들은 오영수를 〈메아리〉의 작가로 기억하고 메아리는 단편소설의 전범으로 인식된다. 그러나 이 작품이 오영수의 대표작이라거나 한국 근대소설사의 평가 대상이 된다고 하기는 어렵다. 그렇다면 정전화됨으로 해서 오히려 상상력을 규제하는 한계를 극복하는 방법으로 교과서에 대타항을 동시에 제시하는 방법을 고려할 수 있다. 그렇게 해야 문학작용의 역동성이 확보된다.

문학교육에서 문학적 요구와 교육적 요구를 완벽하게 충족하는 작가도 없고 그러한 작품도 없다. 맥락에 따라 보완적인 장치가 늘 요구된다. 오영수의 문학교육적 자장은 문학연구의 가능성과 교육적 견인력 사이에 체험을 유도하는 데서 확보되는 가능성이다.*

---

* 이 글은 2008년 6월 20일 울산시와 울산매일신문사 주최로 열린 '오영수문학제' 발제문으로 작성한 것을 문학교육과 연관지어 다시 정리한 것이다.

05 소설에서 시대와 공간의 함수관계

– 1930년대 상해의 소설적 형상화

소설과 공간역동학

'소설의 공간'이 연구자의 주목을 받게 된 것은 소설연구의 방향이 달라지고 있다는 점을 암시한다. 이는 생활사 혹은 미시사(微視史)의 연구 경향과 맞물리는 것이기도 하다. 지역학(地域學, regional studies) 연구와도 어느 정도 연관을 가지는 사항이다. 지역학의 범위는 다양한 변양을 나타낸다. '서울학'처럼 어느 도시를 대상으로 할 수도 있고, '한국학'처럼 어느 나라를 대상으로 할 수도 있다. 그런데 소설에서는 지역과 함께 시대를 동시에 고려한 연구라야 성과를 기대할 수 있다. 도시 자체가 문제가 아니라 어느 시점(혹은 시기)의 도시에서 이루어지는 삶의 양상과 거기서 형성되는 이념과 지향성이 문제가 되기 때문이다.

레싱(Gotthold Ephraim Lessing, 1729-1781)은 예술을 시간예술과 공간예술로 나눈 바 있다.[1] 미술은 공간예술인데, "공간구조 안에서 형태와 색채 그리고 자연적 기호를 사용하여 대상을 병렬적 동시적으로 묘사한다." 이에 반해

1 Gotthold Ephraim Lessing, *Laokoon: oder über die Grenzen der Malerei und Poesie*, 윤도중 역,『라오콘–미술과 문학의 경계에 관하여』, 나남, 2008, pp. 141-143.

"문학은 시간구조 안에서 발음되는 소리, 또는 인위적 기호를 사용하고 연속적으로 그려지는 행동, 행위와 이것을 통해 암시되는 물체를 대상으로 한다."는 것이다.[2] 원론적으로 말하자면 문학은 음악과 더불어 시간예술에 속한다. 음악이 그러하듯이 언어로 실현되는 문학(시)은 일정한 공간을 점유하면서 연장되어 나가는 방식으로 자기실현을 하지 않는다. 시간과 더불어 실현되고 시간과 더불어 소멸된다. 소설은 시간적 속성과 공간적 속성을 아울러 지닌다. 이 둘을 합쳐서 '시공간소(時空間素)'라는 '크로노토프(chronotope)' 개념을 만들어 낸 것은 바흐친(M. M. Bakhtin)이다. 그러나 이러한 원칙으로 설명하기 어려운 문학의 장르가 존재하는 것도 사실이다. 서사시와 소설 등이 그러한 예에 해당한다. 이를 위해서는 레싱의 이론이 정교화되어야 한다.

소설의 경우 누보로망(nouveau roman)의 특수한 예를 제외한다면, 보통 혹은 그 이하의 인간들이 살아가는 이야기로 규정된다. 인간이 살아간다는 것은 일정한 공간을 점유하고 일정한 시간대에 활동을 한다는 뜻이다. 농촌에서 사는 농민의 이야기를 전개하는 '농민소설'의 경우 농촌이라는 공간을 떠나서 소설을 전개할 수 없다. (농촌을 떠나 도시로 옮겨온 인물의 이야기를 할 경우는 좀 다를 것이다.) 오락과 유흥에 빠져 생을 탕진하는 젊은이의 이야기는 '도시'를 배경으로 전개되는 것이 자연스럽다. 도시라는 공간의 속성이 그러한 행위를 유도하기 때문이다.

극의 경우는 공간 처리방식이 좀 다르다. 사뮈엘 베케트(Samuel Beckett, 1906-1989)의 부조리극 〈고도를 기다리며〉의 배경은 단 한 줄이다. "시골길, 나무 한 그루가 서 있다." 그리고 행을 바꾸어 "저녁"이라는 시간이 표시되어 있다.[3] 제2막의 배경은 "다음날. 같은 시간. 같은 장소."로 되어 있고, 변

2 위의 책, p. 262.

3 Samuel Beckett, *En attendant Godot*, 오증자 역, 『고도를 기다리며』, 정우사, 2000, p. 9.

화가 있다면 "나무에는 잎이 조금 달려 있다." 정도일 것이다.[4] 의미도 알 수 없는 짓을 반복하고 관객이 알아들을 수 없는(의미를 부여할 수 없다는 그 자체가 의미일 수도 있지만) 대사를 계속하면서 끝내 얼굴을 나타내지 않는 '고도(Godot)'를 기다리는 인물들에게 사실적인 배경은 별 의미가 없다. 일상의 공간 안에서 이루어지는 삶이 아니기 때문이다.

그러나 소설의 경우는 사정이 다르다. 소설의 유형이나 유파를 떠나서, 소설의 인물들은 구체적인 삶의 공간을 점유하고 살아가기 마련이다. 시골과 도시의 삶은 대조적이다. 먹고 마시고 일하고, 시간을 보내는 방식이 서로 다르고, 느끼고 생각하고 꿈꾸는 방식 또한 다르다. 귀스타프 플로베르(Gustave Flaubert, 1821-1880)의 〈마담 보바리〉는 근대화의 과정에서 시골과 도시의 틈바구니에서 자아정체성을 상실하고 몰락하는 개인의 삶을 형상화한 작품이다. 시골내기가 도시의 낭만과 사랑을 꿈꾸는 가운데 빚어지는 허영심의 뒤얽힘이 죽음을 불러온다는 결말로 귀결된다. '마담 보바리'의 죽음은 도시적 허영심이 시골의 삶을 압도하는 근대의 비극을 상징한다. 소설에 나타나는 시골과 도시의 대조적인 측면에 주목하면서 이를 바탕으로 문학사를 구성한 것은 레이몬드 윌리엄스(Raymond Williams)였다. 이러한 이론을 바탕으로 한국 현대소설을 공간의 변이에 따라 사적으로 연구한 사례도 있다.[5]

소설의 공간은 당대 사람들의 삶의 디테일을 보여 준다. 공간의 묘사가 당대 삶을 형상화하는 방법이 되는 것이다. 또한 소설의 공간은 당대 이념을 형상화하는 준거가 된다. 어떤 이념이든지 삶의 구체적 기반을 떠나서는 형성되지 않는다. 더구나 이념의 실천이 구체성을 띠자면 일정 공간에서 수행되는 노동의 공간을 기반으로 해야 한다. 나아가 소설의 공간은 상징성을 띠기 때문에 의미의 보편성을 형상화하는 데 기여할 수 있다. 아울러 소설의 공간

4 위의 책, p. 95.

5 전혜자, 『한국 현대소설사 연구』, 새문사, 1987 참조.

은 소설을 수용하는 데 일정한 인식구조(épistémé) 역할을 한다. 그러한 점에서 소설의 공간은 '배경' 역할을 하는 데서 나아가 소설의 시학을 성립하게 하는 요건이 된다. 아울러 독자의 소설독서에 해석의 실마리를 마련해 주는 역할을 하기도 한다. 그러한 점에서 일종의 공간역학 혹은 공간역동학(topo-dynamics)을 구성할 수 있는 계기도 된다.

상해(上海, 상하이)라는 소설공간

1) 상해 속의 '하비로'

이 소설에서 형상화하는 상해는 시간 개념을 동반하고 있다. 1937년의 상해인 것이다. 소설의 첫머리가 1936년 망년회에서 시작된다는 점은 상해라는 공간을 시간과 연관지어 읽도록 하는 일종의 암시이다.

주인공 이준상은 친구 한화영을 만나러 가는 길에, 중국의 '타심통 수행(他心通修行)'을 선전하는 책자를 발견하다. 남경창생교회에서 발간한 것인데, "타심통 수행자는 과거를 잊고 장생불사에 이른다."라고 하면서 술사들은 수행 방법에 구혈홍옥(루비)을 사용한다는 내용을 소개하는 중에, 상해 그 자체가 타심통 수행을 가능하게 한다는 점을 암시한다. 작가는 상해를 다음과 같이 묘사한다.

> (과거의 기억을 잊기 위해 – 인용자) 루비가 왜 필요한가. 남경로, 애다아로, 하비로. 상하이를 동서로 관통하는 세 개의 중심 도로를 걷기만 해도 충분하다. 인간의 욕망들이 출렁거리는, 뭔가가 끊임없이 생성되고 있는 의지와 충동과 힘의 형상들 앞에서 우리는 과거를 잊고 기억을 지운다. 그리고 물건들의 기억을 받아들인다.
>
> 가장 북쪽의 남경로(南京路).

번드 스트리트를 거느린 남경로는 영국 자본과 미국 자본이 처음 들어와 상하이의 영광을 불타오르게 한 발상지다. 명실상부한 아시아 최대의 금융가. 남경로를 메운 수십 층의 마천루들은 중국 대륙에 휘몰아친 모든 정치적 폭풍을 막아낸 자본주의의 장엄한 성채이다.

한 블록 남쪽의 애다아로(愛多亞路).

영국인들이 에드워드 7세 거리라고 부르는 이 거리는 공공 조계와 프랑스 조계를 남북으로 가른다. 대영제국 공설 경마장과 초대형 카지노 대세계(大世界, 다스가)를 중심으로 수백 개의 카바레, 술집, 댄스홀, 극장, 영화관, 도박장, 당구장, 매음굴이 밀집한 아시아 최대의 유흥가. 대도시 익명의 군중만이 누릴 수 있는 심오한 쾌락들이 생성되는 곳. 아무것도 하지 않는 한량의 육체와 쉴새없이 움직이는 댄디의 정신을 요구하는 곳이다.

또 한 블록 남쪽으로 내려오면 하비로(霞飛路).

프랑스 조계 한복판을 가르는 상하이에서 가장 길고, 가장 넓고, 가장 잘 포장된 도로. 커다란 가로수들이 줄지어 늘어서 있고 바로크풍, 로코코풍의 석조 건물에 카페와 부티크 들이 불을 밝힌 쇼핑가. 화려한 가운데 가톨릭 성당의 고요한 종소리가 들려오는 로맨틱한 거리.

그러나 밤이 오고 안개가 끼면 하비로는 변신한다.

목숨을 밑천으로 도박을 하는 사람들의 거리, 청방의 여러 계파가 사무실을 두고 있는 '다거(大哥)들의 거리'가 된다. 거리에는 소심한 사람들이 쉽게 받아들일 수 없는, 뭔가 납득할 수 없는 부조리가 숨어 있다.

나는 하비로 한복판으로 걸어갔다. 그리고 나의 직장, 조직원 4만여 명의 청방이 상하이에도 법이 집행되고 있다는 것을 보여주고자 겨우 그 존재를 허락하고 있는 총원 170명의 경찰서로 들어갔다.[6]

이 소설의 제목이기도 한 하비로(霞飛路)는 프랑스 조계의 한복판, 어떻게 보면 가장 서구화된 상해 거리라 할 수 있다. 그렇기 때문에 서구화가 늦은

6 이인화, 『하비로』, 해냄, 2004, pp. 85-87. 이하 이 책의 인용은 본문 괄호 안에 면수만 표시하기로 한다.

다른 거리와는 대조적인 의미에서 상해다운 면모를 보인다고 할 수 있다. 공간의 대립성과 소설의 중심 모티프가 밀착되어 있는 것이다.

2) 청의 망국과 그 잔재

앞에서 본 바와 마찬가지로 〈하비로〉는 1930년대 중반의 상해(上海)를 무대로 사건이 전개된다. 1930년대 상해는 중국 근대사는 물론이고 한국과 일본의 근대사와 복합적인 관계에 놓이기 때문에 독특한 의미를 지닌다. 우선 중국 측으로 보자면, 청나라의 국운이 쇠하는 과정과 상해의 개방과 도시화는 밀접한 관계에 있다. 서구 세력이 중국에 진입하는 것과 상해라는 도시의 분할과 근대화 내지는 도시화가 맞물리면서 독특한 분위기를 형성한다.

중국에 서구 세력이 들어와 개방을 가속화한 것은 두 차례의 아편전쟁이 계기가 되었다. 제1차 아편전쟁은 1840-1842년에 걸쳤고, 이어 1856-1860년에 걸친 전쟁이 있었다. 19세기 중반, 영국에서는 중국의 홍차가 선풍적인 인기를 누렸다. 한편 영국의 직물을 수입하기로 한 중국은 직조기술이 발달하여 영국의 직물을 수입할 필요가 없었다. 이러한 불공정 거래의 맥락에서 영국 상인들은 인도산 아편을 중국에 판매하는 방안을 제안했다. 중국의 하층민들 사이에 아편이 선풍적으로 보급되면서 중국은 마약상을 홍콩으로 내쫓게 된다. 이를 빌미로 전쟁을 일으킨 영국이 승리하여 남경조약을 체결하고 홍콩의 할양, 광동 이외의 5개 항구 개항 등을 승인하는 결과에 이른다.

당시 자급자족이 강하던 중국에서는 영국과 무역이 확대되지 못했고 광동을 중심으로 대영항쟁이 전개되기도 하였다. 영국은 프랑스, 아일랜드 등과 연합하여 광주(廣州)를 침략하고 천진을 점령했다. 천진조약을 체결한 중국은 영국과 프랑스에 배상금을 지급하고 개항 항구를 확대하며 아편무역을 합법화하였고, 기독교 공인도 약속하게 된다. 영국군과 프랑스군은 중국의 후속 조치가 미비하다고 북경을 침략하여 황제의 별궁인 '원명원(圓明園)'을 약탈하고, 북경조약을 맺어 전쟁이 종결된다. 러시아에 우수리강 동쪽의 영토 할양하고 개방 지역을 확대하게 된다. 그 결과 대외 화친파의 득세를 가져왔고 그 중심에 있던 공친왕을 중심으로 총리아문을 설치하게 된다. 이어서 태평천국의 난을 다스리기 위한 영국, 프랑스 등의 외부 세력의 유입 등으로 '양무운동'을 전개하는 중에 상해는 그러한 운동의 중심지 역할을 하게 된다.

1842년 제1차 아편전쟁에서 중국의 패배로 남경조약이 맺어짐으로써 상해에 조계지가 생기게 된다. 영국인들이 들어와 생활할 수 있는 공간을 마련해 준 것이다. 1843년 상해는 공식 개항에 들어간다. 1844년에는 미국과 프랑스가 각각 조계지를 할양받게 된다. 이들 조계지는 1854년 태평천국의 난을 겪는 동안 자치행정기구를 설립하게 되고, 청나라 정부의 행정과 사법권을 벗어나 독립된 조계지가 된다. 이후 공동조계지, 프랑스 조계지, 화계라 하는 중국 자치구역 등으로 상해는 지역이 구분된다.

이후 일본은 1932년과 1937년 두 차례 상해를 침공한다. 상해에 있던 5천여 개의 공장이 파괴되었다. 일본군 주관으로 1937년 12월에 상해 괴뢰정부인 '대도시정부'가 성립된다. 일본군이 직접 관리하는 부동산업체인 항산공사(恒産公司)와 '진흥(振興)주택조합'에서 '상해시 건설계획'을 제정한다. 태평양전쟁이 발발한 후 일본군은 공동조계지를 점령하고 영국과 미국은 조계지에 대한 권리를 포기함으로써 상해는 조계지가 폐기되고 일본군의 점령지로 전환된다.

조계지가 분명한 행정구역 역할을 하던 당시 상해는 공공조계, 프랑스조계, 화계라는 세 구역으로 구분되어 '일시삼치(一市三治)'라는 특수한 구조를 이루고 있었다.[7] 이러한 특수성 속에서 〈하비로〉의 사건은 전개된다. 또한 작품의 의미를 규제하는 해석의 코드들은 상해라는 도시를 바탕으로 조직되어

7 배경한 엮음, 『20세기초 상해인의 생활과 근대성』, 지식산업사, 2007.

있다. 그 핵심에 청국의 말로가 자리를 잡는다. 그리고 태평천국의 난이 다른 줄기의 주제 맥락을 형성한다.

3) 근대화 탁류의 하수구

근대, 도시화, 식민지(혹은 주권을 상실한 나라) 등의 어두운 면을 드러내는 말로 '탁류(濁流)'를 압도할 어휘가 어디 있을까. 탁류는 강의 하구를 거쳐 바다로 흘러든다. 강의 하구는 온갖 오탁(汚濁)과 음모, 폭력과 마약과 살인 등으로 얼룩진다. 그러한 얼룩은 근대화를 향한 속도에 묻혀 지나치는 풍경이 된다. 양자강 하류에 자리잡은 상해는 중국 근대화의 어두운 면을 보여 주는 대표적 토포스(topos)이다. 거기에 1930년대 중반이라는 시점이 설정됨으로써 구체성이 확보된다. 재래적인 삶의 양식이 바뀌어 가는 상해에서 아직 바뀌지 않은 도시의 실상으로 인분 수거 문제가 상징적 의미를 지닌다.

> 상하이의 아침은 똥치기들의 딸랑이 소리로 시작된다. 그들은 20층이 넘는 주상복합 빌딩들이 즐비한 도시, 그러나 미처 정화조와 오수처리 시설이 완비되지 않은 상하이를 지키는 일상의 수호자들.(p. 181)

아침 해뜰 무렵부터 7시까지 똥치기들의 인분 수레가 강가의 '분선' 앞으로 집결한다. 그리고 그들은 온갖 소문을 다 전달하는 통신망 역할을 하기도 한다. 똥치기들의 우두머리인 분두(糞頭)는 똥치기들의 선망 대상이다. 이들을 좌우하는 것이 폭력조직이다.

이들이 모여드는 거리에 있는 대형 싸구려 음식점은 정보 유통의 거점 역할을 한다. "황포탄로 2가에는 똥치기들이 많이 오는 대병점(大餠店, 따빙디안)이 있다."(p. 182)

이들은 권리금 100원, 수거료는 한 달에 호당 2각(角), 수레당 1원씩 받고

분선에 넘긴다. 이렇게 수거된 분뇨는 상해 인근의 농장으로 보내져 거름이 된다.

상해 오송항 앞바다에 보물선이 빠졌다는 이야기가 퍼지고, 당시 미국에서 새로 발명한 잠수복을 이용하여 보물을 인양하는 데 혈안이 된다. 그 가운데 한 그룹이 일심회이다. "일심회라는 조선인 밀수쟁이들 말이야…… 지난달 오송항 앞바다에서 바빴다는데."(p. 183) 일심회의 보스는 민태원이라는 전직 경찰 출신이다. 그는 이준상을 경찰에 취직시킨 사람이다. 민태원이 권력의 줄을 대고 있는 집단의 행동을 알려주는 소통의 매개 역할을 하는 주역으로 이들을 설정하고 있다.

상해는 이중적 의미로 형상화된다. 우선 견딜 수 없는 지옥 같은 공간으로 형상화된다. "아아, 이런 곳에 살고 싶지 않아. 황막하고 낯선 이 항구. 살인이 만연한 이 도시. 이젠 정말 더 이상은 견딜 수 없어."(p. 193)

다른 하나는 아내를 잃는 등 "그토록 모진 일들을 겪었지만 나는 상하이를 떠날 수가 없었다. 황포 강가의 햇빛, 불란서 공원의 소나무들, 남경로의 은빛 네온. 영화관의 붉은 빌로드를 씌운 좌석. 옛날 아내와 함께 보던 그것들은 괴롭고 또 사랑스러웠다."(p. 172) 그러면서 상하이가 하나의 늪이라는 인식도 공존한다. "이 도시는 하나의 늪이다. 남자는 차츰차츰 늪으로 빠져 들어간다. 남자는 언제까지나 여기 살고 싶은 것이다."(p. 173)

이러한 양면성이 근대화의 한 측면이다. 하수구는 오물이 흘러가는 통로이며 정화장치이기도 한 것처럼. 이는 채만식의 〈탁류〉가 금강 하구에 자리잡은 군산항(群山港)을 배경으로 전개되는 것과 유사한 공간 특성을 보여 주는 점이다.

4) 근대화의 측면들

근대화는 전근대를 버리면서 새로운 세계를 만들어 가는 일이다. 전근대와 근대의 접점에 혼란이 예상되는 것은 물론이다. 한 측면이 살아 있는 풍속이다. 어느 도시가 전통을 유지하고 있다는 것은 거기 풍속이 살아 있다는 뜻이다. 음력설의 분위기는 다음과 같이 그려져 있다.

> 상하이는 음력 설의 들뜬 분위기였다. 아이들은 골목을 뛰어다니며 불꽃놀이를 했고 아낙네들은 고기와 야채를 다져 만두 소를 만들었다. 밤하늘을 수놓는 폭죽, 설날 노래, 집집마다 돌아다니며 사자춤을 추는 청년들로 거리는 떠들썩했다.(p. 24)

주거공간 가운데 하나는 이렇게 서술되어 있다. '보희미안구락부'가 자리잡은 '수부리 13호(號)'의 가옥들은 이렇게 묘사되어 있다.

> 골목문 곁에 위치한 낡고 작은 2층집이었다. 상하이 주택가의 대부분을 차지하는 서구식 2층집. 1850년대부터 매년 수만 명씩 유입된 중국인들을 위해 유럽인 건축업자들이 마구잡이로 지어 떼돈을 번 작품들이었다. 13호도 최소한 5, 60년은 되어 보였다. 원래는 한 층에 한 가구씩 살도록 지어졌으나 이제는 이리저리 공간을 나누어 한 층에 네 가구씩 살고 있었다.(p. 14)

위의 초라한 공간에 비하면 남경로 중심의 금융가는 화려함의 극한이라 할 정도로 대조를 보인다. 이러한 공간의 대조는 삶의 양태, 의식의 유형, 정신의 상극적 대립 등을 상징적으로 드러낸다.

> 나는 경찰서를 나와 인력거를 잡아타고 공공 조계로 넘어갔다.
>
> 남경로로 들어서자 홍콩-상하이 은행, 시티 은행, 체이스 맨해튼 은행, 아메리카 은행이 인력거 장막 사이로 줄지어 지나갔다. 30층이 넘는 화려하고 아름다운

대리석 건물들의 현대적 스카이라인은 황포강을 따라 끝없이 이어지고 있었다. 그것은 가까이 다가갈수록 점점 더 멀어지고 점점 더 넓어지며 점점 더 아득해지는 우주와도 같았다.(pp. 90-91)

엘리오트 양장점(伊麗奧脫洋裝) 남경로 3번가 139호.

양장점은 '뱅커(BANKER) 시가렛—은행패 향연(銀行牌香煙)'이란 담배 광고 선전판을 벽에 붙이고 있는 크고 넓은 가게였다. 하지만 영업 시간이 끝나서 불이 꺼지고 문이 닫힌 뒤였다. (…) 분홍색 불빛에 싸인 그곳은 남경로 4번가. '홍등가'라는 단어를 만들어낸 홍등구(紅燈區, 홍 덩취)였다.(p. 100)

"퇴근 시간의 둔탁하고 혼잡한 공기에 싸여" 있는 거리는 밤으로 가면서 면모가 달라진다. "가게들이 일제히 네온을 켰고 점등인들이 도로의 가스등을 손보고 있었다. (…) 내가 퍼질러 앉은 곳은 애다아로와 하비로를 연결하는 좁다란 배수관 같은 쇼핑 가였다. 이 거리는 유행에 민감한 사람들과 유행에 민감할 사람들로 범람하고 있었다. (…) 젊어서 외로운 자들의 얼굴만이 네온사인의 유혹적인 빛을 받으며 빠르게 서로 스쳐 지나가고 있었다. 그 스침의 에너지는 너무 격렬해서 밤의 도시를 마술적인 분위기로 채색하고 있었다."(p. 102)

이러한 혼란과 무질서와 폭력과 마약의 도시 상해는 그 나름의 생성력을 지닌 도시로 파악된다. 단일한 공간이 아니라 괴멸과 생성이 동시에 소용돌이치는 도시, 그것은 모순 속에 전망을 세우는 근대기획의 상징이 되기도 한다. 근대화, 서구와 동양의 접촉, 제국주의의 대륙 진출 등이 실현되는 도시 상해는 근대화의 풍경을 여실히 보여 주는 공간이다. 소설의 총체성에 기대어 확인할 수 있는 근대화의 다른 측면들은 이 소설이 디텍티브 스타일로 구성되어 있기 때문에 구조적 전체성보다는 점경을 제시하는 식으로 드러난다.

도시공간의 분할방식

1) 화계와 조계의 구분

소설의 배경인 상해는 자주 세력과 외세의 세력다툼의 핵심 지역이다. 외세의 침입을 상징적으로 보여 주는 것이 조계지의 존재이다. 조계지는 조차지역(租借地域)이라는 뜻이다. 아편전쟁으로 인해 상해를 외국인들에게 개방하고 지역을 나누어 조차를 해 주었다. 영국과 일본 등 외국인이 생활하는 지역이 공동조계로 되어 있고, 프랑스 조계지역과 중국인들이 사는 화계지역으로 크게 도시가 나뉘었다. 그 구분에 따라 조계지는 행정, 사법적 독립성을 지닌 지역이라서 조계 간에 치외법권이 인정되었다.

> 만약 당신이 1937년 상하이에 산다면 어떤 일이 있어도 경찰을 찾아가선 안 된다. 골치 아픈 문제가 생겼다면 월계(越界), 즉 다른 조계로 도망치는 것이 최선의 해결책이다.
>
> 당시 상하이는 사법권이 다른 세 개의 구역으로 나뉘어 있었다. 북쪽에 미국, 영국, 일본이 지배하는 공공(公共) 조계, 중간에 프랑스가 지배하는 프랑스 조계, 그리고 남쪽에 국민당 정부가 지배하는 중화(中華)계.
>
> 이 세 구역에 다섯 종류의 경찰이 있었다. 공공 조계 경찰, 프랑스 조계 경찰, 중국 경찰(상하이특별시 공안국), 중국군 경찰(상하이 위수사령부 군사경찰서), 일본 경찰(일본 총영사관 경찰부), 살인을 저지른 수배자도 도로 하나를 사이에 둔 다른 조계로 도망치면 법적으로 체포할 수가 없었다. 게다가 다섯 종류의 경찰들은 사이도 나빠서 서로 협조하는 일이 거의 없었다.(p. 41)

이러한 조계지의 설정은 근대화의 소용돌이 속에서 상해가 어떤 분위기를 형성하고, 어떤 삶의 양태를 보여 주는가를 드러낸다. 국제관계 속에서 이루어지는 힘의 분배와 균형 등의 의미를 보여 주기도 한다. 외국인과 자국인의 혼성적 삶이 이루어지는 상해라는 도시는 급격한 변화의 수용과 거기 부수되는 타락과 오염의 핵심이 되기도 한다. 특히 식민지 조선인들에게는 독특한 의미를 지니는 도시가 된다.

"나도 잠시나마 내가 조선인이라는 사실을 잊는다. 영원한 비애의 나라, 길 잃은 사람들의 나라, 나의 조국. 으스러지도록 부둥켜안아보고 싶고 그 품에 안기어보고도 싶은 조국이건만, 객관적으로 너무 한심하고 창피한 조국을 잊는다."(p. 85) 식민지 조국을 벗어나 최후의 가능성을 찾아 나선 마지막 도달점이 상해인 셈이다. 외국인들이 점유하고 사는 조계와 조계 사이에서 식민지 조선인으로서 자기 정체성이 무엇인가를 반추하는 것은 그 자체가 비애와 허무의 심연에 빠지는 일이 될 수도 있다. 그러한 점에서 이 소설의 주인공 이준상이 식민지 조선인이라는 점은 비애와 허무의 핵심에 던져진 존재라는 의미로 읽힐 수 있다.

2) 빈촌과 부촌의 양분법(지역 분할의 양분법)

질서가 성립되기 전의 도시, 변화의 광풍 속에 있는 도시는 뚜렷한 양분구조를 보여 준다. 다음 인용은 양분화된 도시의 환경을 보여 준다.

> 거복로 수부리는 상하이 프랑스 조계에 있다. 거복로는 가난뱅이들이 모여 사는 곳이고 수부리는 거복로가 북쪽으로 재채기를 한 것처럼 구부러지는 지점의 골목길이다. 상하이에선 이런 골목길에 리(里)라는 이름을 붙이고 골목 끝에서 끝까지를 한 농당(弄堂)이라고 했다. 농당에는 수십 호의 세대가 아치형의 골목문 한 개를 같이 쓰면서 한 집처럼 모여 있었다.(p. 13)

> 에드워드 7세 거리의 끝은 상하이 클럽과 프랑스 영사관이었다. 캐딜락은 프랑스 영사관에서 오른쪽으로 돌았다. 황포탄로(黃浦灘路)라고 불리는 강변 도로가 나왔다.
>
> 불을 끄고 밀집해 있는 배들. 산더미같이 하역된 화물들. 사슬로 묶인 선창의 검은 다리가 보였다. 멀리 항구의 상하이 세관 첨탑이 밤안개 속에 뿌옇게 지나

갔다. 선착장 벤치 하나에 러시아 매춘부들이 한 줄로 앉아 있었다. 캐딜락은 계속 달렸다.(p. 134)

그곳에는 차도 양쪽에 메르세데스 로벨 화재보험과 루이 마르 법률회사로 시작하는 높은 빌딩들이 잇달아 있어서 마치 길이 바위산을 뚫고 나아가는 협곡 같았다. 그 협곡을 청색 시보레 두 대가 막고 있었다. […] 한편 30여 미터 전방의 서쪽 거리. 쥐덫의 반대편에는 시동을 건 채 정지해 있는 포드 승용차 한 대가 있었다. 엄 형사가 포드 승용차를 가리키며 집게손가락을 흔들었다. 나도 고개를 끄덕였다. 낯이 익은 포드. 오늘 아침 공공 조계 양수포에서 중화계 남시 부두까지 우리를 미행하던 그 차였다.(p. 262)

동신로 자재리(自宰里).

저물녘인데도 한밤중처럼 컴컴한 골목이었다. 번화가에 접해 있으면서도 자재리는 이상할 정도로 더러웠다. 부서져 있는 편지함, 낙서투성이의 낡은 벽, 쓰레기 더미, 연탄재, 기름 찌꺼기, 길 옆 도랑에는 도시가 배설해 내는 온갖 오물이 고여 악취가 코를 찔렀다. 곳곳에 방을 세놓는다고 광고하는 '자오주(召招)'라는 붉은 종이가 상처의 피딱지처럼 흩날리고 있었다. 외국에서 흘러들어온 뜨내기들, 특히 조선인들이 많이 사는 동네였다.(p. 236)

근대 도시에서 빈부의 차이가 없는, 완전히 평준화된 도시를 찾는 것은 쉬운 일이 아니다. 빈부의 격차를 따라 도시공간이 분할되고, 그 공간의 성격에 따라 거기서 삶을 영위하는 사람들의 삶의 양상은 달라진다. 도시를 분할하는 기준이 되는 '빈부'의 문제는 삶의 양상을 규제한다는 점에서 도시의 공간 역동학을 구성하는 기준이 될 수 있다.

상해의 판도가 복잡한 것은 상해가 서구 열강의 압력으로 개항을 하고 조차를 했기 때문이다. 영국, 프랑스, 러시아 등 서구 국가들이 상해를 중심으로 벌인 사업은 상해의 신속한 변화와 더불어 상해 자체의 의미를 규제한다. 거기다가 대동아공영권을 지향하는 군국주의 일본이 상해에 자리를 잡고, 식민지 조선의 인사들과 함께 살아야 하는 관계는 도시의 성격 자체를 복잡하게 하는 요인이다. 동양의 중국, 일본, 한국의 세력균형과 문화 간 주고받기가 상해에 들어와 있는 서구인들의 매개를 바탕으로 이루어질 수밖에 없다.

도시공간의 삶의 양식

1) 이중인격의 도시: 양성의 도시

소설에서는 서스펜스를 만들어 내기 위해 사건 해독에 필요한 코드를 적재적소에 감추어 둔다. 이 소설에서는 박서진이라는 인물이 그러한 역할을 한다. 박서진은 보희미안 구락부 멤버로 자기들 회보에 '보희미안선언(普希米安宣言)'이라는 글을 발표할 정도로 지적인 면모를 보이는 인물이다. "보헤미안은 기성의 질서와 상식을 거부하고 자기 자신을 무용하고 비현실적인 목적에 바침으로써 사회를 초월하고자 한다."(p. 106) 이러한 선언은 다음과 같은 해석을 입게 된다. "가난한 식민지 청년들의 자존심은 열강의 자본과 중국의 노동력이 만든 현대적 도시의 기적 앞에서 여지없이 짓밟혔다. 상처받은 청년들은 자기 존재의 결핍 부분을 관념으로 메우려고 몸부림쳤다. 보희미안 구락부가 바로 그런 것이었다."(p. 107) 인물의 성격과 행동이 토포스적 규제 대상이 된다는 점에서 '상처받은 식민지 청년'의 성격이 이중적일 수 있다는 점은 주목을 요하는 사항이다.

박서진의 여자친구 가운데 리리라는 인물이 있다. 피니 디 로마(pini di Roma, 로마의 소나무)에 댄서로 출근하는 여자로 되어 있다. 피니 디 로마에는 인물이 준수하고 중국어가 유창한 나보코프라는 러시아계 바텐더가 근무를 한다. 그런데 소설의 진행되는 과정에서 리리란 인물은 여장을 하고 다니는 박서진 그 자신이라는 게 밝혀진다.

보희미안 구락부 멤버 가운데 가장 먼저 피살되는 인물이 박서진이다. 그런데 그것은 피살이 아니라 피살되었다가 살아나는 과정을, 창생교의 초혼사(招魂師)로서 인자(人子) 역할을 대비한 음모에 해당한다. 이러한 인물의 이중성은 도시의 양면성을 환유적으로 그리는 데에 기여한다.

박서진은 리리라는 이름으로 행세하는 남자. 주인공 이준상이 결혼을 하고 기념사진을 찍는 데에 들러리로 여장을 하고 나타나는 인물이다. 이준상이 중국에 와서 얻게 되는 여자 김순옥은 전남편과는 사별한 것으로 되어 있는데 사실은 일본인 야노 오쿠루(失野興)와 관계를 가졌던 것으로 밝혀진다. 그러면서 보희미안 구락부 멤버들이 신흥종교에 발을 들이고 있다는 점이 소설의 진행과 더불어 드러난다.

이준상이 상해 북참역에서 소매치기를 쫓는 사이 아내는 실종된다. 그런 사건이 있은 뒤 6년이라는 세월을 이준상은 상해에 준동하는 각종 폭력집단에서 일어나는 사건을 추적하는 데 혼신의 힘을 다한다. 그 과정에서 아내를 창생교의 대모로 이용하기 위해 마약중독자로 만든 일당과 대결하는 가운데 자신의 정체가 드러나는 과정이 스토리의 한 가닥을 이루고 있다.

도시의 이중적 속성은 소설에 등장하는 인물들의 역할이 이중성을 띤다는 점과 연계된다. 폭력조직의 대부분은 전직 경찰들이다. 항금영, 장소림, 고죽헌 등 폭력배 사단의 인물들 경력이 그렇게 되어 있다. 일심회의 보스 민태원도 전직 경찰이다. 피니 디 로마의 바텐더 나보코프는 창생교의 선지자 역할을 한다. 상해 최대발행부수를 자랑하는 신문인 〈신보(伸報)〉의 여기자 요운은 그의 큰아버지가 장인규 사단의 보스이며 청방의 후계자로 지목되어 있는 인물이다. 요 기자는 백부가 살해된 뒤 그 집단을 손수 지휘하는 인물이 된다. 현직 형사들은 폭력집단의 돈줄과 연결되어 있다. 심지어 분뇨처리를 하는 인물들은 정보를 유통하는 정보원처럼 움직인다.

이 소설의 주인공 이준상은 창생교의 초혼사 박서진(리리, 신분이 드러나지 않은 초혼사)이 타심통 수행 과정을 거치는 중에 반대파 폭력집단을 퇴치하는 현장에서 일본에서 들어와 밀약하는 야쿠자를 죽이는 일에 참여한다. 그리고 다음 날은 자신이 벌인 그 사건 현장에 형사의 자격으로 나타난다.

이처럼 작중인물의 역할이 이중적으로 설정되는 것은 상해라는 도시가 지니는 성격과 연관된다. 상해의 이중성, 망국의 비애감과 새롭게 발전하는 면모의 갈등이 인물의 이중성과 맞물려 있기 때문이다.

2) 마약의 사회학

중국의 마약은 아편전쟁으로 상징되는 아시아 민족을 절멸하려는 서구 제국주의의 야욕과 연관된다. 있는 자들은 환각 속의 황홀경을 맛보기 위해 아편에 몰두하고, 없는 자들은 삶에 절망한 나머지 세상의 괴로움을 잊고 환상 속에서 고통을 견디기 위해 아편을 이용한다. 아편과 함께 각종의 마약이 중국 전역에 퍼져 중국인들을 환각과 혼미 속에서 흔들리게 한다. 마약을 거래하는 집단이 생기고, 마약 복용자를 위한 업소가 대거 개설된다. 그리고 마약은 거대한 이권이 걸린 사업이기 때문에 폭력배들의 사업으로 부상된다.

1936년 망년회에 가자는 한화영의 권유로 이준상은 거기 참여하게 되고 여기서 소설은 시작된다. 그런데 거기 참여하는 이준상은 한화영이 돈을 빌려달라고 하는 것을 마다하고 먹을 것을 사가지고 가면서 마약 이야기를 꺼낸다. 이 소설은 아편 이야기로 시작되는 셈이다.

> 나는 하비로(霞飛路)의 서쪽 끝 리도 화장료(化粧料) 사거리에 삼륜거를 세웠다. 화장료 옆 상점에서 내장을 빼고 벌겋게 구운 오리 두 마리, 백금룡(白金龍) 한 보루, 원홍주(元紅酒) 세 병을 샀다. 삼륜거로 돌아온 나는 거친 말투로 못을 박았다.
>
> "술만 먹겠다고 약속해. 약속하지? 넌 지금이 제일 위험해. 또 모르핀을 하면 때려죽인다. 아편도, 클로로포름도 절대 안 돼."(p. 13)

친구의 이러한 당부에도 불구하고 한화영의 혹심한 고통은 아편을 복용하게 하고, 그 결과는 다음과 같이 기술되어 있다. "화영이 모르핀 중독자 구호기관인 흑십자 보도소(黑十字保導所)를 나온 것은 불과 두 달 전이었다. 쓰러져 자고 있는 화영은 곧 죽을 사람의 얼굴이었다. 또 모르핀에 절기 시작했으니 이제는 정말 갈 때까지 갈 것이었다."(p. 19)

> 어젯밤 개고기가 나를 팽개쳐놓은 곳은 프랑스 조계의 남쪽 끝이었다. 나는 끔찍한 예감에 시달리면서 인력거를 잡아타고 한화영의 월셋방으로 갔다. 화영은 여전히 방에 없었다. 나는 다시 걸어서 그가 단골로 들락거리는 주사야를 찾았던 것이다.(p. 179)

마약은 일본인들의 세력과 연관되면서 거대한 사업으로 부상한다. 일본의 야쿠자 조직인 '국수회', '흑룡회' 같은 집단이 대표적인 예가 된다. 그런데 일본군은 현지에서 군자금을 조달하기 위해 야쿠자 조직을 비호한다. 일본군의 대륙 침략, 이른바 대동아공영에 마약이 동원되는 것은 제국주의의 본질을 싱징적으로 보여 준다.

> 당시, 즉 1932년은 일본 야쿠자의 상하이 러시가 극에 달한 시기였다. 만주사변을 일으킨 일본은 만주와 내몽고에 국책 회사들을 세우고 공공연히 아편과 모르핀, 헤로인을 만들었다. 이 마약은 일단 상하이로 집결된 뒤 오대양 육대주로 팔려 갔다. 이 무렵에는 미국의 마피아들조차 상하이에서 샌프란시스코로 운송되는 싸고 질이 좋은 일제 마약을 썼다.(p. 48)

이준상이 자기와 협력하자는 민태원의 권유를 반박하다가 일당에게 처참하게 당하고 몸을 피해 숨어든 곳이 아편굴인데, 그 모양이 이렇게 서술되어 있다. "폐쇄되어 공기의 흐름이 거의 없는 방에 커튼식 칸막이가 쳐지고 여러 사람들이 누워 있었다. 이곳은 하비로의 뒷골목에 있는 '천애다실(天涯茶室)'이라는 이름의 싸구려 아편굴이었다."(p. 293) "돈만 내면 아무 것도 묻지 않는 미덕이 있"는 그러한 지역이다. 아편을 만드는 일이라든지 가공하는 일, 아편에 빠진 사람들의 행색 등은 이 소설 곳곳에 처절할 정도로 그려져 있다.

마약의 이중성은 이 소설의 공간적 주제소(theme)에 해당한다. 황홀한 도취와 생명의 마멸, 살려는 의지로 충만한 자들의 죽음에 대한 유혹(thanatos), 근대화와 제국주의화 등 건잡을 수 없는 모순을 녹여내는 용광로의 촉매제 역할을 하기 때문이다.

소설공간의 의미층위

1) 성스러움과 속악함

소설 〈하비로〉의 주인공 이준상은 프랑스 조계 경찰서의 주임형사이다. 교토대학에 다니다가 사상통제에 밀려 상해로 들어온 그는 선배 다카미의 도움으로 교통대학에 강사 자리를 얻게 된다. 다카미와는 뜻이 맞아 공동 연구를 수행하기도 하면서 서로 위로가 되는 사이이다. 그런데 선배 다카미가 죽자 일자리를 얻기 위해 떠돌다가 민태원의 천거로 상해 프랑스 조계 경찰로 일하게 된다. 그는 형사로서 일과를 수행하고 퇴근 후에는 논문을 써서 1년에 한 번 학회에 발표하곤 한다. 젊은 학자 겸 경찰인 셈이다.

이 소설에서 환기하는 성스러움의 일차적 양상은 부하들을 모두 잃은 항우의 심정과 연관된 역사적 사실에 대한 해석에 연계된다. 그가 진행하고 있는 논문이 〈초패왕해하가연구(楚霸王垓下歌考)〉이다. 잘 알려진 항우의 유일한 시, 〈해하가〉는 이렇게 되어 있다.

力拔山兮氣蓋世
時不利兮騅不逝
騅不逝兮可奈何
虞兮虞兮奈若何

평소 힘으로 한다면 산을 뽑고 기운은 온 세상을 뒤덮었다. 그런데 시기가 불리하며 추마가 달려 주지를 않는구나. 추마가 달려 주지 않으니 이 어쩌랴. 우미인이여, 우미인이여 그대를 어찌한단 말인가. 이러한 탄식의 노래, 사랑하는 사람에 대한 운명적 사랑의 비극적 말로에 대한 탄식을 담고 있는 노래이다. 이러한 노래에 대해 항우의 아내 우미인은 이러한 답가를 남기고 자결한다. 대개의 내용은 이렇다. 한나라 군사가 이미 이쪽 땅을 덮쳤고, 사방에서 초나라 노래 들리는데 대왕은 의기가 다하였으니 이 미천한 몸이 어찌 삶을 바라리요.

漢兵已略地
四方楚歌聲
大王意氣盡
賤妾何聊生

기원전 202년, 초패왕 항우는 〈해하가〉를 부르고, 우미인은 자결하고 항우는 사력을 다한 마지막 전투를 벌여 탈출한다. 그리고 다음날 오강(烏江)에 이르러 최후의 말을 남기고 자결하는데, 그 최후의 말은 이렇게 되어 있다.

天之亡我 我何渡爲 且籍與江東子弟 八千人渡江而西 今無一人還 縱江東父兄憐而王我 我何面目見之 縱彼不信 籍獨不愧於心乎 (p. 26)

아내를 잃은 자신의 처지를 항우의 처지와 대비하고 있는 대목이다. 항우는 자신의 실패를 하늘의 탓으로 돌리고 있다. 항우는 강동 사람들이 그에게 맡긴 자제 8천 명을 데리고 서쪽을 정벌하러 갔다가 참패를 당한다. 고향으로 돌아갈 수 없는 형편이다. 설령 강동 사람들이 그를 불쌍히 여겨 다시 왕노릇을 하게 해 준다고 해도 무슨 면목으로 그들을 볼 것이며, 그들이 설령 아무런 말을 하지 않는다고 해도 내 스스로 마음의 부끄러움을 견딜 수 없다는 것이다. 자신이 나아가 싸워 죽는 것 말고는 달리 길이 없는 셈이다. 이러한 상황과 대비되는 이준상의 처지는 자신의 삶의 자세를 바로세우는 데에 지표 역할을 한다.

"우리(내외)는 한화영의 소개로 만났다. 아내는 미망인이라고 했다. 아내의 전 남편은 북경에서 만난 중국인이었는데, 결혼한 지 한 달 만에 교통사고로 죽었다. 그 후 아내는 먼 친척이 있는 상하이로 내려온 것이다."(p. 153) 그렇게 만난 아내와 '셋방에서 소꿉장난처럼' 살던 아내가, 결혼한 지 21개월 만에 실종되었다. 그 상황에서 이준상은 자신의 논문과 현재 자기의 처지를 대비하면서 자신의 삶의 의미를 반추한다.

> 때는 1937년. 땅은 상하이.
>
> 우희를 잃고 남자는 슬픔의 도시를 걸어간다. 거리 반대편에서 바람이 윙윙거리며 다가온다. 불기를 머금은 비통한 바람이다. 하비로. 아름다운 파리를 닮으려고 몸부림치는 동양의 거리. 그러나 끝끝내 더럽고 지저분한 중국을 뿌리치지 못하는 서글픈 거리.
>
> 코스포폴리터니즘의 껍데기 밑에는 냉정만이 숨쉬고 있다. 누가 감히 자신을 자유로운 개인이라고 말하는가. 이 거리는 개인의 존엄성, 개인의 개인으로서의 자부심이란 감각을 소유하지 못했다. 글을 쓰건, 사업을 하건, 살인을 하건 이것이야말로 진정한 나만의 행위라는 열정을 느껴본 사람이 몇이나 되겠는가.
>
> 거리의 모든 골목에 스며들어 도시 전체를 괴물로 만들어가는 냉정. 차갑고 비참한 하비로는 남자의 운명이다. 냉정하고 우울하고 차가우며 한없이 연약하고

고독한 운명이다. 아편도 먹지 않고 술도 먹지 않고 내면의 냉정 하나로 간신히 자기를 지켜온 남자의 운명이다.

노란 밤안개가 가로등 불빛에 등을 비벼대면서 점점 더 짙어진다.(pp. 113-114)

항우의 행동과 자성은 성스러운 분위기를 풍긴다. 그러한 성스러움의 다른 측면이 '태평천국의 전쟁'으로 상징되는 현세 초극의 의지와 연관된다.

아내가 실종되기 전 주인공 이준상은 다카미 선배와 공동으로 연구한 〈태평천국의 고대적 이상과 근대 초극의 원리〉라는 논문을 아내에게 보여 준다. 아내는 "무서워요."라는 반응을 보인다(p. 163). "태평천국 시대에 부활한 중국 고대의 이상주의를 연구하여 거기에서 서구 근대가 만들어낸 자본주의와 공산주의를 극복할 대안의 사회체제를 찾는 것이 논문의 요지"라고 되어 있다(p. 163). 그것은 일본인 학자들에 대항하는 의미를 지닌 것이기도 하다. "일본이 아닌 중국 역사에도 근대를 초극할 수 있는 높은 문화적 이상이 있다는 이론"은 "학자적 양심을 걸고 최선을 다한" 논문이었다(p. 167).

이는 중국의 자율적 성스러움을 추구하는 일이 된다. 그 논문을 작성하는 과정에서 '배상제회, 상제교'라는 '기독교 비밀 결사의 실체'를 파고들게 된다. 이는 소설의 결말에 이르도록 복선 역할을 하면서 잠재되어 있다가, 결말에 이르러 종교적인 왜곡의 핵심을 뒷받침하는 역할을 하게 된다.

성스러움의 분위기는 종교와 결합되어 나타난다. 그 대표적인 예가 기독교를 위장한 사교집단이다. 전직 공안경찰이자 친일파인 고죽헌이 거느린 폭력주직 '고죽헌사단'은 저급 인력 공급과 인신매매를 주로 하는 집단인데, 인육을 먹는 것을 자랑으로 여기는 폭력집단이다. 그 총수 고죽헌이 교회를 세운다. "그렇지만 뭐 특별한 건 없습니다. 아, 한 가지 우스운 건 있어요. 최근에 고죽헌이 근사한 화강암과 장식 벽토로 건물을 하나 지었습니다. 그게 뭔지 아세요? 교회랍니다. 교회. 하하하, 그 살인마가 교회를 지었다니까요." "그

게 어딘가?" "남경로 뒷골목이오."(pp. 128-129)

이 교회가 창생교의 성전이다. "애초에 창생교는 대본영의 일본 육군성 정보국 작전과가 입안한 계획"(p. 301)인데, 인적·물적 자원이 한정되어 있는 일본이 중국 대륙 지배를 효과적으로 수행하기 위한 방편이라는 의미를 지니는 것이었다. "중국인들이 직관적으로, 또 감성적으로 지배에 동의할 수 있는 상징이 필요하다는"(p. 301) 의도에서 출발한 것이었다. 이는 동북 지역에 '만주국이라는 괴뢰 국가'를 수립하는 일과 동일한 효과를 거두기 위한 방책이었다. 태평천국의 난을 진압할 당시 홍수전(洪秀全)의 아들 하나가 일본으로 탈출하여 상제교를 계승하는 창생교를 만들었다는 것이다. 홍수전의 후예를 자처하는 야노 오쿠루는 북경 거주 일본인인데 북경에 교회를 세워 실험을 한 후 상해에 진출한 것으로 되어 있다.

이러한 성스러움의 조작은 일종의 신화 만들기라 할 수 있다. 그러데 신화를 만드는 방법은 폭력과 연관되고, 돈과 연관되며, 진정성이 결여되어 있다는 점에서 속악한 것이라 할 수 있다. 성스러움과 속악함의 의미론적 대립이 성스러움이 발현되는 특징인 셈이다.

2) 사랑과 폭력

이준상의 이력은 이렇다. 경상도 가난한 산골 출신. 상경하여 입주 가정교사를 하면서 고보 졸업. 교비 유학생으로 교토 제국대학 유학. 예과를 거쳐 지나문학과 진급. 다카미 선배를 만남. 사상 검거를 피해 중국 상해로 탈출. 다카미 선배와 상해 교통대학에서 일하는 중에 아내를 만남, 아내의 실종, 선배 다카미의 자살(?). 이후 밀려오는 고독감. "무엇을 위해 이제까지 살아왔던가? 이제부터 나는 무엇을 위해 살아갈 것인가?"(p. 162) 하는 데서 오는 외로움은 주인공이 상해라는 도시를 사랑하는 그 정서로 방어할 수 없는 것이다.

이준상이 상해로 거처를 옮기게 되는 데는 일본의 당시 상황이 본격적으로 작용한다. 이른바 사상검거가 그것이다. “1926년 1월 15일 교토 제국대학 가쿠렌[學連] 총검거”(p. 153)를 당해, 일본 경찰 앞에서 인간 최후의 이기적인 모습을 연출한 후 중국으로 탈출할 수 있도록 해 준 인물이 다카미라는 선배다. 그 선배가 개처럼 맞아 죽는 사건이 벌어진다. 다카미 교수 연구실에 아침에 불이 난 날이다. 그 불로 인해 다카미 교수와 같이 연구한 연구물이 모두 소실된다. 이후 대학에 자리를 잃은 이준상은 프랑스 조계에 경찰로 취직되어 사건을 추적하며 살아간다.

이러한 사건이 일어난 것은 이준상의 아내가 실종된 직후이다. 이준상은 한화형의 소개로 김순옥이라는 여자를 만나 결혼한다. 결혼식은 올리지 않고 친구들과 들러리를 서 주는 이들을 데리고 기념사진을 찍는 것으로 둘은 맺어진다. 아내는 중국인 남자와 결혼을 한 적이 있는데 남편이 차 사고로 죽어 혼자 지내는 여자이다(그 남자가 중국인이 아니라 일본인이라는 점은 소설의 진행 과정에서 밝혀진다).

아내와 사랑을 구가하는 주인공이 폭력 세계에서 경험하는 각종 폭력이 이 소설의 내용 거반(居半)을 차지한다. 이준상의 아내에 대한 사랑은 아내의 외모를 묘사하는 데 머물러 있다는 인상을 받게 한다.

> 아내는 아름다웠다. 매끄러운 살결 위에 새겨진, 막 주조된 동전처럼 차고 단정하고 신선한 얼굴이었다. 머리카락은 까마귀 날개처럼 검었으며 깔끔하게 빗어올려 모자 속에 감추고 있었다.(pp. 151-152)

> 나는 대학에 강의를 다니며 아내와 둘이 영안로의 셋방에서 소꿉장난처럼 살았다. 19층 영안 백화점 주변 번화가는 빨갛고 노란 불빛의 홍수였다. 세상은 어지러웠지만 상하이의 모든 것은 번영의 대로를 달리고 있었다.
>
> 퇴근하면 우리는 거리에서 만나 싸고 맛있는 밥집을 찾아 식사를 하고 외국 영화를 보았다. 때때로 하비로 옆 불란서 공원까지 걸어가서 호숫가 벤치에 가 앉

기도 했다.(pp. 154-155)

> 상하이의 낭만적인 불빛 속에서는 모든 것이 사랑스럽게 보였다.
> 우리는 가난했지만 행복했다. 아내는 나날이 예뻐졌고 영화에서 배운 키스와 포옹은 우리의 습관이 되었다. 우리는 서로가 서로의 몸으로 녹아들어 가지나 않을까 걱정이 될 정도로 열심히 서로 사랑했다.(p. 155)

그런 아내가 실종되면서 주인공은 각종의 폭력에 휩싸이고 기억을 상실하게 된다. 잃어버린 기억을 되찾는 고통스런 과정이 소설의 줄거리를 이루고 있다. 아내에 대한 사랑이 농밀하게, 혹은 깊은 아픔을 동반한 삶의 환희를 발견하는 방식으로 서술되지는 않는다. 그것은 결혼한 지 21개월 만에 아내가 실종되는 사건이 일어나 오랜 기간 기다림의 세월이 지속되기 때문이다. 이준상의 직업이 경찰이라는 점 때문에 사건을 추적하는 일상이 사랑의 깊이를 추구할 수 없게 하는 것도 피상적 사랑으로 그려지는 한 원인이다.

3) 정체성 혼란과 도시의 익명성

다음은 이 소설의 전체를 휘갑하는 하나의 단서이다. 아내가 실종된 시점에서 이준상은 복수를 위해 권총이 필요했다. 어떤 자리에서 (이준상의 기억이 불분명한 부분) 권총을 애걸하는 데에 이렇게 대응한다. "이걸 쓰세요. 손톱에 매니큐어를 칠한 하얀 손이 콜트 권총을 내밀었다. 6년 전의 일이다."(p. 273)

6년 후가 되는 시점, 즉 소설의 시작 부분에서 박서진은 자신의 과거 행적을 감추고 이렇게 능청스럽게 묻는다. 그리고 이준상은 단호하게 대답한다.

> "형님, 아직…… 불계 순포방(佛界巡捕房, 프랑스 조계 경찰서)에 나가시죠?"
> 나는 고개를 끄덕였다.
> "이런 말씀드리기 죄송하지만…… 권총 한 자루만 빌려주실 수 없을까요?"

나는 허허 웃었다. 하지만 서진의 눈빛은 진지했다. 나는 그 눈빛을 노려보며 말없이 술잔을 들어 입에 털어 넣었다. 서진은 더욱 가까이 다가앉으며 심각한 표정으로 뭔가를 털어놓으려 했다.

"사실은……"

"아니, 구구한 사정은 듣고 싶지 않아."

당시 상하이는 예순두 개 민족이 복닥거리는 인구 350만의 국제도시였다. 13억 아시아인들이 꿈에 그리는 '현세 문명의 신천지'. 그리고 미국의 모든 도시에 유입되는 마약보다 더 많은 양의 마약이 이 한 도시에 유입되는 세계 최대의 마약 도매 시장이었다. 검은 돈이 산사태처럼 쏟아지고 전 세계의 범법자들이 들어와 날뛰는 이 도시에는 모두 다 사정이 있고 문제가 있었다. 나는 짤막하게 결론만 말했다. "암시장을 소개해 주지."(pp. 21-22)

몇 가지 경험을 통해 자신의 자아정체성을 스스로 의심하게 된 이준상은 "내가 누구인지 모르게 된 나 자신"을 치명적인 위험으로 깨닫는다.

한 달 전 박서진이 내게 권총을 빌려 달라고 한 것은 권총이 필요해서가 아니었다. 돈이 없어서도, 말을 붙이기 위해서도 아니었다. 그는 6년 전 내가 자신에게 했던 말을 다시 그대로 들려주었던 것이다. 나의 기억을 되살리려는 주문이었던 것이다. 도시로 나온 산골 소년의 불안. 학교에서 만난 교사라는 속악한 직업인들, 현해탄의 파도, 교토의 천수각, 교토 제국대학, 대학원생 연구실, 지나 문학과, 상하이의 황토빛 항구, 하비로의 플라타너스, 교통 대학, 영안로의 셋방, 아내, 아내를 잃고 밤새도록 바라보던 거리의 외등.(pp. 274-275)

식민지 출신의 지식인이 중국의 근대화 핵심에 놓인 상해라는 도시의 프랑스 조계 소속 경찰이 되어 활동한다는 것 자체가 정체성을 뒤흔들어 놓을 수 있는 조건이다. 그런데 아내의 실종으로 인해, 창생교에 연루되면서 해리성 기억상실로 더욱 심각한 정체성의 혼란을 겪는 이준상은 도시의 익명성을 바탕으로 형성되는 소외구조 안에서 혼란이 더욱 가중되는 과정을 겪는다.

소설과 삶의 길 – 시간의 상실과 회복

1) 기억의 회복과 재구성

과거가 있는 아내를 맞아 서로 상처를 위무하며 행복을 구가하자는 결심으로 결혼을 한 젊은 내외. 결혼을 한 지 21개월 만에 아내가 실종된다. 실종된 아내를 찾아 헤매는 이야기 가닥과 자신의 과거를 잊고 지내는 동안 몇 가지 실마리를 통해 자신의 과거를 기억하는 기억의 회복과, 그 과정에서 사교집단 세력에 의해 자신과 아내가 이용되고 있음을 발견하고 이 상황을 탈출하는 이야기 한 가닥이 이 소설의 주요 골격을 이룬다.

서술자이면서 주인공인 이준상이 1936년 보희미안 구락부 망년회에 가는 것으로 소설은 시작된다. 그는 상해 프랑스계 경찰의 형사 노릇을 하는 남자이다. 그런데 그 자신의 인식으로는 "30대 후반의 늙은 사내"(p. 13)이다. 상해 북참역에서 소매치기를 잡기 위해 설치는 사이 아내가 실종된다. 소설이 진행되는 현시점에서 6년 전의 일이다. 그는 6년 동안 자신의 기억을 잊고 지낸다. 그러나 현실적인 문제가 풀려 가고 사건이 진행되는 동안 기억의 뿌리가 되살아나면서 자신의 과거 행적이며, 자신이 관여한 일들이 기억에 살아난다. 이 소설은 기억의 상실과 기억의 재생, 자아의 상실과 자아의 재발견과 확인이라는 심리구조가 플롯의 골격을 이루고 있는 셈이다. '해리성 기억상실'이 이준상의 공식적인 병명이다. 기억상실 – 잃어버린 시간과 그 회복 – 되찾은 시간의 구도 속에 소설의 플롯이 자리잡는다. 상실된 기억에 대한 저항은 자유의지, 생의 의지 등으로 소설의 문면에 잠재되어 있다.

> 나는 기억을 잃어버리지 않았다. 생각을 하고 싶지 않을 뿐이다. 왜 일부러 고통스런 기억을 떠올려서 자신을 괴롭혀야 한단 말인가. 마음만 먹으면 나는 모든 과거를 기억할 수 있다. 6년 전의 그 날도 나는 전부 기억하고 …… 있다.(p. 148)

그런데 현실로는 환영에 휘달리면서 정확한 기억을 되살릴 수 없다. 아무 연고가 없는 북경발 상해 기차. "철컹 철컹 철컹…… 기차는 북경발 상하이 익스프레스였다." 거기서 듣는 아내의 말. "남자는 여자 때문에 낙원에서 쫓겨나요. 사랑하는 자기 짝 때문에. 그런데 여자는 뱀 때문에 낙원에서 쫓겨나요. 잘 알지도 못하고 알 필요도 없던 것 때문에."(p. 148)

'리리'라고 불리는 여자가 사실은 박서진이라는 남자라는 사실을 이준상이 알게 되는 것은 재단사 최진숙을 통해서였다. 결혼사진에 들러리로 참여한 여자이다. 그런데 최진숙은 잡지에 실린 리리의 사진을 보여 준다. "1936년 12월호 〈하이파이(海派)〉라는 잡지였다. 여자가 기사의 제목을 불러주었다. 야화원 순유(夜花苑巡遊)."(p. 246) 매달 상해의 영화배우, 경극배우, 가수, 댄서를 소개하는 잡지인데, 거기 '댄스홀 피니 디 로마'의 리리 사진이 실려 있는 것을 확인하게 된다.

재단사 최진숙을 통해 밝혀지는 사실. "당신이 박서진이라고 알고 있는 사람은 박서진이 아니에요. 그리고…… 당신도…… 당신이 생각하는 그 사람이 아니에요."(p. 255)

> 추억 말고는 아무 잃을 것이 아무것도 없다고 생각했다. 그런데 정말 비참한 것은 그 추억마저도 온전하지 못하다는 깨달음이었다. 이 노트와 연관된 어느 시기에 지워진 추억이 있었다. 그 추억의 어느 갈피에는 내 젊은 날의 열정이 있고, 순정이 있고, 아내가 있었다.(p. 260)

자신이 살인자 집단의 일원, 초혼사와 한 패거리라는 것을 알게 된다. 그런 기억이 되살아나는 것은 자신의 몸에 새겨진 문신을 발견하고서이다. 자신의 팔에 창생교 멤버를 표시하는 '▽'표가 문신으로 새겨진 것을 발견하고는 그러한 일이 언제 있었던 것인지를 기억해 낸다.

이준상은 두 가지 자아를 살아간다. 하나는 현실적 자아로서 악의 소굴로 표상되는 상해에서 형사(경찰)라는 신분으로 살아가는 자아가 있다. 다른 한편 아내의 실종 이후 창생교와 연관된 각종 인물과 만나서 구성한, 잘 떠오르지 않는 추억 속의 자아가 있다. 불칼로서의 자아가 그것이다. 이 두 자아는 형사 이준상이라는 인간의 내면에서 갈등하고 혼선을 빚으면서 기억을 되찾는 과정에서 이준상을 괴롭히는 억압이 된다.

자신이 차고 다니는 탄창이 비어 있는 콜트 권총의 출처가 의심스럽다는 점은 소설의 첫머리에 등장한다. 박서진이 그 권총을 빌려 달라고 이야기하는 장면은 이중적인 의미를 지닌다. 하나는 이준상이 박서진과 한패라는 것을 알려주는 계기가 될 수도 있고, 이준상의 기억상실을 확인하고 이용할 시점을 포착하고 이용계획을 세우는 데에 활용할 단서를 삼기 위한 것일 수도 있다. 그런데 작가는 사실이 밝혀지는 것을 뒤로 미룬다.

이준상이 '해리성 기억상실'이라는 병을 앓게 되는 것은 아내의 실종이 계기가 된다. 아내가 실종된 이후 이준상은 현실 문제 몇 가지를 노트에 기록한다. 그 기록 가운데는 논문을 작성하기 위한 자료들이 대부분인데, 논문과 관계없는 내용이 들어 있기도 하다. 창세기를 인용한 '거룹'이라든지 '돌아가는 불칼'이라든지, 인간이 신이 될 수 있다는 논리를 전개한 것 등이 적혀 있는 것이다. 이러한 노트를 보고 이준상은 자신이 '상제교'(뒤에 창생교)의 초혼사 박서진에게서 몸에 역삼각형 문신을 새겼다는 것을 기억해 내게 된다. 창생교 편에서 아내를 찾아 준다는 약속은 이준상의 행동을 추동하는 일종의 리비도와 같은 것이 된다. 자신의 전존재를 거기 투신하는 것이다.

아내의 실종으로 공황상태에 빠진 이준상에게 창생교 측에서 접근하여 포섭한 것이다. 그의 아내 김순옥이 가짜 그리스도 야노와 결혼한 것은 속은 것이고, 신앙을 지키기 위한 헌신이라는 이야기를 믿기로 맹세한다. 그리고 이준상의 논문과 메모 노트 등이 교리를 확립하는 근거로 이용된다. 그는 마침내 불칼이 되어 달라는 요청을 수락한다.

"타심통 수행을 통해 형제님은 다른 불칼들의 의지와 힘을 나눠 가지시게 됩니다. 그리고 일이 끝나면 형제님의 기억은 지워집니다."(p. 280)

그런 약속을 받은 다음 야쿠자를 해치우는 싸움에 참여하여 단숨에 17명의 야쿠자를 살해하고, 그 가운데 다른 불칼인 동료의 상처를 손수건으로 틀어막아 주고는 돌아온다. 그리고 현실의 형사가 되어 다음 날 사건 현장에 나타난다. 살인자가 자기가 저지른 일의 현장에 나타난 수사를 하는 셈이 된다. 이 과정에서 '손수건'으로 인해 상해 넥타이라는 엽기적인 살인사건에 아내가 연루되어 있다는 것을 짐작하게 된다.

이러한 기억의 상실과 재생은 이준상이 창생교의 '도마 사도님'이 되어, 창생교 교단의 대모 역할을 하면서 마약으로 일상적 기억을 상실한 아내를 구출해 내기까지 이 소설의 골격으로 지속된다. 상실한 기억을 되살리는 일은 자아정체성을 확인하는 과정이고, 그 과정이 목숨을 건 투쟁 형태로 전개되는 것이다. 상해라는 지리적 공간의 구도 안에서, 상해에서 기억의 망실과 기억의 재생이 가지는 의미가 무엇인가를 생각하게 된다.

2) 창작과 삶의 가치

소설가가 소설을 쓰는 궁극적 목적은 무엇인가? 이런 질문은 우직하고 요령부득이다. 우직한 질문이기 때문에 명민한 평론가나 연구자는 이런 질문을 비켜가면서 작업을 한다. 리얼리즘에 들린(憑) 연구자들은 당대의 시대상을 그리는 가운데 역사전망을 드러냈다는 식의 결과를 산출한다. 평가를 거부하는 논리가 뛰어난 연구자들은 언필칭 '작품의 구조'를 분석하고 일반화하는 방향을 선택한다. 그러나 그러한 작업으로 소설읽기가 충분한가 하는 의문은 여전히 남는다. 소설읽기의 의미라는 문제에 상도(想到)하는 순간 우리는 작가의 소설쓰기가 어떤 의미를 지니는가 하는 물음을 환기한다.

작가는 작품으로 말한다는 원칙을 고수하는 작가는 '후기' 쓰기를 달가워하지 않는다. 그러나 자신의 작업이 생애에 절실한 의미를 지닌다는 고백을 하는 경우가 가끔 있다. 이인화의 〈하비로〉에는 그러한 메시지가 비교적 선명하게 드러나 있다.

"소설가는 인생의 발견자이다. 그는 인생을 관찰해서 무엇인가를 발견하고 그것을 표현함으로써 발견자로서의 책임을 진다." 그런데 중년이 되어 '조용한 생활'을 운운하면서 문학에서 멀어지는 자신을 바라보는 순간 "지금까지의 틀을 깨고 무언가 새로운 길을 열지 않으면 안 되었다."라는 생각을 하게 된다. 그것이 "세상에서 중년 남자의 자기 연민보다 더 추한 것은 없다."라는 데 대한 책임이다(p. 358). 그러한 책임은 "모든 시대는 자기 나름의 야망과 철학과 비전을 갖는다."라는 인식으로 이어진다. 이러한 인식은 '나의 시대에 대한 사랑'으로 전환된다.

현실에 대한 긍정과 돌파구를 찾아 스스로 구원되는 것이 소설가의 목표인 셈이다. 그런 중간 과정에 인생의 현실성과 현재성에 대한 속성을 파악하지 않을 수 없다.

> 인생이란 아 내가 살아 있구나 하고 느끼는 시간만을 의미하는 것인지도 모른다. 마음이 언제나 머물고 싶고 되돌아가고 싶은 그 시간에 진짜 인생이 있고 진짜 내가 있다. 이런 생각은 비통함과 함께 한없는 위안을 안겨준다.(작가의 말, p. 357)

처절한 패배에서 살아나 승리하기 위해서는 넓은 의미의 사랑이 요구된다. 자기 시대, 자기가 사는 땅, 자기 시대의 변화 등이 의식의 그물망을 형성하는 매듭들이다. 그 매듭 가운데 작가가 관심을 갖는 것은 1937년의 상해이다.

"나는 '창생교'의 모습을 통해 이 같은 상하이적인 것의 본질을 탐구하고자 했다. 상하이의 마약시장을 청방으로부터 일본 야쿠자들과 조선인 폭력조직들이 탈취하는 1937년의 암흑가 전쟁은 이러한 탐구의 좋은 소재였다. 나는 이 악과 악의 격전 한복판에 자기분열에 빠진 한 사람의 조선인 형사를 던져놓았다. 그리고 그의 구원을 통해 나를 구원하려 했다."(p. 360) 소설을 쓰는 일이 인간의 구원과 관계되는 것이라고 곧이곧대로 읽을 필요는 없다. 다만 소설이 한갓된 거짓말이라거나 '오락과 소일거리'일 수 없다는 채만식의 언명을 떠올리면서 소설의 정신적 가치를 소홀히 할 수 없다는 점만은 분명하게 환기할 필요가 있다.

3) 인간의 위대성, 인간의 가치 실현

이 소설에는 단테가 몇 군데 인용되고 있다. 제6장은 '탐욕자들의 산'이라는 제목을 달고 있는데 이는 〈신곡〉에서 빌려온 제목이다. 제7장은 〈신곡〉 연옥편 6장 49절이 제목으로 되어 있다. "너는 이 산꼭대기 저 위에서 행복하게 웃음짓는 그녀를 만나리라(She will appear above here, at the summit of this same mountain, smiling in her bliss)."(p. 308)

> [non so se 'entendi; io dico di Beatrece:
> tu la vedrai di sopra, in su la vetta
> di questo monte, ridere e felice.] [8]

이 구절은 남경 창생교회 부흥회 팸플릿 뒷면에 만년필로 적혀 있는 내용이다. 이러한 인용이 주인공의 의식이나 환경과 과히 어울리지 않는 듯한 느낌을 준다.

그런데 작가의 발언에는 이런 구절이 포함되어 있다. "승리란 무엇인가? 그것은 짓밟히고 또 짓밟혀도 내면이 부서질 때까지 전진해서 끝내 누군가를 사랑하는 것이다. 베아트리체를 사랑했다는 단 하나의 사실 말고는 단테는 구원받아야 할 이유가 없다. 단테의 적막. 사랑하는 사람의 부재로 인해 더욱

8 Dante, *La Divina Commedia*, Rusconi, 2005, p. 253.

충실해진 단테의 인생의 적막. 그것만이 그가 천국에 들어갈 수 있는 자격이다."(p. 359) 베아트리체가 단테의 생애와 문학에 남긴 그림자와 김순옥이라는 여자가 이준상의 삶에 드리운 그림자가 동질적인 것인가는 논외로 하기로 한다. 자신이 추구하는 모든 것의 맨 끝자락에 사랑의 대상이 놓인다는 점에는 이의를 제기할 여지가 없기 때문이다. 그리고 이러한 사랑은 주인공의 토포필리아(topophilia)와 연관된 것이어서 상해에 대한 애정과 분리되지 않는다.

> 남자는 언제까지나 여기 살고 싶은 것이다. 네온사인 아래 도박과 살인과 댄스와 매춘과 아편이 흐르는 이 화려하고 추잡한 국제 도시에서. 이 도시에는 인간이 경험하고 인식할 수 있는 세계가 무궁무진하게 존재한다. 창녀의 방처럼 황홀하고 불안한, 그래서 한없이 아름다운 상하이. 상하이는 도덕적으로 정당화되지 않지만 영원히 미적으로 정당화된다.(p. 173)

'영원히 미적으로 정당화'되는 상해는 아내라는 존재가 그 정당성을 보증해 준다. "그토록 모진 일들을 겪었건만 나는 상하이를 떠날 수가 없었다. 황포 강가의 햇빛, 불란서 공원의 소나무들, 남경로의 은빛 네온, 영화관의 붉은 빌로드를 씌운 좌석, 옛날 아내와 함께 보던 그것들은 괴롭고 또 사랑스러웠다."(p. 172) 상해에 대한 이러한 감성적 파악은 다음과 같은 격언적 주제로 변화되기도 한다. "사람에게 위대함이 있다면 운명을 사랑한다는 것, 자신이 택하지 않은 고통까지도 사랑할 줄 안다는 것이 아닐까."(p. 174) 자신이 택한 것은 물론이고 '자신이 택하지 않은 고통까지도 사랑할 줄 안다는 것'은 일종의 운명애(amor fati)에 해당하는 것일 터이다. 그래서 "세상에서 가장 두려운 것은 자기 자신을 있는 그대로 받아들이는 것이다."(p. 276)라는 반복되는 라이트 모티프 역할을 하는 구절로 연관지어진다.

1930년대 상해, 폭력과 죽음이 난무하는 도시, 발전과 괴멸이 공존하는 거대한 소용돌이, 동양과 서양이 욕망의 도가니에서 들끓는 도시, 성스러움과 속악함이 맞물려 돌아가는 공간에 21세기를 바라보는 한국의 상황을 맞대어 놓고 그 의미를 묻는 작업, 그리하여 주인공의 구원이 작가의 구원으로 전환되는 이러한 작업이 소설쓰기의 진정한 의미일 터이다.

소설과 도시공간의 상생성

소설 속의 공간은 다른 공간과 부단히 교섭을 꾀한다. 그 가운데 시간축의 이동과 변화를 따라 도시의 성격은 규정된다. 근대의 아시아 도시들은 근대화라는 거대한 흐름 가운데 각기 다른 의미를 가지며 공통된 아우라 속에 의미맥락을 형성한다. 아시아의 근대화 속에 북경, 상해, 서울, 도쿄 등은 그 나름의 독자성을 지니고 운영되며 동시에 연관적으로 방향을 잡아 흘러간다.

전혜자 교수는 1930년대 도시소설을 검토한 결과 다음과 같은 특성을 지적한다. "도시는 첫째, 유혹적이고 향락적인 데카당스의 공간이며, 둘째, 인간의 의식을 변모시키는 오탁의 공간이고, 셋째, 무력한 인텔리의 집중 공간, 넷째, 단절과 소외의식을 느끼게 하는 공간으로 나타나고 있다."[9]

한국 소설에 나타난 1930년대 도시의 특성을 바탕으로 귀납한 것이기 때문에 연구자의 시각이 강하게 착색되기 어려운 점이 있다. 그렇다고 하더라도 이러한 특성을 지적하는 것은 일면적임을 면하기 어렵다. 특히 상해를 무대로 구성된 공간적 구축물, 〈하비로〉라는 소설은 그러한 일면성을 스스로 거부한다. 창생교의 비밀 아지트 역할을 하는 엘리오트 양장점 사장은 이준상에게 다음과 같이 권유한다. "쉬셔야겠네요. 상하이에서 형사 생활 6년이라. 심신이 다 지쳐버리기에 충분하지요." 이에 대한 이준상의 반응은 이렇다. "휴식? 이 혼혈의 도시엔 휴식이 없다. 너무 많은 고통뿐이다. 시대와 시대가

9 전혜자, 『한국 현대도시소설과 비교문학』, 새미, 2005, p. 40.

혼혈되고, 국적과 국적이 혼혈되고, 자아와 자아가 혼혈되는 도시. 피와 피가 섞일 때마다 불가사의한 힘이 나타나 우리를 쓰러뜨린다."(pp. 231-232)

폭력배들의 난투극이 벌어진 다음, 그들에게 쫓기는 이준상은 상해의 성격을 이렇게 파악한다. "지극히 상하이적인 프레임이었다. 모든 등장인물이 악한이며 동시에 순교자가 되는 장면. 시간이 파멸을 향해 나아가면서 동시에 절정을 향해 나아가는 장면. 철저하게 슬픈 동시에 모든 것이 연극인 장면. 신물이 나고 진저리가 나는 싸구려 영화의 한 장면이었다."(p. 265) 이러한 극단의 혼성과 상식적인 결합을 거부하는 양면성이 근대 도시의 속성이다. 더구나 그 도시에서 삶을 구가하는 인간들의 욕망과 삶의 진실을 위한 처절한 싸움이 겹쳐질 때 도시는 또 다른 공간역동학을 마련해야 하는 단계로 진전해 나아간다.

작중인물의 구원이 작가에게 구원을 가져다주었다는 소설 〈하비로〉에 그려진 상해라는 도시는 현재 한국의 서울과 복사판이 될 수 없다. 그것은 우리 시대의 '야망과 철학과 비전'과는 거리가 멀기 때문이다. 우리가 추구하는 소설의 '공간역동학'이 완료형이 아니라 미래형이 되어야 하는 이유는 그 도시가 생성의 공간이라야 하기 때문이다. 생성이 공간이란 가능성의 공간이다. 그 가능성은 작가가 형상화하는 가능성일 수도 있고, 독자의 해석에 따른 가능성일 수도 있다. 소설의 의미는 대상의 속성과 작가의 형상화 방법, 독자의 해석능력이 맞물리면서 빚어지는 것이다. 소설의 '공간역동학' 역시 이러한 구도 안에서 방법론으로 승화될 수 있는 것이다. 거기서 어느 도시, 어느 공간의 평면적 묘사의 진부함을 넘어설 수 있는 가능성이 빚어져 나온다.*

---

* 이 글은 한중인문학회 학술대회(2008. 12. 22)에서 발표한 내용을 '소설의 공간'에 초점을 맞춰 정리한 것이다.

06 풍속과 소설연구의 가능성과 한계

소설에서 풍속이 왜 문제인가

소설 혹은 소설연구에서 풍속의 문제를 거론한 것은 매우 이른 시기에 있던 일이다. 일찍이 1930년대에 최재서(崔載瑞), 김남천(金南天) 등의 풍속 논의가 있었다. 이는 리얼리즘론에 연관된 것이었다. 박태원(朴泰遠)의 〈천변풍경〉이나 채만식(蔡萬植)의 〈탁류〉가 풍속소설로 규정된 것은 이른바 '역사 전망'이 결핍되어 있다는 점을 지적한 것이었으며, 김남천은 소설론과 소설적 실천 속에 풍속을 문제삼았는데 이 또한 리얼리즘의 시각을 벗어나는 것이 아니었다. 풍속을 사이에 두고 소설과 현실의 관계가 문제로 부각되었다.

현실은 변한다. 변하는 현실과 변증적 긴장관계를 유지하면서 전개되는 소설은 현실의 일부로서, 현실과 더불어 변할 수밖에 없다. 실제 현실이건 그것이 소설에 반영된 것이건 간에 사회학적 연구의 대상이 되자면 구조화된 제도로 존재하는 현실이라야 한다. 현실을 규제하는 힘이 완벽하게 제도화된 예로 법률이나 도덕을 들 수 있다. 이들은 강력한 규제력을 지닌다. 규제력이 약한 일종의 연성(軟性) 금기체계가 현실적 삶을 가능하게 하는데, 일상적인 삶은 그런 영역에서 이루어진다. 이 느슨한 규율과 그 규율을 틀거지로 하여 이루어지는 어느 시대의 일상화된 삶이 '풍속'이다.

일상적 삶이 이루어지는 영역은 감수성과 의식, 그리고 이념 차원의 형태화를 요한다. 풍속과 연관된 일상적 삶은 소설의 소재인 동시에 소설의 구조와 의식을 결정한다. 그렇게 결정된 의식은 삶에 대한 관념이라 할 수 있다. 사회적 삶에 대한 관념은 헤겔(Georg Wilhelm Friedrich Hegel, 1770-1831)의 어법을 빌려 말하자면 '유적 삶(Gattungsleben)'이라 할 수 있는데, 이는 그 사회 구성원들의 행동으로 구체화된다.

> 삶에 대한 관념은 형이상학적인 것도 아니며 또한 설교와 같이 외부로부터 주어지는 것도 아닌 변증법적인 것이다. 그것은 각 시대의 삶이 가지는 특수한 운동의 본질로부터 형성된다. 세계사 가운데 나타나는 모든 관념과 사고방식은 이러한 삶이 과정의 결정체, 즉 인간의 사회적 삶의 결정체일 뿐이다.[1]

그런데 현대의 삶은 풍속을 잘 드러내 보여 주지 않는다. 풍속의 파편들이 부유하는 가운데 소설의 양식 또한 혼미를 거듭한다. 그 혼미는 모색과 다르지 않다. 뤼시앵 골드만(Lucien Goldmann, 1913-1970)의 견해에 따라 소설을 '개인의 전기이며 사회 연대기'라고 성격을 규정한다고 해도, '전기'를 쓰거나 '연대기'를 기술하는 방법 자체가 회의에 빠져 있는 것이 현재의 상황이다. 상황이 그러하다면, 소설과 풍속의 관계를 검토하는 일은 학술적 의미를 지닐 수 있으나 처방적 의미 혹은 대안적 의미는 제한된다. 우리의 논의는 양자를 아울러 진행해야 할 것이다.

현재는 풍속이 부재하는 시대이자 이질적 풍속이 공존하는 시대이다. 삶을 규제하는 질서 개념이 재편성되고 있는 가운데 풍속적인 와류(渦流)에 떠

---

1 Eduard Fuchs, *Illustrierte Sittengeschichte vom Mittelalter bis zur Gegenwart*, 이기웅 · 박종만 역, 『풍속의 역사 1』, 까치, 1986, p. 95.

밀리고 있는 중이다. 현대는 생활상의 변화, 매체의 발달, 경제적인 여건의 변화, 대중의 현실참여 확장 등 새로운 삶의 형식을 창출하고 있다. 이러한 시대의 풍속은 파괴와 재생산의 이중적 속성을 지닌다. 상강(常綱)에 해당하는 풍속은 도덕으로 정리되고, 상강에 반하는 (이상한) 풍속은 사회변화를 유도하는 도화선 역할을 한다. 그런 의미에서 풍속은 일상의 먼지가 앉는 타성의 침전물이 아니라, 거기에 소용돌이를 일으키는 역동성을 나타내는 것이기도 하다.

소설읽기의 풍속성

이따금 소설 속에는 소설을 읽는 사람들의 이야기가 나온다. 채만식(蔡萬植)의 〈탁류〉와 〈태평천하〉, 세르반테스(Miguel de Cervantes)의 〈돈키호테〉나 플로베르(Gustave Flaubert)의 〈마담 보바리〉 등에서 그런 예를 볼 수 있다. 근대소설의 출발이 대중적 성격을 지닌다는 점은 재론의 여지가 없다. 대중의 행동을 관류하는 일반화된 규율이 있게 마련이고, 그 규율은 개인의 의식을 형태화하고 행동을 규제하는 힘이 된다. 사회적 관행으로 틀 잡힌 소설읽기는 일종의 풍속이 된다. 풍속으로서 소설읽기는 소설읽기가 유행이 된다는 뜻이다. 소설읽기가 유행이 되는 경우 이는 소설쓰기의 유행을 전제로 한다. 이때의 소설은 대중성을 띠는 것이 대부분이다. 대중적 소설의 유행은 그러한 소설을 읽는 일이 유행이라는 뜻이다.

대중의 취향과는 거리가 있는 소설에서 풍속은 진지한 검토의 대상이 된다. 유행은 자성을 강요하지 않는다. 따라서 유행에는 철학이 없다. 본격 소설읽기가 유행한 적은 없다. 유행에 대한 진지한 성찰은 유행을 스캔들로 만들기 때문이다. 소설읽기의 풍속성은 주로 소설이 풍속을 다룬 경우에 한정되는 것이라 할 수 있다.

작가의 소설쓰기가 풍속으로 곧바로 전이되는 것은 아닌 듯하다. 다만 어떤 경향을 나타내는 것을 확인하고, 그 구도를 유형화할 수는 있다. 작가의 소설쓰기가 풍속으로까지 진전되는 경우는 흔치 않다. 작가의 소설쓰기는 윤곽이 희미한 일종의 경향으로 나타나는 가운데, 작가가 소설을 쓰는 이야기를 소설로 쓴 경우를 고려할 수 있다. 박태원의 〈소설가 구보씨의 일일〉과 그 변형 판본들이 그 예이다. 그러나 이러한 경향을 풍속이라 하기는 어렵다. 풍속은 너도나도 아무런 비판이나 성찰 없이 타인지향적인 행동을 벌일 때 나타나는 일종의 사회현상이기 때문에, 소설가가 그렇게 소설을 쓰지 않는 한 소설쓰기는 어떤 경향은 나타낼 수 있지만, 그게 풍속이 되지는 않는다.

그러나 소설가로 등단하는 사회적 과정이라든지 활동을 벌이는 양태는 풍속의 의미를 띨 수 있다. 소설가로 등단하는 과정과 활동하는 공간, 그리고 소설쓰기가 사회적 활동의 한 유형이 될 때 그것은 풍속의 범위에 들어간다. 시인이나 수필가로 등단해 활동하는 이들이 모임을 만들고 세력을 형성해 활동하는 경향을 보이기는 하지만, 소설의 경우는 작업의 중량감 때문인지 그런 사회적 활동을 조직적으로, 그리고 풍속에 이를 정도로 전개하는 경우는 많지 않은 듯하다. 그러나 문학사 전개 과정에서 소설의 소재, 기법, 의식 측면에서 일정한 경향을 보인다는 점에서 다소 풍속적인 측면을 발견할 수 있기는 하다.

소설을 쓰는 일과 소설을 읽는 일 자체가 어느 사회의 풍속을 이루게 된다는 점을 여기서 확인할 수 있다. 어떤 시대 사람들은 '소설중독'에 걸려 소설 속의 세계를 실제 세계로 착각하기도 하고, 소설 속에서 이상세계를 꿈꾸며 그것이 현실과 갈등을 빚어 정신적 파산을 일으키기도 한다. 세르반테스의 돈키호테는 당시 유행하던 기사소설에 빠져 읽는 중에 이른바 가짜 욕망을 내면에 주입한다. 플로베르의 마담 보바리는 시골에 살면서 정기적으로 배달되어 오는 삼류소설들에서 도시를 향한 욕망을 절제하지 못하고 타락의 길로 접어든다. 이들 소설은 풍속에 몰두하는 인간의 타락상을 전형적으로 보여준다.[2]

소설은 어느 시대의 풍속을 반영하기도 하고, 소설과 연관된 풍속을 만들어내기도 한다. 이를 풍속소설의 자기수렴적(自己收斂的) 성격이라 할 수 있다. 소설읽기와 소설쓰기의 풍속적 양상이 소설 속에 수렴되어 들어옴으로써 소설의 형식과 내용의 상동성을 발견할 수 있는 길이 열리는 것은 아닌가. 이와 관련해서는 다음과 같은 피에르 마슈레(Pierre Macherey)의 논지를 참조할 만하다.

> 작품은 이데올로기를 이용하면서 그 이데올로기를 거부한다. 결국 작품은 하나의 이데올로기로 환원되거나 그것에 수렴되지 않고 오히려 그것과 거리를 유지함으로써, 다시 말해서 과학과 이데올로기의 중간에 위치함으로써 작품으로서의 의미를 부여받는다.[3]

소설에서 어느 시대의 풍속을 수용할 경우 그 풍속은 소설의 내적 규칙성을 따라 형상화된다. 풍속 그 자체를 독자의 이념형성을 강요하는 압력으로 제시하지 않는다. 또한 풍속의 와해를 일방적으로 비판하지도 않는다. 기존의 각질화된 풍속을 비판하면서 새로운 풍속의 형성을 유도하는 것은 소설의 본무(本務)라 하기 어렵다. 풍속 속에서 풍속을 반성적으로 바라볼 수 있게 하는 것이 소설의 정당한 기능이라 할 수 있다. 그러나 이른바 '풍속소설'의 경

---

2 R. Girard, *Mensonge romantique et vérité romanesque*, 김치수 · 송의경 역, 『낭만적 거짓과 소설적 진실』, 한길사, 2002 참조.

3 P. Macherey, *Pour une théorie de la production littéraire*, 배영달 역, 『문학 생산 이론을 위하여』, 백의, 1994, p. 335.

우 그러한 반성적 기능이 약화되기 쉬운 것 또한 사실이다. 이는 소설장르의 본질적인 아이러니인지도 모른다. 반성과 성찰은 희생제의의 희생양에 해당하는 국외자를 요구한다.

풍속의 영역과 소설적 수용

풍속은 삶의 거의 전 영역에 걸쳐 있다. 풍속의 영역을 설정하는 일에는 세심한 주의가 요망된다. 소설의 풍속을 다룰 때 과도한 이념적 추상성으로 떨어지거나 진부하기 이를 데 없는 세부에 집착할 우려가 있다. 개인의 행동으로 구체화되는 사회적 규제와 허용이 나타나는 경우의 풍속은 영어의 'manners'에 접근한다. 어느 시대의 풍습일 경우 그것은 영어의 'customs'에 해당한다. 우리말의 풍속과 기강을 아우르는 풍기(風紀)는 'popular(public) morals'로 옮길 수 있으며, 어느 사회의 도덕적 규제와 판단을 보여 주는 것이 된다. 이들 용어는 서로 얽혀 있어서 개념상으로는 구분이 되지만, 실제 현실이나 작품에서 풍속 여부를 갈라내는 척도 역할을 하기는 어렵다.

거듭하거니와, 풍속의 영역은 그 경계가 모호하다. 이는 인간 삶의 영역이 선명하게 구분되지 않는 것과 같은 이치이다. 인간의 삶에서 가장 규제적인 규범으로 묶어 놓은 것이 법이다. 사회 질서와 선악의 판단을 법보다 유연하게 형태화하고 규제하는 것이 도덕이다. 이는 비난의 대상이 될 수는 있지만 처벌의 대상이 되지 않는 행동과 인간관계를 규율하는 영역이다. 이 영역은 비명시적이지만 규제적 힘을 지닌 영역과 묵계로 수용되는 영역, 나아가서 추장하고 삶의 지향으로 삼는 영역이 있다. 이들 사이의 경계선은 명확하지 않지만 집단적 행동과 개인적 행동의 지표가 된다. 이 가운데 풍속은 다양하게 구분되는 스펙트럼 위에 놓인다.

문학과 연관된 용어는 대체로 비트겐슈타인(Ludwig Josef Johann Wittgenstein, 1889-1951)의 용어로 '가족유사개념'이라서 경계가 모호하기는 마찬가지이다. 풍속문학은 '장르문학(genre literature)'이라 하는데, 이때의 '장르'는 사회의 어느 영역에서 이루어지는 행동 패턴과 규범을 폭넓게 다룬다는 뜻이다. 풍속소설(genre novel)은 '사회의 습속과 행동방식을 묘사하는 가벼운 소설(a light novel depicting social customs and manners)'이라고 사전에는 규정되어 있다. 유의미한 사회적 행동 또는 활동을 문학에서 주목할 경우 그 영역을 대체로 다음과 같이 구분할 수 있다.

1) 일과 연관된 풍속

한 해를 24절기로 나누고 그 절기에 따라 민간에서 행해지는 활동을 '세시풍속'이라 한다. 설날, 대보름, 초파일, 단오, 유두, 추석, 나례(儺禮)에 이르기까지 한 해 내내 절기에 따라 일이 진행된다. 절기를 따라 수행되는 일은 삶의 리듬을 이룬다. 이 삶의 리듬 가운데는 일과 놀이가 포함됨은 물론이다. 계절의 순환을 따라 이루어지는 삶을 그리는 소설들은 이러한 발상을 바탕에 깔고 있다. 이기영(李箕永)의 〈서화(鼠火)〉와 〈고향(故鄕)〉, 박영준(朴榮濬)의 〈일년(一年)〉 등을 그 예로 들 수 있다. 계절에 따른 삶의 리듬을 다룬다고 하더라도 다루는 방법에 따라 소설의 의미는 달라진다. 풍속의 생성, 변화, 소멸 어디에 초점을 두느냐에 따라 의식이 달라지는 것이다.

2) 놀이와 연관된 풍속

설날, 대보름, 단오, 유두 같은 절기별로 행해지는 각종 놀이가 있는데, 민속놀이는 풍속이 구체화되는 양상이다. 고전에서는 〈춘향전〉이 그 전범적인 예이다. 박경리(朴景利)의 〈토지〉, 최명희(崔明姬)의 〈혼불〉 등에도 놀이와 연관된 풍속이 나타난다. 서양의 경우 한 해 가운데 어느 지점에 마련해

놓은 축제가 이와 유사한 예가 된다. 춤과 노래가 어우러지는 축제에서 바흐친 식의 '카니발'을 볼 수 있다.[4] 놀이의 와해된 모습으로 도박이나 투전 등이 나타난다. 김유정(金裕貞)의 〈만무방〉은 와해된 풍속의 양상을 노름을 통해 보여 준다.

놀이와 연관된 풍속 가운데 '나들이'를 포함할 수 있을 것이다. 부녀자들의 나들이는 세시풍속과도 연관되는 것이었다. 현대에는 '관광'이 하나의 풍속을 이루고 있다. 사회적 삶의 양식으로 존재하는 것이 관광이다. '여행문학'의 내용을 이루는 활동을 풍속 차원에서 검토할 수 있을 것이다.[5] 여행문학은 여행의 과정을 통해 개인의 내면을 그릴 수도 있고, 고향에서 발견하기 어려운 삶의 조건을 성찰하는 계기가 될 수도 있다.

3) 성과 연관된 풍속

여기서는 남녀관계로 구체화되는 풍속, 결혼과 성으로 대표되는 풍속을 문제삼게 된다. 결혼 자체가 풍속적 요소를 지니고 있고, 그 안에서 이루어지는 성적인 규범 지키기와 일탈은 다양한 풍속을 만들어 낸다. 유럽의 성 풍속

4 "카니발은 부활절 40일 전부터 시작되는 사순절(四旬節) 전야의 3일 또는 7일 동안의 제전으로, 사순절 기간에는 그리스도가 황야에서 단식한 것을 상기하며 육식을 금하는 까닭에, 그 전에 술을 마시고 고기를 먹으며 즐기려는 놀이문화에서 비롯되었다. 카니발의 라틴어 어원은 carnevale 혹은 carnem levare로서, '고기여, 그만' 혹은 '고기를 먹지 않는다'라는 의미가 있으며, 우리말로는 '사육제(謝肉祭)'라고 번역한다. 카니발은 카니발 이론의 주창자인 바흐친의 여러 저서에서뿐만 아니라 문학 용어인 '대화', '타자', '이성', '다성악' 등의 이해를 위해서도 핵심적인 용어가 된다. 특히 사순절 첫날인 '제의 수요일'을 앞두고 행해지는 여러 유흥들과 우스꽝스러운 놀이들, 교회의 전례문 등을 빗대어 표현하고 욕설을 해대는 광경에 대한 묘사를 '카니발'이라는 용어로 수렴하고 있다. 아울러 사회 안에서 발생하는 균열이자 틈새이기도 한 카니발은 독단적이고 엄숙함을 요구하는 교회의 축일들과는 대조적으로 삶의 일시적인 출구의 하나로 보았다."(M. M. Bakhtin, 이덕형·최건영 역, 『프랑수아 라블레의 작품의 중세 및 르네상스의 민중문화』, 아카넷, 2004, pp. 23-24, 김영아, 『한국 근대소설의 카니발리즘』, 푸른사상, 2005, pp. 42-43에서 재인용).

5 이미림, 『한국현대소설의 떠남과 머묾』, 예림기획, 2007.

을 매우 폭넓게 다룬 에두아르트 푹스(Eduard Fuchs, 1880-1940)의 『풍속의 역사』는 결혼을 비롯한 각종의 성과 연관된 풍속의 밑바탕에는 '경제관계'가 깔려 있다는 점을 고구하고 있다. 인간의 성과 연관된 도덕이라는 것이 절대적일 수 없음을 증명하고 있는 것이다. 결혼의 신성함, 성의 본원적 속성 등에 대한 관념을 수정하는 역할을 하는 책이다. 1930년대 한국 소설에는 첩 두기, 강간, 매춘 등의 모티프가 자주 등장하는데, 이는 성과 연관된 풍속의 일면으로 이해가 되는 점이다. 이들 모티프는 소설의 사회학이라는 관점에서 연구할 수 있는 영역이기도 하다. 염상섭의 〈삼대〉, 채만식의 〈탁류〉 등이 그런 예를 잘 보여 준다. 거슬러 올라가면 이광수의 장편소설 〈무정〉 또한 성과 연관된 결혼 풍속을 다룬 예로 설명될 수 있다.

4) 집(안)과 연관된 풍속

집은 다양한 의미를 지닌다. 생활공간이란 의미를 지니기도 하고, 하나의 가문을 뜻하기도 한다. 시와는 달리 소설에서 '집'을 다루기는 약간 무리가 있을지도 모른다. 그러나 인간의 생활을 받쳐 주는 집의 문제는 삶의 양식과 연관된다는 점에서 의미를 지닌다. 집 짓기, 집 바꾸기, 마을 만들기 등은 풍속 이전에 삶의 원형이라는 의미를 지닌다. 이광수의 장편소설 〈무정〉, 〈혁명가의 아내〉, 〈육장기〉 등이 집 모티프를 수용하고 있는 예이다.

집 모티프를 풍속과 연관지어 설명하기 위해서는 집을 중심으로 이루어지는 풍속의 요소를 추가하여 논의를 해야 할 것이다. 안수길(安壽吉)의 〈북간도〉는 마을을 이루는 문제를 부분으로 수용하고 있다. 좀 멀리 간 느낌이 들지만, 간도를 중심으로 디아스포라적 삶의 과정에서 이루어지는 풍속의 문제를 집과 연관된 논의로 이끌 가능성 또한 배제할 필요는 없을 것이다. 집안 치장하기, 식모 두기처럼 집안의 생활을 특징짓는 시대적 삶의 양상 또한 집과 연관된 풍속의 의미를 지닌다.

5) 식생활과 풍속

'식문화', '음식문화'라는 용어에서 짐작할 수 있는 것처럼, 식생활 자체는 문화의 한 유형으로 인류학자들의 연구 대상이 된다. '하루 세 끼' 밥을 먹을 수 있다는 것은 삶의 기본 조건이다. 그러한 기본 조건은 가정을 바탕으로 충족되었다.

그러나 삶의 양식이 달라지면서 식생활은 다른 풍속으로 전이되기 시작했다. 아내에게 아침을 못 얻어먹는 젊은 남편들이 아침을 굶는 예는 일상에서 쉽게 확인된다. 남편들은 아내와 합의로 결식(缺食)을 합리화한다. 이른바 '밥상머리 풍속이 달라졌다'든지, '아침 굶은 시어머니 이마빼기처럼 날이 찌푸려졌다'는 말은 표현의 적실성을 잃었다. 식생활과 연관된 풍속의 한 면은 배고픔이고 다른 면은 탕진이다. 그러나 정상적인 식생활은 풍속의 의미를 지니기 어려운 면이 있다. 유행이라기보다는 삶의 기본 규칙으로 정착되어 있기 때문에 역동성과 문제적 성찰의 대상이 되지 않는다. 최서해(崔曙海)의 〈기아와 살육〉을 비롯한 일련의 소설들, 김유정의 '들병이'들, 염상섭의 〈삼대〉에 나오는 음식 탕진하기 등은 풍속의 관점에서 새로운 의미부여가 가능할 것으로 보인다.

6) 몸과 풍속

개인들이 몸을 간수하는 방식은 풍속의 작은 영역에 속한다. 머리 모양이라든지 화장을 하거나 옷을 입는 방식 등은 풍속적 요소를 지니고 있다. 옷맵시가 성적 매력을 돋보이게 하기 위한 방안이라는 점에 대해서는 많은 전문가들의 지적이 있어 왔다. 그리고 몸의 모양새를 미적 표준으로 하는 경우, 그것은 시대마다 다른 양상을 나타낸다. '미모 이데올로기'가 소설에 어떻게 그려지고 있는가는 확인을 요한다. 몸이 이데올로기화된 양상은 이전의 '학대받는 몸'과 대립되는 의미를 지닐 것이기 때문이다.

관리의 시대라 할 만큼 관리체제로 개인의 삶이 운영된다. 몸매 관리, 피부 관리 등 개인의 몸을 자기가 매만지고 간수하는 것이 아니라 남에게 맡겨 대리인을 지정하고 관리하는 풍속이 널리 번져 있다. 진정한 나의 주체인 몸을 남에게 맡겨 관리하는 문제는 정체성과 연관된 풍속의 문제라서 논의의 대상이 될 만하다.

이상에서 살핀 대로 다양하게 펼쳐질 수 있는 풍속이 모두 그리고 체계적으로 소설에 반영되는 것은 아니다. 그 다양한 풍속들은 나름대로 사회적인 의미를 지닐 것이다. 소설이 어느 시대의 풍속을 전적으로 그려서 풍속사를 구성하려는 것이 궁극적 목적이 아니라면, 풍속과 소설이 맺는 관계는 부분적 공유관계라 할 수 있다. 소설 속의 풍속을 해석하고 의미를 부여하는 독자의 감식안이 풍속적 사고 안에 갇혀서는 안 될 일이다. 풍속의 의미는 발견적인(heuristic) 것이라야 한다. 소설이 구축하고 있는 세계 안에서 풍속은 대비적으로 해석되어야 한다. 여기서 풍속을 연구하는 연구자의 시각이 어떠해야 하는가 하는 암시를 받을 수 있다.

풍속소설의 장르적 속성과 연구방법

풍속소설은 풍속문학의 하위 양식이다. 영어로 장르문학(genre literature)이라고 하는 풍속문학은 어느 시대 일반인들의 삶을 그리는 문학이라는 뜻으로 '전문가의 문학', '본격문학' 등과 대립하는 용어이다. 이러한 용어는 특정 양식을 가리키는 것은 물론이고 가치평가를 일부 포함한다. 이와 유사한 용어로 '풍속소설(le roman de moeurs)'을 들 수 있다.

풍속소설은 동시대적인 삶을 다루며 등장인물들은 심리적·사회적 실제 문제에 관련되는 것으로 특징지어진다. 풍속소설은 부르주아 사회가 구축하는 가치인 노동, 감수성, 진보라는 것을 구체화한다.[6] 또한 풍속소설은 인간의 현실생활을 다루며 타고난 본능으로서의 감성이 아니라 사회 속에서 습득된 감수성을 취급한다. 역사의 진보, 인류의 통일, 유토피아 지향성의 추구가 풍속소설의 이념이다.[7]

풍속소설의 속성을 이렇게 규정하는 것은 서구의 근대장편소설을 염두에 둔 것이었다. 그러나 이제 리얼리즘을 중심으로 소설을 볼 수 있는 상황도 아니고, 소설연구방법 또한 다양하게 전개되는 시점이라 이런 규정은 제한적이다. 풍속소설연구에서 풍속 자체가 문제가 아니라, 풍속의 내용이 무엇인가 하는 문제와 소설의 구조가 상호 규제적인 관계에 놓이게 된다. 풍속의 개념이 모호하듯이 풍속소설의 내용으로 포함되는 '사회 속에서 습득된 감수성'은 소설로 형상화되기 이전에는 모호한 상태로 놓여 있게 된다. 역사가인 부르크하르트(Jacob Burckhardt, 1818-1897)는 『이탈리아 르네상스의 문화』에서 다음과 같이 말한다.

> 신, 미덕, 불멸성 등 최고의 가치들에 대한 각 국민의 태도는 어느 정도까지는 탐구할 수 있지만 엄격하고 정확하게 서로를 비교하기는 매우 힘들다. 이 영역에 관한 진술이 분명하면 분명할수록 그것을 무조건 받아들이는 일을 경계해야 하며, 그런 일반화를 경계해야만 한다. 무엇보다도 도덕성에 대한 판단이 그렇다.[8]

이에 기대어 생각하자면, 풍속은 삶의 양상이고 그것은 그 시대 그 사회 사람들의 가치를 반영하는 것이라 할 수 있다. 그러나 풍속에 내재되어 있는 가치나 원리를 정확히 포착하기 어렵다는 것으로 이해된다. 그는 풍속과 종교

---

6 우한용, 『한국현대소설 구조연구』, 삼지원, 1990, p. 470.

7 위의 책, pp. 470-471.

8 Jacob Burckhardt, *The Altarpiece in Renaissance Italy*, 이기숙 역, 『이탈리아 르네상스의 문화』, 한길사, 2003, p. 513.

를 논하는 자리에서 삶의 이상과 명예심, 노름벽, 복수욕, 도덕성, 결혼생활과 사랑, 간통, 정신적 사랑, 범죄, 강도떼, 청부살인, 독살, 극단적인 범죄, 개인주의와 범죄 등을 다룬다. 이렇게 다양하게 펼쳐진 풍속의 형성 요인과 그 이념을 찾는 것은 물론, 나아가 그 가치를 논하는 일이 쉽지 않다는 것을 암시한다.

'움직이는 대상의 전체성'을 지향하는 장편소설이라고 하더라도 한 작품에 당대의 풍속을 모두 그릴 수는 없다. 전형적인 심성, 행동, 사건 등을 작품의 전체 구조에 조회하는 방식으로 그리게 마련이다. 소설에 그려진 풍속의 세부를 당대 사회에 조회하면서 독자는 그러한 풍속의 의미를 반성적으로 해석하면서 의미 있는 구조를 발견하게 된다.

소설연구에 풍속 개념을 도입하면서 변화하는 삶의 구조에 대한 성찰이 가능할 것이다. 우리가 겪는 변화는 전체에서 부분으로, 진보에서 성찰로, 거대서사에서 미시서사로, 결과에서 과정으로, 정형에서 프랙탈 구조로 그 방향이 잡힌다. 문학의 경우는 구조에서 생산으로 방향을 잡아 가는 것 같다. 급변하기는 하지만 변화하는 삶의 과정을 풍속이란 매개항을 도입하여 살필 수 있다는 것이 풍속 논의의 의미라 할 수 있다.

전통적 삶의 와해는 시대의 변화를 따라 지속되어 왔다. 그 결과는 풍속의 결핍으로 나타난다. 그러나 개별화된 혹은 파편화된 풍속의 양상은 풍속적 삶의 의미가 무엇인가를 성찰하게 한다. 이는 소설이 현실을 반영하는 방식이 일정하지 않음을 환기하게 한다. 소설의 현실 반영 양상과 아울러 소설이 현실의 방향을 잡아 나아가는 방식을 고려할 경우, 내용과 형식을 상호 교체적으로 파악할 수 있는 가능성이 드러난다.

풍속과 연관된 소설의 연구방법과 관련하여 가능성으로 드러나는 몇 가지 사항을 언급하고자 한다. 이는 '풍속의 연구사적 궤적과 전망'이라는 의미를 지닐 것이다.

첫째는 풍속을 매개항으로 하는 소설사의 구축이다. 근대적 삶의 풍속화와 탈풍속화 과정을 하나의 논리로 설명할 수 있을 것이다. 이는 개인의 삶이 이루어지는 두 측면인 개성과 풍속의 교체, 이 둘 사이의 진장과 이완을 검토하는 작업이 된다. 예컨대 신소설 이전과 이후의 결혼풍속을 비교하면서 그것이 문학사 단위를 형성하는 요건이 되는가를 검토하는 일이 가능할 것이다. 신소설의 결혼풍속과 1910년대 자유연애와 결혼을 둘러싼 풍속을 비교함으로써 소설사의 전개를 기술할 수 있을 것이다.

문학사적으로 보면 시대마다 특징적인 삶이 나타나고, 이에 따라 문학사의 역사단위를 설정해 볼 수도 있다. 예컨대 구한말 신소설에는 개화풍속이 집중적으로 나타난다. 이런 도식화를 시도해 볼 수 있다. 1910년대에는 근대화, 계몽, 교육 등을 위시하여 개화경, 개화장 등으로 대표되는 개화인이 등장하고, 1920년대에는 빈곤의 만연, 기생, 여학생 등 '여성의 진출'이 두드러진다. 1930년대는 현실의 발견과 소설의 내면화로 특징지어지는데 도박과 미두, 그리고 황금광, 성의 낭비라 할 수 있는 방만한 여성 편력 등이 풍속으로 나타난다. 1940년대에는 심리소설의 대두와 함께 산책과 여행 등이 풍속으로 나타난다. 1950년대의 전쟁, 양공주, 춤바람, 폐허 속의 허무주의 등, 1960년대의 혁명과 재건, 조국 근대화, 금니, 1970년대의 (조국)근대화, 새마을운동, 월남파병, 월남치마, 복사본 그림 매매, 1980년대의 민주화, 텔레비전, 마이카 시대, 브리태니커, 농구·축구 등 스포츠, 1990년대의 삐삐, 2000년대의 디지털 혁명, 전자오락, 유비쿼터스, 소설의 탈풍속화와 장르 혼효, 성찰과 배려의 윤리 등을 순서 없이 짚어 볼 수 있다.

둘째는 풍속 변화를 소설이 수용하는 양식과 그 의미 탐구이다. 풍속은 집단적 삶의 양상으로 전개된다. 사회적 삶을 어떤 방향에서 소설에 수용하는가 하는 문제이다. 풍속의 형성, 풍속의 와해, 풍속과 개성의 갈등 등. 풍속은 강제적이지는 않지만 어느 정도 규제력을 지닌 터부(taboo) 시스템을 형성하게 마련이다. 그것이 정방향으로 나아가면 집단의 정체성을 강화하는 방향으로 전개된다. 풍속의 뚜렷한 방향성에 개인은 압도되거나 함몰된다. 이러한 양상을 그리는 소설의 방법은 소설적 형상화의 방향 전환이라는 측면에서 의미를 지닌다. 이른바 전체성의 신화는 더 이상 소설판에서 견뎌낼 수 없다. 파편화된 삶의 양상을 풍속과 대비적으로 의미를 부여할 수 있을 것이다.

셋째는 삶의 틀과 결의 교호작용을 살필 수 있는 계기를 마련한다. 비유컨대, 시대마다 삶의 모양과 색깔이 다르다. 나아가 시대마다 '시대정신'이란 것을 상정하고 그것을 방법론으로 소설연구를 할 수도 있다. 시대정신이 풍속으로 직결되지는 않는다 하더라도 그것은 삶의 이념 차원의 틀이다. 소설에서 삶의 틀과 역사의 방향을 문제삼아야 한다는 것은 아직 유효한 명제이다. '전형적 상황과 전형적 성격'은 리얼리즘을 고려하는 한 아직 유효한 지표이기 때문이다. 삶의 커다란 틀은 풍속화되어야 구체적인 삶의 결이 그 안에서 형상화된다. 삶의 틀과 결을 동시에 포착하고자 하는 방법론은 풍속의 문제를 도외시할 수 없다. 우리는 공동의 삶을 틀로 하고 내밀한 삶을 결로 해서 양자를 엇바꾸거나 이들의 교호작용을 본으로 하여 살아가기 때문이다.

풍속을 중심에 두고 소설을 검토할 경우, 앞에서 예거한 것들이 유의미한 도구적 개념이 될 수 있다. 그러나 다음과 같은 한계도 아울러 지닌다는 점에 유념할 필요가 있다.

첫째, 문학연구는 문학이 예술이면서 언어로 되어 있다는 점에서 문제적이다. 소설 또한 마찬가지인데 이념적 추상주의와 분석의 추상주의의 상호 극복이 그러한 것이다. 풍속을 형성하는 원인을 이념 차원에서 찾는다든지, 풍속의 목록을 상세히 제시하는 것을 소설연구의 목적으로 삼는다면, 문학연구에서 금기시해 온 추상주의를 반복하는 꼴이 된다. 풍속연구 자체가 하나의 추상주의로 빠진다면 풍속적 사고에 함몰하는 것으로 자기 통제력을 상실하게 된다. 마찬가지로 소설연구에서 풍속을 과도한 이념태로 강조하거나 그

세목을 찾아 목록화하는 것으로는 방법론의 진전을 기할 수 없다.

둘째, 풍속은 소설의 성격과 연관될 때라야 의미를 획득하게 된다. 사회현실이나 사회적 사실을 풍속으로 개념화하는 사고의 틀을 설정할 수 있다. 풍속을 소설로 형상화하는 방법은 소설의 유형에 따라 달라진다. 시대 현실을 풍속으로 형상화하는 매개작용의 원리를 밝히지 않고는 소설의 외피만 서술적으로 다루게 된다. 풍속사에 포함되지 않는 것의 의미 찾기가 풍속과 연관된 연구에서 더 중요한 의미를 지닐 수 있다는 점을 유념할 필요가 있다. 이는 풍속의 범위를 문예사조나 역사 방향 등과 연관지어 변별하는 감식력의 문제와 연관되는 사항이다.

셋째, 풍속에는 깊이가 없다는 점, 따라서 풍속을 소설에서 전면적으로 수용할 경우 내면성이 배제된다. 풍속의 철학은 풍속 밖에만 있다. 소설의 풍속을 연구하는 연구자의 시각은 탈풍속화되어야 한다. 진정한 의미의 풍속소설은 풍속에 대한 메타 차원의 의식과 이를 미적 형상화로 이끌어가는 미학적 방법을 가지고 있어야 한다. 대중문학의 연구에서 연구자가 대중문화에 대한 비판적 시각을 지니고 있어야 하는 것과 마찬가지이다.

뱀의 발가락

우리는 풍속의 혼란 속에 살고 있다. 호주제 폐지는 '성(姓)을 갈 일'이 없어지게 하였다. 1990년대 중반 이후 이혼의 풍속화로 인해 '결혼서약'의 무의미함을 드러내게 되었다. 사물화된 성윤리는 간통이 화간(和姦)으로 뒤바뀌게도 하고, 윤리의 상대성을 절감하게도 한다.

매체의 발달과 보급은 사이버게임을 풍속으로 정착되게 하였다. 이 연장선상에서 사이버섹스가 리얼섹스를 대신하는 풍속으로 전개되는 경우, 인간의 생명을 생산하는 성행위의 의미는 오락으로서의 성행위로 자리바꿈을 하게 될 것이다. 이는 인간이 자기 존재의 재생산을 부정하는 윤리 차원의 문제를 야기하게 될 것이다.

이러한 시대에 소설을 읽고 연구하는 것이 어떤 풍속으로 전개되는가를 예의 주시해 볼 일이다. 작가나 연구자가 풍속 안에서 풍속을 비판적으로 바라보는 아이러니적 감각을 형성하는 일이 우리의 과업으로 남아 있다.*

* 이 글은 2005년 6월 3일 군산학교에서 있었던 한국현대소설학회 학술대회에서 '소설과 풍속'의 전반적인 문제를 검토한 발제문이다. 분석과 검증보다는 제안을 목적으로 하기 때문에 완결된 논문 형식을 갖추지 않았다. 이전에 같은 주제로 쓴 글도 참고하기 바란다(우한용, 『한국현대소설구조연구』, 삼지원, 1990).

Ⅲ

허구적 상상력의 현실관여성

07 허구서사의 역동적 상상력 작동원리

– 이문열의 〈황제를 위하여〉를 대상으로

소설논의의 관점 전환을 위하여

독자는 소설을 읽는 과정에서 소설의 의미를 생산한다. 그리고 잠재적 작가로서 독자는 독서 경험과 세상 경험의 형상화를 거쳐 소설을 창작하는 주체가 된다. 그렇기 때문에 작가와 독자, 의미의 생산과 작품의 생산은 맞물려 있다. 이러한 역동성에 대한 정당한 수용이 있어야 소설에 대한 학술적 논의도 정당성을 지닐 수 있다.

우리나라 현대소설 가운데 가장 재미있는 소설의 하나라는 평을 받는 이문열(李文烈, 1948-)의 장편소설 〈황제를 위하여〉는 소설의 생산과 수용, 그리고 재창조의 구도에서 특별한 의미를 지니는 작품이다. 우선 허구의 이중적 구조화라는 의미에서 소설의 허구성을 논의할 수 있는 대상으로 좋은 사례가 되며, 동양 서사의 전통을 이야기할 수 있는 자료가 된다. 아울러 역사적 사실과 연관되는 자료를 소설로 이끌어들임으로써 허구와 현실의 관계를 조명할 수 있는 사례가 된다. 여기에서는 이 작품을 대상으로 허구적 상상력과 연관된 몇 가지 문제를 검토하기로 한다.

소설이론을 수립하기 위해서는 관점을 좁히는 일과 넓히는 일을 동시에 진행할 필요가 있다. 소설은 장르로 존재하는 동시에 양식으로 구체화되기 때문이다. 소설현상의 어느 국면에 논의의 초점을 둘 것인가 하는 문제를 다시 검토하고 출발해야 한다. 연구자가 착목하는 소설의 국면에 따라 논의의 방향이 달라지기 때문이다. 여기에서는 이문열의 장편소설 〈황제를 위하여〉를 좁은 의미의 '대체역사소설'[1]로 보고, 소설론을 소설의 생산이라는 측면에서 고구하는 데 초점을 맞추되 허구적 상상력의 작동원리를 밝히는 것에 중심을 두고자 한다.

이러한 작업을 진행하기 전에 용어에 대한 검토가 있어야 한다. 소설을 '서구, 근대, 장편소설'[2]로 한정하는 용법은 용어 규정의 엄격함을 위해서는 탓할 바 없으나, 범위가 너무 한정적이어서 널리 적용하는 데는 한계가 있다. 그렇다고 서사론 일반으로 소설론을 포괄하는 것은 소설의 소설다움을 사상한 논의로 이끌어가기 쉽다. 소설론과 서사론은 상호 참조의 구도 안에서 운용될 때라야 생산성 높은 논의를 이끌어낼 수 있다. 그러한 뜻에서 서사이면서 소설의 본원적 속성으로 지적되는 허구성을 드러내는 텍스트를 '허구서사'로 한정하고자 한다. 특히 여기서는 허구서사를 소설현상의 한 양상으로 규정하고 검토할 것이다.

소설현상(小說現象)은 작가, 텍스트, 주제 등의 용어로 설명하기 어려운 복합적 현상이다. 독자가 소설을 읽음으로써 텍스트가 완결성을 지닌다는 지적은 옳다. 그러나 독자의 의미생산과 잠재적 생산자로서의 텍스트 생산 국면에 대해서는 그리 크게 주목하지 않았다. 그리고 독자가 생산한 의미가 독자의 주체성으로 회귀한다는 점 또한 주목의 대상이 되지 못했다. 소설 작가가 독자이면서 작가이듯이 독자는 독자인 동시에 잠재적 작가이다.

---

1 대체역사(代替歷史, alternative history)는 실제적으로 일어나지 않은 어떤 사건을 역사 속에서 그렇게 일어난 것으로 가정하고 서사를 전개하는 역사서술을 뜻한다.

2 김윤식, 『한국근대소설비판』, 일지사, 1975.

허구서사를 읽어 내는 주체의 문제를 고려해야 하는 이유 가운데 하나는 독자의 위상 때문이다. 잠재적이기는 하지만 독자는 문화의 생산자이다. 독자는 작가가 작품을 통해 전달하는 의미를 수용하는 수동적 존재에서 자율적인 자기 형성의 주체이자 문화생산자로 위상을 전환해야 한다. 이는 작가 편에서 보아도 마찬가지이다. 작가는 그 문학이 운용되는 문화권의 대표적인 독자들이다. 이는 작가가 되는 과정으로 보건, 작품을 쓰는 과정으로 보건 간에 부정할 수 없는 사실이다. 문학을 읽고 작가가 되며, 작가가 되어서는 자신의 작품을 포함한 다른 작품을 지속적으로 읽게 된다. 작가는 문학행위를 통해 문학주체성을 구성해 나가는 텍스트 재생산의 주체인 것이다.

이 장에서는 상상력, 허구적 상상력, 허구서사, 주체 등이 핵심어에 해당한다. 용어 사용에 정밀을 기해야 하지만 이들 용어를 자세히 설명할 필요는 없을 듯하다. 이제는 그것이 무엇인가 하는 것보다는 그 운용이 어떠하고, 그것이 문학의 소통과 생산에 어떻게 작용하는가 하는 점을 고구하는 것이 더 긴절(緊切)한 일이기 때문이다. 문학현상의 수행구도를 달리 구축해 보고, 그 가운데 문학의 생산성이라는 면에서 〈황제를 위하여〉를 다룰 수 있을 것이다.

이상으로 보아, 문학현상의 수행구도는 달리 설정되어야 한다는 점이 분명해진다. 문학사회학에서는 '생산자－텍스트－소비자'라는 도식을 상정했고, 이는 다시 '작가－작품－독자'라는 도식으로 통용되었다. 그러나 문학현상 가운데 독자의 역할이 잠재적이거나 현시적인 작가, 생산자 혹은 재생산자라는 점을 고려한다면 '**수용자/작가－작품－독자/생산자**'라는 구도로 바뀌어야 한다. 작가가 글을 쓸 때 이전 텍스트에서 많은 영향을 수용하는 것은 물론이고, 문학의 양식을 물려받아 작업을 하게 된다. 독자도 작가가 작품을 쓰면서 고려한 양식을 인식의 틀로 해서 글을 읽는다. 작품의 생산 과정에 작용하는 허구적 상상력에 대한 고려는 문학(작품)을 이해하는 데에도 그대로 적용된다. 소설의 허구성은 작품을 쓰고 읽고, 작품을 재생산하는 데 다중적으로 작용하는 상상력이다.

이 글에서는 작품의 생산 국면에서 허구적 상상력으로 소설을 구성하는 원리를 밝히고, 허구적 상상력이 작품의 해석과 재생산에 작용하는 방법을, 이문열의 〈황제를 위하여〉를 대상으로 검토하고자 한다.[3]

텍스트의 성격과 논의의 방향

한 인간이 성장하여 생을 마감하기 전에 완벽한 자기세계를 구축하는 이야기가 〈황제〉의 기본 구도이다. 이 작품에서 다루고 있는 생애가 '영웅의 일생'이라는 점에서 영웅소설의 전통에 뿌리를 대고 있음은 물론이다. 그러면서도 '황제'의 일생을 보면 글읽기에서 시작하여 글쓰기로 생애가 마감된다. 글읽기에서 글쓰기로 향하는 '황제'의 생애는 인격의 완성을 도모하는 이야기가 된다. 따라서 교양소설의 성격을 지닌다. 달리 말하자면 인간의 성장을 다룬다는 점에서 교육의 관심대상이 될 만한 작품이다.[4]

또한 이 작품은 소설 〈돈키호테〉의 특성을 일부 닮고 있다. '일부'라는 말은 돈키호테와 몇몇 모티프는 닮아 있고, 그러면서도 다른 세계를 구축하고 있기 때문이다. 아무튼 이 소설은 황제의 글읽기에서 시작하여 글쓰기로 인격의 완성을 이야기한다는 점에서 현대소설이면서 한국 서사전통의 계승을 구

3 이문열의 〈황제를 위하여〉는 삼성출판사 제3세대 한국문학 『이문열』(1983)편에 실린 것과 민음사 세계문학전집 51·52권(2001)의 텍스트를 대본으로 한다. 민음사판은 삼성출판사판을 약간 손질하고 한자를 괄호로 묶는 등 차이가 있으나 근본적인 차이는 없는 것으로 보인다. 이하에서 작품을 지칭하는 경우는 〈황제〉로 표기하고 인용할 때는 민음사판을 기준으로 해당 권수와 면수만을 표시하였다.

4 이 작품이 문학교육과 연관되는 사항에 대해서는 우한용의 「문학교육과 허구적 인식의 관계」(서울대학교 국어교육연구소 연구보고, 2004. 12)를 참조하기 바란다.

체화하는 작품이다. 아울러 이 작품은 한 인간의 '세계경영'을 다루고 있다는 점에서, 그 양식은 다르지만 서양 소설사의 근원인 서사시(die Epik)의 세계와 맞물려 있어 연구자의 흥미를 일깨운다.

소설 속의 글읽기와 글쓰기는 그 자체가 소설의 방법이 될 수 있다는 점에서 논의의 의미를 지닌다. 독서가 삶의 한 양상으로 자리잡은 이후, 소설의 작중인물이 글을 읽는 일은 소설의 자료로 자주 언급되는 사항이다.[5] 그런데 〈황제〉에서는 글읽기와 글쓰기가 황제의 일생을 규율하는 원리, 소설 구성의 원리가 된다는 점에서 특별한 의미를 지닌다.

황제의 독서열은 다음과 같이 서술되어 있다. "경신년에 불붙기 시작한 황제의 독서열은 신유년을 거쳐 임술년에 이르도록 꺼질 줄 몰랐다."(권1, p. 199) 남다른 지식욕을 가지고 있는 황제는 '서책에 몰입하'여 '정신적 도약'을 하게 된다(권1, p. 198). 이는 돈키호테의 경우처럼 황제의 '위대한 망집'을 형성하는 바탕이 된다.

작중인물의 독서는 소설에서 허구적 상상력[6]의 구축이라는 점에서 특별한 의미를 지닌다. 소설의 독서는 시간적으로 전개된 이야기를 인식의 내면에 공간적으로 펼치는 일이다. 이는 의미단위의 계열화이기도 하다.[7] 소설읽기

---

5 글을 읽는 이야기는 라블레(François Rabelais)의 〈가르강튀아와 팡타그뤼엘〉이라든지 플로베르(Gustave Flaubert)의 〈마담 보바리〉 등에 소설적 장치로 나타나 있다. 우리나라 소설에서 글을 쓰는 이야기가 소설의 문면에 나타나는 경우는 박태원(朴泰遠)의 〈소설가 구보씨의 일일〉이라든지, 최인훈(崔仁勳)의 같은 제목의 소설 〈소설가 구보씨의 일일〉과 장편소설 〈화두〉 등에서 좋은 예를 찾을 수 있다. 아울러 사르트르(Jean Paul Sartre)의 〈구토〉, 미셸 뷔토르(Michel Butor)의 〈변경〉 등은 글쓰기 자체를 소설의 소재로 삼고 있다.

6 '허구적 상상력'이란 용어는 허구서사인 소설을 만들어 가는 작가에게는 소설을 구성하는 방법을 뜻하는 일련의 구성력을 뜻한다. 그것을 읽는 독자에게는 소설을 허구로 읽고 해석하여 수용하는 일련의 능력을 뜻한다. 이는 당대 문학을 둘러싼 문화적 관습과도 연관된다. 문학을 소통하게 하는 힘으로 허구적 상상력은 일종의 문화자본의 성격을 띠기도 한다.

7 이야기가 시간성을 벗어날 수 없는 것처럼, 소설의 경우도 그 양상은 다르겠지만 시간을

는 시간적 텍스트의 공간화를 통해, 작중인물들의 행동이 형상화된 텍스트를 매개로 허구의 세계를 그리는 일이다. 그런데 독자에게 소설 속의 독서는 독서에 대한 독서가 된다. 작중인물의 독서를 텍스트에 한 층 더 설정함으로써 역사 속에 사실로 존재하는 그 많은 '책들'을 허구 텍스트 생산의 자료로 삼는다. 이렇게 층을 이룬 책들은 독자의 의식공간에 만들어지는 의미 텍스트 생산의 자료가 된다.

여기서 우리는 서사구성을 통합적 시각에서 검토하고 있는 논의를 살펴둘 필요가 있다. 맥락은 좀 다르지만, 역사적 서사와 허구적 서사의 통합을 지향하는 폴 리쾨르(Paul Ricoeur, 1913-2005)는 텍스트 구성의 원리로 '미메시스(mimesis)'라는 개념을 도입한다. 그는 서사가 만들어지는 구성의 층위를 미메시스 I, 미메시스 II, 미메시스 III으로 구분하고, 각각 의미를 부여한다.[8] 현실을 파악하고 글을 쓰고 그것을 읽는(다시 글로 쓰는) 서사 수행의 문화실천 국면을 포괄적으로 다루고 있다는 점에서 그의 설명은 논의의 일반화 가능성을 보여 준다.[9]

이러한 설명의 틀에 〈황제〉는 적실하게 들어맞는다. 황제의 글읽기와 글쓰기가 작중인물의 서사적 동일성을 증거하기 때문이다. 이는 작중인물이 서

축을 따라 전개되는 이야기를 계열화한 것이다. 여러 가닥의 이야기가 시간의 축에 따라 계열화되고 그 원리를 바탕으로 전개된다. 즈네트가 순서, 지속, 빈도 등의 요소로 소설 텍스트의 시간적 구성 원리를 설명한 것도 이와 연관되는 사항이다(G. Genette, *Figures III*, 권택영 역,『서사담론』, 교보문고, 1992 참조).

8 Paul Ricoeur, *Temps et récit I*, 김한식 역,『시간과 이야기 1』, 문학과지성사, 1999, p. 128, p. 147, p. 159 등 참조. 이 책에서 '이야기'라고 번역되는 용어는 불어의 récit인데, 이는 서사학의 대상이 될 수 있는 서사물 일반을 가리킨다.

9 그가 설정하는 세 층위의 미메시스는 다시 전형상화, 형상화, 재형상화라는 용어로 설명되기도 한다. 전형상화(préfiguration)는 현실 구조를 파악하는 일이다. 현실이란 서사에 반영되어 들어오는 세계인데, 이는 분열과 무의미를 극복하고 의미를 찾아 가는 실천을 동반한다. 지금 하고 있는 행동을 이해하는 것이 이 영역에 속한다. 소설은 타자의 세계 발견이라는 점에서 허구의 가로막 저편에 놓이는 텍스트가 된다.

사 텍스트를 구체화하는 작업을 수행함으로써 서사적 정체성을 확보하기 때문에, 현실 독자의 독서에 대해 다른 층위의 텍스트를 형성한다. 시를 이용한 황제의 화답이라든지, 나중에 남기는 '고유문' 등이 황제의 글쓰기 예에 해당한다.

앞에서 본 바처럼 미메시스Ⅲ은 독자의 수용과 재창조 영역과 연관된다. 여기서 독자의 텍스트 수용 문제를 좀 더 검토할 필요가 있다. "독자가 수용하는 것은 단지 작품의 의미만이 아니라 그 의미를 가로질러 작품의 대상 지시, 다시 말해서 언어로 옮겨진 경험이며, 궁극적으로는 작품이 그 앞에 펼쳐 놓는 세계와 그 시간성인 것이다."[10] 여기서 문제가 되는 것은 허구 서사의 경우 '지시'란 무엇인가 하는 점이다. 허구적 서사 가운데 나타나는 사실세계, 실제세계의 지시물들은 '현실'이라는 용어로 포괄되는 것들이다. 그러나 허구적으로 구성된 지시체(지시물)는 그 자체가 텍스트라는 점을 고려한다면, 이는 허구의 허구라는 도식이 된다. 따라서 그것은 현실에 대해 매우 위험한 텍스트가 될 수도 있다. 〈황제〉에서 '망집'이라 할 수 있는 '하늘의 뜻'이라는 것이 그러한 예이다.

"허구란 바로 언어로 이러한 최고의 위험을 만들어 내는 것", 즉 허구는 도덕적 질서와 사회적 질서에 맞서 들이대는 전복적 메스가 된다. 그런데 그것이 현실의 제약을 받지 않는 것은 상징의 영역에 속하는 것이기 때문이다. "모든 행동은 상징적으로 매개된다."[11] 이렇게 상징적으로 매개되는 독서는 황제의 서사적 정체성과 연관되는 사항이다. 그렇게 본다면 〈황제〉는 한국 근대사를 서사전통의 맥락을 근거로 다시 쓰는 셈이 된다. 이는 소설의 양식 개념과 연관되는 사항이다.

---

10 P. Ricoeur, *Temps et récit I*, 김한식 역, 『시간과 이야기1』, 문학과지성사, 1999, p. 173.

11 위의 책, p. 134.

한마디로 허구적 상상력이 양식을 만든다. 양식 개념은 작가의 몫으로 규정될 수도 있지만, 달리 보면 작가가 포함되어 있는 문화적 자산으로 작동하는 것이기도 하다. 소설의 형식이 아이러니적이라는 명제는 널리 통용될 수 있는 속성을 지니고 있다. 이는 잘 알려진 것처럼 루카치(Georg Lukács, 1885-1971)의 용어로 주인공의 지향과 현실의 괴리에서 빚어지는 양식의 특징으로, 염원과 현실적 제약 사이의 변증적 관계를 고려하는 소설의 고유한 법칙과도 같은 것이다.[12] 〈황제〉의 경우에도 그러한 개념을 동원하여 설명하고 해석할 수 있다. '황제'의 이상은 하늘의 뜻을 실천함으로써 이상세계를 지상에 구현하는 것이다. 그런데 그것이 현실의 이러저러한 여건으로 인해 실현될 수 없다. 즉 그의 진정한 가치를 구현할 수 없는 것이다. 그럼에도 그 가치를 추구하는 데서 아이러니가 발생한다. 현실을 아이러니로 돌려놓는 데에 '허구' 개념이 동원되는 것은 주체의 분리라는 점에서 쉽게 이해가 된다. 현실과는 대척적인 지점에 설정하는 작중현실로 인해, 독서 과정에서 독자는 이중의 현실을 체험하게 된다. 독서 과정은 독자의 의식공간에서 이루어지는 이미지들의 구축이라는 측면과 그 이미지로 구축된 세계가 실제 현실에 대비되면서 이중화된다.[13] 텍스트를 통해 전이해 간 의식공간에서 텍스트 내적인 현실을 하나의 현실로 이해하며, 동시에 그 현실을 독자가 경험하는 현실과 대비할 수 있게 된다. 이 두 현실이 아이러니적 관계를 형성한다는 것은 근대소설의 일반화된 논리이다.

---

12 G. Lukács, *Die Theorie des Romans*, 반성완 역, 『소설의 이론』, 심설당, 1985, p.94. 소설의 구조가 아이러니적이라는 것을 "길은 시작되었는데도 여행은 완결된 형식"이라는 비유로 설명하고 있다.

13 의식공간은 독서공간이라고 할 수도 있다. 이러한 의식상의 매개를 통해서 독서는 이루어진다. 독서를 통해 현실 세계를 직접 수용하는 것도 아니고, 독서 과정에서 이미지만 현현하다가 사라지는 그러한 것은 아니다. 독서의 결과는 개인의 기억으로 남게 되고 그것이 한 사회의 문화문맥을 형성하기도 한다. 개인과 집단의 상호작용 가운데 문학의 생산과 재생산이 이루어진다. 독서는 문화 생산과 재생산의 구체상이 된다.

현실과 이상의 괴리는 아들이 하늘의 뜻을 받았다고 믿는 아버지와 그 아들을 가르친 '큰선생' 사이의 의지의 갈등으로 구체화된다. 주인에게는 이상이고 큰선생이 보았을 때는 '망상'이다. 황제는 부친과 이런 대화를 나눈다.

> "듣기에는 섭섭한 말일 테지만 나는 잘라 말할 수 있소. 주인장의 꿈은 결코 이루어지지 않을 것이오. 오히려 일찍 버리지 않으면 주인장은 물론 아드님에게도 재앙이 되오리다."
>
> "그러나 그것은 제가 원한 것이 아니라, 하늘이 정하신 일입니다."
>
> "물론 거기 관해서도 나는 들었소. 그러나 주인장이 맨 처음 얻었다는 옛 거울〔古鏡〕부터 일이 잘못된 것 같소이다. 애처에 그런 것은 없소. 설령 주인장이 스스로 만들지 않았다 하더라도 그것은 결국 윗대의 광기 어린 몽상가나 야심가의 위작(僞作)일 따름이오. 다른 몇 가지도 들었지만 실상은 그 거울과 다를 바 없소. 하늘과는 무관한 것이며, 또 백보 물러서서 하늘의 뜻이라 한들 저 말없는 하늘이 무엇을 해줄 것 같소? (권1, p. 55)

허구 속에 들어 있는 허구이지만, 이루어지지 않을 꿈에 대한 이야기를 하는 것은 그 자체가 하나의 허구를 구사하는 것이 되고, 이는 애초에 없는 이야기가 된다. 작가는 허구를 구사하면서 그 안에서 허구를 다시 부정하는 양식을 취하고 있다. 허구양식 속에 다른 허구양식을 재구성해 넣음으로써 '대체역사'라는 이중의 허구를 만들어 내는 것이다. 이는 실재하는 텍스트를 이용하여 또 다른 텍스트를 만드는 '허구의 이중화'라는 방향으로 상상력이 작용한 결과이고, 독자는 그러한 텍스트 속에서 허구적 상상력을 작동하여 텍스트를 주체 내면으로 수용함으로써 그러한 양식이 문화자본으로 통용되는 사회에 참여하는 것이다. 이렇게 본다면 〈황제〉는 문화의 생성과 전파, 그리고 재생산의 맥락에 자리잡고 있는 것이 된다. 텍스트의 이러한 성격을 바탕으로 논의를 이어가고자 한다.

텍스트의 생산과 허구적 상상력

그러면 〈황제〉라는 텍스트가 만들어지는 과정에 작용하는 허구적 상상력은 어떠한가. 이를 소설의 생산이라는 측면과 연관지어 살피기로 한다. 허구 서사로서 소설 텍스트가 구성되는 방식은 두 가지이다. 하나는 작가가 현실 세계를 반영하는 방식으로 구성하는 것인데, 리얼리즘 소설의 경우 이러한 방법을 상정하게 된다. 다른 하나는 작가가 문화적으로 수용한 이전의 텍스트를 다른 텍스트로 변용하는 방식이다. 이는 소설가의 경우에 한정하여 말한다면, 소설로 소설을 만드는 방식이다. 이는 텍스트가 다른 텍스트와 연관되는 텍스트연관성(intertextuality)과 관련이 있다. 소설이 현실을 반영하는 것이 아니라 다른 텍스트를 담론 안으로 이끌어들여 다른 담론을 생산하는 것이다. 그렇게 본다면 담론의 실천 양상이 소설이 되는 셈이다. 이는 소설 텍스트를 만드는 방식 자체가 허구적 상상력이 작동하는 구조라는 점을 암시한다. 〈황제〉는 텍스트 구성에서 이러한 예를 단적으로 보여 준다. 이는 근대소설사에서 뿌리 깊은 전통을 이루고 있다.

이러한 사례를 17세기 스페인의 세르반테스(Miguel de Cervantes, 1547-1616)에서 발견하게 된다.[14] 우리는 〈돈키호테〉의 작가가 서술자를 중간에 바꾸는 문제를 주시할 필요가 있다. '아라비아의 역사가인 시데 아메테 베넹헬리(Cide Hamete Benengeli)가 쓴 돈키호테 데 라만차의 이야기'를 번역해 듣는 방식으로 이야기를 전개한다.[15] 허구 속에 허구를 만듦으로써 현실에 대한 비판

---

14 나송주, 『스페인 황금세기 문학』, 월인, 2003, pp. 196-197 참조. 〈돈키호테〉는 당시 유행하던 기사소설들에 대한 패러디이다. 패러디란 텍스트에서 텍스트로 전이된 텍스트 형성 방식을 의미한다. 특히 당시 유행한 기사소설 〈아마디스 데 가울라〉가 〈돈키호테〉와 텍스트적인 맥이 닿아 있다. 인류에게 이상이란 무엇인가? 환상이란 무엇인가? 그리고 현실(실재)와 허구의 관계에 대한 탐구로, 서구 소설의 연원으로 평가되는 이 소설이 일찍이 포스트모던한 속성을 보였다는 것은 허구성과 연관하여 의미 깊은 일이다.

15 작가는 이 소설이 역사가의 기록처럼 읽히기를 강조하고 있다. "역사는 진실의 어머니이

이 아니라 텍스트에 대한 비판이라는 인식을 불러일으키기 위한 것이다. 따라서 이 작품은 당시의 기사도 타락을 비판한다는 의미를 지님과 동시에 '기사소설'에 대한 비판이라는 문학사적 맥락을 형성한다. 이처럼 서술자를 이중적인 허구로 설정하는 방식에서 허구 기능은 극대화된다. 소설은 소설의 허구성이 비롯되는 단서는 서술자의 설정에 있다. 이와 관련하여 우리는 〈황제〉의 서두 부분에 주목할 필요가 있다.

첫 장에는 '카프리치오의 서장'이라는 제목이 달려 있는데, '카프리치오(capriccio)'는 광상곡(狂想曲)으로 번역되는 음악양식이다. 작품을 한 편의 광상곡으로 성격을 규정하고 출발하는 것이다. 본문은 이렇게 시작한다. "재작년 내가 어느 시덥잖은 잡지사에 근무할 때의 일이다."[16] 잡지사 기자로 설정된 서술자는 부장의 특집기획 계획에 따라『신역 정감록』을 읽고, 사이비종교의 집결지인 계룡산 신도안에 갔다가 거기서 만난 덕릉의 능참봉 우발산(牛拔山)에게서 실록〔白帝實錄〕을 얻어 보게 되고, 그 실록에 기록된 사실을 전달하는 형식으로 되어 있다. 정감록이라는 텍스트, 그리고 '실록'으로 표현되는 텍스트를 둘러싼 다른 텍스트들을 바탕으로 텍스트를 구성하는 방식이 〈황제〉의 소설구성방법이고, 허구적 상상력이 작동하는 방식이다.

우리는 이 작품이 소설이고, 소설 가운데 대체역사소설의 성격을 지니고 있다는 것을 전제로 하고 논의를 진행한다. 이렇게 전제하는 것은 소설을 서사 텍스트(le texte narratif)로 환원하는 데에 무리가 있다는 점을 상기하기 위해서이다. 앞에서 살핀 대로, 소설이라는 용어의 개념을 엄격하게 규정하는 경우 '서구, 근대, 장편소설'이라는 사항이 전제가 된다.[17] 그러나 우리 소설사

며 시간의 그림자이자 행위의 축적이다. 그리고 과거의 증인, 현재의 본보기이자 반영, 미래의 예고인 것이다."(Miguel de Cervantes, *Don Quixote*, 박철 역,『돈키호테』, 시공사, 2004, pp. 117-118)

16 이문열,『황제를 위하여』제1권, 민음사, 2001, p. 9.

17 김윤식,『한국현대소설비판』, 일지사, 1981 참조.

에서 나타난 실제 작품을 논하는 데서 그러한 전제는 한계가 분명하다. 장르 개념의 소설에서 '서사 텍스트'로 접근하고자 하는 논의들은, 소설이라는 장르가 역사적으로 실현된 실제 장르[18]의 한 현상일 뿐이라고 본다. 장르로서의 소설을 중심으로 특정 소설을 연구할 경우 분류의 일정한 원칙을 세우기 어렵고, 따라서 다양한 접근법을 시도하는 데도 한계가 있다. 소설은 서구의 한정된 시기에 출현한 장르일 뿐이라고 보기 때문이다.[19] 그렇다고 그 속성을 중심으로 하여 소설을 '허구적 산문(prose fiction)'으로 규정하는 것은 형식주의적인 방법이 드러내는 일반적 한계를 지닌다.[20] 장르로서의 소설이 아니라 '허구적 서사물'(혹은 허구서사 텍스트) 가운데 특별한 영역으로 분류되는 양식으로 규정하는 것이 개념의 혼란을 피하는 방법이다.

약간 극단적이기는 하지만, 소설의 텍스트적 속성을 이렇게 볼 수 있을 것이다. 소설의 속성이 "현실 반영이 아니라, 현실을 재구성하고 재현함으로써 그 현실을 새로이 조명한다."라는 견해가 그것인데, 이에 따르면 "이야기는 실제 세계와 직접적인 관계가 없는 텍스트에 의하여 구성된 세계로서, 독자성과 자율성을 지닌 채 실제세계를 창조적으로 보여 준다."[21]라는 논리로 나아간다. 이런 견해는 타당성이 있기는 하지만, 달리 보면 '실제세계'와 '구성된 세계'라는 양분법이 작용하고 있다. 이러한 논리를 〈황제〉에 그대로 적용하기는 무리가 따른다. 그 텍스트 안에 그려지는 세계 자체가 허구이기 때문이다. 따라서 서사학적 전통과 연관되는 관점을 다시 마련할 필요가 있다.

거듭하거니와, 반영론의 논리를 생산론으로 전환해야 〈황제〉에 접근하는

18 토도로프(Tzvetan Todorov)는 『환상문학서설』에서 이론적으로 나타날 수 있는 장르와 문학사적으로 나타난 장르를 구분하여, 역사적 장르와 이론적 장르로 대립되는 체계로 장르의 문제를 해명하고 있다.

19 서정철, 『인문학과 소설텍스트의 해석』, 민음사, 2002 참조.

20 N. Frye, *Anatomy of Criticism: Four Essays*, 임철규 역, 『비평의 해부』, 한길사, 1988 참조.

21 서정철, 앞의 책, p. 23.

방법을 제대로 세울 수 있다. 앞에서 살펴본 것처럼 〈황제〉가 텍스트의 생산에 작용하는 허구적 상상력은 '정감록(鄭鑑錄)'이라는 텍스트를 전제로 한다. 정감록은 조선 중기 이후 민간에 널리 유포되었던 예언서의 일종이다. 이본이 40-50여 종이 될 정도로 널리 퍼졌던 비기(秘記)이다. 정감록이 민간에 유포되었던 것은 실제이고 사실이다. 그러나 정감록 안에 기록되어 있는 내용은, 예언서가 일반적으로 그러한 속성을 지니듯이, 미래를 예언하는 '허구'이다. 그런데 그 허구는 민간의 '이상'을 그리고 있다. 이 이상은 미륵신앙 등과 연관이 되는 것으로 개벽사상의 형태를 띤다. 이미 있는, 따라서 과거의 텍스트라 할 수 있는 정감록에 그려진 세계는 미래의 세계이고, 그것을 믿는 이들의 마음속에 미래세계는 하나의 원형으로 자리잡는다. 이렇게 본다면 '정감록은 있다'. 따라서 '비기는 있다'. 이 소설에서 이야기의 저본으로 이용하고 있는 실록, 즉 '백성제 실록'은 있었는데 없어졌다. 이 사라진 실록을 작가(서술자)가 역사가의 의무로 기록하고, 그 결과 〈황제〉라는 텍스트로 생산되어 나왔다. 텍스트의 있고 없음의 상호 참조작용 가운데 〈황제〉라는 텍스트가 허구적으로 생산된 것이다. 이와 같이 텍스트를 생산하는 동력은 실제 현실이 아니라 작가의 허구적 상상력이다.

소설은 소설가가 작품(텍스트)을 통하여 사회를 반영하고 새롭게 볼 수 있도록 하는 것이 아니라, 텍스트에서 다른 텍스트로 전이될 뿐이다. 소설이 소설을 쓰는 것이다. 소설 텍스트의 허구성은 서술상에서 '고전 언어 베끼기'라는 방식을 택함으로써 구체화된다.[22] 이는 두 가지 방식으로 구현된다. 하나는 역사서술의 방법, 이른바 '춘추필법(春秋筆法)'을 택한 것이고, 다른 하나는 남의 글을 옮기는 것, 베껴쓰기를 한다는 것이다. 그런데 이 둘이 복합적으로 얽혀 있는 텍스트를 만들어서 현실과는 이중으로 거리가 생긴 텍스트를 구성

22 김현, 「베끼기의 문학적 의미」, 『황제를 위하여』의 삼성출판사 판 해설, p. 435 이하 참조.

하고 있다.

> 그러나 황제의 사관(史官)은 스스로 말했듯이, 태사공(太史公=사마천), 문열공(文烈公=김부식)의 재주와 문장은 없었으나 춘추(春秋)의 필법(筆法)만은 제대로 본받은 것 같다. 그들은 조그만 의심도 없이 황제의 출생에 얽힌 여러 가지 상서로운 일을 기록함과 아울러 그 적대자들의 말도 기록하기를 잊지 않았다.(권1, p. 35)

서술자의 신빙성을 부정하면서, 동시에 그 방법이 동양의 역사 서술 전통으로 되어 있는 '춘추필법'이라는 점을 들어 서술방법이 역사서에 의존하고 있다는 믿음을 강조한다. 이는 소설 속에 소설 쓰는 방식을 이야기함으로써, 서술자에 대한 신빙성을 높이면서 구성에서는 이중으로 허구화를 시도하는 방법이다. 이러한 장치 속에서라야 작가는 텍스트 생산에 직접 개입하는 양상을 밝힐 수 있다.

> 지금까지 황제의 출생을 얘기함에 있어 나는 주로 기억할 수 있는 실록의 원문과 능참봉 노인의 해설에 의지했다. 따라서 서술 형식과 용어는 자주 낯설고, 케케묵은 고사(故事)의 인용으로 이야기는 지루하다. 거기다가 철저하지 못한 논리나 엉뚱한 감정의 비약은 읽는 이를 어리둥절하게 하는 데마저 있을 것이다. 모두 내가 원하는 바가 아니다. 지금부터는 약간 어색하고 어울리지 않는 일이 있더라도 내 자신의 목소리로 얘기하겠다.(권1, pp. 34-35)

소설 텍스트의 구성에 작용하는 허구적 상상력은 서술자의 설정과 그 서술자가 취하는 관점에 의해 방향이 잡힌다. 서술자의 관점은 서술 내용에 대한 독자의 평가를 달리하게 만든다는 점에서 서사학의 핵심어 가운데 하나가 된다. 서술자의 관점, 즉 관점의 설정은 타자적 시각, 일반인의 시각 혹은 통념과 다른 시각을 설정하게 하는 것이다. 이는 '실록'의 내용에 대한 믿음을 유도하는 장치가 된다. 서술자의 관점이 황제를 철저히 옹호하는 방향으로 정향되어 있다. "제왕의 핏줄기는 범인(凡人)과 달라, 혹은 하늘에 이어지고 혹은 천년 전에 미리 정해진 성씨(姓氏)를 따랐다."(권1, p. 28) 그러나 서술의 신빙성을 높이기 위해 서술자의 입장을 다시 확인한다. 그것은 '연의 형식 + 춘추필법'이라는 이중구조를 구성하는 것이다.

> 그런데 나는 이제 드디어 이 이야기의 가장 곤혹스러운 부분 중의 하나에 이르게 되었다. 황제의 그 여정에 대해 실록에는 구체적인 기록이 없을 뿐만 아니라 우발산 노인도 별로 언급하지 않아, 나는 황제의 적대자들이라고 불러도 좋을 몇몇 사람의 구전에만 전적으로 의지해야 되는 까닭이다. 바꾸어 말하면 나는 본의 아니게 황제의 위엄에 상당한 손상을 가져올 몇 편의 짤막한 얘기를 전하지 않을 수 없게 된 것이다. 하지만 어쩔 수 없다. 공자께서는 춘추(春秋)를 찬(纂)하심에 있어 비록 호칭과 표현에 차이를 두었으나 자신의 군주인 노후(魯侯)의 비행(非行)조차도 빠뜨리지 않으셨다. 이 비록 연의(演義)의 형식이지만 나 또한 그 필법을 따르고자 한다.(권1, p. 113)

연의의 형식을 빌린다는 것은 일종의 패러디 수법을 동원한다는 의미이다. 패러디를 이용한 텍스트 구성은 일반적으로 '의미 있는 변형'이라는 규정을 넘어서는 양식사적인 의미를 띠게 된다.[23] 패러디는 기본적으로 반영의 자기 귀속성을 드러낸다. 리얼리즘 소설은 현실의 재현, 비판, 풍자 등을 지향한다. 이는 소설 텍스트 외에 실제 세계를 상정하는 방법이다. 그러나 패러디가 대상으로 상정하는 실제 현실이라는 것은 텍스트 자체이거나 텍스트상의 현실이다. 따라서 이는 사물에 대한 언어가 아니라 언어에 대한 언어이다. 이는 허구에 대한 허구라는 이중적 성격을 나타낸다. 〈황제〉의 주인공은 자기 나

23 Linda Hutcheon, *A Theory of Parody*, 김상구 · 윤여복 공역, 『패로디 이론』, 문예출판사, 1992 참조.

름의 공부를 통하여 박식해진다. 그 박식함을 가지고 다른 텍스트를 비판할 경우 패러디가 된다. 이 과정을 통해 텍스트는 이전의 맥락에서 일탈되어 다른 의미를 부여받게 된다. 일제에 대한 비판, 공산주의에 대한 질타, 6·25를 해석하는 방식 등에서 그러한 예를 확인할 수 있다.

텍스트 서술방법을 전면에 내세우는 것은 메타언어적 기능을 활용한다는 점에서 실제 현실(사실)에 대해서 허구적 방법을 구사하는 것이라 할 수 있다. 다음이 그러한 예에 해당한다.

> 지금까지는 서술의 편의상, 또는 상식과 합리에 절여진 우리들 범인(凡人)들의 몰이해에 어느 정도 동조하는 뜻에서, 나는 황제를 위한 일체의 존칭 격조사 겸양 및 존경 보조어간 등을 생략해 왔다. 그러나 이제 큰 깨달음을 얻어 진정한 황제로 승화하는 마당에서조차 그 같은 불경을 계속하여 저지를 수는 없는 노릇이다.(권2, p. 245)

작가는 글쓰기 방식을 노출함으로써 허구에 대한 허구를 만들어 텍스트의 존재 층위를 하나 더 설정하는 방법을 구사하고 있다는 점을 여기서 확인하게 된다. 이처럼 서술방법을 노출하는 것은 '서술자의 전권'을 바탕으로 해야 가능한 일이다. 객관성을 이유로 이른바 보여 주기식 서술로 일관한다면 서술자의 역할은 제한될 수밖에 없다. 〈황제〉에서 작가는 사실을 기록하고 '황제'를 옹호하는 역사가이며, 민간의 '비기'를 모아서 정리하는 패관이자 허구적 상상력의 구사를 통해 소설을 만드는 소설가의 면모를 동시에 보여 준다. 이는 문화실천의 실상이고 작가가 그 안에 자리잡고 있기 때문에 독자의 소설독서 또한 문화실천의 의미를 지닐 수 있게 된다.

독서 과정에 개입하는 허구적 상상력

소설연구에서 빠지기 쉬운 함정은, 연구자가 소설을 읽는 독자로서 갖는 실감을 제하고 공허한 주체를 상정한다는 데 있다. 소설의 독서를 논하는 자리에서 실제 독자를 상정하다 보면 그가 가진 각종의 문화체험으로 인해 주관성을 벗어나기 어렵다. 주관성에 대한 우려 때문에 이상적인 독자, 평균적 독자 같은 추상적인 독자 개념을 상정하곤 한다. 그러나 이는 연구를 오도할 소지가 없지 않다. 연구자는 많은 독자들을 대표하되, 자신의 선이해(先理解)와 문화체험을 가지고 소설을 읽을 수밖에 없다. 상상력의 작동 또한 그러한 조건을 수용하는 데서 이루어진다. 상상의 과정은 곧 문화적 지평 혼융의 과정이다.

그런데 상상력을 작동하는 과정에서 주체가 문제가 된다. 주체는 자기형성의 과정에 소설을 작동시킨다. 주체가 상상력을 구사하는 중에 '주체성 생산'이 이루어진다.[24] 이는 물리적 실체로서의 주체라기보다는 의식상의 주체이고, 따라서 주체성으로 규정된다. 주체가 자신의 의식 내부로 텍스트를 이끌어들이는 과정은 텍스트의 의미단위를 의식 내면에서 재구성하는 작업이 된다. 허구적 텍스트의 수용은 사실 텍스트의 수용과는 다른 과정을 거치게 된다. 이는 주체의 의식 속에 이미 형성되어 있는 문화체험의 변용을 도모하는 일로, 의미의 문제를 불러온다.

허구서사인 소설을 읽고 그 '의미'를 파악한다는 것이 과연 무엇인가 하는 문제는 해석학을 중심으로 논의가 이루어져 왔다. 그러나 그 의미가 무엇인가 하는 점은 오히려 진지하게 검토되지 않았다. 소설의 의미가 간단한 논의가 될 수 없는 이유는 문학의 '의미'가 끊임없는 논란의 대상이 되기 때문이기

---

24 F. Guattari, *Chaosmose*, 윤수종 역,『카오스모제』, 동문선, 2003; F. Guattari, *L'Inconscient machinique: essais de schizo-analyse*, 윤수종 역,『기계적 무의식』, 푸른숲, 2003 참조.

도 하고, 소설 텍스트의 복합성 때문이기도 하다. 한마디로 소설은 단일한 의미를 위해 구성된 텍스트가 아니다.

문학에서 의미의 문제는 문학이론의 핵심 사항으로 부각되어 왔다.[25] 문학이론에서 의미의 문제에 대해서는 신비평에 바탕을 둔 자율성 이론, 이론언어학에서 비롯된 기호학적 이론, 언어행위론에서 촉발된 의도이론 등이 주류를 형성해 왔다. 그러나 해석학의 발달과 철학 편에서 의미의 문제를 새로운 시각으로 연구한 결과 그러한 이론들은 연구사의 한켠으로 물러앉게 되었다. 올슨(Stein Haugom Olson)이 지적한 것처럼 문학이 언어적 구조물이라는 점과 함께 그것이 예술이라는 이중적 속성을 평명하게 인정하는 자리라야 논의를 효과적으로 할 수 있을 것이다.[26]

철학 편에서 문제로 상정하는 의미는 큰 방향에서 세 가지 유형으로 정리할 수 있다. 실증주의적 입장에 기반한 지시이론, 현상학적 입장에 기반한 현시이론, 구조주의에 기반을 둔 기호이론 등이 그것이다.[27] 『사건의 철학』에서 저자는 이러한 이론들의 가능성과 한계를 지적하고 나서, 들뢰즈(Gilles Deleuze, 1925-1995) 중심의 '사건의 의미론'을 소개하고 있다. 사건의 의미론에서 규정되는 의미는 사건과 같은 개념이 된다. "사건이 발생할 때 의미 역시 발생한다. 사건이 바로 의미이다."[28] 그런데 이러한 논의는 소설의 사건과 성격을 달리하기 때문에 적용에 한계가 있다. "의미라는 것은 기호들의 놀이도 아니고, 주체에 의해 구성되는 것도 아니고, 그렇다고 지시대상이나 지시

---

25 William Ray, *Literary Meaning*, 임명진 역, 『문학의 의미』, 1988 참조. 이 책에서 레이는 문학을 설명하는 현상학적 방법과 구조주의적 방법을 대비시키면서 제3의 통합방법을 모색하고 있다.

26 Stein Haugom Olsen, *The End of Literary Theory*, Cambridge University Press, 1987, pp. 53-72.

27 이정우, 『사건의 철학』, 철학아카데미, 2003, p. 107.

28 위의 책, p. 133.

그 자체도 아니다. 이 세계가 운동하면서 배출하는 사건과 더불어 발생하며, 바로 그 발생을 통해 문화의 가능성을 탄생시키는 그런 두 얼굴을 가진 존재가 의미이다."[29] 의미의 언어적 조건에 대해 "의미란 사건과 더불어 발생하지만, 동시에 언어로 포착되어 기호화됨으로써 언표 안에 존재하게 되는 무엇이다."[30] 이는 들뢰즈의 의미론을 바탕으로 설명을 한 것인데, "들뢰즈의 의미론은 기호의 의미만을 뜻하는 것이 아니라 언어적 차원이 존재의 차원으로 넘어가는 바로 그 경계면에서의 사건-의미를 뜻한다."[31]라고 설명한다. 이 존재의 차원은 독자의 삶의 차원에 맞물려 있다.

소설의 독서 과정이 허구적 상상력의 작동을 바탕으로 의미를 추구하는 과정이라는 점은 약간의 설명을 요한다. 소설의 독서 과정을 '소설의 의미 파악'이라고 상정할 경우 의미란 무엇인가 하는 문제가 먼저 해명되어야 한다. 독자는 소설을 대하면서, 좀 막연하지만 각종의 외적 표지로 인해 지금 읽고 있는 것이 소설이라는 사실을 확인한다. 소설적 규약을 수용한 자리에서, 그러한 문화의 주체로서 소설독서가 시작된다. 이는 다른 말로 '허구의 틀 만들기(fictional frame making)'를 스스로 행하고 있다는 사실을 승인하고 소설 속으로 들어가게 된다는 뜻이다.

〈황제〉에서 '카프리치오의 서장'이라는 제목이 붙은 서장의 내용은 이렇게 되어 있다. 서술자는 잡지사 부장의 권유로 '말세론'과 연관된 정감록을 읽고 계룡산으로 취재를 갔다가 사이비종교의 본산이라는 신도안에 들러 취재를 하는 중, '남조선국(南朝鮮國) 태조(太祖) 광덕대비(光德大悲) 백성제지릉(白聖帝之陵)'이라는 비목을 발견하고, 그 무덤의 능참봉인 우발산이라는 노인을 만나 그에게서 백제실록(白帝實錄)을 얻어 보고, 역사적 기록의 '사명감' 때문에

29 위의 책, p. 134.

30 위의 책, p. 135.

31 위의 책, p. 137.

자료를 보충하여 그 내용을 연의 형식으로 기록한다는 것이다. 그 사명감은 역사를 서술하는 사관(史官)의 사명을 방불케 하는데, 이렇게 되어 있다.

> 그러다가, 그 뒤 오래잖아 그 잡지사를 그만둔 내가 금년 봄 우연히 계룡산에 들러 그 노인의 죽음을 알게 된 후에야, 문득 어떤 형식으로든 그때 읽고 들은 황제의 일생을 기록해 두어야 할 것 같은 기분이 들었다. 그 노인은 죽고, 실록도 찾을 길이 없는 지금, 황제를 알고 그 삶을 일관되게 정리할 수 있는 이는 나뿐이므로. 다만 한 가지 한스러운 것은 내 부족한 기억력 때문에 실록 그대로를 재현하지 못하고 기억나는 구절과 뒤에 채집한 구전(口傳)을 바탕으로 연의(演義)의 형식을 취하게 된 점이다. (권1, p. 24)

독자 가운데는 작가 이문열이 정말 잡지사에 근무한 적이 있고, 계룡산을 찾아갔을지도 모른다는 상상을 할 수도 있다. 그러나 대개는 그것이 사실인지를 따지지 않는다. 다만 서술자인 '나'의 존재에 대한 의심을 '의도적으로' 제쳐 둔다.[32] 소설적 관습(convention), 즉 소설독서에서 허구적 상상력을 작동하는 기제가 그렇기 때문이다. 이러한 관습은 그 자체로서 문화적인 의미를 지닌다. 그리고 이 소설이 허구인가 아닌가는 텍스트 차원에서 검증할 수 없는 일이다. 〈황제〉가 허구서사라는 인정은 문화적으로 결정된다. 이때의 독자는 사적 자아를 유보한 상태에서 공적 독자의 자리로 위치이동을 한다.

공적 독자의 위치가 문화적으로 결정된다는 것은 독자들이 '문화자본'을 공유하고 있음을 뜻한다.[33] 문화자본이란 문화를 공유하고 그 운영에 함께

---

32 이는 문학을 접하는 이들의 보편적 심리라 할 수도 있을 것이다. 코울리지(S. Coleridge)가 강조하는 '의심의 자발적 중단'이라는 심리적 승인, 호교론적 긍정 가운데 문학독서가 수행된다고 보아야 할 것이다. 물론 이는 다시 메타비평 차원에서 재검토의 대상이 된다.

33 P. Bourdieu, *Les Règles de l'art*, 하태환 역,『예술의 규칙』, 동문선, 1999, pp. 167-173. 문화자본은 독자에 따라 양적 · 질적인 차이가 있을 것이다. 이는 전통의 문제, 교육의 문제와 연관되며, 장르규칙과도 관계가 있다. 그러나 장르규칙이 운용되는 데 초점이 놓일 것이다.

참여하여 실천할 수 있는 능력으로, 가타리(F. Guattari)의 개념으로는 '역능(puissance)'에 가깝다.[34] 〈황제〉의 독자라면 의당 '종말론', '정감록', '미륵신앙', '계룡산', '용화세계', '연의 형식' 등의 어휘로 대표되는 문화내용을 독서 과정에 동원할 수 있어야 한다. 그러한 의미소통의 맥락에 주체가 자리잡고 있다는 것을 의미한다. 텍스트를 허구로 인식하는 데는 그만한 문화능력이 있어야 한다. 이는 상상력의 장에 해당한다.[35] 이러한 문화능력이 결핍되어 있을 때 이 소설에 접근하기 어려울 뿐만 아니라 그 의미를 이해하기 또한 난망이다. 그런 점에서 운동으로서의 독서, 그 안에서 이루어지는 의미 형성은 텍스트 내적·외적 연관을 주체 안에서 이루어내는 총체적이고 역동적인 존재의 폭발이다. 그것은 "우리가 생산함과 동시에 찾는, 그리고 우리가 그것들을 만드는 순간부터 항상 거기에 있었던 무형적 본질체(entité)의 영역들"[36]로서 혼돈과 창조가 분출하는 분화구 같은 것이다. 거기서 텍스트를 자기 안에 수용하고 변형하여 자기를 다른 존재로 변용하는 주체성이 생산된다.

소설은 인물의 행동을 이야기한다. 즉 인물이 벌이는 사건의 이야기가 소설이다. 그런데 소설의 인물은 허구적 표상으로서의 인물이므로 이들의 행동과 사건은 허구적 사건으로 인식된다.

독서 과정에서 인물의 허구적 속성은 두 방향으로 작용한다. 하나는 허구적 속성을 의도적으로 제거하는 방향이다. 즉 소설의 맥락에 따라 인물의 사실성과 실제성을 인정하고 그 인물을 실재하는 인물로 동화하기 위해 허구성

34 F. Guattari, *Chaosmose*, 윤수종 역, 『카오스모제』, 동문선, 2003 참조.

35 뤼시앵 보이아는 상상력이 작용하는 여덟 개의 원형적 구조를 상정한다. 그 원형의 항목은 ① 초월적 실재의 의식, ② 분신, 죽음 그리고 내세, ③ 이타성, ④ 통일성, ⑤ 기원의 현재화, ⑥ 미래의 해독, ⑦ 탈주, ⑧ 대립되는 것들의 투쟁(그리고 상호 보완성) 등이다(Lucian Boia, *Pour une histoire de l'imaginaire*, 김웅권 역, 『상상력의 세계사』, 동문선, 2000, pp. 37-45).

36 F. Guattari, 『카오스모제』, p. 31.

을 의도적으로 제거하는 방식이다. 리얼리즘 계열의 소설에서는 이런 방식으로 상상력이 작용한다. 다른 하나는 허구성을 적극 환기하고 이에 따라 인물의 행동을 정당화하는 방향이다. 인물의 행동과 사유가 일상성을 벗어나고 따라서 사건과 행동이 경험칙(經驗則)의 범위를 벗어나기 때문에 논리화가 되지 않는 경우, 그 인물을 이해하기 위해서는 허구적 상상력을 의도적으로 작동하게 된다. 그렇게 되면 진실은 소설 텍스트와 독자가 지니고 있는 문화자본으로서의 수용력 사이에서 만들어진다. 다음은 '실록'을 기록한 '능참봉' 우발산 노인의 행동을 보여 주는 예이다.

> "…… 신민(臣民)들은 아직도 새 하늘이 열렸음을 알지 못하고…… 신은 늙어 능참봉의 직을 감당키 어렵고, 슬하엔 자식도 없어…… 향화(香火) 영영 끊어질까 저어하나이다……"
>
> 흔히 알고 있는 정격(正格)의 제문은 아니었으나 그걸 읽고 있는 노인은 울고 있는지 어깨가 가늘게 떨리고 있었다. 처음 얼마간 희화적인 기분으로 듣고 있던 나도 원인 모르게 숙연해졌다. 차차 노인의 목소리에 흐느낌이 섞여 들었지만, 예민해진 내 귀 탓일까 알아듣기에는 더 분명해졌다.
>
> "바라옵건대 폐하, 명년 황기(皇忌)에는 향화 끊이더라도 노신의 불충(不忠)을 나무라지 마소서, 그때는 이미 노신의 혼이 황천을 나르고 있을 때이오니, 머지않아 폐하 곁에 이를 것이옵니다."
>
> 완연히 흐느낌으로 변한 그 목소리를 들으면서 내 원인 모를 숙연함은 점차 큰 전율과 감동에 빠졌다. 무덤 속에 누워 있는 이가 누구이든 비목이 썩을 만큼 세월이 지난 후에도 그토록 노인의 충성을 확보할 수 있는 것으로 보아 예사 인물은 분명 아니었다.(권1, p. 20)

위 인용에서 '실록'의 저자라고 되어 있는 우발산 노인의 행동을 이해하는 데는 허구의 맥락을 활용해야 한다. 우선 이 노인의 행동을 이해하기 위해서는 허구적 공간을 만들어야 한다. 능참봉이라든지 신민, 향화, 황기 같은 용어도 용어려니와 그의 문체가 현실감을 얻으려면 텍스트를 다른 맥락으로 옮겨 놓아야 한다. 독자의 허구적 의식공간으로 전이하는 작업 이후에 그 텍스트의 현실성을 보강하여 텍스트와 현실 사이를 조정하는 차원에서는 허구적 상상력을 가미해야, 독자가 처한 현재의 지점에서 소설의 인물을 텍스트와 현실의 이중적 맥락으로 이끌어 이해할 수 있다. 소설을 읽는 과정은 텍스트의 허구화와 허구화된 텍스트의 현실과의 대비를 교체적으로 수행하는 과정이라 할 수 있다.

소설읽기는 텍스트에 허구적 상상력을 개입하는 과정인데, 이는 텍스트의 수용과 비판을 동시에 포함한다. 텍스트에 개입한다는 것은 텍스트를 다시 쓴다는 뜻이다. 다음은 서술자가 근대화를 비판하고 있는 내용이다. 작가 편에서 한국 근대화 논의의 텍스트를 다시 쓰는 양상에 해당한다.

> 서양 오랑캐(洋夷)들이 우리 삼한의 신민에게 옮긴 미신 중에 가장 허황된 것은 과학과 합리이다. 어찌 인간의 짧은 안목이 저 먼 하늘의 일을 살필 수 있으며 그 작은 지혜가 허다한 천지 만물의 원리를 한 가지로 깨우쳐 알 수 있으랴. 그 두 미신은 일견 인간의 고매한 정신에서 우러난 것같이 보이지만 실인즉 눈에 보이는 현상만의 질서이며, 물질에 대한 정신의 예속과 굴종에 불과하다. 그런데도 지금 사람들은 오직 그 미신에 얽매여 지난날의 참다운 예지와 아름다움을 헌신짝같이 버리고 있다.(권1, pp. 30-31)

근대화의 두 기둥인 '과학과 합리'를 비판하는 데 황제의 시각을 동원하여 허구화하고 있는 맥락이다. 여기서 유의할 사항은 작가의 허구적 상상력을 발휘하는 방법이 절대성을 지향한다는 점이다. 이는 작가가 활용하는 허구적 상상력이 이 텍스트를 만들어 내는, 텍스트에서 텍스트로 전이되는 문화자본에 맞물려 있다는 점이다. 하나의 관점을 세우고 그것을 강화해 나가 마침내 블랙홀과 같은 상태가 되면, 그 관점 이외의 다른 현상, 사건 등은 그 관점과 소통이 안 되어 결국은 사실의 영역을 떠나게 된다. 이 관점의 절대성이 현실과 텍스트의 허구적 매개를 차단하고 하나의 관점으로 현실을 비판할 수 있게 하는 허구적 가능성을 만들어 준다. 대질의 방법으로 비판을 하는 것이 아니라 일방적인 비판이 가능하기 위해서는 비판의 주체가 작동하는 상상력이 절대성을 띤 것이라야 한다. 그러한 관점에서 6·25를 비판하는 양상은 다음과 같다.

> 이 글은 처음부터 우리의 황제를 위하여 시작했다. 어차피 정확하지도 못하면서 쓸데없는 악의나 오해를 일으킬 글을 쓰느니보다는 차라리 초지일관 황제의 입장에서 이 글을 쓰는 것이 나으리라. 황제의 입장에서 보면 남이든 북이든 6·25는 그대로 하나의 거대한 모반(謀叛)이었다. (권2, p. 94)

소설의 독서 과정에서 독자는 허구적 상상력을 발휘하여 소설 텍스트에 개입하고, 허구를 동원하는 작가의 문화주체성에 자신을 동일시하여 텍스트를 재생산하는 과정에 참여하게 된다. 허구서사인 소설의 의미를 추출하여 분립된 의미실재로 확정하는 것이 아니라 독자가 새로운 의미를 창출해 나가는 것이다. 이는 텍스트가 의미의 기표일 수만은 없으며, 주체가 기표의 기의를 단일한 의미체로 환원하여 수용하는 것으로 상정하는 수용구조를 비판적으로 검토할 수 있게 한다. 이 지점에서 독자는 허구서사의 의미를 생산하는 주체인 동시에 잠재적인 허구서사 생산의 주체로 자리잡는다.

소설인식장치로서의 허구적 상상력

소설의 해석은 소설독서 결과에 대한 의미부여이다. 따라서 이는 비평의 비평, 즉 메타비평에 해당한다. 메타비평이 그 대상으로 하고 있는 비평보다 수준이 높아야 하는 것은 아니다. 다만 문학이 현동화하는 과정으로서 의미를 지닌다고 보아야 할 것이다. 이 지점에서 〈황제〉를 읽는 것이 어떤 의미인가를 독서주체와 연관지어 다시 생각할 수 있다.

의미부여는 양식과 인물의 해석 측면, 읽기와 쓰기의 통합으로서 실천 측면에서 이루어지는 복합적인 현상이다. 이는 작품에 대한 의미부여이기도 하고 작품에서 이끌어내는 의미이기도 하다. 따라서 이러한 작업을 하는 주체는 의식공간에 의미의 팽창과 파열–형성이 일어나는, 플라톤적 의미에서 코라(chora)적 존재이다.[37] 이 해석의 과정에 허구적 상상력이 개입한다는 것은 허구적으로 의미를 해체/구축한다는 뜻이다. 의미의 층위를 형성하는 작업은 주체의 주체성 생산과 연관되는 작업이다.

1) 인물 해석과 허구적 상상력

소설의 해석에서 의미 대부분은 인물과 연관된 것이다. 따라서 소설의 의미작용은 작중인물의 행동을 독자가 어떻게 받아들이는가에 집중된다. 그런데 소설의 인물이 허구적 인물이라고 상정하는 것은 소설을 읽는 문화적 관습이다. 이는 인간의 이해라는 문제와 연관된다. 그런데 "인간이 인간을 이해한다는 관념은 마치 자연에 대해서 그러하듯이 우리가 인간과 관련된 모든 것을 믿을 준비가 되어 있다는 외에 아무것도 아니다."[38] 인간의 "행위가 그

---

37 '코라(chora)'는 '용기(容器)'를 뜻하는 말로, 플라톤에게 코라는 마치 어머니의 자궁이 태아의 발생을 허용하는 터를 제공한 것처럼, 그 안에서 생성·소멸하는 것들이 나타나는 언어적 기반이다(Julia Kristeva, *Desire in Language*, Basil Blackwll, 1980, p. 133).

38 Paul Veyne, *Comment on écrit l'histoire*, 이상길 외 역, 『역사를 어떻게 쓰는가』, 새물결,

시대의 정상성과 일상성을 배경으로부터 떠오른다."[39]라는 주장에 기댄다면, 허구의 인물을 실재 인물로 환치하는 것은 그리 어려운 일이 아니다. 그렇게 마련된 참조의 구조틀 안에서 인물을 문제삼을 때라야 그 인물의 서사적 정체성을 고려할 수 있다.

소설의 인물은 '서사적 정체성'의 형태로 독자의 인식공간에 각인된다.[40] 서사적 정체성은 한 인물의 지속적 성격을 뜻한다. 이는 늘 같은 인물로 이해되는 동일자로서 정체성을 지니는 측면과, 남과 공유하고 있는 '성격'으로서의 정체성으로 구분될 수 있다. 그런데 인물이 정체성의 상실을 경험하는 것과 그것 자체가 인물의 정체성으로 형상화되는 것은 같지 않다는 점에 유의할 필요가 있다. "이야기가 한 인물의 지속적인 성격(이른바 서술적 정체성)을 구축함과 동시에, 인물의 정체성을 만들어 가는 플롯(intrigue)만이 역동적 정체성을 구성한다."[41]라는 것이 리쾨르의 주장이다. 이를 좀 더 살펴보겠다.

서사적 정체성(l'identité narrative)은 개인적 정체성과 집단적 정체성 양 측면을 보여 준다. 한 인물의 정체성은 시간적 흐름 속에서 일관성을 지녀야 한다. 그런데 시간은 체험이라는 점에서 현재화된 양태로만 체험이 가능하다. 과거-현재-미래는 기억(과거의 현재), 직관(현재의 현재), 기다림(미래의 현재)으로 표상된다. 현재화된 시간의 세 양태로서, 한 인물의 정체성은 기억과 직관과 기다림 사이의 일관성 여부로 판별되게 마련이다. 여기서 우리는 '총체적 의미'에 개입하는 허구성을 문제삼을 수 있다. 그것은 현재의 시점에서 과

2004, p. 290.

39 위의 책, p. 291.

40 이 용어는 석경징 등이 공저한 『현대서술이론의 흐름』(솔, 1997)에서는 '서술적 정체성'이라 한다. 서사가 서술행위를 통해 이루어지는 진행적 역동적 속성을 고려하여 그렇게 쓴다. 그러나 여기서는 인물의 대상적 속성을 중심으로 하기 때문에 '서사적 정체성'이라는 용어가 더 적절한 것으로 보인다.

41 석경징 외, 『현대 서술이론의 흐름』, 솔, 1997, p. 61.

거와 미래를 참조하는 것인데, '민중시대'의 황제란 무엇인가 하는 물음으로 표현될 수 있는 것이 〈황제〉의 의미이다.

시간적으로 근대는 '현재'라는 의미를 지닌다. '민중 이데올로기'가 세계를 움직여 가는 시대, 자본과 기술이 지배하는 시대이다. 소설은 이데올로기의 반복, 재생산, 확대 절차가 아니라 이데올로기의 실현을 보여 주면서 그것의 정당성을 재검토하게 하는 기능을 한다.[42] 그렇다면 민중시대의 '황제'는 어떤 존재인가? 이 물음에 답하기 위해서는 다시 소설의 속성을 살펴야 한다. 소설은 양면적 가치를 창조하는 현장이다. 앞에서 본 바와 마찬가지로, 소설은 경계 허물기의 근원적 에너지로 작용한다. 달리 말하자면 소설이 자기창조의 과정에서 스스로를 해체하여 다른 소설로 재구성될 수 있는 자료(재료, 질료)를 제공하는 것이다. 만일 이 글이 소설가 이문열의 주장을 펴는 '논설'이라면, 〈황제〉를 근거로 작가는 보수주의로 매도당하기 십상이다. 그러나 그것이 허구의 양식이기 때문에 〈황제〉는 현실원칙을 벗어나 경계 허물기로 기능할 수 있게 된다. 그렇다면 〈황제〉는 근대 허물기를 시도하는 소설이다. 그러나 허문 경계를 다시 마련하는 기능을 동시에 수행한다는 데에 이 소설의 의미가 증폭된다. 그것은 다른 시각을 마련하게 함으로써 근대에 대한 반근대·탈근대의 황제의 세계를 창조하기 때문에 독자는 이 소설에서 근대와 반근대를 함께 보아낼 수 있게 된다.[43]

황제의 서사적 정체성이 형성되는 과정이 허구적으로 이루어지는 것이라면, 그의 정체성이 어떻게 서술되어 있는가를 구체적으로 검증해 보아야 할 것이다. '소명 장'은 이렇게 시작한다. "병신(丙申)에서 갑진(甲辰)까지, 백 스

42 이문열이 보수주의자라든지, 따라서 〈황제〉가 그의 보수주의의 '연의적' 전개라는 식으로 논하는 것은 무리이다.

43 이는 〈돈키호테〉가 근대 시발기에 창작된 작품이지만, 이미 탈근대적 속성을 지니고 있다는 지적과 맞물린다(김춘진, 「보르헤스의 돈키호테 읽기」, 『문학과 사회』 2004년 가을호 참조).

승이 놀라고 헌 이웃이 우러르다. 문 앞이 성시(盛市)를 이루고 인재가 구름처럼 모이다."(권2, p. 39) 이렇게 실록 문체로 기록한 다음, "황제의 문 앞이 성시가 되고 인재가 구름처럼 모여들었다는 것은 그 십 년 동안에 순전히 황제만을 보고 흰돌머리 마을로 이주한 집이나 눌러앉은 사람이 몇몇 있었다는 것을 말한다."(권2, p. 49)고 해설을 한다. 실록 식으로, 사실은 정감록을 대본으로 하여 일의 대강을 서술하고 그것을 해설하는 식으로 전개되는 소설에서 이른바 영웅의 일생을 재현하고 있다. 근대사의 맥락 한켠에 황제의 '제국' 건설과 세계 경영이 자리잡고 있다. 또한 텍스트는 황제의 삶이 완성된 경지를 그려 보여 줌으로써 서사시적 완결성 지향을 보여 준다. 황제가 삶의 완성(최후의 승리)을 보여 주기 전에 다다른 지점에 '미망'이 놓인다.

> "지금까지 공(公)과 이 몸이 아울러 얻고자 힘쓴 것은 바로 그 달팽이의 뿔에 세운 나라였소. 생각해 보시오. 우리가 무사히 삼한(三韓)을 평정하고 요동의 옛 땅을 회복한들 저 아득한 우주에 비해 무엇이겠소? 거기다가 지금은 그나마도 제대로 얻지 못해 궁벽한 산곡에서 앙앙불락이었소. 이 몸은 이제 그 미망에서 깨어나고자 하오. 한 조각의 하늘과 한 줌의 흙에 내 나라를 구하는 것이 아니라, 차고 꽉 차 있어도 있는 데가 없는 우(宇)를 하늘로 삼고 길이길이 있어도 처음과 끝이 없는 주(宙)를 땅으로 삼는 나라를 찾으려 하오."(권2, p. 241)

황제의 일생이 마무리되는 국면에서, 삶의 의미를 스스로 확정함으로써 서사시적 정체성을 얻을 수 있도록 플롯이 짜여 있다. 이는 황제 스스로 다음과 같은 장치를 이용하고 있는 데서도 확인할 수 있다. 다음은 황제의 고유문(告諭文) 끝단락이다. 노장사상을 바탕으로 생애를 돌아보며 천지의 이치를 깨달은 자신이 비로소 천제가 되었다는 내용이다. 이러한 세계는 허구적 상상력으로 구성하는 전망으로만 가능한 세계이다. 그리고 이는 이성으로 구축되는 근대의 최대한의 극단에 상정할 수 있는 의미체이다. 근대를 '미망'으로 상정할 때라야 이런 전망이 선다.

> 짐은 이제 나도 잊고 남도 잊고, 크고 작음과 많고 적음도 잊으며 다스림도 잊고, 어리석음과 슬기로움도 잊으며, 잊으려 함도 잊겠노라. 마른 나뭇가지 같고 불 꺼진 재 같으며 흙 같고 바람 같기를 바라노라. 짐이 오늘 구오(九五)의 위(位)로 나간다 함은 바로 이 깨달음을 비유한 말이니, 어여쁜 너 신자(臣子)들아 이 뜻을 알겠는가? 다스림을 잊으니 땅 위에서는 왕 중의 왕[王中之王]이요, 하고자 함이 없으니 하늘에서는 귀신의 우두머리[天神之首]로다. (권2, p. 250)

황제로서의 정체성, 그것은 동양의 지략과 경륜과 사상을 모두 아우르는, 아울러 행하고 그 위에 높이 올라서서 자아를 초월하는 도교적인 이상의 실현에까지 나아갔다는 점이 서구 소설의 경우와 대비된다.[44] 한 인간의 생이 완성되는 일대기를 다루는 것은 동양 서사의 한 전통이라 할 수 있다. 황제는 개인적 삶의 완성이 동양적 전통의 맥락에 연관됨으로써, 리쾨르가 말한 '공유적 자아'의 완성을 보여 준다는 것이다. 이 점이 황제의 개별성이며 보편성이다.

2) 텍스트 해석으로서의 메타 차원

소설의 허구적 상상력은 메타픽션(metafiction) 양식으로 구현되기도 한다. 메타픽션은 소설 안에서 소설의 문학성과 장르적 속성, 소설 텍스트를 둘러싸고 있는 다른 텍스트와의 관계 등을 검토할 수 있게 해 준다. 이는 산문문학으로서 소설이 글쓰는 행위 자체를 대상으로 하여 언어화할 수 있다는 가

44 돈키호테의 경우, 자신의 과거 행적이 되돌이킬 수 없으매 이를 안타까워하는 가운데 생을 마감하는 것으로 되어 있다. 편력기사로서, 그것이 미망 혹은 망집(妄執)이었다고 하더라도, 자신의 편력이 망집임을 깨달았으되 되돌아갈 시간이 없다. 그러나 '황제'의 경우는 돈키호테의 편력과 유사한 역정을 겪었지만, 결국은 자아성취의 경지에 도달하는 동양적 서사정체성을 형성한 인물로 그리고 있는 것이다.

능성을 실현하는 방법이다. 소설 작중인물의 글읽기와 글쓰기는 메타픽션의 원리를 소설창작의 방법으로 동원할 수 있는 가능성이다.[45] 메타픽션은 글읽기를 전제로 한다.

소설의 작중인물이 글을 읽는 이야기는 그리 새로운 것은 아니다. 〈돈키호테〉에서 그러한 선례를 볼 수 있다는 점은 앞에서 살폈다. 〈황제〉의 경우 〈돈키호테〉의 패러디라 해도 좋을 만큼 작중인물의 글읽기 문제에 중요한 의미를 부여하여 다루고 있다.[46] 이는 근대의 풍속 혹은 문화로서의 글읽기에 대한 비판이라는 점에서 의의를 지닌다.

근대라는 시대의 산물이기 때문에 그 속성상 소설이 대중성을 띠는 것은 필연적이다. 이러한 대중성을 〈돈키호테〉나 〈마담 보바리〉는 책읽기를 통해 간접적으로 형상화하고 있다. 그러나 〈황제〉의 경우는 앞에서 본 바와 마찬가지로 역방향의 대중성을 추구한다. 즉 그가 읽는 책들은 당대의 훼손된 유행 서적이 아니라 '황제의식'을 강화하는 데 기여하는 것들로 되어 있다. 이 소설이 의존하고 있는 책은 정감록이다. 정감록은 조선 중기부터 내려오는 도참사상(圖讖思想)과 비기(秘記)의 성격을 지닌 예언서의 일종이다. 정감록은 소설의 골격을 이루는 것이기도 하고, 소설해석의 '전거'가 되기도 한다. 그러한 점에서 정감록에 대해 메타픽션의 관계를 보여 준다.

황제가 공부를 하는 과정에서 글읽기를 통해 접하는 책들은 황제의 의식을 강화하는 기제가 된다. 이는 텍스트에서 전고(典故)의 형식으로 나타난다. 전고는 '황제'의 화법 기본을 이루기 때문에 낱낱이 예를 들기 번거로울 정도이다. '황제'가 학문적으로 어떠했는가는 이렇게 서술되어 있다.

---

45 P. Waugh, *Meta-fiction*, 김상구 역, 『메타픽션』, 열음사, 1992 참조.

46 〈마담 보바리〉 같은 경우도 소설읽기가 하나의 현실로 소설에 삽입되어 있는 좋은 예이다. 소설이 근대적 문화의 양식이고, 소설이라는 텍스트의 영향을 받아 왜곡되는 인간상을 그리고 있다는 점에서 소설의 형식, 독자의 심리, 사회의 성격 사이에 상동적 관계를 상정할 수 있을 것이다.

> 황제의 학문적인 성취는 정통의 유학을 위주로 한 것이었다. 실록에 따르면, 황제는 일찍이 정주(程朱)의 성리학에 통하였을 뿐만 아니라 왕양명(王陽明), 육상산(陸象山)이며 황종희, 고염무의 주장 또한 소홀히 넘기시지 않았다. 그때 겨우 열여섯이었음을 상기하면 실로 놀랄 만한 학문이었다. 그러나 또한 황제는 한낱 유생에 그친 것은 아니어서 손오(孫吳)에 이르러 용병(用兵)의 묘(妙)에 통했고, 순경(荀卿) 한비(韓非)에 이르러 법치의 이(理)를 깨달았다. 노장(老莊)은 후년에까지도 깊은 영향을 미쳤으며, 묵적(墨翟) 공손룡(公孫龍), 추연(騶衍)에 이르러서도 두루 막힘이 없었다. 군자는 두루 있고 한곳에 치우치지 않는다〔周而不比〕란 말은 정녕 그를 두고 이름이리라.(권1, p. 58)

이후 황제가 인용하는 전적은 『맹자』, 『손자』, 『회남자(淮南子)』, 『노자』, 『상서(尙書)』, 『장자〔남화경〕』, 『좌전』, 초사, 당시를 비롯하여 각종의 비기와 역서, 도참서에 이르기까지 대단히 폭넓다. 이는 '책'이 황제의 의식을 결정(結晶)하는 데 기여하는 준거들이다. 시문으로 수작(酬酌)을 하는 장면의 교양(권1, p. 122)이라든지 빈번하게 나타나는 중국의 고사 인용 등은 이 소설의 문체특질을 이룰 정도이다. 근대문명을 비판하는 전거 또한 노자의 『도덕경』이다. "도덕경에 이르기를, 백성의 헛된 욕심을 돋우는 편리한 물건이 많을수록 나라는 더욱 어지러워진다고 했거니와 이는 대개 사람의 지식이 늘고 문명이 발달할수록 그 고통과 죄악도 커진다는 뜻이 되겠다."(권1, pp. 136-137) 이러한 비판은 실학파의 학문에 대한 비판으로 이어진다.

> 비록 이씨(李氏)의 원·건릉(元 · 健陵 = 英正祖) 간에 이르러 한 무리의 몰락한 선비들이 실학(實學)이다, 북학(北學)이다, 하여 실사구시(實事求是)의 신선한 바람을 일으켰으나 다시 살펴보건대 그 또한 공맹(孔孟)에 바탕한 한 갈래의 공리공론에 지나지 않았다. 반계(磻溪), 성호(星湖), 다산(茶山)은 방대한 저술로 현실의 개혁을 부르짖고 순암(順庵), 연려실(燃藜室), 옥유당(玉蕤堂), 냉재(冷齋) 등은 지난 역사를 새롭게 해석하려 했으며 초정(楚亭), 담헌(湛軒), 형암(炯庵), 연암(燕

岩) 등은 우수한 청(淸)의 문물을 받아들일 것을 역설했지만, 심란한 것은 그들의 논고(論考)일 뿐, 끝내는 아무것도 이루지 못했다. 세상이 그들 편에 서지 않았을 뿐만 아니라 그들 자신마저도 실제적인 경륜과 과감한 개혁 의지가 부족했던 때문이다. (권1, pp. 152-153)

예수교에 대한 비판 역시 작중인물이 읽은 전적을 바탕으로 이루어진다. 예수에 대한 이야기를 듣고 "자기의 강력한 경쟁자가 될 만한 인물이 아닌가, 거기서 황제는 전에 없이 강한 호기심이 생겼다."(권1, p. 164)라는 대목을 르네 지라르(René Girard, 1923-)가 『낭만적 거짓과 소설적 진실』에서 주장하고 있는 심리적인 모방의 사례라고 한 것으로도 설명이 가능할 것이다. 또한 이는 이 작품이 근대의 비판이란 의미를 지니게 되는 속성이다. 이런 현상은 이 작품이 소설에 대한 소설이 아니라는 점과는 직접 상응되지 않는다. 허구적 상상력이 작동하는 방향이 소설이 아니라 역사(실록)이기 때문에, 역사상 나타난 전적들을 작품 안으로 이끌어들임으로써 메타적 속성을 지니게 되었기 때문이다.

사람을 평하는 잣대 또한 전거가 '책'과 '글씨'로 되어 있다. 신기죽을 만나 그가 읊은 초사 한 구절을 듣고, 그를 기용하기 위한 인물평은 다음과 같이 되어 있다. "제가 비록 배운 것은 없으나 낮에 선생의 필법을 보니 해서(楷書)는 안(顔)씨의 근례비(勤禮碑)에서 체를 받았으나 오히려 힘차고, 행서(行書)는 황산곡(黃山谷)의 송풍각시권(松風閣詩卷)의 풍이 있으나 오히려 더 기이하였소이다."(권1, p. 175)

이 소설에서 글쓰기가 의고적(擬古的)인 방식으로 이루어진다는 점은 주목을 요한다. 서술자는 이 글에 대해 황제에게 적대적인 이들의 견해를 제시하고, 이를 다시 황제를 위한 시각으로 평가함으로써 다른 층위의 역시각(la vision contraire)을 만들어 이중의 비판을 이끌어낸다. 허구적 상상력으로 구축한 세계를 문화전통에 접맥하는 방법이다.

> 이 「권북천표(勸北遷表)」에 대해서도 황제의 적대자들의 견해는 지나친 데가 있다. 황제를 편집광으로 모는 것과 마찬가지로 신기축 역시 알코올 중독에 기인된 과대 망상증 환자로 보는 그들은 이 「권북천표」를 그 증거로 들고 있다. 합리적이란 수식의 그 왜소한 사고에 어찌 신기축의 웅대한 포부와 기개가 이해되기를 바라겠는가. (권1, p. 188)

〈황제〉에 나오는 인물들은 황제를 비롯하여 그의 신하라고 하는 이들 모두가 글에 미친 이들이다. 글을 통해 자신의 의식을 한 방향으로 부단히 강화해 가는 것이 이들의 글읽기 방식이다. 잘못된 글읽기가 사람의 의식을 왜곡하고, 그것이 왜곡된 의식을 공유하는 이들이 만들어 내는 일종 '상상의 공동체' 안에서 제반 행동이 일사불란하게 일어난다. 그렇기 때문에 이 텍스트는 텍스트연관성이 밀도 있게 구축되어 있지만, 바흐친의 의미로 대화적 소설이라 하기는 어렵다.

소설에서 "대화적 관계란 상이한 견해가 상이한 주체에 의하여 두 개의 상이한 발화 속에 담겨져 하나의 발화에 대한 반응으로 이루어질 때 형성된다."[47] 이는 바흐친의 개념으로는 언어학의 지향점을 종단언어학(translinguistique)으로 설정하는 경우에 해당한다. 바흐친은 소설에 나오는 모든 언어가 대화적이어야 한다고 주장하지 않는다. 다만 현대의 화용론(pragmatique)에 적용되는 원리와 유사한 방법으로 언어가 운용되어야 한다는 전제는 강조한다. 〈황제〉처럼 서술자의 서술적 권위가 전면적일 경우, 대화적 관계는 서술상에 나타나기보다는 텍스트의 층위와 현실의 층위를 겹치는 허구적 구성방법으로 드러난다. 그런 뜻에서 "중요한 것은 순수한 언어학의 기준에 의하여 포착할

47 M. M. Bakhtin, *The Dialogic Imagination*, Texas University Press, 1981, p. 361.

수 있는 개인어나 사회어를 찾아내는 것이 아니라, 한 작품 안에서 서로 대립적이고 나란히 놓여 있는 말들을 포용하고 있는 대화적 관점이다."[48] 거듭하거니와 이러한 관점은 허구 텍스트의 중첩이라는 방법으로 구체화된다.

서술상에서가 아니라 텍스트와 텍스트의 층위를 겹쳐 놓음으로써 텍스트상의 대화관계가 성립될 때라야 개방텍스트가 되어 글읽기와 글쓰기가 상호작용을 할 수 있는 가능성이 열린다. 생산론적인 견지에서 보자면, 이 소설은 읽기와 쓰기의 통합을 지향하는 방법을 구사한 게 된다. 사실 소설의 생산은 작가가 허구적 상상력을 개입함으로써 텍스트를 만들어 내고, 그것이 독자의 상상력에 의해 현실의 텍스트에 조회될 때 소설로 형성되는 것이다. 그런 뜻에서 소설은 현실과의 대화를 지향하는 허구서사라는 설명은 정당하다.

그러나 〈황제〉는 대화적 관계를 거부한다. 인물로서 황제 자신은 서사적 정체성을 부단히 만들어 가면서, 앞에서 보아 왔듯이 자신의 시각으로 세계를 평가하고 비판하기 때문에 끊임없이 세계(현실)와의 대화를 거부한다. 〈황제〉는 이처럼 서사적 정체성의 형성과 거부를 통해 근대에 대한 비판을 수행하고, 독자의 독서 과정에서는 '탈근대적' 상상을 불러일으킨다. 현대 혹은 근대라는 시대에 〈황제〉를 내세움으로써 텍스트의 안과 밖을 대화관계로 맞세우는 것이다. 이러한 방법은 고정관념으로 형성된 의식과 소설을 통해 제기할 수 있는 의식의 대화를 도모하는 것이 된다. 따라서 여기 동원되는 대화의 욕은 전복적인 것이 된다. 이러한 다면성의 용광로 한가운데서 독자는 '주체성 생산'에 참여하는 것이다. 그렇게 함으로써 독자는 이중화된 허구를 자신의 안으로 이끌어들여 문화적 실천을 감행하게 된다. 그런데 〈황제〉의 이야기가 '실록'을 발견하는 데서 시작해서 황제의 책읽기, 그리고 황제의 글쓰기로 마무리된다는 것은 상징적인 의미를 지닌다. 텍스트의 수용과 생산의 전

---

48 위의 책 참조.

과정이 구체화되는 메커니즘을 소설로 형상화하고 있기 때문이다.

상상력의 허구적 인식과 소설의 재생산

소설을 쓰는 행위나 소설을 읽는 행위는 문화적 실천이라는 의미를 지닌다. 문화는 상상력이 작용하는 구체상이다. 상상력은 그것이 작용하는 공간에 보편적인 유형으로 존재하는 인류학적 원형으로 정착된다. 허구서사를 만드는 소설쓰기라든지, 그것을 읽고 해석하는 소설읽기에 작용하는 허구적 상상력은 사회·문화적으로 작용하는 문화능력으로 구체화된다. 소설현상에 자기를 투여하는 것은 상징적 교섭작용에 참여하는 일이 된다. 이를 통해 주체성의 생산에 참여하는 문화주체가 된다. 이는 자아를 실현하는 방법이며 자아의 증폭을 통해 다른 문화주체의 자아 확대에 자료를 제공하는 일로 성격이 전환된다.

필자는 문화를 상징적 교섭작용으로 규정하고 문학을 매개로 이루어지는 문학문화에 입문하여 그 안에서 문학문화를 수용하고 생산하는 능력을 기르는 것이 문학교육이라는 논지를 전개한 적이 있다.[49] 이제까지 이문열의 〈황제〉를 중심으로 허구적 상상력이 소설의 텍스트 구성과 인식에 어떤 역할을 하는가를 검토하였다. 이 지점에서 소설에 대한 논의를 문화생산으로 보려는 논지를 약술하여 논의를 마무리하고자 한다.

문화가 수행되는 특성 가운데 '자기생산'이라는 점에 주목할 필요가 있다. 그 이유는 문화현상 일반이 그러하고 예술현상이 그러하듯이, 소설은 '자기생산'을 계속하는 체계로 유지된다는 사실이 논의의 출발점이기 때문이다. 소설은 이전 텍스트에서 주체를 거쳐 다른 텍스트로 전이되는 양상으로 '살아간

49 우한용, 『문학교육과 문화론』, 서울대학교출판부, 1997.

다'. 이는 "기계 자체는 자신의 생산물에 의해 생산된다."[50]라는 가타리의 논지를 떠올리게 한다. 능력과 수행이 끊임없이 상호작용함으로써 소설이 살아간다는 것은 부정할 수 없는 사실이다.

그러한 전제를 수용한다면, 소설이 무의식의 형태로 존재한다는 주장을 할 수 있다. 그런데 그 무의식은 프로이트 식으로 인간의 내면에 규정할 수 없는 무엇으로 존재하는 것이 아니라 인간의 삶의 제반 조건에 관여적으로 구성된다. "집합적 언표행위 배치는 사물의 상태, 사실의 상태, 주체적 상태 자체에 대해 말한다."[51] 그런 뜻에서 소설이라는 무의식은 자기생산을 지속해가는 '소설기계'라 할 수 있다. 기계는 무의식을 뜻하는데, "무의식은, 개인의 내부에서 그 사람이 세계를 지각하거나 자신의 신체나 자신의 영토나 자신의 성을 체험하는 방식에서뿐만 아니라, 부부나 가족이나 학교나 이웃이나 공장이나 경기장이나 대학 등의 내부에서도 작동한다."[52] 독자가 소설을 읽는 행위, 작가가 소설을 쓰는 행위 속에는 이러한 무의식이 작용하고, 그러한 무의식을 생산한다. 무의식이 작용하는 방식이 '자기생산'의 특성을 지닌다는 것은 구조주의에 대한 비판을 포함한다.[53]

소설의 자기생산성(autopoiesis)에 바탕을 두고 본다면, 소설은 새로운 소설을 생산하는 재료 역할을 한다. 아울러 그것은 자기생산의 과정이기도 하다. 소설적 무의식의 과정에 주체가 포함되어 들어감으로써 주체는 문화적으로 현동화된다. 문학현상의 주체는 문학을 수용하면서 문학을 생산하는 무의식

50 F. Guattari, 『카오스모제』, p. 50.

51 위의 책, p. 31.

52 위의 책, p. 9.

53 이러한 이론에 따르면, 소쉬르(Ferdinand de Saussure)의 언어이론은 비판의 대상이 되고, 구조주의의 전제인 기표와 기의 양극체제는 수정되어야 한다. 촘스키(Avram Noam Chomsky)의 보편언어론 또한 극복의 대상이 된다. 기표와 기의의 이분법을 벗어나는 일은 소설론에서 현실과 반영, 작가와 독자 등의 이분법을 벗어나 사고할 수 있도록 해 준다.

의 주체가 되는 것이다. 주체성의 생산은 이런 과정을 거쳐 이루어진다.

소설을 허구적 상상력을 통한 무의식의 구현으로 본다면, 소설과 무의식이 연결되는 지점을 살필 필요가 있다. 가타리는 "무의식은 우리의 현실생활 속에서 우리의 신체에, 우리의 사회관계에 붙어서 움직이는 것"이며, 무의식은 "새로운 것을 만들어내는 재료"이며, "행동에 붙어서 행동의 방향을 수정해 갈 수 있는 시각적, 음악적 구성요소들을 지닌" 구체성을 띤 것이라고 본다. 이 맥락이라면 소설을 대신 대입해도 논리적 적합성이 유지된다. 여기서 허구적 상상력의 문제를 같은 맥락에 놓고 생각할 수 있다.

예컨대 가타리는 이렇게 설명한다. "무의식의 영역은 분리, 지층화 및 분절성이 아니라 모든 영역에서 접속의 모든 가능성의 장소이다. 만일 무의식 구성체에 관한 분석과 실천과 사회구성체의 정치적 실천 사이에 융합이 없다면, 동일한 태도, 동일한 도그마적 집착, 동일한 위계들, 동일한 배제 및 지배 조건이 끝없이 일어날 것이다."[54] 여기에 텍스트의 허구성, 독자의 허구적 인식을 대치하고 생각한다면, 허구적 상상력의 전면적 작동을 이해할 수 있게 된다. 허구적 상상력은 인간 인식과 행동의 자기생산 기제로 이해할 수 있는 것이라 해야 옳다. 따라서 허구를 중심으로 구성되는 소설을 이해하는 방향 또한 그러한 관점에서 논의할 수 있다. 여기에 가장 적절한 예의 하나로 〈황제〉를 상정할 수 있는 근거가 마련된다.

허구적 상상력이 작동하는 구조를 고려한다면 허구 텍스트를 수용하는 구조는 '사실의 허구적 감싸기'를 다시 허구적 상상력 안에 감싸 넣는 방식으로 인식을 전환해야 할 것이다.[55] '관점 세우고 바라보기'라든지 '해석의 관습 창

---

54 F. Guattari, 『카오스모제』, p. 13.

55 종래 소설의 독서가 비판적 주체를 형성한다는 등의 목표를 설정하는 방법은 해체·재구성되어야 할 것이다. 주체의 자기생산과 그것에 대한 메타적 자기인식을 유도하는 구조에서는 주체의 정립과 성장을 고려하면서, 그것이 다른 주체에 대해 작용하는 면을 고려해야 하기 때문이다.

조' 등에서 주체가 허구적으로 생산되고 그 주체는 다시 허구와 사실을 감싸는 정신기구가 될 수 있다는 점에서, 이러한 관점은 인식과 실천의 가능역을 확대하는 일이 된다. 문학현상을 설명하는 데 생산론적 입론 가능성을 열어준다. 허구적 상상력의 작동은 인간의 가능성을 확장할 뿐만 아니라, 다시 그것을 감싸 안아 사유의 공간으로 끌어들이는, 사유에 대한 사유의 실천이 생산론적 근거를 마련하게 된다. 이러한 실천의 결과를 형상화한 소설을 매개로 '미래를 향하는 무의식', '건설과 창안'을 지향하는 무의식이 주체의 내면에서 작동하도록 하는 것이 생산론적 문학론의 과업이 된다. 이러한 과업의 한 가운데에 〈황제〉를 놓을 수 있는 것은 이 소설이 허구적 상상력의 작동구조를 전형적으로 보여 주기 때문이다.*

* 이 글은 「허구서사의 상상력 작동원리에 대한 고찰」(『현대소설연구』 제25호, 2005)을 다듬은 것이다.

08 문학적 서사와 배려의 윤리

– 이광수의 소설 〈사랑〉을 중심으로

전언 – 사적 공간의 담론

벌써 수년 전의 일인데, 서울대학교 간호대학 부학장께서 특강을 해 달라는 요청이 있었다. 간호대학 대학원생과 교수들이 모여 연찬회를 갖는데, 거기에 와서 문학 이야기를 해 달라는 말에 나는 잠시 망설였다. 그리고 생각을 가다듬었다. 간호하기와 문학하기. 무엇인가 연결이 될 듯도 했다. 영어로 케어(care)라 하는 간호는 남에 대한 배려와 어루어 만져 달래기, 한자어로 위무(慰撫), 위안하는 일인데, 문학에도 사람들을 즐겁게 하고 위로해 주는 기능이 있기 때문이다. 차이가 있다면 간호사는 직접 위안을 주는 데 비해 문학은 형상적 언어로 조직된 텍스트를 매개로 한다는 점이다.

위안해 주기 위해서는 위안받고 싶은 사람들이 있어야 한다. 간호사들이 대상으로 하는 환자들은 누구나 위안받고 싶어 하고 각별한 배려 속에서 치유를 기대한다. 그런 생각을 하면서 이광수(李光洙, 1892-1950)의 장편소설 〈사랑〉을 중심으로 이야기를 할 수 있겠다 싶어 강의를 수락했다. 학제 간의 소통도 도모할 겸 발표를 해 보자는 생각을 했고, 학회장의 우정어린 권유에 응락을 했는데, 어머어마한 발표 제목이 전달되어 왔다. 그게 '문학적 서사를 통한 간호학의 이해'라는 제목이다. 내가 공부하는 분야는 문학이고 이해의 목표는 간호학이다. 그래서 궁리를 여러 가지로 했다. 그러는 중에 폭주하는 일을 처리하면서 무리가 되었는지 발에 병이 났다. 아킬레스건염이라는 병인데 아프기가 비유를 허용하지 않을 지경이었다. 치료를 받아야 하고 간호가 필요한 시점에서 이 원고를 작성하게 되었기 때문에 실감이 더욱 두드러지는 아이러니를 체험하기도 했다. 이 원고를 작성하는 일 자체가 하나의 이야기를 형성한다.

서사, 즉 이야기는 이미 있었던 일을 시간의 흐름을 따라, 일이 진행된 연유를 대면서 서술하는 것이다. 그 가운데 사실을 확인하기도 하고, 해석을 곁들이기도 하며, 미래를 예측하는 등 다양한 일을 해낸다. 문화적으로 본다면 이야기 속에 태어나는 게 인간이다. 태몽(胎夢)을 이야기하고 내외간 양쪽 집안의 가통이며 어른들의 가르침을 이야기하는 중에 아이가 태내에서 자란다. 아이를 낳으면 어떻게 키우자는 소망을 이야기하는 사이에 생명이 태어난다. 그리고 정체성을 형성하면서 자라고, 사랑하고, 어른이 되어 일을 하고 그렇게 살아간다. 이야기 속에 살아가는 인간들, 그 가운데 병이 나고 치료와 간호를 받는 과정이 곧 살아가는 과정이다. 삶 속에 간호와 간호학이 다 들어있는 것이 아닌가 하는 생각으로 이야기를 해 보기로 한다.

기억 속의 '간호'를 찾아서

나는 어려서 유난히 병치레를 자주 했다. 배앓이를 유별나게 했는데, 나중에는 숙제를 안 한 날, 학교 가기 싫은 날은 저절로 배가 아파오기도 했다. 그럴 때마다 어른들 속을 썩였고, 특히 외할머니 애를 많이 먹였다. 애간장을 태운다는 표현도 있거니와 어른들의 애간장을 졸이게 하면서 자랐다. 내가 어렸을 때는 사는 곳이 시골이어서 병이 나도 마땅히 찾아갈 병원이 인근에 달리 없었다. 그래서 주로 어른들이 읍내 약국에 가서 한약을 사다 탕관(湯罐)에다가 달여 주시곤 했다. 약은 쓰고 떫어서 먹기가 괴로웠는데 약을 다 짜고 난 다음 약지게미에서 가려 먹은 감초의 달콤한 맛은 지금도 기억이 새롭다. 약방의 감초라는 말을 저절로 익히는 기회가 되었다.

내 기억 속에 박힌 간호와 연관된 한 장면은 김종길(金宗吉)의 〈성탄제〉라는 시에서 얻은 것이다. 고등학교 교과서에서도 배웠고, 이후 수업에서 시적 감명을 설명하는 데에 자주 인용하기도 했다. 원문은 이렇게 되어 있다.

> 어두운 방안엔
> 바알간 숯불이 피고,
>
> 외로이 늙으신 할머니가
> 애처로이 잦아드는 어린 목숨을 지키고 계시었다.
>
> 이윽고 눈 속을
> 아버지가 藥을 가지고 돌아오시었다.
>
> 아 아버지가 눈을 헤치고 따오신
> 그 붉은 山茱萸 열매 —
>
> 나는 한 마리 어린 짐생,
> 젊은 아버지의 서느런 옷자락에
> 熱로 상기한 볼을 말없이 부비는 것이었다.
>
> 이따금 뒷문을 눈이 치고 있었다.
> 그날밤이 어쩌면 聖誕祭의 밤이었을지도 모른다.
>
> 어느새 나도
> 그때의 아버지만큼 나이를 먹었다.

옛것이라곤 찾아볼 길 없는
聖誕祭 가까운 都市에는
이제 반가운 그 옛날의 것이 내리는데,

서러운 서른 살 나의 이마에
불현듯 아버지의 서느런 옷자락을 느끼는 것은,

눈 속에 따오신 山茱萸 붉은 알알이
아직도 내 血液 속에 녹아 흐르는 까닭일까.

이전의 주거공간은 그 의미가 사뭇 복합적이었다. 집에서 나고 자라고 사랑하고 일하고, 생애를 마무리하는 것도 집에서였다. 방마다 삶의 맥락을 따라 기능이 잘 조정되어 있어 안방과 웃방과 사랑은 그 기능이 각각 달랐다. 아무튼 집과 병원이 엄격하게 분리되어 있지 않았고, 집은 하나의 세계였고 세계가 바로 집이었다. 이 시는 그런 집의 이야기를, 과거를 들려주며 현재의 나를 돌아보고 있다.

이 시에서는 치료와 간호가 구분되지 않는다. 전통사회에서 의원들은 환자가 병이 나서 의원을 찾아가지 못하는 경우 침통을 들고 왕진을 했다. 양의들도 왕진을 했는데, 내가 살던 동네에서는 청진기 가방을 자전거 짐받이에 싣고 오거나 간호원에게 들려 같이 오곤 했다. 그리고 환자를 돌보는 사람들은 집안 식구들이었다. 근대 서양 의술의 도입과 함께 병원이 생기면서 의사와 간호사의 역할이 근대적인 제도로 정착이 되었다.

그런 뜻에서 이 시에 나오는 "외로이 늙으신 할머니가/ 애처로이 잦아드는 어린 목숨을 지키고 계시었다"라는 구절은 가족의 간호라고 보아도 좋을 듯하다. 그런데 왜 어머니가 아니고 할머니일까, 그것도 외롭게 늙은 할머니일까. 이 구절을 두고 간호라는 실천행위의 간접성을 상징하는 것이라고 한다면, 너무 자아류로 해석하는 것일까. 그러나 어머니가 직접 낳은 자식을 돌보는 것보다는 한 촌 건너 할머니가 보살피는 것이 간호의 의미를 더 잘 드러내 주는 것 같다. 아무튼 이 시에는 병과 치료와 간호가 함께 옅은 톤으로 배어 있다.

이야기 만들기와 간호하기

이 시에 나오는 '외로이 늙으신 할머니'는 병이 나서 열에 시달리는 손자를 그저 지켜만 보고 있었을까. 우리들 경험에 따르면, 어른들은 환자 옆에 있는 한 무언가 끊임없이 이야기를 하고 그 이야기 속에 간호가 지속된다. 환자가 열에 시달리며 뒤눕고 있는데 옆에서 간호하는 이가 간호의 한 단락이 끝났다고 자고 있거나 아무 소리 없이 앉아 있다면, 그것은 '의도적인 보살핌'으로 규정되는 간호라고 할 수 없다. 그래서 의도적으로 보살피고 있다는 것을 스스로에게 설득하기 위해서라도 이야기를 한다.

우선 안타까워하는 이야기. 아이구 어린 것이, 이봐, 머리가 펄펄 끓네, 입술이 허옇게 적이 돋구, 얼마나 아프면 헛소리를 다하구 그럴까, 나가 놀지도 못하구……. 이렇게 독백 비슷한 이야기를 하면서 환자의 병에, 고통에, 행동의 제약에 안타까움을 표함으로써 이야기를 만들어 낸다. 환자는 자신의 발열과 혼몽한 정신을 남이 알아주는 데서 위안을 얻는다.

질책의 이야기를 할 수도 있다. 거봐라, 날이 그렇게 추운데, 김칫독이 얼어 터지게 생긴 날씨에 썰매를 타러 간다고 나가더니, 몸이 꽁꽁 얼어서 손을 호호 불면서 들어오길래 그럴 줄 알았다 했더니, 아니나 다를까 이렇게 곳불이 들어서는……. 이렇게 환자를 질책하는 데는 환자의 발병 원인을 나름대로 진단하는 내용도 포함된다. 그리고 그 자리에 없는 환자와 연관된 다른 사람을 질책하기도 한다. 어미라는 것도 그렇지, 애가 밖에 나가면 목도리라도 둘러서 내보낼 것이지, 동저고리 바람으로 그냥 나가게 하면 어떻게 하자는 건가, 철딱서니들이 없어서. 환자의 발병 원인을 다른 사람에게 전가하는 질책. 그것도 이야기에 해당한다. 모든 질책이 그렇듯이, 병의 원인을 환자 자신에게 돌리는 것은 다소 거북할 수도 있다. 그러나 병이 어른들 탓으로 생겼다고 하는 데서 위안을 받게 된다.

상황의 타개와 병세의 호전에 대한 소망을 이야기하기도 한다. 이는 현 상황에 대한 의미부여와 거기에 연결되는 또 다른 소망을 이야기하는 방향으로 발전할 수 있는 가능성의 서사(possible narrative)이다. 아버지가 약을 구하러 갔으니까, 그 약을 다려먹으면 금방 툭툭 털고 일어날 것이다. 너만 할 때는 곳불 감기야 그게 병이냐, 그리고 늬 아버지도 어려서 병치레를 자주 했니라, 애들은 앓으면서 큰다. 내가 늬 큰아버지, 작은아버지, 고모 해서 오남매를 기르면서 나도 반은 의원이 됐는데, 내가 보니 아무것도 아니다, 걱정 말아라. 금방 일어날 것이다. 그렇게 전망을 이야기한다. 그런 이야기 속에 자신이 앓고 있는 병이 별스럽지 않다고 스스로 위안을 하기도 할 것이다.

이런 이야기 현상은 우리 주변에서도 얼마든지 찾아볼 수 있다. 내 경우 가끔 발에 병이 나곤하는데, 어디 나들이만 하려면 병이 도지는 통에 스스로 경계하라는 메시지쯤으로 여기고 지낸다. 그럴 때 아내가 하는 이야기는 거의 공식화되어 있다. 그렇게 아파서 어떡해요, 노상 술먹으니까 그렇지, 병이 안 나고 배겨요, 귀찮아도 서울대병원에 가봐요. 요샌 약이 좋아 금방 낫는대요. 그런 식의 이야기를 하는 중에 공감 섞인 위로도 하고, 질책도 하고, 병세에 대한 전망을 하기도 한다.

이야기는 시간의 흐름을 따라 복잡한 가닥으로 새끼를 친다. 인간의 기억 작용과 이야기는 긴밀하게 연결되어 있다. 이야기가 없으면 과거는 복원이 되지 않는다. 개인 차원에서는 앞에 인용한 시에서 보는 것처럼, 약을 구하러 갔던 아버지의 일을 당시의 아버지만큼 나이를 먹은 아들이 기억을 한다. 그 기억은 논리 이전에 감각화되어 있다. "서러운 서른 살 나의 이마에/ 불현듯 아버지의 서느런 옷자락을 느끼는 것"이 그러한 감각이다.

이 이야기는 다시 다른 이야기 속에 섞이면서 삶의 맥락을 형성한다. 이는 집단기억(集團記憶)의 경우도 마찬가지이다. 이른바 역사(歷史)라는 것이 과거를 이야기 형태로 복원한 것이 아니던가. 단군의 이야기를 우리가 아는 것, 곰 토템이라는 '문화소'를 공동으로 가지고 있다는 만주 시베리아와 이야기의 뿌리를 대고 있다는 것 등은 이야기가 삶의 맥락 속에서 만들어 낸 가닥이다. 이런 이야기는 인간의 정체성 형성에 기여한다. 아버지에 대한 공통된 기억을 가지고 있다는 것, 그리고 내가 아버지와 정체성의 측면에서 끈이 닿아 있다는 깨달음, 그것은 이야기의 해석 차원에 해당한다. 그리고 해석의 힘은 자신의 삶을 돌보고 미래를 설계하는 데서 발현된다.

아버지에 대한 기억, 고마움, 사랑 그런 것은 아들을 둔 아버지의 의무일 뿐이라고 할 수도 있다. 그러나 시의 화자로 대신되는 시인은, 자기가 병이 났을 때 약을 구하러 나갔던 아버지의 감각화된 기억에 이렇게 의미부여를 하고 있다. "눈 속에 따오신 山茱萸 붉은 알알이/ 아직도 내 血液 속에 녹아 흐르는 까닭일까." 아버지가 약을 구해온 행위(event-narrative unit)에 대한 아들의 해석이 아들의 삶의 가치를 확인해 주는 것이라면, 이는 윤리적 감각과 연관되는 사항이 된다.

할머니가 그런 이야기를 했을지도 모른다. 이담에 네가 커서 장가들어 아버지가 되었을 때, 그래서 애를 낳고 그 애가 병이 나면 부모로서 얼마나 애간장이 타는 줄 아느냐, 그때가 되면 너도 이해를 할 것이다, 자식 기르는 일이 얼마나 어렵고 힘든지를 말이다. 그러나 늬들 자라는 것 보는 재미 말고 뭐 달리 사는 재미가 있겠느냐. 늬 할아버지는 일찍 저승으로 가고, 애비는 에미랑 그저 사느라고 정신이 없고, 내가 늬들 크는 거 보는 재미나 늬 아버지가 늬들 자라는 거 보는 재미가 한가지로 큰 재미고 복이고 그렇지. 어서 약 먹고 일어나 뛰어다니고 놀아라. 그렇게 자신의 삶이 손자에게까지 줄이

닿아 있다는 것을 환기했을 것이다.

여기에 이르면, 간호하는 일이 환자와 더불어, 의식적으로 환자를 배려하면서 나의 삶을 의미 있는 전체로 형성하는 과정, 서사적으로 이해하고, 가능한 서사를 만들어 가는 과정이라고 생각하게 된다. '한국간호과학회'라는 명칭처럼 간호를 과학으로 볼 수도 있고, 간호를 행위 수행의 예술로 볼 수도 있다. 그러나 근원적으로 고통 중에 있는 인간에 대한 서사적 이해를 도모하고, 서사적 가능성을 만들어 가는 실천의 이론화와 방법의 구체화가 간호학이 추구하는 일이라면, 일단 간호학이 이야기(서사, 내러티브)와 밀접한 연관성을 지니고 있다고 볼 여건이 마련된다. 그런 뜻에서 서사, 이야기가 간호와 어떻게 연관되는가를 개략적으로 살피고 넘어가고자 한다.

간호에 대한 문학적 허구서사와 그 의미

1) 이야기의 메타 차원

이야기의 본질 가운데 하나는 이야기가 메타서사(meta-narrative)를 포함하고 있다는 점이다. 이야기는 이야기 가운데, 지금 하고 있는 그 이야기의 의미를 묻고 해석하는 내용이 포함된다. 일상대화에서 예를 들어 보기로 한다. 간호학이 과학으로 성립할 수 있는가에 대한 이야기를 하는 맥락에서 이런 이야기가 오갈 수 있다.

> "그게 아니라, 내 이야기는 간호학이 과학으로 성립할 수 있는 여건을 충분히 갖추고 있다는 뜻입니다. 내 이야기 아시겠어요?"
>
> "간호학을 하는 분이니까 의당 그렇게 이야기할 수 있다는 점을 이해는 합니다. 그런데 과학에선 주체가 다루는 대상과 거리를 유지할 수 있고, 지식이 지식 자체로 성립하는 데 학문적 효용이 있다면 간호학은 실용적 적용 가능성을 찾아

야 하고, 그리고 그것을 실천해야 한다는 점에서 순수한 의미의 과학이라 하기 어렵다는 이야기입니다."

이러한 담화에서 '이야기'라는 말은 말하고자 하는 내용을 요약하고 압축한다. 따라서 내용에 대한 메타서사 역할을 한다고 볼 수 있다.

어떤 사람이 이렇게 말했다고 치자. "제 이야기는 여차여차하다는 뜻으로 드리는 말씀입니다." 말하는 사람이 자신의 말하는 행동을 말한다고 다시 말하는 것, 그것이 이야기인데 다시 그게 이야기라고 말하는 것, 이것이 언어의 메타적 실행 양상이다. 그림을 그림으로 설명하기는 참으로 어렵다. 피아노를 이용하여 피아노곡이 무엇인지를 설명하기는 역시 난감하다. 그런데 언어는 언어 말고 다른 방법으로 실명하기가 지극히 어렵다. 언어를 설명하는 가장 좋은 방법은 역시 기능이 다른 언어를 활용하는 것이다. 이야기 가운데 이야기 자체에 대한 성찰이 포함되는 것은 이야기가 기호체계인 언어로 수행되는 특성을 지니고 있기 때문이다.

메타적 행위, 메타적 사고 등은 행위 주체가 자신의 행위에 대해, 사고 주체가 자신의 사고에 대해 의식적으로 의미부여하는 일을 뜻한다. 우리들은 우리들 자신의 삶을 살아간다. 그런데 어느 날 문득 산다는 게 무엇인가 하는 물음이 떠오를 수 있다. 이를 '자의식(自意識)'이라 한다. 자의식은 개인의 정체성을 형성하는 기본 요건이다. 그런데 자의식이 과잉된 상태가 되면 우리는 이를 병으로 본다.

이야기의 메타 차원은 이야기의 해석과 연관된 여러 국면을 아우르는 뜻으로 이해할 수 있다. 간호사가 간호사를 모델로 쓴 소설을 읽을 경우 간호와 연관된 여러 가지를 생각할 수 있다. 간호행위의 본질, 간호사라는 직업의 특수성과 보편성, 간호의 철학, 인간이란 무엇인가 하는 존재론적 물음, 배려란 무엇인가 하는 윤리적 문제 등을 고려할 수 있을 것이다. 이는 간호사에게 간호에 대한 메타적 성찰을 수행하는 일이 된다. 간호라는 것에 대해 메타적 성찰을 할 수 있게 하는 작품으로 이광수의 장편소설 〈사랑〉을 들 수 있다.

2) 문학 이야기의 특성

소설은 누가 읽는가에 따라 느낌과 감동이, 그리고 의미가 달라진다. 소설은 인간의 이야기인지라 독자와 작중인물 사이에 거리가 조정되기 마련이다. 소설이 허구 양식이라는 것을 공부한 독자라고 하더라도, 몰두해서 읽는 동안은 소설의 내용이 사실 이상으로 생생한 사건이 되어 다가온다. 그리고 작중인물과 독자가 연령, 성별, 직업, 계층 등의 공통점을 가지고 있을 때, 이른바 동일화는 더욱 쉽게 진행된다. 혹은 자기혐오라는 심리기제가 작동한다면 그 반대일 수도 있다.

한국 근대문학사를 통해 볼 때, 위안을 받고 싶어 하는 이들에게 위안을 제공하는 데에 문학은 너무나 야박했다. 문학이 전문화된 결과이다. 그리고 작가들의 시각이 진실을 밝히는 과업에 일로매진(一路邁進)하는 가운데, 가르친다는 계몽의 의지가 꺾이고 말았다. 문학에서 위안, 좀 고상한 표현으로 배려, 거기에 윤리감각이 덧붙여질 때 배려의 윤리, 그것을 그린 소설로 이광수의 〈사랑〉을 생각하게 된다. 보리스 파스테르나크(Boris Leonidovich Pasternak, 1890-1960)의 〈의사 지바고〉, 어니스트 헤밍웨이(Ernest Hemingway, 1899-1961)의 〈누구를 위하여 종은 울리나〉 같은 외국 소설에도 간호사가 나오지만, 간호사 이야기는 역시 〈사랑〉이 압권이라고 생각한다.

간호학 전공자 앞에서 문학 속의 간호 이야기를 하기 위해 〈사랑〉에 속아볼까 하는 어쭙잖은 생각으로 소설을 읽었다. 그런데 소설에서 이런 설교를 듣고 있어야 한단 말인가 하는 생각과, 소설이 이런 이야기감을 제공하는 것 또한 소중한 역할이라는 두 가지 생각이 반반이었다. 그렇다면 이야기를 이전과 다른 방식으로 할 수 있겠다는 생각으로 글을 구성하기 시작했다.

이런 이야기 혹은 글은 문학교육에서 소외되었던 독자의 자리를 다시 찾아 줄 수도 있을 것이다. 요즈음 문학교육에서 문학을 깊이 있게 읽어내는 힘과 비판적으로 수용하는 능력을 길러 주어야 한다고 하면서, 문학교사가 미리 작품을 비판하여 평가하고 학습자에게 일정한 경향의 작품만 강요하는 느낌이 없지 않다. 그러나 읽는 능력이 일정 수준으로 향상되면 그 수준 이하의 작품을 이해하는 데는 무리가 없다는 가정을 가지고 문학교육은 출발한다. 그러나 그런 가정이 사실인지는 아직 검증되지 않았다.

소설을 읽는 주체가 간호사라는 점, 혹은 간호학 전문인들에게 소설 읽는 방법을 설명해 본다는 점을 고려하면서 이광수의 장편소설 〈사랑〉을 읽어 보기로 한다.

3) 소설을 읽고 이야기하기

소설은 예술의 한 영역을 차지한다. 예술은 감각을 통해 수용되는 것이 원칙이다. 언어를 통한 설명보다는 체험으로 다가가야 한다는 뜻이다. 그러한 점에서 소설읽기는 사랑과 유사한 속성을 지니고 있다. 입 맞추는 방법을 잘 알고 있다고 해도 그 체험이 결여되어 있는 자는 입맞춤을 안다고 할 수 없다. 소설이 예술의 하나라는 점을 상기할 때 소설 이야기는 소설읽기를 바탕으로 해야 한다는 점에는 이의를 제기하기 어렵다. 만약 이 글을 읽는 독자가 소설 〈사랑〉을 안 읽었다면 나의 이야기는 그만큼 실감이 덜하게 마련이다. 그렇기 때문에 소설 〈사랑〉에 대한 몇 가지 정보를 제공하여 독서의 효과를 높이고자 한다.

〈사랑〉에 관한 몇 가지 사실정보

소설의 기본적 성격이 허구라고 하지만, 장르의 속성상 그러한 특징을 지니고 있다는 것이지, 인간의 일상과 전혀 닮지 않은 작품이나 인간의 보편성과 동떨어진 소설은 문학으로 수용되기 어려운 괴물이 된다. 그러한 점에서 모델이 있는 소설은 오히려 자연스럽게 리얼리티를 얻을 수도 있다. 물론 그 반대인 경우도 있다. 또한 작가론에서 작품과 작가의 생애를 일치시키는 것은 우려되는 점이기도 하다. 그러나 사실적 참조물을 떠나 기호로만 존재하는 삶이 설득력을 갖기는 더욱 어렵다. 몇 가지 사실 정보를 제공하는 것은 이 소설을 이해하는 데 도움이 되도록 하기 위한 '배려'이다.

이 소설은 이광수의 자기 체험을 바탕으로 하고 있다. 주인공 의사 안빈은 이광수 자신이고, 간호사 석순옥은 이광수의 아내 허영숙과 많은 부분 닮았다. 한국 근대 최초의 간호사이며 후에 의사 자격을 얻어 의사로 일한 생애와 역정이 소설의 내용과 일치한다. 이런 개인사가 소설에 나와도 되는가 하는 점은 깊이 따질 일이 아니다. 사실과 허구는 맞물려 진실을 추구하기 때문이다.

이 작품이 한국의 의성(醫聖)으로 추앙받는 장기려(張起呂) 박사를 모델로 했다는 증언이 있다. '의성'으로 추앙되는 그의 삶은 성스런 삶의 표본이 된다. 따라서 안빈의 성스런 삶과 연관된다는 점을 고려할 수 있다.[1]

이 소설은 간호사를 주인공으로 다룬 보기 드문 예에 해당한다. 간호사라는 호칭은 시대에 따라 간호부, 간호원, 간호사 등으로 변해 왔다. 의사 편에 중점을 둔다면 이 소설은 '의사소설'이라고 해도 좋을 것이다. '의학소설'로 보기는 좀 어려운 점이 있다. 과학으로서의 의학적 내용이 얼마나 치밀하게 다루어져 있는가에 대해서는 의문이 들기 때문이다.

간호학을 하는 이를 대상으로 하는 이야기에서, 간호사가 주인공으로 설정된 소설을 들고 나오는 것은 간호학에 대한 메타서사 역할을 할 수도 있으리라. 소설 속에서 간호사의 얼굴을 확인하는 계기를 삼을 수 있을 것이다. 아

1 김봉군, 『문학 작품 속의 인간상 읽기』, 민지사, 2003 참조.

울러 간호학에 대한 문학 편의 인식을 확인하는 계기가 됨 직도 하다.

어떤 내용으로 되어 있는가

소설은 사람들의 삶을 이야기 형식의 서사로 형상화하는 문학의 한 장르이다. 따라서 시나 극과는 달리 인물에 주목하게 된다. 어떤 인간이 형상화되는가 하는 것이 첫 번째 조건이다. 그가 벌이는 행동, 그리고 행동의 연계로 만들어지는 플롯은 인물에 비하면 이차적인 의미를 지닌다. 그러나 인물을 떠난 이야기는 무의미하다. 어떤 인물들이 어떤 이야기를 만들어 가는가에 주목하는 것이 소설에 접근하는 자연스런 길이다. 그렇다고 삶의 구체성을 포착한 언어적 형상화의 측면을 무시할 수 없는 일이다. 문학이 문학인 것은 그것이 언어적 형상화를 거친 것이기 때문이다. 언어는 문학의 본질조건이다. 그것은 독자가 작품을 읽으면서 구체적 감각으로 수용해야 하는 몫이다. 언어적 자산은 추상적 이해보다는 구체적 수용이 더욱 자기화에 가깝다. 자기화된 언어라야 언어자산에 포함되어 들어온다.

〈사랑〉은 다음과 같은 이야기를 담고 있다. 전문학교를 졸업하고 교사로 일하는 석순옥(石筍玉)은 의사이면서 문필가로 명망이 높은 안빈(安貧)을 흠모한 나머지 스스로 간호사가 되어 안빈의 병원에 들어간다. '안빈'이라는 말은 고유명사이면서 일반명사이기도 하다. 안빈낙도(安貧樂道)를 연상하게 하는 단어이다. 안빈은 예수와 석가의 사상을 몸소 실천하는 이상주의자이다. 그의 아내 옥남은 남편을 하늘같이 믿고 섬기는 병약한 여인이다.

명망 있는 의사 안빈과 폐결핵으로 병석에 누워 지내는 옥남 사이에서, 세속적 오해의 소지가 다분하나 석순옥은 안빈을 도와 의연히 일을 해 나간다. 안빈의 아내 옥남을 극진히 간호하고 의사 안빈의 곁에서 일하는 것, 안빈의 곁에만이라도 있는 것을 생애 최대의 만족으로 여기는 여성이다.

옥남이 임종의 자리에서 안빈과 순옥의 손을 잡고, 자기가 죽은 다음 안빈과 맺어져 후일을 기약할 수 있었으면 하는 당부를 한다. 그러나 순옥은 안빈에 대한 오해가 빚어질 것을 염려한 나머지 자신을 짝사랑하던 허영이라는 신문기자이자 자칭 시인인 인물과 혼인한다(허영이라는 작명법에 유의할 일, 虛榮). 허영은 방탕을 일삼고 그의 어머니와 더불어 순옥을 학대한다. 순옥은 학대를 감내하면서 매독, 고혈압, 알코올리즘 등으로 일상생활을 제대로 해 나가기 어려울 정도로 건강을 상실한 남편을 치료하는 데 애쓴다.

그러는 중 석순옥과 결혼하기 전, 허영과 관계를 가졌던 여인 귀득이 허영의 아이라면서 아이를 데리고 나타난다. 순옥은 그 아들(허섭)을 받아들여 정성껏 기른다. 그리고 귀득이 자기 핏줄인 아이를 못 잊고 다시 접근해 오자 그 어미와 아이를 위해 순옥은 허영과 이혼하고, 자력으로 생계를 유지하기 위해 의사 시험을 거쳐 의사가 된다. (당시에는 시험을 거쳐 의사가 되는 제도가 시행되고 있었다고 한다. 간호사가 의사가 된 것이다!) 석순옥은 전에 간호원으로 일하던 안빈의 병원에 들어가 의사로서 일을 하게 된다.

허영은 순옥과 이혼한 다음 재결합한 귀득과 무리한 신혼여행을 감행하는 바람에 귀득이 낙태를 하게 되고, 결국은 과다한 출혈로 죽게 된다. 허영은 아내의 장례를 치르는 동안 뇌일혈로 병져 눕게 된다. 그의 모친 한씨도 와병하게 된다. 순옥은 이때 안빈의 권유, 혹은 독자의 판단에 따라서는 공감하여, 다시 허영의 집에 들어가 이들을 돌보는 역할을 한다. 안빈과 관계 속에서 안빈이 욕을 당할 것을 염려한 순옥은 허영의 가족을 이끌고 북간도 병원으로 일자리를 옮긴다. 북간도에서 허영과 그의 어머니, 그리고 허영과 귀득 사이에 태어난 섭이라는 아들이 세상을 뜨게 된다.

석순옥은 병든 몸으로 서울로 돌아와 안빈의 '북한요양원'에 입원하게 된다. 같은 병원의 간호원이 의사가 되었다가, 의사가 환자로 자리바꿈을 하여 학교 선배 박인원의 간호를 받는다. 순옥의 병이 치유되고, 안빈은 회갑을 맞아 그동안 함께 일한 사람들, 즉 가족과 병원 사람들을 모아 60평생 살아온 보람과 사랑의 의미에 대한 이야기를 나눈다. 말하자면 회갑잔치에서 각각 일한 사람들의 생애를 돌아보는 것이다. 거기서 소설은 끝난다. 대부분의 작 중인물은 자아 성취를 이룩하고, 나름의 노고와 그 노고에 대한 보답을 확인하는 것으로 결말이 맺어진다. 이른바 행복한 결말로 되어 있는 소설이다.

인생의 결말이 그렇게 행복하게 된다는 보장이 있다면 얼마나 좋겠는가. 인간의 행복을 시기하는 신은 인생의 결말에 늘 그렇게 행복의 바둑돌을 놓아 주지 않는 것 같다. 여기서 소설의 진실 문제가 생겨난다. 인생이 그렇지 않은데 소설이 그럴 수는 없는 것이 아닌가 하는 회의가 비집고든다. 그렇다고 속이지 않는 이야기만 한다면 인생이 그렇듯이 소설도 무덤덤하고 삭막하게 된다. 진실의 참담함에 진저리를 칠 것인가, 환상의 그림자에 환희의 노래를 바칠 것인가는 간단히 결말이 나지 않는 소설의 과제이다. 당신은 행복의 환상에 속고 있다, 그래도 좋은가? 이런 고약한 질문을 던지는 이들이 소설가이다. 아무튼 이런 내용으로 되어 있는 장편소설 〈사랑〉을 중심으로 '배려의 윤리' 문제를 생각해 보기로 한다.

4) 소설 속의 간호사와 의사, 그리고 환자들

이 소설에는 간호사와 의사, 환자와 그를 둘러싼 인물들이 등장한다. 여기서는 다른 인물은 필요할 때 언급하기로 하고, 간호사들의 이야기를 중심으로 논의를 해 나가기로 한다. 간호학을 연구하거나 간호사 체험이 있는 독자라면 간호사와 그를 둘러싼 삶이 어떻게 형상화되어 있는가를 이해하는 데 더욱 빠른 길로 다가갈 수 있을 것이다. 비판적으로 수용하는 일은 그 다음이다.

어떤 간호사들이 나오는가

이 작품에는 여러 명의 간호사가 나온다. 안빈을 사모하여 교사에서 간호사로 자리를 바꾼 석순옥은 이 작품의 주인공 역할을 한다. 석순옥의 선배 박인원은 석순옥과 마찬가지로 교사인데, 안빈을 사이에 두고 석순옥과 일종의 경합관계에 놓이다가 석순옥이 안빈의 병원을 나가게 되자 그 집 가정교사를 자처하고 들어와 나중에 간호사가 된다. 안빈을 사이에 두고 석순옥과 박인원이 대립함으로써 삼각관계가 이루어진다. 이러한 삼각관계는 통속적 냄새를 풍기지만 사랑의 문제를 다룰 때 흔히 이용되는 일종의 원형구조에 해당한다.

안빈이 일하는 병원의 다른 간호사들, 연길의 병원에서 일하는 외국인 간호사들이 있다. 그러나 이들의 역할은 보조적이다. 작품의 '전체성'을 위해서 설정될 필요가 있지만 그렇게 두드러지는 역할은 아니다. (실제로 병원에서 그런 차등 대접을 받는다면, 아마 노조를 결성해서 맞서 나갈 것이다. 그러나 소설 속의 일을 지나치게 현실로 이끌고 나오는 것은 바람직하지 않다. 현실과 허구를 혼동하는 일이 미친 짓이다.)

간호사의 자질은 어떻게 규정되는가

어떤 직업인, 혹은 인간의 자질을 규정하는 것은 지난한 일이다. 직업인이기 이전에 인간임을 주장하는 한, 인간의 가치를 규정하는 논란은 끝이 있을 수 없다. 직업상으로, 능력으로 그러하다고 하자. 그러나 그 이전에 내가 인간이라는 사실을 기억하라 항변하는 이들 앞에서 능력의 잣대를 들이대기는 지극히 어려운 일이다.

간호사의 자질이나 역할을 어떻게 규정할 것인가 하는 '소설 외적 논의'는 접어 두기로 한다. 소설은 과학이 아니기 때문에 사실이 아니라 진실이 문제가 된다. 진실이란 타당성에 가깝다.[2] 주로 의사 안빈이 규정하는 간호사의 자질을 보기로 한다. 안빈은 성자(聖者)의 형상으로 그려져 있기 때문에, 그가

2 문학과 사실의 관계는 다른 맥락에서 다소 긴 이야기를 해야 할 것이다. 그 자체가 너무 큰 주제이기는 하지만, 간략히 말하자면 사실과 허구의 긴장 속에서 진실을 추구하는 것이 문학(소설)의 과업이다.

말하는 간호사의 자질은 이상적인 간호사의 모습을 환기한다. 이상적인 인간은 현실과 거리가 멀어서 세속의 인간을 혼돈에 빠트린다. 안빈이 병석의 아내와 이야기를 나누는 장면에 이런 내용이 나온다.

> "석가여래 말씀에 이런 말씀이 있어. 병을 고치는 데 세 가지 요긴한 것이 있느니라구. 첫째가 마음가지기, 둘째는 병구완, 그리구 셋째가 의약이라구. 일 攝心, 이 看病, 삼 醫藥이라구."
> "그래요. 제 마음이 첫째지."
> "첫째는 앓는 사람이 마음을 고요히 가지는 것이지마는 또 곁에서 잘 간호해 주는 이가 있어야 해. 병원에서두 의사보다두 간호부(당시 명칭대로 – 인용자)가 병인의 병을 낫게 허는 힘이 커. 그러니깐 좋은 간호부 있는 병원이 좋은 병원이야."
> "간호부는 첫째 친절해야지요."
> "친절이라는 것은 그렇게 중요한 것이 아니야. 겉으루 친절허지 아니헌 간호부 어디 있나? 속으루 병자를 사랑해야 돼요. 속으루 진정으루 말야. 그렇게 사랑하는 마음이 아니 생기구야 정말 친절이 나오나, 정성은 나오구? 병자란 의사와 간호부에 대해서는 대단히 예민하단 말야." [3]

간호사는 성(性)을 넘어서는 경지에 도달할 것을 요구한다. 성이 배제된 인간이란 무엇인가 하는 문제는 다시 생각할 기회를 두기로 한다. 쇠똥밭에 굴러도 이승이 낫다는 속담, 젠더 문제가 문학 논의의 전면으로 부각되는 마당에 그런 도사연하는 이야기는 참으로 거북할 것이다. 그러나 그런 경지를 생각해 볼 수 있도록 하는 데는 그 나름의 역할을 인정할 수 있다. 다음과 같은 인용문을 보기로 하자.

> "사람보다 이상 경계에 가면 벌써 여성이니 남성이니가 없는 것이요. 예수께서

3 이광수, 『이광수전집』, 우신사, 1979, p. 72. 앞으로 이 책의 인용은 본문 괄호 안에 면수만 밝힌다.

보신 천당으로 말해도 벌써 남녀성을 초월한 경계야. 쇠똥구리가 쇠똥 덩어리를 소중하게 여기지 않소? 사람은 그것을 우습게 보지? 그와 같소. 사람 이상의 경계에서 볼 때에 혼인이니 하는 것도 그러한 말요." (p. 162)

대상에 대한 극단적인 이상화도 나타난다. 안빈이 바라보는 석순옥의 얼굴은 신(神) 그 자체다. 대상을 신으로 만들고 내가 거기 예배를 하면서, 자신이 발명한 신을 모시는 안빈이라는 인간을 어떻게 이해할 수 있을까. 그러나 우리는 누구나 마음속에 영웅을 또는 신을 모시고 사는 법이다. 우리의 현실과 소설의 내용이 일치할 때 우리는 그럴듯함을 느낀다.

"내가 신이라는 게 아니요. 내야 동물적이요 또 동물적인 범부요 속인이겠지만, 내가 순옥을 볼 때에는 그 속에 있는 신성만을 보고 싶단 말이요. [···] 나는 순옥을 한 여성으로 보지 아니하고 ··· 벌써 사람의 경계를 넘은 존재로 보았단 말요. 정직하게 고백을 하자면, 순옥이가 젊고 아름다운 한 인류의 여성으로 내 눈을 끄는 순간도 없는 것이 아니었지마는 그래도 나는 그를 한 성인으로, 이를테면 신성으로 사랑도 하고 존경도 해 왔단 말요. [···] 사실은 내 스승이야, 내 지도자고." (p. 162)

르네 지라르(René Girard, 1923-) 식으로 말하자면, 안빈이 사랑을 실천하는 중개역을 하던 인물이 대상으로 전환되는 국면이다. 대상을 신으로 승격화하고 나면 그 대상은 신앙의 대상으로 다시 격상된다. 끝없이 격상되는 대상이 표면화되는 데서 소설적 진실은 속됨을 벗어나 허영으로 전환된다.[4] 그러나 그 허영을 누구의 시각으로 보는가 하는 데 문제가 있다. 독자 편에서 그 허영을 가감 없이 수용하는 경우 독자에게 대상은 신으로 비친다. 그리하여 독자는 자기 내면에 주인공과 신을 공유하게 된다.

---

4 René Girard, *Mensonge romantique et vérité romanesque*, 김치수 · 송의경 역, 『낭만적 거짓과 소설적 진실』, 한길사, 2002 참조.

간호원을 이상화하는 예는 다음과 같은 데서도 찾을 수 있다. 결핵요양원을 만들겠다고 하면서 좋은 간호부를 찾는 안빈의 말은 이렇게 되어 있다.

"좋은 간호부가 어려워. 병원에는 실상 간호부가 어떤 의미루는 의사보다두 힘이 있거든. 환자를 기쁘게 하고 위안을 주고 하는 것은 간호부란 말야. 또 환자로 하여금 의사를 신임하게 하는 것도 간호불세. 순옥이야말로 참 좋은 간호부였었지, 하하. 아까운 간호부가 의사가 되었어, 하하. 하고 안빈은 전에 없이 소리를 내어 웃는다." (p. 259)

간호사의 가치를 극대화하는 양상은 다음에서도 볼 수 있다. 간호사를 예수나 부처의 위치로 올려놓은 것이다. 그리하여 '좋은 간호원이 있는 나라 좋은 나라'의 등식이 만들어진다.

"인원이가 간호부가 되면 좋은 간호부가 될 거야, 참 두뇌가 명석하거든. 그리고 쌀쌀스러운 듯하면서도 동정이 많은 사람이야. […] 그렇지마는 세상에서 간호부란 얼마나 거룩한 직업인지를 잘 인식하지 못하지. 간호부들 자신도 그렇구, 일반 민중두 그렇구."

"결국은 좋은 백성들이 사는 나라라야 좋은 간호부가 있을 것입니다."

하는 영옥의 말에, 안빈은,

"음 옳아 옳은 말이야. 석군 말이 뜻깊은 말일세. 부처님이나 예수시나 다 넓은 의미의 간호부시거든. 평생을 좋은 간호부루 사셨거든." (p. 259)

위와 같은 시각으로 본다면 간호사는 환자를 평등으로 대해야 한다는 논리가 선다. 이러한 주체의 전환은 다음과 같이 구체화된다.

"간호부의 눈에는 환자는 다 평등이지. 값있는 사람이래서 간호를 하여주고, 값없는 사람이래서 간호를 아니하오?" (p. 271)

그런데 간호사의 눈으로 보면 세상에 완전한 사람이란 없다. 간호사의 눈이라기보다는 의사, 성자, 인격자의 눈으로 보았을 때, 부처 경지의 자비심으로 보았을 때 측은하지 않은 존재가 있겠는가.

> "어디 완전한 사람이 있나, 세상에? 의사의 눈으로 볼 때에는 다들 몸에 무슨 병이 있는 모양으루 마음에는 더하거든. 더구나 현대 사람은 마음으루 보면 모두 병 투성이거든. 건강한 남자가 어디 있나? 건강한 여자는 어디 있고? 몸이나 마음이나 말야. 그러니까 혼인을 하거나 친구를 사귀거나 또 부자 형제간에도 말야, 서로 환자를 간호하는 심리를 가지는 길이 옳은 길이지. 그래서 저편이 무엇을 잘못하면, 오, 병자니까 그렇다 이렇게 용서하고 또 제 몸이 고달프면, 오, 병자를 간호하는 사람이 고달픈 것은 당연하다 이렇게 단념하고, 또 마음에 쾌락이나 행복에 목마른 생각이 날 때면, 응, 우리 집 식구들이 다 건강하고 행복된 날에야 내게도 쾌락과 행복이 있을 것이다. 이렇게 생각하고 살아갈 것이 인생이 아니오?" (p. 271)

석순옥이 환경이 열악한 간도(間島)로 가는 것은 자신이 신으로 설정한 대상, 안빈에게 누를 끼치지 않기 위한 일종의 도피행각이다. 간도에 가서 일을 하다가 병을 얻은 석순옥은 그에게 딸린 식구들이 모두 죽음에 이르자 조국으로 돌아온다. 석순옥이 간도에서 돌아와, 안빈이 세운 '북한요양원'에 입원하여 치료를 받는 동안 그는 '모범환자'가 된다. 간호사와 의사와 환자의 위상이 동일선상에 정리되는 것이다. 심리적 탈색이 이루어진 인물들은 신성함을 위해 인간적 감정이나 욕망을 버린다. 욕망이 제거된 인간의 심리에 성스런 허영이 자리잡는다. 그러나 이는 연구자의 눈이다. 여러분 모두가 그렇게 보는 것은 아닐 줄로 안다. 수용적으로 바라보는가 비판적으로 바라보는가에 따라 대상이 그렇게 달리 규정된다는 것을 아는 것만으로도 이 소설을 읽는 의미가 있다.

의사와 간호사의 관계

이 소설에 나오는 인물들은 좋은 쪽으로든 나쁜 쪽으로든 간에 극단적으로 이상화되어 있다. 이는 이상주의자 이광수 소설의 일반적 특징이기도 하다. 소설론에서는 인물이 극단적으로 강조되거나 정형화되면, 이른바 사르트르(Jean Paul Sartre, 1905-1980)가 말하는 '소설적 자유'를 확보하기 어렵다고 한다. 이 작품에는 성인과 악인이 양편으로 매우 폭넓은 스펙트럼을 이루면서 포진되어 있다.

석순옥이 성인의 경지에 이르는 길을 위해 다른 인물들은 희생을 겪는 형국으로 되어 있다. 허영이라는 인간에게 철두철미하게 피해를 입은 석순옥인데, 북한요양원에서 고백하는 내용으로는, 석순옥이 그 피해를 소화하는 방법을 일상적 감각으로 이해하기 어렵게 되어 있다. 석순옥이 일생에 한이 꼭 하나 있다는 이야기를 하면서 "이애(길림에서 낳은 허영의 딸) 아버지허구 이애 할머니허구 편안한 마음으루 돌아가시게 하지 못한 것이 평생 한이야요."(p. 295) 라고 고백한다.

그것은 의사 안빈이 석순옥에게 교육한 내용이기도 하다. "선생님의 한량없으신 덕 가운데서, 단 한 가지 제 지혜로 알아지는 것만을 붙들고 일생을 살아왔습니다. 그것은 저를 죽여라, 하는 정신이라고 보았습니다. 저를 죽이고 너와 인연 있는 자를 사랑하여라, 무한히, 무궁히, 무조건으로."(p. 296) 자기희생과 남에 대한 무조건적인 사랑으로 요약할 수 있는 것이 그 교육 내용이다. 희생(犧牲)이라는 말 자체에 헌신(獻身)이라는 내용이 포함된다. 헌신은 자기를 죽여서 절대자에게 바치는 일이다. 사람이 그것을 실천하기가 어렵기 때문에 다른 짐승으로 대신하는 것을 희생이라 한다. 희생의 선택은 종교적 차원의 결단을 요한다. 생명의 주고받음이기 때문이다.

희생과 사랑이 절대화되면 희생은 강요될 가능성을 드러낸다. 나와 남의 준별(俊別)은 희생을 위한 요건이다. 거기서 상생(相生)의 논리가 싹틀 수 없다. 상생의 논리라고 해도 포용의 한 양상일 뿐이다. 사제관계는 그의 초기 장편소설 〈무정〉에서부터 지속적으로 이어져 내려오는 테마이다.

다음은 인간관계 가운데 사제관계의 중요성을 강조한 대목이다.

> "인생의 관계 중에 가장 거룩하구 영원성을 가진 것이 사제관곌 거야. 예수와 인류, 부처님과 중생, 그것이 다 사제관계니깐. 하긴 그래. 사제관계가 제일이야. 사제관계 이상 관계가 없어."(p. 100)

의사와 간호사의 실질적 관계를 이 작품에서 귀납하는 것은 위험한 발상이다. 소설은 어쩔 수 없이 허구의 양식이다. 허구는 그 자체가 목적이 아니다. 사실을 엮어서 재구성하는 가운데 이루어지는 허구는 진실을 추구하는 문학적(소설적) 형상화 방법이다. 따라서 여기서는 간호사와 의사의 관계가 특수하게 설정되어 있다는 것을 지적하고, 그것이 무엇을 의미하는지 살피는 것으로 만족하고자 한다.

이 작품의 제도적인 배경이 문제가 될 수 있는데, 이는 지금의 의료체계와는 다른 제도에서 이루어지는 활동이다. 또한 인물의 성격이 그러한 제도에 맞게 설정되어 있기 때문에 의사 편에서 압도적인 주도권을 쥐게 된다. 그러나 우리들이 추구하는 주제에서 본다면 '간호사와 의사의 상호 전환관계'가 눈여겨볼 만한 점이다. 석순옥이 간호사에서 의사가 되어 활동하는 것, 또한 의사가 입원해서 간호를 받게 되는 설정 등은 의사와 간호사의 일상적 규칙을 반성해 보게 한다. 원론적으로 말해서 소설은 이러한 상황의 역전 가능성을 통해 인간의 가능성을 탐구하는 것이다.

조금 성급한 감이 있지만, 배려의 윤리는 결국 인간의 가능성에 대한 안타까움과 같은 것이다. 조금만 배려가 있으면 생명을 구할 수 있는 저들인데, 그 절대의 가치를 서로 인정하고 그것을 실천하는 데서 윤리가 확보된다.

5) 의사 안빈은 어떤 사람인가

열정의 인간

이 소설의 주인공 가운데 하나인 안빈은 '안빈외과소아과의원' 원장, 의학박사, 문학박사, 작가, 40대의 명망 있는 인사 등으로 요약된다. 이 인물은 이광수 자신의 이미지를 담고 있다는 점은 앞에서 언급한 대로다.

그가 열정의 인간으로 그려진 것은 자기 병원 실험실에서 실험을 하는 과정을 통해서 약여하게 드러난다. 사람의 감정 변화 추이를 따라 체액이 변하는데, 저급한 사랑의 체액에서는 아모로겐(amorogen, 그런 우스운 것이 있나? 이러한 물질의 존재 여부는 묻지 않기로 한다. 허구니까.)이 검출되고, 성인의 경지에 이른 인간의 사랑에서는 아우라몬이 검출된다는 것이다. 석순옥에게 안빈이 '성인' 명칭을 부여하는 것은 그가 제공한 피에서 '퓨어 아우라몬'이 발견된다는 데서다(p. 51). 안빈이 "생리학으로는 의학박사 학위를, 심리학으로는 문학박사 학위를 얻게 되었다."(p. 54)라고 하지만, 그런 학위를 받게 되는 과정에서 그가 보여 주는 열정이, 성직자적 설교의 많은 부분에 실감을 부여한다는 점이 중요한 의미를 지닌다. 소설의 형상화를 위해서 그 과정의 묘사는 사실 여부를 떠나 결정적인 역할을 한다. 한편 전신을 투구하여 부단히 시도하는 그 탐구의 열정은 삶의 의지를 형상화는 데에 기능적이라는 소설적 의미를 지니는 것으로 보인다.

그러한 열정은 과학의 탐구로 이어진다. 실험과 실험을 거듭하는 가운데, 그 결과로 얻어내는 이론은 (소설에서는 사실 믿을 만한 것이 못 되지만) 당시 지식사회의 선도역을 할 만한 모티프가 된다. 이 또한 열정의 소산이다. 그리고 이광수가 〈개척자〉에서 보여 준 김성재의 과학 탐구의 열정과 상호 연관되는 사항이라는 의미를 지니는 것이기도 하다. 탐구하는 인간은 프로메테우스적인 원형(아키타입)이라는 의미를 띤다. 어떤 인물이 상징성을 띠고, 그것을 지나 원형으로 다가가면 그 작품은 보편성을 띤 주제를 다루는 것이 된다.

교사로서의 인간

석순옥이 안빈을 부르는 말 가운데 가장 자주 나오는 것이 '선생님'이다. 선생님이라는 호칭은 특별한 의미를 지닌다. 이러한 존칭은 대상의 위치를 높이는 데 기여하며, 그것은 대상과 거리를 유지하기 위한 방안이 된다. '선생님'이라 해 놓으면 애정의 대상에서 배제하겠다는 의미이다. 이는 자연스럽게 자신의 내부에서 솟아오르는 육신의 욕망을 다스리는 기제(機制)가 된다. 이 소설에서 사제관계를 강조하는 내용이 직접 나오기도 하거니와, 사제관계가 다수 설정되어 있는 것도 이광수 소설의 한 특성을 보여 주는 예라 할 수 있다.

이 소설에서는 의사들이 여러 상황에서 등장한다. 의사 안빈과 간호사 석순옥, 의사로서의 석순옥과 북간도의 이의사, 석순옥의 오빠 영옥과 그의 환자 허영, 북간도의 베크 원장과 이의사 등의 관계가 설정되어 있다. 이 관계는 상호 사제관계로 전환된다. 상대방에게 교사가 되어 주면서 자신이 교사로 자리를 굳히게 되는 구조를 보여 주는 것이다. 이는 심리적 전이 현상으로 설명될 수 있는 사항이다. 아무튼 여기서는 교사로서 안빈의 인간됨을 문제삼는 자리이다.

제도로서의 교사는 일종의 계몽의식의 소산이다. 이는 근대화의 한 과정을 상징적으로 보여 준다. 수평관계 속에서 개인의 이해관계를 따라 형성되는 관계가 아니라, 수직관계를 상징적으로 실현하는 관계이다. 따라서 안빈의 종교적 설교나 설법이 통용된다. 그래서 잘된 소설이라는 판단은 아직 이르다. 다만 다른 인물의 설법이나 설교라면 자연스럽지 못한 경우가 될 수도 있는데, 안빈의 위치를 교사나 성직자로 설정함으로써 소설의 형상성을 성취하고 있다는 점은 주목된다. 거듭하거니와 소설의 내용이 진부하더라도 그것이 실감을 얻게 되면 진정성을 띠게 된다.

초월적 인간

안빈은 석가와 예수를 함께 섬기는 사람이다. 필요에 따라 성경과 불경을 자유자재로 인용할 수 있는, 종교적 교양을 갖춘 인사이다. 초월적이기 때문에 정신과 육체의 이념적 괴리가 느껴지기도 한다. 그러나 맥락을 달리하면 그런 이상주의자, 초월적 사유를 통해서만 윤리적 실천은 한 단계 높은 위치를 확보하게 된다.

백척간두 위에서 앞으로 한 발 더 나가라 하는 인간이다. 허영이 죽게 되었을 때 석순옥에게 "거기로 가라, 너를 필요로 하는 곳에 가라"고 권유하는 것은 그가 초월지향적 인간이기 때문에 가능한 일이다. 배려의 윤리가 희생을 강요한다는 혐을 잡힐 수도 있다. 그러나 경제법칙에 따라 주고받기가 이루어지는 근대, 즉 자본주의적 발상을 초월할 수 있는 논리는 그런 초월적 인간이라야 모색이 가능한 것인지도 모른다. 이는 배려의 윤리에 초월적 인간상이 필요한 이유를 고려할 수 있게 하는 점이다. (남들처럼 똑같은 물질생활을 하는 것이 간호인의 현실인데, 초월이라니요? 정신이 있으신지요, 하고 말할 수도 있다. 그런 질문은 또 달리 설명이 가능하다. 문학사회학 같은 데서는 그런 원리를 바탕으로 이 작품을 설명할 수 있을 것이다. 르네 지라르의 『낭만적 허위와 소설적 진실』에 설명된 모방의 심리, 사제관계는 위와 같은 사항을 잘 설명할 수 있는 근거를 제공한다. 다만, 당시의 사회 정황에서 자본주의가 그렇게 고도로 발달한 단계인지는 다른 검증이 있어야 한다.)

목석 같은 인간의 측은지심

안빈은 목석 같은 인간이다. 유행가 투로 말하자면, 그 사내가 석순옥이를 울린다. 물론 자기가 자초한 일이지만. 그런데 그의 매력은 무한한(이 낭만성!) 측은지심(惻隱之心)을 지니고 있다는 점이다.

주자학에서 설명하는 바에 따르면, 인간은 사단(四端)을 지니고 있다. 사단은 인의예지(人義禮智)이다. 인에서는 측은지심이, 의에서는 수오지심(羞惡之心)이, 예에서는 사양지심(辭讓之心)이, 지에서는 시비지심(是非之心)이 우러나온다는 것이다.[5]

의사 안빈은 겉으로 보기는, 특히 여성(어떤 경지에 이르면 남성이니 여성이니 하는 이성이라는 것이 없다고 하지만)에 대해 참으로 목석 같은 인간으로, 현실적 욕망이 소거된 인간으로 그려져 있다. 그런데 그의 마음자리에 자리잡고 있는 것, 평생 성취하고자 하는 것은 사랑이고, 그것은 동양식으로 인(仁)에 해당한다. 불교식으로 말하자면 자비가 된다. 달리 '보살핌'이라고 해도 좋을 것이다.

어린애가 우물에 빠지려고 한다. 빠지면 죽는다. 허겁지겁 달려가 건진다. 그런 마음자리가 측은지심이라고 맹자는 설명한다. 예컨대, 상황을 하나 설정해 보자. 자갈이 깔린 골짜기에 병사 하나가 피를 흘리며 살려 달라고 애원을 한다. 달려가 보니 적군이다. 계급장 달린 모자는 벗어서 뒤꽁무니 주머니에 넣고 그 병사를 치료해 준다. 그런 마음자리, 그것이 나와 남을 뛰어넘을 수 있는 배려의 윤리 그 바탕이 되지 않을까. (아군과 적군을 가리는 것은, 결국 이데올로기에 충실한, 이데올로그의 행동일 뿐이다. 그것은 배려와는 거리가 먼 것이다. 따라서 비윤리적이다. 생명을 이데올로기화함으로써 비생명적인 것으로 만들기 때문이다.)

안빈의 성격을 대충 검토해 보았다. 소설에서 한 인물의 성격을 그려진 대로 찾아 밝히는 것은 큰 의미가 없을지도 모른다. 소설 속의 인간은 다른 인간과 관계를 가지기 때문에 독특한 의미가 형성된다. 안빈을 중심으로 형성되는 인간관계는 배려의 윤리를 형상화하는 데 적절하게 '배려'가 되어 있다. 열정을 지닌 교사의 초월적 성향은 인간사 세속의 논리를 거부한다. 세속의

5 맹자에서 비롯된 인간심성론의 이러한 경향은 주자에 이르러 '사단칠정론'으로 발전하였고, 조선시대에 와서는 이황, 이이, 기대승 등으로 논의가 발전적 전개를 보였다.

논리를 거부한다는 점에서 이 소설은 전근대적이라는 평을 들을 수도 있다. 그러나 근대적인 것을 가지고 근대를 초월하는 것이 불가능하다면, 역으로 이러한 설정은 근대를 위한 배려라 할 수도 있지 않겠나.

6) 배려의 윤리를 형상화하는 방법으로서의 대화

대화는 남이 있어야 한다

간호사라는 직업은 간호할 대상이 있어야 일을 할 수 있다. 의사도 환자를 대상으로 치료행위를 한다. 그런데 간호할 대상은 의사들이 치료하는 대상과는 성격이 좀 다르다. 간호 대상인 환자들은 의사의 치료 과정에 있거나 치료가 끝났지만 위안과 보살핌이 필요한 대상들이다. 의사의 치료 대상보다 간호사의 간호 대상이 한결 넓은 셈이다. 간호사가 간호의 대상으로 하는 사람, 그 환자들은 나를 제외한 일체의 것이다. 인간, 짐승, 풀과 나무 등 자연까지. 의사 안빈이 불경을 전거로, 섬겨야 할 대상으로 부처, 조국, 부모, 중생을 드는 것은 의미 있는 타자의 범위를 극대화한 예라 할 만하다. 병을 가진 환자가 아니라 위로받고 누군가의 배려 가운데 있어야 자기 존재를 확인할 수 있는 그런 대상들이다. 간호사의 일은 그런 대상들과 대화를 하는 것이다.

언어적 대화는 '너'의 얼굴이 내 앞에 있어야 한다. 남, 타자는 나를 비추는 거울이다. 너는, 너의 얼굴은 내가 나로 형성되기 위한 자료이다. 나는 남의 기억의 집적물(集積物)인지도 모른다. 따라서 남(대화 상대인 너)은 내 존재의 근원이다. 이러한 역설 가운데 있는 것이 간호사의 존재근거이다. 다른 사람이라고 다르지 않다. 다만 간호사가 하는 일에 있어서 좀 두드러진다는 뜻이다.

그런데 그 존재의 가증스런 얼굴이 내비치는 것은 끔찍한 일이다. 나의 약점과 치부를 내 스스로 보아야 하기 때문이다. 그래서 랭보(Jean Nicolas Arthur Rimbaud, 1854-1891)의 말처럼 "타인은 지옥이다." 다른 한편 나의 존재를 가능하게 하는 타인(거기 나도 포함되어 있다)은 우주이다. 지옥과 우주 사이에 언어의 다리를 놓아 가면서 일을 해야 하는 것이 간호사의 직분이다.

너는 내 존재의 근원이라는 이 모순명제가 소설 〈사랑〉에서처럼 잘 형상화된 예는 흔치 않다. 안빈에게 석순옥이, 석순옥에게는 안빈이 그러한 타자이다. 이 경우의 타자는 우상적 성격을 지닌 타자이다. 내 존재 근거를 선(善)으로 설정할 수 있게 해 주는 타자인 셈이다. 그러나 간호할 대상으로 타자가 그렇게 선한 의지를 지닌 인물로만 한정되는 것은 아니다. 만일 그렇다면 그것은 너무 안이한 이해거나, 진실을 왜곡하는 일이 될 수도 있다. 이 소설에서 깨달음이 있는 인물들에게는, 그 인물이 어떤 악역으로 설정되었든지 모두가 내 존재의 근원으로서 타자가 된다. 그러한 점에서 이 소설은 대화를 다수 포함하고 있지만, 사고구조로는 단일논리적이다. 즉 비대화적이며 설교적이다.

언어적 대화의 강점은 인용하고 지시할 수 있다는 점이다. 구체적 시공간에서 신체적 교섭으로 이루어지는 대화에서는 인용과 지시가 불가능하다. 언어적 대화에서 너뿐만 아니라 '너의 너', 내게는 제3자가 되는 미지의 존재 또한 배려의 대상이 된다. 아니 그렇게 되어야 한다. 너를 괴롭히는 그의 이야기를 너한테 듣고 나는 너를 보살펴야 하기 때문이다. 존재의 연쇄를 위해 설정되는 타자의 스펙트럼이 어디에 닿는가에 따라 그 존재의 존재다움이, 그 자리가 결정된다. 그러한 점에서 대화의 대상을 넓히는 일은 그 자체가 윤리성을 지닌다.

이러한 양상의 극단에서 주체가 대상으로 전화(轉化)된다. 또 그 역도 성립한다. 석순옥과 안빈이 서로 성인이니, 순수니, 선생이니 하고 추켜올리는 것은 주체와 대상의 상호 전화의 양상이다. 방정환(方定煥)의 〈어린이예찬〉을 상기할 일이다. 남의 존재를 인정하고 그 존재의 가치를 극단적으로 향상해 놓는 데서 대화의 속성이 변질되더라도, 나와 남의 관계 속에서 배려의 윤리

를 일궈낼 수 있는 것이다.[6]

윤리적 비대칭성

이광수 문학의 특징 가운데 하나로 '시혜의식'을 드는 것이 일반적인 경향이다. 시혜(施惠)는 남을 불쌍하게(어여삐) 여겨 조건 없이 베푸는 것을 뜻한다. 그러기 위해서는 시혜를 베푸는 쪽이 우월성을 지녀야 하고 그 우월성에 대한 표지가 있어야 한다. 지표가 선명하지 않은 시혜는 근본 의도를 의심받게 되기 때문이다.

한스 요나스(Hans Jonas, 1903-1993)가 강조하는 타자의 윤리에 따르면, "불쌍하면 무조건 도와라" 하는 데에 이르게 된다.[7] 주고받는 계산은 대칭적 윤리이다. 탈리온(talion)의 세계가 그런 원리로 운용된다. 동형복수법으로 통하는 세계, 계산과 이해득실을 따지는 그러한 세계는 자본주의를 바탕으로 하는 이익사회(게젤샤프트)가 그 표본일 것이다. 그러나 이를 조금 벗어나면 대상을 불쌍한 시선, 자비심을 가지고 바라볼 수 있게 된다. 인간의 본성으로 지녀온 측은지심이 근대라는 세계의 변화와 특성을 설명하는 논리에 벗어나는 것이라 해서 버릴 것인가는, 교육적 견지에서 다시 따져 봐야 한다.

불쌍하다는 감수성은 윤리의 바탕이다. 불쌍하다는 감각을 살려내는 데 헌신해야 윤리가 살아난다고 할 수도 있다. 원죄와 업보를 불쌍히 여기고, 용서하고 씻어내고, 당당할 것이라고는 없는 이승에서 당당하게 거드럭거리는 존재들의 불쌍한 모습을 안타깝게 여기는 데에 이르는 길은 결코 쉽지 않다. 안빈의 곁에 있어서 행복했다는 고백을 하는 석순옥의 생애는 그 자체가 불쌍

---

6 그것이 커뮤니케이션 이데올로기와 어떻게 맞닿아 있는가, 대결하는가 하는 것은 다른 논의를 필요로 한다.

7 Hans Jonas, *The Phenomenon of Life: Toward a Philosophical Biology*, 한정선 역, 『생명의 원리』, 아카넷, 2001 참조.

하기 짝이 없는 것 아닌가. 비유컨대 석순옥은 심청이의 딸이다. 희생제의에 참여하여 혹독한 시련을 겪은 연후에 얻어지는 몇 줌의 붉은 열매 같은 삶이다. 심청의 시련과 고난이 아니면 심봉사의 개안(開眼)이 있을 수 없다는 것이 우리 문학에서 확인되는 일종의 윤리의식이다. 그러한 점에서 〈사랑〉의 석순옥은 심청전의 주제를 계승하고 있다는 설명이 가능하다. 문학은 문학 안에서 유전된다. 이를 '문학의 전통'이라고 한다. 노스럽 프라이(Northrop Frye, 1912-1991)에 따르면 문학의 이러한 전승이 문학을 문학답게 하는 것으로 설명된다.[8]

이광수의 소설 〈사랑〉에는 불쌍한 사람과 불쌍히 여기는 사람만 있다. 그래서 무섭다. 막다른 골목인 까닭이다. 이 막다른 골목에서라야 배려의 윤리가 움터나온다면 이는 역설이다. 이상(李箱)의 시 〈오감도(烏瞰圖)〉가 그렇듯이. 심성의 승화를 요하는 까닭이다. 그렇다고 내가 시혜자의 자리에 늘 서야 하는가 하는 문제는 간단히 잘라 말하기 어렵다. 실천이 따라야 하는 문제이기 때문이다.

생명을 지닌 것들

모든 생명을 지닌 것들은 불쌍하다. 자유의 존재이기 때문이다. 완결되지 않은 자유의 존재들은 스스로 무엇인가를 만들어 가야 한다. 그러기 위해서는 다른 존재를 자기 안으로 이끌어들여 소화를 해야 한다. 그것은 처절한 투쟁이다. 생명으로 비유되는 것들 또한 불쌍하다. 비유 차원이라도 생명을 유지하는 데는 다른 존재와 연계가 있어야 하기 때문이다. 그 연계란 대체로 치열한 싸움이 동반되는 것이다.

생명을 지닌 것들은 조직의 그물로 연계되어 있다. 고속도로 공사를 위해

---

8 N. Frye, *Anatomy of Criticism: Four Essays*, 임철규 역, 『비평의 해부』, 한길사, 1988 참조.

베어지는 당산나무, 그 아래 똬리를 틀고 살던 구렁이, 그 옆에 놓여 있어 사람들의 절과 비손을 받던 바윗덩어리. 이들은 생명의 그물로 연계되어 있어서 그 고리를 끊게 되면 생명을 잃는다. 그런 생명의 고리가 끊기는 존재들은 불쌍한 대상들이다. 돌봐야 하는 것들이다.

생명이 있는 것들이 병에 시달리거나, 죽음에 처하게 될 때 불쌍하다. 불쌍한 존재들이라야 배려의 대상이 된다. 소설 〈사랑〉에서 하고많은 불쌍한 존재를 설정하는 이유도 여기 있을 것이다. 불쌍한 대상을 찾아내는 눈은 그 자체가 자비(慈悲)의 눈이다. 그러한 눈은 배려의 윤리를 바탕으로 해서라야 자라난다. 병을 치료하고 치유하는 것은 배려의 윤리가 아니면 가능한 영역이 아니다.

"생명에는 내재하는 규범이 있다." 즉 자기 나름의 질서를 가지고 있다. 그 질서가 파괴된 것, 맞물리지 않는 것을 '병'이라고 한다.[9] "건강이란 유전의 수정이자 효소의 수정이다. 효소는 유전자가 단백질의 세포 내 합성을 지배할 때의 매개물이다. 병이라는 것은 잘못 만들어진 것이며 잘못되어 있는 것이다. 이것은 가짜상표라든가 배신자 같은 의미에서 잘못된 것이 아니라, 아귀가 잘 맞지 않은 접힘점(faux pli)이라든가 파격적인 시(vers faux) 같은 의미에서 잘못된 것을 말한다."[10]

깡길렘(Georges Canguilem)의 스승 가스통 바슐라르(Gaston Bachelard, 1884-1962)와 그의 제자 미셸 푸코(Michel Foucault, 1926-1984) 등을 다시 읽어야 '생명에 내재하는 규범'에 대한 설명이 선명해질 수 있는데, 이는 과제로 남겨 두어야 할 것 같다. 다만 바슐라르가 시를 통해 자신의 세계관을 상상력의 유형론으로 정리한 것은 시 속에서 '생명에 내재하는 규범'을 발견한 결과라는 의

---

9 Georges Canguilem, *Le normal et le pathologique*, 이광래 역, 『정상과 병리』, 한길사, 1996 참조.

10 위의 책, p. 293.

미를 지닐 것이란 점은 분명하다.

석순옥의 배우자(였던) 허영이 시인으로 설정되어 있고, 감동 없는 시를 쓴다고 질책을 받는 것은 눈여겨볼 만하다. 병자의 형상이기 때문이다. 그는 간호사와 의사 앞의 병자, 환자이다. 그가 석순옥과 만난 것은 '잘못된 만남'이다. 운명의 주름이 잘못 접힌 것이다. 이 잘못 접힌 운명의 주름을 펴는 방법은 안빈에 의해 제시되는데, 앞에서 밝힌 바와 마찬가지로 안빈의 존재가 절대화된 상태에서 추구하는 초월의 방식이다.

생명의 질서를 회복해 주는 일, 잘못 접힌 생명의 종이를 다시 접어 주는 일, 파격의 시를 정격의 시로 만들어 주는 일, 그리하여 생명으로서의 본질을 유지할 수 있게 하는 일, 그것이 의사의 일이고 간호사의 일이다. 따라서 이는 윤리적 결단이고 실천을 요하는 과업이란 성격을 띤다.

윤리적 감각의 형성은 자동적으로 되기보다는 교육을 통해 이루어진다. 그런 점에서 소설 〈사랑〉은 문학교육을 생각하게 한다. 이러한 감각을 개인 독자 가운데 살려내는 일이 문학교육의 몫이다. 지금까지 문학교육은 과도하게 머리 중심으로 이해하고 설명하는 데 치우쳤다. 그렇다면 이제 문학의 다른 쪽을 다시 보아야 한다. 문학교육은 잘못 접힌 주름인지도 모를 일이다.

7) 몸의 윤리

이미 지적한 바이지만, 우리가 살피고 있는 〈사랑〉이라는 소설에 핵심어로 등장하는 것 가운데 하나가 '희생'이다. 석순옥의 생애 자체가 그렇고, 그가 존경하는 안빈의 삶이 그렇다. 희생(犧牲)은 글자 그대로 산 짐승을 잡아(죽여서 피를 내어) 제단에 비친다는 뜻이다. 자기 자신의 몸을 바치는 것. 바친다는 것은 죽음을 감수한다는 뜻이다. 따라서 대가를 바랄 수 없다. 대가를 바라는 것은 장사이다. 장사는 살아 있어야 한다. 따라서 장사는 세속의 논리로 계산되는 세계이다. 그러나 희생은 세속의 논리를 넘어선다. 윤리적 실천은 희생을 요구한다. 다만 그 희생이 강요된 것이 아니라 자유의 발양(發揚)이라는 양식으로 수행된다.

몸, 육신, 육체. 그것은 생명의 다른 말이다. 한스 요나스(Hans Jonas)에 따르면 생명은 내면성으로서 자유를 추구하며, 자기조직화하는 역동적 개방체계로 되어 있어서 균형을 유지하고 조절 작용을 해 나간다. 이는 생명 개체나 집단적 생명공동체나 마찬가지이다. 생명현상은 생명체가 살려고 애쓴다는 사실로서 윤리적이다. "우리가 만약 '생명의 존엄성'이라는 도덕적 가치를 주장할 수 있다면, 그 가장 원초적인 근거는 생명체가 살려고 애쓴다는 사태 자체일 것이다."[11]

살려고 애쓰는 존재들은 나의 몸을 통해 수용되고, 그것이 수동적으로 수용되기 때문에, 내가 다른 존재-타자를 받아들인다는 것은 희생을 전제하게 된다. 그런데 그런 희생을 통해서만 유한한 개체의 생명은 무한으로 연장될 수 있다. 이 생명의 무한한 연장을 가능하게 하는 존재로 간호사(간호원)이 상정된다는 것은 의사의 일보다 더욱 본질적이라는 생각을 하게 된다.

배려의 윤리가 유한한 인간의 무한성을 보장해 주는 것이라면, 〈사랑〉의 소설적 형상화 수준은 다른 맥락에서 논의되어야 할 것이다. 이전의 평가가 수정되어야 한다. 아울러 문학교육에서 소설의 범위를 확장하고 이전의 대상을 다시 검토할 필요가 제기된다. 어느 한 경향, 하나의 이데올로기, 어느 특정 시대의 시대정신 등을 반영한 소설을 소설의 전부인 것처럼 취급하는 것은 정당한 배려가 아니다.

11 Hans Jonas, 앞의 책, p. 574.

자기 서사와 자기 치유, 자기 간호

자아를 극대치까지 확대했을 때 자아와 타자의 구분이 사라질 수 있다. 그런데 그러한 세계는 이야기를 통해서만 구축할 수 있다. 그것은 이야기를 통해 만들어 낼 수 있는 희망이고, 구체성이 있는 희망이다. "잘 될 겁니다." 그렇게 말하는 것은 너무 추상적이다. 현재 나의 상황을 고려하여 구체화하자면 이렇게 될 것이다. "당신의 병(아킬레스건염)이 다 나으면 차를 몰고 철새도래지 천수만에 가서 푸득이며 하늘로 날아오르는 청둥오리 사진을 찍을 수 있을 것입니다." 이렇게 말해야 구체성이 있고 실감이 간다. 구체성이 있는 가능성은 단지 이야기 가능성에 머물러서는 안 된다. 실천구도 속에서 나 자신의 의지와 의욕을 '투사하는' 자신의 이야기를 만들어야 한다. 그 이전에는 나는 나를 움직여가는 타인의 존재에 둘러싸인 무력한 존재일 뿐이다.

내가 환자가 되었을 때, 내 존재를 좌우할 수 있는 사람들이 나를 포위한다. 나를 병원에 보내줄(안 보내거나 못 보낼 수도 있다) 가족, 내 병을 치료해줄 의사, 그리고 내 병력을 관리하고 내 고통을 들어 줄 간호사, 이런 사람들이 나의 이야기를 만드는 에너지원이 된다. 나의 이야기는 나의 정체성의 이야기이다. 병이 나더니 이전의 그 사람이 아니더라, 한다면 정체성은 완전히 와해되고 만다.

"인간의 정체성은 자기 투사를 추구하는 개인의 이야기에 의해 기술될 수 있다. 인간의 도덕적 본성은 바로 이러한 이야기를 할 수 있는 인간의 존재론적 특성으로부터 나온 것이다. 즉 고통과 아픔을 경험할 수 있다는 그들의 상처받을 수 있는 가능성, 그리고 자기 투사를 스스로 할 수 있는 능력"에 도덕적 본성이 있다고 한다.[12]

---

12 Steven D. Edwards, *Phylosophy of Nursing: An Intruduction*, 공병혜 역, 『돌봄과 치유의 철학』, 철학과 현실사, 2004, pp. 161-167.

병을 정상으로 돌려놓거나 고통을 완화하는 것은 평범한 의미의 치유일 것이다. 그리고 잘못된 이야기를 정상적인 이야기로 만들어 가는 과정 또한 치유의 과정일 터이다. 정신병에서는 잘못된 이야기 바로잡기가 가장 중요한 추구 대상이 된다. 이 과정에서 문학을 공부하는 사람으로서 생각할 수 있는 최선의 방법은 치유 과정에 참여하는 이들이 공동으로 환자의 정체성을 구성하는 데 도움을 주어야 한다는 점이다.

환자의 말을 잘 들어주지 않는 의사는 환자와 인격적 거리를 유지함으로써 상처를 입지 않으려는 과학자의 계산이 안에 깔려 있는 것으로 보인다. 노벨 평화상을 받은 버나드 론(Bernard Lown, 1921-)은 이렇게 기록하고 있다. "레빈 선생님은 내게 임상에서 가장 요체가 되는 것은 환자의 말을 듣는 것, 즉 병력의 청취이며, 효과적인 청취를 위해서는 청각뿐만 아니라 모든 감각을 동원해야 한다고 가르쳤다." 환자의 말을 전신적 감각으로 들어 준다는 것은 존재의 교환을 연상하게 하는 윤리적 행위가 된다. 그리고 이어서 이렇게 적어 놓고 있다.

> 의학교과서나 의학 수련과정 어디에도 의사가 환자의 인격체 내로 깊숙이 개입해 들어가야 한다는 내용은 없다. 환자를 치유하는 의사가 되기 위해서는 무엇보다 먼저 듣는 법을 배워야 한다. 할말이 많은 환자들에게는 의사가 그의 말을 사려깊게 들어주는 것 자체가 치료의 과정이 된다.[13]

환자의 말은 이야기이다. 그 안에는 환자의 과거 병력뿐만 아니라 환자의 자기 투사로 형성된 정체성 모든 것과, 환자의 모든 소망과 미래가 통째로 담겨 있다. 그런 이야기를 들어 줄 수 있는 사람이 의사만은 아니다. 간호사가

13 Bernard Lown, *The Lost Art of Healing*, 서정돈 외 역, 『치유의 예술을 찾아서』, 몸과 마음, 2003, p. 36.

있고, 가족이 있다. 그런데 문제는 이들 사이의 관계가 대화적으로 연계되어 있지 않다는 데 있다. 환자와 가족은 물론이고, 환자와 의사 사이에 이야기가 잘 안 되는 것이 현실이다. 환자를 사이에 두고 의사와 간호사 사이에 어떤 형태의 소통이 이루어지고 있는지, 그리고 그러한 소통이 환자의 이야기 구축에 얼마나 기여하는지 검토가 있어야 한다. 그리고 그 소통을 증진하는 방법이 학술 차원에서 모색되어야 한다.

아무리 이상적인 조건이 갖추어진 이야기 맥락에 환자가 자리잡고 있더라도, 환자 자신의 생에 대한 의욕과 자기 정체성 형성을 위해 자기 몸을 다스리는 윤리감각이 결여되어 있다면 환자의 치유는 가망성이 없다. 호주에 사는 코알라는 몸에 병이 생긴 것을 알면 유칼립투스(eucalyptus) 나무를 찾아 그 잎을 따먹고 자기 몸의 병을 스스로 치유한다고 한다. 주체가 자기의 질병을 스스로 치유하고자 하는 의지와 실천은 생명체로서 인간의 본성(본능)에 해당할 것이다.

환자 스스로 자신의 질병과 고통을 메타적으로 성찰할 줄 알아야 한다. 그러기 위해서는 결국 환자가 자기 치유와 자기 간호를 지속해 감으로써, 간호의 타자배려적(other-regarding) 속성을 자기 배려의 예술적 속성으로 전환해야 한다. 여기서 타자의 철학과 자아의 철학이 합일점에 도달할 수 있는 가능성이 나타난다. 이러한 가능성을 발굴하고 개척한 이야기가 문학적 서사가 도달할 수 있는 간호학의 이해 그 어느 지점에 해당할 것이다. 자기 치유와 자기 간호의 원리와 실천을 형상화한 작품을 다시 의료계에 돌려주는 일은 문학을 하는 이들의 과제이기도 하다.*

* 이 글은 2007년 1월 15일 한국과학기술회관에서 있었던 '한국간호과학회' 특강 자료를 문학과 윤리의 관점에서 손질한 것이다.

09 소설독서현상의 방법론적 역동성

– 박완서의 〈싱아〉 에코페미니즘적 읽기

소설의 본질과 소설독서

문학을 연구하는 현장에서 강조점의 위치는 줄곧 변화를 겪어 왔다. 맨 먼저 작가에 관심을 두었다. 작가의 의도니 주제의식이니 하는 것이 그런 항목이다. 다음으로 치중해 온 것은 작품의 구조며 인물, 시점, 문체 등에 집중한 작품 분석이다. 독자의 국면에 관심을 가지게 된 것은 그리 오래된 일이 아니다. 독자의 심리, 인식, 해석, 사회적 위상 등에 대한 관심이 그러한 예인데, 이에 대한 관심은 근래에 부상되었다. 그러나 독자의 내면에서는 이러한 요소가 통합적으로 작용하는 것이 실상이다. 이 점에 대한 정당한 고려가 문학연구의 수준 향상에 기여하는 게 사실이다.

교육 현장의 문학교육에서는 작품 분석에 치중해 왔다. 이는 미국 신비평이 한국 문학교육에 미친 영향으로 밝혀져 있다.[1] 이에 대한 반성은 독서의 다른 측면에 시선을 집중하게 했다. 그래서 독서의 과정을 중시해야 한다거나, 독서활동은 독자의 의미구성 과정이라는 독서론을 바탕으로 독서를 규정

1 우한용, 『한국 근대문학교육사 연구』, 서울대학교출판부, 2009, pp. 182-211.

하고 텍스트에 내재된 의미구성 가능역(可能域)을 홀시하는 경향이 생겼다. 이는 자칫 독서행위에서 독자의 전권을 인정하는 방향으로 흐를 우려가 있어 작가, 텍스트 같은 본질요건을 도외시하기 쉽다. 소설의 경우는 더욱 그러하다.

독서론 일반에서는 비판적 독서를 강조하는 편이다. 물론 소설도 이를 부정할 수 있을 정도로 텍스트가 이질적이라고 하기는 어렵다. 그러나 일반적으로 소설을 읽는 독자의 독서행위 특징으로 미루어 본다면 비판보다는 소설 텍스트에 우선적으로 몰입하는 것이 실상이다. 논설문은 설득을 전제로 한다. 따라서 독자는 설득을 당하거나 방어적인 자세를 취하게 된다. 그런데 소설의 경우는 어떤 의미 있는 인생을 형상화 방법을 동원하여 독자에게 제시하는 것이기 때문에 비판보다는 공감을 우선시한다. 소설을 읽으면서 눈물을 흘리는 독자가 있다면 이는 비판보다는 공감이 앞서기 때문이다.

장편소설의 경우 여전히 '전체성의 이념'이 살아 있다. 삶의 전 국면을 하나의 작품 안에 유기적으로 통합하여 그리고자 하는 작가의 의욕이 작용한다. 시대적 특성이나 시대의 풍속 등에서 훨씬 벗어나 혼자 독특한 방식으로 살아가는, 독립특행(獨立特行)의 인간만을 그릴 수 없다. 그렇기 때문에 장편소설에서는 일인칭 서술을 피하는 편이다. 또한 개인의 생애를 바탕으로 하는 서술방식을 피하는 게 하나의 원칙으로 통용된다.

그렇다 해도 한 개인의 생애가 시대적인 영향을 흡수, 소화하면서 전개된 경우 구체적인 삶의 양상을 그릴 수 있다는 장점도 있다. 개인의 경험은 결국 '기억'이라는 형태로 존재하기 마련이다. 그리고 그 기억을 회상하여 소설로 서술할 경우, 아무리 사실을 사실로 구성하고 재현한다고 해도 '허구 개념'이 개입되기 마련이다. 여기서 리얼리즘의 소설방법론을 넘어서는 문학행위가 가능해진다. 또한 구체적인 삶의 흔적 가운데 독자의 관심에 따라 특히 두드러지는 부분은 일종의 '비평적 가정(critical assumption)'을 형성한다.[2] 비평적

2 K. K. Ruthven, *Critical Assumptions*, Cambridge University Press, 1979 참조.

가정은 책을 읽어 가는 방향타(方向舵)를 뜻한다. 독자들이 책을 읽으면서 이러한 주제, 성향, 감동 등을 제공하리라는 가정이 비평적 가정이다.

한 인간이 살아가는 삶의 구체성 가운데는 다양한 측면이 점점이 흩어져 있다. 그 가운데 어떤 부분에 관심을 집중하는가에 따라 소설독서의 양상이 달라진다. 소설독서의 양상이 달라진다는 것은 해석의 가능성이 방향을 달리한다는 것을 뜻한다. 소설독서에서 비판이 있다면, 그것은 공감 뒤에 오는 성찰이라 할 수 있다.

이전 소설론의 방법을 돌려놓으면서도 여전히 그 이념을 잘 수행하는 예로 박완서(朴婉緖, 1931-2011)의 〈그 많던 싱아는 누가 다 먹었을까〉[3]를 들 수 있다. 여기서는 〈싱아〉를 읽는 방법을 제시하고, 그 결과 성찰적 차원에서 해석을 시도해 보는 것을 목적으로 한다. 이는 소설독서의 역동성을 지향하는 논의에 해당한다.

소설읽기의 방향

일반 독자들은 소설을 읽을 때 특별한 목적을 먼저 세우지 않는다. 소설을 즐기는 것을 일차적인 목적으로 삼는다. 그런데 전문독자들은 어떤 목적을 가지고 읽는다. 강의를 위해서, 서평을 쓰기 위해서, 평론문을 작성하기 위해서, 다른 독자에게 책을 소개하기 위해서 소설을 읽는다. 이러한 소설읽기에서 읽는 즐거움이 없으란 법은 없지만, 이러한 읽기는 일종의 작업 혹은 노동에 해당한다. 목적을 가지고 읽는 경우 그 목적이 소설이해를 위한 일종의 선이해(先理解, preunderstanding)를 형성한다. 한국 근대여성소설에 나타나는 에

3 박완서, 『그 많던 싱아는 누가 다 먹었을까』, 웅진출판, 2004. 이하에서는 〈싱아〉로 줄여서 쓰고 이 책에서 인용할 경우 본문 괄호 안에 면수만 밝히기로 한다.

코페미니즘의 양상을 찾아보기 위해 소설을 읽는 경우는 소설을 읽는 목적을 명시한 '독서노동'의 한 사례가 될 것이다.

에코페미니즘(ecofeminism)은 생태비평을 뜻하는 에코크리티시즘(eco-criticism)과 여성주의를 뜻하는 페미니즘(feminism)의 개념을 결합하여 만든 용어이다.[4] 이 용어는 '생태여성주의' 혹은 '생태주의적 여성론' 등으로 번역할 수 있다. 그런데 무작위적으로 아무 책이나 골라 '거기 있지도 않은' 생태주의를 찾아내려고 한다면 오류에 경사될 수 있다. 그러나 읽는 과정에서 '주의'를 내세우고 그런 방향에서 읽어 보겠다는 의도를 충족시켜 주는 단서가 찾아지고, 그 단서를 결합하여 해석하는 가운데 작품의 해석이 두께를 더할 수 있다면 성공적인 독서로 진행될 수 있음은 물론이다.

이 글에서는 박완서의 〈싱아〉를 에코페미니즘이라는 시각(혹은 의도)를 가지고 읽어 보기로 한다. 말하자면 의도주의 문학독서 혹은 목적론적 소설독서를 수행해 보는 일인데, 이러한 독서는 다소간의 모험이 수반된다. 이제까지 학문판에서 기피해 온 일이기 때문이다. 이전에는 아무 목적이 없는 것처럼 소설을 읽고, 읽은 결과를 갈라보고 짜맞춰서 소설의 의미를 해석하는 편이었다. 그것은 일종의 가장(假裝)인지도 모른다. 목적 없는 행동이 의미를 지니기 어렵다는 점에서 그러하다.

검증을 유보하고 말해도 된다면, 인생의 묘미는 끝을 알 수 없다는 데 있다고 하겠다. 마찬가지로 소설의 묘미 가운데 하나는 그 끝을 알지 못하고 읽어 간다는 데에 있다. 읽어 가면서 길을 모색하고, 그렇게 모색한 길에 이전의 이미지가 쌓이고, 쌓인 이미지의 공통성이 엮여 의미망이 형성되는 가운데 독자는 아, 이런 소설이로구나 하는 깨달음을 얻는다. 그러한 깨달음은 읽는 과정에서, 그리고 다 읽은 책을 되짚어 보며 그 전체를 생각하는 과정에서

---

4 이소영 외 편역, 『자연, 여성, 환경: 에코페미니즘의 이론과 실제』, 한신문화사, 2000 참조.

간헐적으로 온다. 독서 후 사색의 마무리 단계에서 소설 특유의 결말은 오게 된다. 인생과 소설이 다른 점은 이러한 결말의 처리방식에 있다.

소설의 독서 과정

소설을 읽을 때 목적을 전제하는 경우 그 목적은 소설독서의 계기와 맞물려 소설독서의 의욕을 강화한다. 소설독서의 계기는 소설가에 대한 알려진 평가, 작품에 대한 사전 지식, 소설이 유통되는 몇몇 경로에서 발생하는 광고효과 등이 작용한다. 확인된 사항은 아니지만, 이들은 소설독서의 방향을 규정한다는 점에서 중요한 의미를 지닌다.

나에게 〈싱아〉는 출간되었을 때 곧장 읽으려고 하다가 여건 마련이 안 되어 못 읽고 두었던 작품이다. 이전에 집에서 아내가 구입하여 읽고 재미있더란 이야기를 하기도 했고, 내가 아는 어떤 교수가 책 뒤에 붙은 '해설'은 글도 아니라며 마구잡이로 핀잔을 늘어놓는 것을 듣기도 했다. 막상 읽으려고 했을 때는 집에 있던 책이 없어져서 다시 샀는데, 그때 〈싱아〉의 속편이라 할 수 있는 〈그 산이 정말 거기 있었을까〉[5]를 함께 샀다. 〈싱아〉는 1992년 10월에 1쇄가 나왔고, 2006년 3월 재판 116쇄를 찍었다. 책표지에 MBC '책을 읽읍시다'라는 프로그램에 선정되었다고 금딱지가 붙어 있었고, '서울시 지정 중학생 필독도서'란 소개 문구가 적혀 있는 청색 띠지도 둘러져 있었다. '박완서 장편소설'이라고 장르가 규정되어 있기도 했다. 작가 이름 옆에 '소설로 그린 자화상 – 유년의 기억'이라는 문구도 박혀 있었다.

---

5 박완서, 『그 산이 정말 거기 있었을까』, 웅진출판, 1995. 이하에서는 〈그 산〉로 줄여서 쓴다. 〈싱아〉와 〈그 산〉의 책값은 똑같이 7,000원이었다. 책값과 판매고는 문학사회학에서 중요한 의미를 지닐 수 있다.

내가 전제를 가지고 읽은 것이라서 작가의 '머리말'이나 김윤식 교수의 '해설'은 읽지 않았다. 작가가 머리말을 두 번 썼다는 것과 '해설'의 제목이 '기억과 묘사'라고 되어 있는 것을 본 정도다. 이러한 사전 준비가 비평적 가정을 이루기 충분할지는 모를 일이다.

다른 소설들이 대개 그렇듯이 장(절)의 구분이 번호와 함께 제시되어 있다. 차례로 열거하면 다음과 같다.

1. 야성의 시기, 2. 아득한 서울, 3. 문 밖에서, 4. 동무 없는 아이,
5. 괴불마당 집, 6. 할아버지와 할머니, 7. 오빠와 엄마, 8. 고향의 봄,
9. 패대기쳐진 문패, 10. 암중모색, 11. 그 전날 밤의 평화, 12. 찬란한 예감

목차만 읽을 때는 내리읽고 치올라가며 읽고 하는 중에 대강의 내용을 짐작할 수 있는 제목도 있고, 본문을 읽어 봐야 그 내용을 알 수 있는 모호한 제목도 섞여 있다.

소설의 첫 문장은 "늘 코를 흘리고 다녔다."로 시작된다. 거두절미하고 시작되는 이 문장을 맥락 속에서 이해하는 것이 소설읽기려니 하면서 읽어 나가는 중에 내가 어렸을 때 보았던, 그리고 겪었던 그 일들이 아련히 떠오르기 시작했다(작가는 1931년생으로 소개되어 있었다. 나는 그보다 17년 뒤에 태어났다. 내가 자랄 때도 아이들이 하고 다니는 모습은 별로 달라진 게 없었다).[6] 이어지는 문장은 첫 문장을 포함하여 이렇게 되어 있다.

늘 코를 흘리고 다녔다. 콧물이 아니라 누렇고 차진 코여서 훌쩍거려도 잘 들

6 이 글은 독서 결과를 의미화하는 목적도 있지만 독서 과정을 글의 흐름과 함께 보여 주기 위한 목적이 같이 있기 때문에, 이런 부수적인 내용을 병기하는 방식으로 글이 진행될 것이다.

어가지 않았다. 나만 아니라 그때 아이들은 다들 그랬다. 어른들이 아이들을 싸잡아서 코흘리개라고 부른 것만 봐도 그랬다, 여북해야 내가 엄마가 되고 나서 내 아이들에 대해 제일 이상하게 생각한 것은, 감기가 들지 않고는 절대로 코를 안 흘린다는 것이었다. 우리 아이들뿐 아니라 딴 아이도 안 흘렸다. 그래서 학교나 유치원에 갈 때 가슴에 손수건 매다는 습관까지 없어져 버렸다. 나도 이제는 요즘 아이들이 코를 안 흘리는 걸 이상해하는 대신 그땐 왜 그렇게 코를 흘렸는지를 이상하게 여기게 되었다. (p. 11)

유년의 기억을 떠올리는 일은 '시간의 흐름'에 대한 명확한 감지가 바탕이 된다. 사람이 살아간다는 것은 시간의 흐름을 따라 일어나는 온갖 변화를 수용하는 과정이 아닌가. 유년시절과 현재의 대비, 그 기억의 공간을 메우는 것은 물론 자기 이야기이다. 그렇다고 해도 그것은 지금의 언어로 재구성된 것이기 때문에 허구일 수밖에 없다. 이 글이 사람이 태어나서 자라고 깨달음과 자기 결심을 얻는 과정을 다룬 소설이라는 생각을 하면서, '성장소설'로 읽을 수 있는 가능성을 발견하게 된다(성장소설은 결말에 어느 정도의 성장을 보여 주기 때문에 결말이 궁금해 읽기를 멈추고 끝장을 먼저 보면, 6 · 25 무렵 소설가가 작가가 되기를 결심하는 데서 소설이 끝나는 것을 알게 된다).[7]

작품의 성격에 대한 가설을 지속적으로 대비해 보면서 읽기를 계속한다. 여성소설, 근대여성소설, 장편소설 등을 떠올리면서 그러한 주제에 맞는 소설이라는 점을 확인하는 가운데, '에코페미니즘'과 연관된 부분에 표시를 해 가며 읽는다. '생태학'을 뜻하는 ecology의 어원이 살림집이나 업무를 보는 건물이라는 뜻의 그리스어 이코스(οίκος)에 있다는 것이 떠오른다. 이 소설이 사람이 살아가는 과정을 하나의 건축물처럼 유기적인 구조로 만들어 그리고 있을 것이라는 가정을 하며 읽어 나간다. 과연 집 이야기를 만난다.

7 이보영 외, 『성장소설이란 무엇인가』, 정예원, 1999 참조.

개성지방과 그 근교의 주거양식의 특색으로는 바깥채를 낮고 소박하게, 안채는 높고 정결하게 꾸미는 것과 함께 마당치레의 유난함을 꼽을 수가 있다. 사랑채를 면한 바깥바당은 앞이 트이게 하고 양쪽에 뽕나무나 빗자루를 만드는 댑싸리 나무로 둘러치고 함박꽃이나 국화를 몇 그루 심는 정도지만 뒤란치레는 공이 들고 화려했다.

우리 집 뒤란도 한겨울 빼 놓고는 줄창 꽃을 볼 수 있는 작은 동산이요 넉넉한 놀이터였다. 장독대로 뒤란에 있었고 터줏대감을 모신 터줏자리도 뒤란에 있었다. 울타리를 개나리로 치고 열매 맛은 별로지만 꽃이 장한 돌배나무와 개살구나무가 한 그루씩 있었고 앵두나무가 여러 그루, 그리고 바닥에선 딸기가 해마다 저절로 자랐고 터줏자리 근처는 부추가 자생해서 저절로 음침한 분위기를 만들고 있었다. 개나리 울타리 밑에선 꽈리가 지천으로 자랐고 장독대로 올라가는 둔덕은 층층의 단을 만들어 일년초를 심도록 돼 있었다. (pp. 21-22)

집의 외각을 그려 보여 주고 '마당치레'를 묘사하고는, '터줏대감'을 모신 '터줏자리' 이야기도 곁들이고 있다. 이 정도라면 환경론의 어원에 해당하는 '집' 이야기를 충분히 하고 있다는 생각을 하게 된다. 가옥의 구조, 가옥을 둘러싼 화단, '터줏대감'으로 표상되는 신령함 등 정신과 물질 양면을 동시에 이야기하고 있다. 거기 깃들여 사는 사람들의 이야기가 펼쳐지리라는 기대를 하게 된다.

생태, 환경 혹은 생태-환경 등은 인간과 인간을 둘러싼 자연환경의 조화와 어울림을 동시에 의미한다. 이는 겹으로 된 유기체를 떠올리게 한다. 인간이라는 유기체, 인간들이 만들어 가는 사회라는 유기체, 그리고 이를 함께 포괄하는 자연과 어울린 유기체를 뜻한다. 인간 삶의 유기성을 이야기하는 데 빼놓을 수 없는 것이 계절(감각)이다. 계절을 따라 달라지는 자연, 풀과 나무와 꽃과 냇물과 구름과 햇살과 그런 것들이 환경을 지시하는 환경표지이다. 자연은 인간이 그 가운데 살아가고, 인간이 만들어 가는 유기체이다. 그런 생각은 아래 같은 대목에 눈이 머물게 한다.

우리는 그냥 자연의 일부였다. 자연이 한시도 정지해 있지 않고 살아 움직이고 변화하니까 우리도 심심할 겨를이 없었다. 농사꾼이나 곡식이나 푸성귀를 씨 뿌리고, 싹트고 줄기 뻗고 꽃피고 열매 맺는 동안 제아무리 부지런히 수고해 봤자 결코 그것들이 스스로 그렇게 돼 가는 부산함을 앞지르지 못한다.

아이들도 마찬가지였다. 우리는 어려서부터 삼시 밥 외의 군것질거리와 소일거리를 스스로 산과 들에서 구했다. 삘기, 찔레순, 산딸기, 칡뿌리, 메뿌리, 싱아, 밤, 도토리가 지천이었고, 궁금한 입맛뿐 아니라 어른을 기쁘게 하는 일거리도 많았다. 산나물이나 버섯이 그러했다. 특히 항아리버섯이나 싸리버섯은 어찌나 빨리 돋아나는지 우리가 돌아서면 땅 밑에서 누가 손가락으로 쏘옥 밀어 올리는 것 같았다. (p. 26)

거듭하거니와 소설을 읽는 과정은 가설을 세워 가면서 읽고 그것을 검증하고, 그 결과 가설이 틀렸다면 수정해 나가는 것이다. 수정한 가설은 그대로 유지되면서 다른 줄기의 가설을 세우기도 한다. 우선 이 소설이 생태소설로 읽을 수 있다는 가설과 그에 대한 확신이 거듭되는 가운데, 다른 계열의 가설로 페미니즘 소설이라는 가설을 만들어 가면서 읽게 된다.

위에서 읽은 내용이 이 작품의 특성을 구성한다. 그 중심이 되는 특성, 이른바 '생태학적 시각(ecological perspective, environmental perspective)'을 보여줄 수 있다는 가설을 확인하게 한다. 그런 가설을 지니고 읽는 과정에서 가설을 강화해 나간다. 자연환경 이야기가 물 이야기로 이어진다. 집 옆을 흐르는 물, 우물물, 맑고 깨끗해서 손으로 움켜 먹을 수 있는 개울물 등 물이 이렇게 맑고 깨끗했던 그 시절. 그것은 '유년'이 아니면 안 된다. 기억이 아니면 안 된다. 현실로 다가오는 모든 자연은 여러 의미에서 오염되지 않을 수 없기 때문이다.

사랑마당과 뒷간이 있는 텃밭 사이를 흐르는 개울은 뒤란 개나리 울타리 밖을 휘돌아 내려오는 거였다. 뒤란은 또한 안방 머리맡이기도 해서 장마철엔 물소리

> 가 콸콸 시끄럽게 들렸다. 보통 때는 조잘대는 것처럼 유쾌하게 들릴 적도 있고, 졸졸졸 귀기울여도 들릴락 말락 할 적도 있었다. 그러나 물이 넘치거나 마른 적은 없었다. 겨울에도 가장자리만 얼고 가운데는 쉬지 않고 흘렀다. 가장자리의 얼음장은 별의별 신기한 무늬로 아롱거렸다. 추운 줄도 모르고 환상적인 모양의 살얼음이 깨트려서 입 속에 넣고 아삭거리면 핏줄까지 씻겨 내려가는 것처럼 상쾌했다.
>
> 먹는 물은 따로 엄마나 숙모가 마을 한가운데에 있는 우물에서 길어 왔지만 놀다가 목마르면 개울물을 손바닥으로 길어 먹길 잘했다. 빨래도 거기서 하고 감자나 고구마도 거기서 깎고, 푸성귀도 거기서 씻었다. 물론 뒷간에 갔다 오다 손도 거기서 닦았다. 무슨 짓을 해도 새 물이란 걸 의심하지 않았으니까 더럽다는 생각도 없었다. 어디를 가나 물 흐르는 소리가 따라다녔다. (p. 57)

인간과 인간사에 연관된 '유년'이라는 의미는 특별하다. 순수, 때 묻지 않음의 표상이기 때문이다. 그러나 따지고 보면 그것도 어른들이 만들어 낸 '이념' 일지도 모른다. 삶의 과정은 '순수'의 훼손 과정에 다름없다. 어머니의 강제를 따라 서울로 오고, 그리고 나이를 먹고 작품을 쓰는 지금, 지난 세월에 대해 거리를 유지할 수 있게 되었을 때, 그 순수함은 돌아갈 수 없는 유토피아 이념의 무지개를 더불어 가지고 있기 때문에 더욱 미화될 수도 있다.

자연이 인간의 행동과 사고와 이념을 좌우한다는 생각을 하면서 읽어 나가다 보면 이런 구절에 당도한다.

> 서울 아이들이 알기나 할까, 쫙 깔린 달개비꽃의 남색이 얼마나 영롱하다는 걸. 그리고 달개비 이파리엔 얼마나 고운 소리가 숨어 있다는 것을. 달개비 이파리의 도톰하고 반질반질한 잎살을 손톱으로 조심스럽게 긁어 내면 노방보다도 얇고 섬세한 잎맥만이 남았다. 그 잎맥을 입술에서 떨게 하면 소리가 나는데 나는 겨우 소리만 냈지만, 구슬픈 곡조를 붙일 줄 아는 애도 있었다. (p. 76)

풀을 가지고 논다는 것, 그리고 달개비 잎의 속살을 긁어내고 남는, 잎맥이 섬세한 파라핀 종이처럼 얇은 그 피막을 입술에 대고 거기서 소리를 낼 줄 안다는 것, 그리고 그것으로 슬픈 곡조를 붙일 줄 안다는 것은 그 자체가 인간과 자연의 가장 내밀한 만남이 이루어지는 장면이다. 그런데 자신의 과거 체험과 그동안 겪은 삶의 대비를 통해 서울 아이들은 그런 것을 알지 못한다는 생각은 자연을 매개로 삶의 양상을 구획하는 한 방법이 될 것이다. 여기서 이 책의 제목으로 되어 있는 '싱아' 이야기로 연결된다. 마침내 "그 많던 싱아는 누가 다 먹었을까?" 하는 구절이 제목이 되어 있음을 본다. 책의 제목을 붙이는 것 또한 독서의 방향을 어느 정도 지시한다는 점에서 눈여겨 볼 지점이다.

> 나는 불현듯 싱아 생각이 났다. 우리 시골에선 싱아도 달개비만큼이나 흔한 풀이었다. 산기슭이나 길가 아무 데나 있었다. 그 줄기에는 마디가 있고, 찔레꽃이 필 무렵 줄기가 가장 살이 오르고 연했다. 발그스름한 줄기를 꺾어서 겉껍질을 길이로 벗겨 내고 속살을 먹으면 새콤달콤했다. 입 안에 군침이 돌게 신맛이, 아카시아 꽃으로 상한 비위를 가라앉히는 데는 그만일 것 같았다.
>
> 나는 마치 상처난 몸에 붙일 약초를 찾는 짐승처럼 조급하고도 간절하게 산 속을 찾아 헤맸지만 싱아는 한 포기도 없었다. 그 많던 싱아는 누가 다 먹었을까? 나는 하늘이 노래질 때까지 헛구역질을 하느라 그곳과 우리 고향 뒷동산을 헷갈리고 있었다. (p. 77)

떠나와서 돌아갈 수 없는 고향의 '싱아'와 인공의 도시에서 따먹은 '아카시아꽃' 그리고 아카시아꽃이 유발하는 구역질 사이의 거리는 참으로 아득하다. 앞으로 보겠지만, 이 작가의 체험이 사상으로 정착하는 과정과 상응하는 면모를 보여 준다.

생태-환경이란 유기체의 문제들은 인간의 자기 통제와 연관되기도 한다. 환경에 대한 적응과 통제가 문화일 터인데, 인간과 자연의 상호작용 그 접경에 닿아 있는 지점이 '뒷간'이다. '자연 - 논밭 - 부엌 - 솥 - [입 - 배 - 항문]－뒷간－논밭－자연'과 같은 순환의 유기적 고리 속에서 인간의 위치가 절묘하게 설정되어 있고, 이러한 설정의 의미화는 소설을 단순한 이야기 차원에서 한 단계 높여 준다.

똥 누는 이야기를 이 소설에서 읽을 수 있는 것은 환경론자에게는 매우 흥미로운 부분이다. 똥을 누는 일은 일종의 문화유형을 보여 준다. 아이들이 성장하면서 똥오줌을 가리는 일은 발달과업 가운데 하나이기도 하지만, 그렇다고 똥 누는 이야기까지 해야 하는가 하는 생각을 하기도 한다. 그러나 필자를 여실히 드러내는 글쓰기에서 못 할 말이 무엇일까. 전에 내가 소설 〈생명의 노래〉[8]를 쓰면서 화장실 이야기를 한 적도 있어서 흥미는 더했다. 화장실에서 인분을 재에 묻어 냄새가 안 나게 하는 방법은 작가가 기록한 개성 지방의 풍속과 아주 닮아 있다.

아래처럼 똥에 대한 인식이 성장해 있는, 살아가는 이야기라면 이 소설을 환경론의 시각으로 볼 수 있는 근거는 충분하다. 이렇게 가설을 확인하면서 읽기는 계속된다.

> 엉덩이는 깠지만 똥이 안 마려워도 손해날 것은 없었다. 줄느런히 앉아서 똥을 누면서 하는 얘기는 왜 그렇게 재미가 있었는지, 가히 환상적이었다. 옥수수 먹고 옥수수같이 생긴 똥을 누면서 갑순네 누렁이가 새끼를 여섯 마리나 낳았는데 누렁이는 한 마리도 없고 검둥이하고 흰둥이하고 흰 바탕에 검정 점이 박힌 것밖에 없으니 참 이상하다는 따위 하찮은 얘기가 그 어둑시근하고 격리된 고장에서 호들갑스러운 탄성을 지르게도 하고, 옥시글옥시글 재미난 상상력을 불러일으키게도 했다.
>
> 그러나 무엇보다도 뒷간에서는 잘생긴 똥을 많이 누는 게 수였다. 똥은 더러운 것이 아니라 땅으로 돌아가 오이, 호박이 주렁주렁 열게 하고, 수박과 참외의 단물을 오르게 한다는 것을 우리는 알고 있었다. 그래서 본능적인 배설의 기쁨뿐

8 우한용, 『생명의 노래』 1 · 2, 푸른사상, 2001.

아니라 유익한 것을 생산하고 있다는 긍지까지 맛볼 수 있었다. (pp. 24-25)

이 부분을 읽어 나가다 보면 소설이 왜 언어예술에 드는지를 짜릿하게 실감할 수 있다. 이를 추상적 용어로는 '문체효과'라 할 것이다. '똥'이며 '엉덩이', '줄느런히', '어둑시근' 등 삶의 실감이 녹아든 표현을 마주치면 그런 말들이 환기하는 감각이 육감으로 다가온다. 특히 '옥시글옥시글'을 옥수수와 연관짓는 수사법은 어휘를 생태적으로 살려내는 기법을 보여 준다. 충청도에서는 옥수수를 '옥식기'라 하기도 하는데 옥수수에서 연상되는 말맛이 재미있다. 소설에서 이러한 언어적 구체성으로 드러나는 감각을 확인하는 일 또한 소설읽기의 목적 가운데 하나로 설정될 수 있다.

어느 개인에게 환희와 비애가 자연에서 동시에 온다면, 그리고 그가 그런 경지에 다다랐다면 삶의 완결성은 그것으로 충분하다. 소나기를 만나서 도망치다가 결국은 소나기에 흠뻑 젖고, "서울 아이들은 소나기가 하늘에서 오는 줄 알겠지만 우리는 저만치 앞벌에서 소나기가 군대처럼 쳐들어온다는 걸 알고 있었다."(p. 27)고 하는 것도 놀랍거니와, 소나기를 피해 치달리느라고 온몸이 불에 단 것처럼 열이 오른 상황에서, 소나기를 흠뻑 맞고 나서 느끼는 환희가 이렇게 인식의 층위를 확대하는 방법으로 서술되어 있다는 점도 흥미롭다.

> −아아, 그건 실로 폭발적인 환희였다. 우리는 하늘을 향해 미친 듯이 환성을 지르며 비를 흠뻑 맞았고, 웅성대던 들판도 덩달아 환희의 춤을 추었다. 그럴 때 우리는 너울대는 옥수수나무나 피마자나무와 자신을 구별할 수 없었다. 환희뿐 아니라 비애도 자연으로부터 왔다. (p. 28)

환희와 비애를 동시에 체험할 수 있게 하는 자연. 삶의 총체성, 삶의 통합성을 여기서 만나게 된다. 작가(주인공)가 최초로 체험한 비애는 '앞뒤 아무런 사건도 없이 풍경만 있는' 것으로 기억하고 있다. 순수한 감정 혹은 정서의 발양 형식이 그러한 것이 아니겠는가.

> 엄마 등에 업혀 있었다. […] 다섯 살 때쯤이 아니었을까. 저녁 노을이 유난히 새빨갰다. 하늘이 낭자하게 피를 흘리고 있는 것 같았다. 마을의 풍경도 어둡지도 밝지도 않고 그냥 딴 동네 같았다. 정답던 사람들도 모닥불을 통해 보면 낯설듯이.
>
> 나는 참을 수가 없어서 울음을 터뜨렸다. 엄마는 내 갑작스런 울음을 이해하지 못했다. 나 또한 설명할 수가 없었다. 그건 순수한 비애였다. 그와 유사한 체험은 그 뒤에도 또 있었다. 바람이 유난히 을씨년스럽게 느껴지는 저녁나절 동무들과 헤어져 홀로 집으로 돌아올 때, 홍시빛깔의 잔광이 남아 있는 능선을 배경으로 텃밭머리에서 너울대는 수수이삭을 바라볼 때의 비애를 무엇에 비할까. (p. 28)

자연 속의 삶과 인식과 감성의 성장을 이렇게 여실히 묘사할 수 있는 수준이라면, 작가의 이해 심도가 이 정도면, 이 소설은 이미 환경·생태소설로 읽을 수 있는 작품으로 소설판에 튼튼한 말뚝을 박고 있다.[9] 이 지점에서 우리가 가지고 들어간 '생태'라는 전제를 텍스트 안에서 확인하게 되는 셈이다.

그런데 아직도 유보하고 있는 '여성주의'는 아버지를 잃은 어린 소녀의 성장을 다룬 소설이라는 전제와 그 확인만으로는 충분치 못하다. 그것은 사람과 사람 사이의 문제이다. 소설독서 가운데 사람 끌어들이기를 시도해야 한다. 그렇게 하는 가운데, 독자가 미리 설정한 '여성주의'를 텍스트 안에서 다시 확인하는 순환적 독서가 될 것이기 때문이다.

---

9 이 작가의 소설 제목 가운데 〈엄마의 말뚝〉이 있다. 거기서 이러한 표현이 연상된다.

자연과 인간 – 인간관계 형성하기

우리는 소설을 다 읽고 나서 이 소설이 무엇을 이야기하고 있는가를 생각한다. 소설의 일차적인 양상은 '이야기(story)'이고, 특히 인간과 환경을 동시에 포괄하는 인간관계의 이야기이다. 시간의 흐름을 고려하여 크게 묶으면 시대, 일생, 사건(전쟁 같은), 식민지(한국의 근대) 등이 되고, 거기서 작품해석의 의미단위를 설정하게 된다.

이 연장선상에서 '여성'이란 무엇인가를 물을 수 있다. 작가가 서문에서 밝히고 있듯이, 이 작품은 자신이 겪은 자기 이야기라고 하니까 작가와 작중인물을 같은 주체로 설정하고 읽어 가게 된다. 세 살 때 아버지를 잃고 어머니와 할아버지·할머니가 같이 사는 집안에서 자라는 여자아이 이야기가 이 소설이라는 것을 알게 된다.

그리고 앞에서 살펴본 것처럼 여자아이가 자연 속에 살면서 기쁨과 비애를 동시에 체험하게 되는 그 대상 역시 자연이라는 것을 의미 깊게 바라볼 수 있다. 자연의 하위 단위로 계절의 변화며, 계절을 따라 나타나는 풍물, 인간을 둘러싼 작지만 아주 구체적인 사물 등에 주목하게 된다.

그런데 인간으로 성장한다는 것, 인간으로 살아간다는 것은 시대를 도외시하지 않는다면 시대의 변화에 영향을 받고 대응하지 않을 수 없다. 시대의 변화는 근대, 식민지 조선, 해방과 전쟁 등의 하위 항목을 거느리게 된다. 그러한 속에서 여성은 환경과 상호작용으로 이루어지는 '여성성'을 지니게 된다. 여성성은 사회 · 역사적으로 형성되는 것이다.[10]

여성성이라고 하는 모든 것이 생태이념에 적합한 것일 수는 없다. 식민지

---

10 Robert A. Johnson, *She Understanding Feminine Psychology: An Interpretation Based on the Myth of Amor and Psyche and using Jungian Psychological Concept*, 고혜경 역, 『(신화로 읽는 여성성)She』, 동연, 2006 참조.

에서 해방되고 혼란의 시기를 거쳐 전쟁을 체험하는 중에, 주인공이 여성으로 성장하는 과정이 나타내는 독특한 여성성이 문제 항목으로 부각된다. 환경에 의해 구성되는 여성성이 우리들의 관심사의 핵심이다.

작중인물을 중심으로 본다면, 이 소설은 여자 주인공이 자기 인식과 자신의 시대적 소명을 확인하는 과정을 다루고 있다. 작품 가운데서, 나를 중심으로 보았을 때, 나의 삶의 조건은 자연에서 출발하는 것이었다. 유년의 자연 체험은 시간의 격차를 넘어서면서 '그리움'의 대상으로 부각한다. 이는 여성으로서 느끼는 향수라 할 수 있다. 전학을 가서 감기에 이어서 폐침윤이라는 진단을 받고 요양차 들어간 시골에서 발견한 자연은 이렇게 묘사되어 있다.

> 그러나 산골짜기에서 은방울꽃의 군생지를 발견했을 때는 그리움으로 가슴이 아렸다. 혼자서 산길을 헤매다가 나도 모르게 음습한 골짜기로 들어가게 되었다. 서늘하면서도 달콤한, 진하면서도 고상한, 환각이 아닌가 싶게 비현실적인 향기에 이끌려서였다. 그늘진 평평한 골짜기에 그림으로만 본 은방울꽃이 쫙 깔려 있었다. 아니 꽃이 깔려 있다기보다는 그 풍성하고 잘생긴 잎이 깔려 있다는 게 맞을 것이다. 밥풀만 한 크기의 작은 종이 조롱조롱 맺힌 것 같은 흰 꽃은 잎 사이에 수줍게 고개를 숙이고 있었지만 앙큼하도록 농밀한 꿀샘을 가지고 있었다. (pp. 164-165)

자연에서 삶의 의미를 찾는 작중인물은 하나의 '가정'을 배경으로 하여 삶을 영위한다. 이 작중인물의 여성성 형성은 자연과 더불어 사는 삶에 큰 의미를 부여한다. 그러나 그것은 여성성 형성의 바탕일 뿐, 여성성 자체라고 하기는 어렵다. 한 인간의 여성성은 가정과 사회의 영향을 받아 형성된다.

한 가정에서 아버지가 없을 때, 어머니가 그 역할을 대신하게 된다. 집안의 가통을 중시하는 우리나라에서는 더욱 그러하다. 엄부자모(嚴父慈母)라 해서 엄한 부친과 자애로운 어머니가 자녀 교육을 이끌어가는 두 축으로 설정된다. 그렇기 때문에 아버지 없는 집안에서 어머니가 담당해야 하는 일은 가혹할 정도로 엄중하고 많다. 그리고 그 어머니의 삶은 가장이면서 주부라는 이중적 역할을 강요받게 된다. 아버지의 부재로 인해 성장과정에 영향을 미칠 것을 염려한 나머지 어머니는 이중적 성격을 지닌 인간이 된다. 자식에게는 고통과 사랑을 함께 부여하는 이중성을 다음에서 확인하게 된다.

> 그 여자는 행랑어멈을 불러 더운 점심을 지으라고 이르고 학교에서 왔다는 입학통지서를 엄마 앞에 꺼내 놓았다. 엄마는 그 엽서를 쉰 떡 보듯 제대로 거들떠 보지도 않으면서
> "떨어지길 바랐는데 붙었지 뭔가."
> 달갑잖은 얼굴로 말했다. 나는 엄마가 왜 그렇게 속 다르고 겉 다르게 구는지 이해할 수가 없었다. (p. 58)

서울에서 고생하면서 사는 길이 형극(荊棘)인데, 당시 사회가 보장한 신분의 위력을 빌려 행랑어멈을 하대할 수 있는 기회가 주어진다. 이는 일종의 보상을 정당화하는 일이 된다. 그런데 어머니의 성격이 이중성을 띤다는 점은 음미를 요한다. '속 다르고 겉 다르게 구는' 어머니의 이중적 성격은 딸에게 각별한 의미로 부각되기도 한다.

> 엄마는 빈틈없이 깐깐한 것 같으면서도 그렇게 허술한 데가 있었다. 엄마가 셈이 바른 것은 자타가 인정하는 바이나 막상 자신의 가난한 돈지갑이 새는 것도 모르는 것이 엄마의 또 다른 면이었다. 나는 지금까지도 엄마에게 그런 허술한 일면이 있었음을 감사하고 또한 그로 인해 엄마를 사랑한다. (p. 90)

어머니의 이중성은 아들(오빠)을 대하는 데서도 나타난다. 소설에 설정된 환경으로 보아 오빠는 충분히 좌익이 되어 이념분자로 활동할 만하다. 그리고 어머니는 자식이 그런 일을 하는 데 대해 관대할 뿐만 아니라 두둔하는 태

도를 취한다. 그러다가 오빠가 전향하고 괴로워하는 장면에서 "생전 안 하던 술 처먹고 우는 버릇을 왜 했을꼬." 하는 정도의 가벼운 꾸지람을 하고는 이를 두고 마음 아파한다.

> 그 후에도 엄마는 두고두고 오빠 몰래 그 일을 심란해했다. 오빠가 하는 일을 그만두게 하려고 집요하게 극성을 떨 때하고는 딴판으로 문득문득 후회하는 기색이랄까 미련 같은 눈치까지 보인 적도 있었다. 자신의 안전을 위해 법에서 금하는 불온한 사상을 두려워하면서도, 자식이 위험을 무릅쓰고 하는 일이니만치 뭔가 위대한 일이라고 믿고 싶은, 가장 우리 엄마다운 이중성이었을까? 아니면 엄마도 임의로 할 수 없는 불길한 예감 때문이었을까? (p. 215)

손녀딸에 대한 할아버지와 할머니의 무작정의 애정은 오빠에 대해 이념적 동조를 보이면서 동시에 비판의 대상으로 삼는다. 오빠에 대한 이념적 동조는 어머니의 심리를 닮은 것이라는 의미를 지닌다. 일종의 심리적 전이를 볼 수 있는 국면이다.

면사무소에 다니던 숙부가 시대가 달라져 일을 하지 못하고 개성에 와서 첩을 얻어 지내는데, 시골에 가는 길에 그 집에서 하루를 묵게 된다. 성에 눈을 뜰 무렵 해서는 숙부와 그의 첩 사이에서 이런 경험을 하기도 한다.

> 그날 밤 그 여자와 숙부 사이엔 아무 일도 일어나지 않았다. 때로는 사춘기 소녀의 상상력이 무르익은 중년의 실생활보다 더 외설스러울 수도 있다. 나는 숙부와 그 여자가 먼저 잠든 후까지도 잠을 못 이루고 얼음장 같은 미인과 두엄더미만도 못한 무지랭이를 느닷없이 한 운명으로 떠다민 이상한 힘에 대해 전율했다. 어쩌면 그건 아직도 깜깜하기만 한 미지의 세계에서 최초로 감지한 불가사의한 정욕의 눈이 아니었을까. 나는 그날 밤 엿들은 이야기를 오랫동안 잊지 못했고 그 후 몇 십 년 후 내 소설 중 가장 긴 장편『미망(未忘)』을 쓰는 데 중요한 모티브로 삼았다. (pp. 194-195)

"생전 처음 남자와 여자가 저지르는 어떤 일"을 기대하던 것과는 달리, 어떤 집안 망하는 이야기를 첩이 하고 숙부는 듣고만 있는 편으로 묘사되어 있다. 그런데 그 이야기 중에 "그 얼음장 같은 여자가 어드렇게 그 두엄더미만도 못한 무지랭이하고 붙어먹었을까?" 하는 대목에서 육감적인 표현 때문에 "징그러워서 진저리가 쳐졌다"고 술회하고 있다.

큰아버지, 작은아버지 그리고 이들 관계 속에서, 여성으로서 체험하는 삶의 곡절과 그 가운데서 맺어지는 인간관계가 작중인물의 여성성을 형성하는 에너지원이 된다.

여성의 여성성은 시대와 사회의 영향을 받는 것으로 파악했다. 이 소설에 나타나는 시대는 일제강점기와 전쟁으로 인한 혼란의 시기이다. 식민지와 전쟁 가운데 인간의 삶의 조건이 파악된다. 그런데 전쟁 중에 다음과 같은 신체 변화는 '여성성'이라는 점과 연관하여 의미 있는 대목이다.

> 나는 전쟁 중 생리가 멎어 버렸고, 비슷한 경험을 했던 소리를 나중에 여러 번 들었는데, 대개는 영양부족 탓으로 돌리는 듯했다. 물론 영양부족이 가장 큰 원인이겠지만 심리적 중성화 현상의 영향도 있지 않았을까. 여북해야 그 무렵 나는 북조선이 과연 노동자의 낙원일까를 의심하는 것보다는 북조선에는 남자와 여자가 어떻게 인구를 증가시킬까를 궁금해 하는 게 훨씬 재미있었다. (p. 248)

시대 변화에 대해 비교적 자유로웠던 작중인물은 '민청학습'에 참여하여 활동을 하는데, 남녀가 일을 함께 할 때 느끼는 '야릇함'이 없었다는 점을 들어, '생기', '윤기', '부드러움' 등으로 불릴 수 있는 '잔재미'가 말라 버린 일로 회상하면서 '황폐의 극치'로 단정한다. 그 뒤에 이어지는 문장이 위 인용문이다.

이 단락에서 우리는 '여성성'이라는 용어를 쓰기는 했지만, 정확한 규정은 하지 않았다. 작품에서 사실을 확인하고자 함이었다. 그리고 이 소설에서 찾을 수 있는 여성성은 '여성주의 비평'에서 말하는 여성성과는 성질이 다르기 때문이었다. 그러나 위의 인용에 이르러서는 여성성이 사회 · 역사적 맥락에서 형성된다는 점과, 왜곡된 세계가 여성성의 발로를 원천적으로 차단한다는 점을 확인하게 된다.

인간관계 속에서 드러나는 여성성을 모든 소설에서 찾을 수 있는 것도 아니고, 그것을 소설읽기의 유일한 통로로 설정할 수 있는 것도 아니다. 여성적 시각으로 접근할 때라야 비로소 의미를 지니게 되는 부분이 '여성성'을 표상한다면, 소설을 읽는 방법론의 설정이 소설독서의 질을 높일 수 있다는 점을 확인하게 한다.

소설해석의 의미단위 설정과 여가작용

1) 공간과 공간이동

일상적인 삶이 공간의 이동과 공간의 운용으로 표상되는 것처럼, 소설의 공간은 소설을 의미화(형상화)하는 구체적인 단위가 된다.[11] 이 소설의 공간은 몇 층위를 이루고 있다. 크게 보자면 시골(개풍군)과 서울로 양분되어 있고, 서울은 다시 처음 이사와서 기거를 시작한 현저동과 다음에 이사한 돈암동으로 양분된다. 이들을 자세히 살피기에는 여유가 없다. 다만 인간이 깃들여 사는 공간은 인간의 삶의 형태와 의식을 지배한다고 할 수 있다. 그리고 공간의 성격에 따라 계층구조 또한 공간의 성격에 지배를 받는다.

> 과연 현저동보다 훨씬 정돈되고 아늑한 동네였다. 무엇보다도 집이 비탈에 붙어 있지 않고 평지에 자리잡은 게 마음에 들었다. 친척 집은 길게 바깥채가 길로 면해 있고 안채는 중문 안에 따로 있었다. 바깥채도 기와집이긴 한데 시골집

11 김종욱, 『한국 소설의 시간과 공간』, 태학사, 2000 참조.

의 사랑채하곤 딴판이었다. 너절하고 구질구질하고 냄새가 났다. 나중에 안 일이지만 거긴 사랑채가 아니라 행랑채라고 했다. 행랑채에 딸린 골목 같은 마당에서 빨래를 하고 있던 행랑어멈이 엄마를 보자 반색을 하면서 일어섰다. (p. 55)

셋방살이, 집 사기, 집 옮기기로 이어지는 공간의 이동 과정에서 삶의 양태가 달라지고 의식이 형성되는 양상을 의미 있는 해석 단위로 삼을 수 있다. 서울로 이사온 후 척박한 자연 환경에 대한 인식과 그것이 향수를 불러오는 과정을 다음에서 볼 수 있다.

나는 오빠와의 친밀감을 과시하기 위해 멀리까지 가서 조리풀을 따다가 오빠한테 붙들게 하고 조리를 엮었다. 조리풀을 뜯을 때마다 습관적으로 먹을 만한 풀을 찾았지만, 선바위 주위 척박한 땅에는 모질고 억센 잡풀밖에 자라지 않았다. 가끔 나는 손을 놓고 우리 시골의 그 많던 싱아는 누가 다 먹었을까? 하염없이 생각하곤 했다. 말수 적은 오빠도 내 향수를 알아차리고는 여름방학이 며칠 안 남았다는 걸 손가락으로 헤아려 보여 주곤 했다. (p. 91)

2) 인간 – 모녀간이라는 거리

집안 – 가족 – 가문 – 혈연이란 맥락 속에서 전개되는 이 소설에서 아버지 없는 아이의 성장을 다루는 방법은 딸과 어머니라는 인간관계로 압축된다. 할아버지의 사랑은 내리사랑이라는 자연스런 관계로 설정되어 있다. 그리고 집안의 대를 잇는다든지, 기울어 가는 집안을 일으킨다든지 하는 가족사적 부담이 없는 터라서 자연스럽다. 작중인물 편에서 할아버지에 대한 애정 편향을 보이는 것 또한 부자연스럽지 않다. 수학여행을 가느라고 개성에 간 손녀를 찾아 나온 할머니의 사랑 또한 할아버지의 사랑, 그 연장선상에 있다.

어머니와 딸이라는 관계는 예사롭지 않은 면을 보여 준다. 어머니라는 존재는 독자적인 여성으로서 의미를 지닐 수 없다. 인간이 관계존재라는 점에서도 그러하려니와 여성성의 측면에서도 환경의 영향을 받게 된다. 작중인물의 어머니가 지닌 여성적 속성은 인간관계 속에서 사회적 변화를 배경으로 형성된다. 그것은 남편 없는 '과수댁'의 아버지 없는 딸 기르기라는 구도 속에서 설명될 수 있는 특성이다.

엄마와 딸의 대립은 다음과 같은 데서 읽을 수 있다. 6·25가 터지고 서울이 공산군에 점령당해 성북경찰서가 인민군에게 접수된 상황에서 어머니는 아들이 무사하기를 기다리는 중, "나는 오빠의 투쟁경력에 대해서만 생각했고 엄마는 그의 전향에 대해서만 생각"하는 장면에서, 오빠는 이제 뜻을 펴고 살 수 있게 된다며, 자신의 희망사항을 담아 딸이 위로를 하자 어머니는 이렇게 나온다.

> "그게 어디 사람이 할 짓이냐?"
>
> 엄마는 딸을 노골적으로 능멸하는 투로 말했다. 또 그놈의 정조관념인가. 정말로 어째 볼 수 없는 엄마였다. 하늘의 해와 달처럼 명명백백하고도 오직 두 개밖에 없는 이데올로기말고 따로 신봉할 게 있는 엄마가 우스꽝스러워 보였다. 그러나 얼마 안 있다 나타난 오빠보다 더 우스꽝스럽지는 않았을 것이다. 엄마는 아마 오빠를 바뀐 세상으로부터 감쪽같이 감춰 둘 요량으로 그렇게 기다렸을 것이다. 아예 집엔 들이지 않고 숙부네나 외가로 빼돌릴 생각을 했을지도 모르겠다. 하필 오빠는 기다리다 지친 엄마가 잠시 집에 들어온 사이에 돌아왔다. 그건 마치 분꽃이나 나팔꽃 봉오리가, 지키고 있던 어린이가 잠시 한눈을 팔고 있는 사이에 피는 것처럼이나 자연스러운 일이다. (pp. 237-238)

딸이 생각하는 엄마의 '정조관념'은 오빠(아들)에 대한 처세의 한 양상으로 비친다. 어머니와 딸의 의식은 여전히 대립적이다. 어머니는 의식상으로는 아들의 투쟁을 지지하고 있으면서 현실로는 아들의 무사를 기원하는 이중성을 지닌다. 이는 현실을 견뎌 나가는 주된 방법일 수 있는데, 중요한 것은 어머니의 시각이 한결 윗길이라는 점이다. 모순을 내재할망정 아들의 목숨을 살려야 한다는 이러한 이중성은 아들의 행동과 어머니의 행동이 일치하는 데서 의미가 확인된다. 오빠가 집에 들어와 아들을 기다리다가 지친 어머니를 만나는 장면은 이렇게 묘사되어 있다. "그건 마치 분꽃이나 나팔꽃 봉오리가, 지키고 있던 어린이가 잠시 한눈을 팔고 있는 사이에 피는 것처럼이나 자연스러운 일이다." 어머니와 아들의 행동이 이런 정도에 이르면, 그것은 어머니의 이념이 아들에게 그대로 전이되어 있음을 살필 수 있다.

그런데 이런 묘사를 통해 드러나는 어머니의 이념이 여성으로 가질 수 있는 원형적 향수와 연관된다는 점을 주목해야 할 것이다.

> 한참이나 밭고랑에 쭈그리고 앉았기에 나는 엄마가 거기서 오줌을 누는 줄 알고 일부러 딴 데를 보았다. 한참 있다가 돌아보았너니 어린애처럼 흙을 주무르고 있었다. 나하고 시선이 마주치자 감자꽃처럼 초라하고 계면쩍게 웃으면서 중얼거렸다.
>
> "난 하루라고 빨리 여기 살고 싶구나. 땅이 어쩌면 이렇게 거냐? 세상에 이 좋은 땅을 이대로 놀리다니."
>
> 햇볕이 졸리도록 따스운 봄날이었다. 딴 밭에서는 푸성귀들이 파릇파릇 돋아나고 있는데 그 밭만은 놀고 있었다. 나는 주말마다 그 밭에다 고추, 상추, 오이, 호박, 참개, 들깨, 온갖 푸성귀를 심고, 그 너울대는 초록의 한가운데서 김을 매고 있을 엄마를 향해 손을 번쩍 들고 달음박질해 귀가할 내 장차의 모습을 상상하고 가슴이 울렁거렸다. 텃밭이 거기 있음으로써 그건 귀가가 아니라 귀향이 될 터였다. 다시 귀향을 할 수가 있을 것 같은 예감은 자유의 예감 못지않게 감동스러웠다. 새로운 고행은 앞으로 내가 누리게 될 자유와 기막힌 균형이 될 수 있으리라. (p. 227)

원형적인 향수이기 때문에 이념성을 담보할 수 있다. '귀가'와 '귀향'을 꿈꾸게 함으로써 처음 출발한, 자연이 살아 있는 고향으로 돌아갈 수 있게 하는 면모이다. 영원한 고향, 생의 태반으로서 모성은 이렇게 그려질 수도 있다.

여기서 우리는 환경과 인간의 만남이 어떻게 가능한가 하는 점을 확인하게 된다. 이념의 생태적 전환이 여기서 그 가능성을 찾게 된다.

에코페미니즘의 이념 가운데 자유의 추구를 빼놓을 수 없다. 이는 모든 좋은 문학의 요건이기도 하다. 작중인물에게 자유는 '엄마로부터의 해방'을 뜻하기도 한다. 작중인물이 대학생이 되었을 때 걷던 길의 아름다움을 서술한 끝에 이렇게 의미를 부여하고 있다.

> 스무 살에 꿀 수 있는 온갖 황홀한 꿈 때문에 그 길이 그렇게 좋았던지, 그 길의 나무와 꽃과 풀과 훈풍이 그렇게 가슴을 울렁거리게 했는지, 그 길은 단순한 자연의 아름다움이라고만은 볼 수 없는 매혹으로 가득 차 있었다.
>
> 그렇다, 그 계절에 나를 매혹시킨 것은 자유에의 예감이었다. (p. 224)

3) 삶의 구체성

소설은 인간의 삶을 그리되 구체성을 드러내는 방식으로 그린다. 삶의 구체성이 드러나는 구도 가운데 하나가 세시풍속이다. 이 소설의 4장에는 '동무 없는 아이'라는 제목이 달려 있는데, 세시풍속이 섬세하게 묘사되어 있다. 그 가운데 설을 맞아 돼지를 잡는 장면은 매우 흥미롭게 묘사되어 있다. 돼지 잡는 장면을 목격한 오빠가 돼지고기는 물론 순대도 못 먹게 되어 대신 '게장'을 준비해 주는데, 게에 대한 이야기는 다음과 같이 되어 있다.

> 게는 전국적으로 파주 게가 유명하다지만 우리 고장 게 맛도 그에 못지않았다. 민물게는 씨가 말라 게장 맛을 모르는 요새 사람하고는 안 통하는 얘기지만 내가 이 세상에서 나와서 먹어 본 음식 중에서 가장 잊을 수 없는 진미를 대라면 서슴지 않고 게장을 대리라. 논에서 벼가 누렇게 익을 무렵이면 암게는 딱지 속에 고약처럼 검은 장이 꽉 찬다. 이때 담아 오래 삭혔다 먹는 게장 맛은 아무리 극찬을 해도 모자라 열이 먹다 아홉이 죽어도 모르는 맛이라는 좀 야만적인 표현을 써야

만 성에 찬다. (p. 104)

전쟁이 터지고 일상이 혼란의 소용돌이 속으로 빠져들어 가면서 삶과 이념은 괴리된다. 그런 중에도 기억을 통해 복원할 수 있는 부분은 남게 마련이다. 앞에서 인용한 "감자꽃처럼 초라하고 계면쩍게 웃"는 어머니의 행동이 그런 웃음을 되살리게 한다. 집을 세놓기로 하고 받았던 돈을 전쟁으로 인해 되돌려 주어야 하는 장면에서, 어머니가 안 쓰고 두었던 돈을 내주는 장면에서 작중인물의 꿈은, 어머니한테 받은 꿈은 되살아난다.

> 나는 불현듯 텃밭 사이에서 감자꽃처럼 웃던 엄마 생각이 나면서 가슴이 깊이 아렸다. 최근의 일이라기보다는 진행 중이던 일이었건만 중턱이 잘리고 나니 먼 먼 옛날 일 같았다. 이 땅에 당장 지상의 낙원이 온다고 해도 우리 엄마가 꾼, 아기자기한 백 평 텃밭의 꿈과 바꾸고 싶지 않다는 반혁명적인 생각이 들었다. 엄마는 끝전까지 받으면 그 모갯돈을 숙부네 장사에 투자해 이자를 받고, 텃밭을 가꾸어 푸성귀는 안 사 먹고, 그래서 우리가 자꾸자꾸 부자가 될 생각에 부풀어 있었었다. (p. 240)

이 소설에서 그려지고 있는 여성들의 삶은 자연의 거친 세계(le monde brut)를 연상시킨다. 잘 다듬어진 정원이나 곡식을 심고 잘 가꾼 전원처럼 손댈 일이 없는 그런 환경이 아니다. 훼손되고 파괴되는 가운데 있는 자연이다. 그 가운데 살아가기 위해서는 안정된 삶의 구도에 대한 희망을 포기해야 하기도 한다. 현실적인 문제를 해결하는 의지와 실천력이 요구된다. 그러한 환경 속에서 성숙된 여성성은 삶의 원질과도 같은 것이라서, 이념성을 실천가능성으로 전환하게 할 수 있다.

여기서 우리는 생명의 세계에서 여성적인 것이 따로 있는가 하는 질문을 떠올리게 된다. 이 소설의 작중인물은 남성을 능가하는 투지와 생활력을 지니고 있다. 분편화된 생활 속에서 삶의 통합성을 일구어내는 이런 인물에게서 '여성성'을 찾는 것은 소설해석의 편협성을 노정하기 십상이다. 여성성을 미리 규정하고 들어갈 때 그 폐해는 더욱 커진다.

소설을 읽는 과정에서 우리는 삶의 진실과 소설적 진실이 합치되기를 기대한다. 그런데 대체로 삶의 진실과 소설적 진실 사이에는 거리가 있게 마련이다. 이와는 달리 이 작품에서는 '징그런 엄마'로 그려지는 어머니는 딸에게 구속이면서 자유의 출구 역할을 한다.

피난을 가다가 뜻을 이루지 못하고 되돌아와 전에 살던 동네 남의 집에 하루를 묵고 나서, 적막에 휩싸인 시가를 내려다보면서 작중인물이 깨달음을 얻고 결심을 하는 장면은 다음과 같이 되어 있다.

> 그때 문득 막다른 골목까지 쫓긴 도망자가 휙 돌아서는 것처럼 찰나적으로 사고의 전환이 왔다. 나만 보았다는데 무슨 뜻이 있을 것 같았다. 우리만 여기 남기까지 얼마나 많은 고약한 우연이 엎치고 덮쳤던가. 그래, 나 홀로 보았다면 반드시 그걸 증언할 책무가 있을 것이다. 그거야말로 고약한 우연에 대한 정당한 복수다. 증언할 게 어찌 이 거대한 공허뿐이랴. 벌레의 시간도 증언해야지. 그래야 난 벌레를 벗어날 수가 있다.
>
> 그건 앞으로 언젠가 글을 쓸 것 같은 예감이었다. 그 예감이 공포를 몰아냈다. 조금밖에 없는 식량도 걱정이 안 됐다. 다닥다닥 붙은 빈 집들이 식량으로 보였다. 집집마다 설마 밀가루 몇 줌, 보리쌀 한두 됫박쯤 없을라구. 나는 벌써 빈 집을 털 계획까지 세워 놓고 있었기 때문에 목구멍이 포도청도 겁나지 않았다. (p. 269)

작가의 탄생이 이렇게 빚을 뿜어내는 긴장을 더불고 있는 것이라면 그 자체가 삶의 원질(原質)로 연결된다. "앞으로 언젠가 글을 쓸 것 같은 예감이었다. 그 예감이 공포를 몰아냈다." 마음속에 웅크리고 있는 공포를 몰아낸 자만이 자유를 획득한다. 자유를 얻은 자의 글쓰기가 지향하는 것은 다시 자유의 획득으로 회귀한다.

소설 〈싱아〉의 생태론적 구조와 의미

이제 내가 읽은 〈싱아〉를 돌아볼 차례이다. 앞에서 이 작품을 '에코페미니즘(eco-feminism)'으로 읽어 보겠다는 점을 밝혔는데 생태, 자연, 환경 등과 연관된 논의를 예고한 셈이다. 그런데 내가 생각하는 자연은 어떤 것인가. 소설 전체의 이미지를 떠올려 본다. 평탄하지 않은 시대, 예사롭지 않은 인물들의 이야기이다. 이 소설의 앞부분은 생태적으로 읽을 만한데, 뒤로 갈수록 생태와는 멀어지는 느낌이다. 여기서 '생태'라는 말을 '자연'으로 바꾸어 보기로 한다.

자연은 만들어진다. 생태주의자들이 만들어 낸 자연 개념은 과도하게 미화되어 있다. 인간만이 원죄를 짊어진 것처럼 이야기하면서, 인간의 탄생 자체가 지구환경을 위해서는 일종의 암종(癌腫)이 돋아나는 것처럼 타박하는 이들도 있다. 한편 우리 사회는 정글의 법칙이 지배한다는 이야기도 듣는다. 연약한 생명이 정글의 법칙 속에서 죽어가는 것만 안타까워하는 것은 센티멘털리즘이다. 혹은 잃어버린 낙원에 대한 허망한 노스탤지어이다. 산스크리트어 '장갈람(jańgalam)'에 어원을 두고 있는 정글은 사막, 황무지, 경작되지 않는 땅 등을 뜻한다.

에코페미니즘의 관점에서 대상으로 하는 자연은 이념의 자연을 넘어서는 것이라야 한다. 생짜 자연의 순환과 재생산을 수용하는 그러한 자연이다. 따라서 이러한 자연은 '거친 자연'이다. 거친 자연은 순수하지 않다. 리얼리티는 잡목 숲에서 뿌리를 내린다. 선악의 통합이 이루어지는 장이 거기이다. 문학이 리얼리티를 생산하는 것은 야생의 언어 속에서이다. 야생의 언어는 이질언어의 교향악적 구조를 이룬다. 이는 바흐친이 소설언어의 이상으로 생각한 것이기도 하다.[12] 〈싱아〉는 야생의 언어 속에서 인간 생명의 가능성을 탐

---

12 M. M. Bakhtin, *The Dialogic Imagination*, Texas University Press, 1981 참조.

구하고 있다.

생명에 대한 논의는 일차적으로 생명의 생산과 연관된다. 생명의 생산은 무엇보다 아이 낳기와 기르기를 상정한다. 나아가서 생명체들이 삶(생활)을 이룩하는 구조와 에너지를 고려한 논의라야 한다. 생명체로서 살아간다는 것, 그 가운데 인간적인 삶은 인간과 인간의 연계성을 고려한 것이라야 한다. 이 소설에서는 여성의 생성을 다룬다. 물론 소설가로 성장한 여성의 성장 과정을 통해 여성 일반의 생명력과 생산성을 이야기하고 있다.

여성의 자기 결정 – 성장 – 작가 되기의 자각 – 작가의 탄생 – 작가 탄생의 필연성 – 존재의 의미 등이 이 소설의 주요한 매듭들이다.

작가의 생에 배어 있는 엄마의 이야기는 "가장 궁핍했던 시절 엄마의 이야기는 나에게 큰 위안이 되고, 힘이 된 것은 사실이나 나쁜 영향도 없지 않았다고 생각된다."(p. 107)라고 되어 있는데, 이는 언어가 다른 언어를 생성하는 원천이라는 점을 증거하는 일차 자료가 된다.

이 소설은 형식상 자전소설(自傳小說) 형태로 되어 있다. 어린 시절을 서술하는 데서는 일종의 괄호 치기(현상학적 판단중지)를 수행하고 있는 듯이 보인다. 그런데 이야기가 진행되면서 괄호 벗기기를 수행하고 있다는 점을 확인하게 된다. 어린이, 권위, 정조의식, 이념 등으로 괄호 쳐진 현실의 다시 보기를 시도하고 있는 것이다.

자전소설은 장르의 파괴 및 생성과 연관되는 사항이다. 일차적으로 '허구와 사실의 통합'을 시도할 수 있게 된다. 이는 '기억과 현실의 통합' 등을 통해 문학적 생산성을 증대하고 소설이 곧 허구라는 공식을 깰 수 있다. 소설의 본성 가운데 하나로 허구성을 든다. 영어권에서 픽션(fiction)이라는 말이 소설의 동의어로 쓰이기도 한다. 예를 들자면 W. C. 부스(W. C. Booth)의 『소설의 수사학』에 쓰인 '픽션(fiction)'이 대표격이다.[13]

---

13 W. C. Booth, *The Rhetoric of Fiction*, University of Chicago Press, 1961 참조.

자전소설은 말 자체가 이해하기 힘든 구석이 없는 바 아니다. '자전'이라는 사실성과 '소설'이라는 허구성이 상치하기 때문이다. 〈싱아〉는 허구가 아닌데 '소설'이다. 모순이다. 그러나 소설 속에 모든 양식의 글이 다 들어올 수 있다는 점에서 이해할 수 있는 점, 혹은 양해사항이 되기도 한다. 자서전을 소설이라고 해 놓는 데서 생겨나는 문제는 우리들의 문학에 대한, 또는 소설에 대한 인식의 전환을 촉구하는 일이기도 하다.

〈싱아〉는 소설가의 탄생과 소설가의 사명을 이야기하는 작품으로 볼 수 있는 점이 있다. 이 작품의 장르를 고려하여 구태여 이름을 달자면 '자전소설(autobiographical novel)'이 되겠다. 이 모순을 헤치고 나가서 자신이 작가가 되려는 결심을 '찬란한 예감'으로 떠올리게 하는 데는 장르 파괴의 용기가 포함되어 있다. 글쓰기 유형으로 말하자면 야성적 글쓰기(l'écrit brut)에 해당하는 이 작업은 누구나 작가가 될 수 있다는 교육적 전제에 대한 반성을 촉구하기도 한다. 인간의 성장 과정에서 겪을 수 있는 모든 기쁨과 슬픔이, 정서와 논리가, 현실과 전통이 함께 녹아 있는 그 절실한 과정을 거칠 때라야 소설가가 탄생한다는 점을 밝힌 결과는 보편성을 지니는 것일 터이다.

우리는 생태체계(eco-system)로 삶의 구조를 생각한다. 생산-성장-번영-재생산으로 지속되는 생태체계적 구조는 단선적 설명의 대상이 아니다. 뫼비우스의 띠 같은 순환구조로 되어 있고, 나아가 클라인씨 병처럼 복합나선공간으로 되어 있는 복합체계이다. 여성의 성장과 문화 문제, 즉 에코페미니즘(eco-feminism)을 문화생태학(cultural ecology)으로 규정하고 그 생산성을 다시 점검하는 것이 우리들이 〈싱아〉에 돌려줄 수 있는 생태학적 응답일 터이다.*

---

* 이 글은 『한국어와 문화』 제1집(숙명여자대학교 한국어문화연구소, 2007)에 실린 「여성소설에서 에코페미니즘의 한 가능성」을 이 책의 성격에 맞게 손질한 것이다.

Ⅳ 소설문학과 문화의 역동적 교류

10 한국 소설에 창조적으로 수용된 〈파우스트〉

– 이청준의 〈당신들의 천국〉의 경우

문학에 대해 물음을 제기하는 방법

한때 동양이나 서양이나 문학이 생의 이념을 지탱해 주는 지지대 역할을 한 적이 있다. 그럴 때 문학은 독자들에게 이념적 우상을 제공해 주곤 했다. 한국에서 〈파우스트〉는 그 저자 괴테(Johann Wolfgang von Goethe, 1749-1832)와 더불어 일종의 우상 역할을 했다. 물론 이해의 깊이가 어느 정도인가는 차치하고 하는 이야기이다. 여기에서 다루고자 하는 이청준(李淸俊, 1939-2008)의 〈당신들의 천국〉 또한 문학적 우상으로 대우를 받았다. 한국 현대소설사의 뛰어난 작품들 가운데 하나로 꼽히는 것은 물론, 교육과 연구의 영역에서 단연 앞자리를 차지하는 작품으로 평가받아 온 것이다.

문학이 이전에 누리던 영광과 삶에 대한 영향력은 한결 줄어든 것이 사실이다. 그러나 문학을 보는 관점이 다양해지고 문학의 생산성이 증가하고 있다는 점 또한 부정하기 어렵다. 이는 문학의 가능성 가운데 하나이다. 문학의 가능성을 타진하고 그 전개를 뒷받침하는 데는 문학에 대한 관점이 중요한 역할을 한다. 문학에 대한 물음은 다음과 같은 몇 가지 방향에서 수행될 수 있다.

첫째는 문학에 대한 인식론적 물음이다. 이는 '문학이란 무엇인가?' 하는 형태의 물음이 된다. 문학의 과학을 지향하는 경우는 이런 물음에 답을 해야 한다. 문학의 과학(science of literature)은 문학을 연구하는 주체의 자명성과 보편성을 상정하게 된다. 그러나 문학을 연구하는 일은 문학의 비평과 맞물려 있어서 주체의 보편성과 객관성이 유지되기 어려운 것이 사실이다.

둘째, 문학에 대한 가치론적 물음이다. 이는 '좋은 문학이란 무엇인가?' 하는 형식의 물음으로, 주로 문학비평의 영역에서 제기된다. 아울러 문학교육에서도 유사한 물음이 의미를 지닌다. 수용자의 감성과 이지적 판단에 문학이 일정한 작용을 하기 때문이다.

셋째, 문학에 대한 생산론적 물음이다. 이는 '작가는 어떤 과정을 거쳐 어떤 구조 안에서 문학작품을 생산하는가? 작가의 글쓰기 욕망과 그 욕망의 실천은 어떻게 가능한가?' 하는 형태의 물음으로 제기된다.

이청준의 〈당신들의 천국〉은 현대의 명작으로 인정받고 있으며, 인간의 근원적인 문제를 주제로 다루고 있다는 점도 널리 승인되는 사항이다. 그런데 이 소설에는 괴테의 〈파우스트〉 모티프가 몇 가지 나타난다. 이러한 사실은 작가가 서울대학교에서 독문학을 공부했다는 점, 즉 생애 체험과 연관되는 사항으로 보인다. 기록에 따르면 이청준은 '괴테 소설 강독'을 들었고, '파우스트 강독'을 한 차례, '파우스트 연구'를 두 차례 수강한 것으로 되어 있다.[1] 이러한 기록과 작품에 나타나는 모티프로 보아 이청준의 소설 작업에 〈파우스트〉가 영향을 미쳤을 것으로 추론할 수 있다.[2] 또한 이러한 점을 바탕으로 문학의 생산성에 초점을 맞춘, 생산론적 비교문학을 도모할 수 있을 것으로 보

1 서울대학교에 보존된 성적표에서 확인.

2 이청준의 성적표에 따르면 광물학을 수강한 것으로 되어 있다. "돌은 말을 하지 않는 교사다. 돌은 관찰자를 침묵시킨다. 돌에서 배우는 가장 훌륭한 것은, 다른 데에 전달할 수 없다."라는 『빌헬름 마이스터의 편력시대』(곽복록 역, 서울대학교출판부, 1999, p. 630)에서 암시를 얻어 이청준이 그 과목을 수강한 것으로 추측된다.

인다. 이는 텍스트 중심의 비교문학이나 영향 중심의 작가론적 방법의 비교문학과는 다소 차이를 드러내는 방법이 될 것이다.

작가의 문학생산 원천

작가가 작품을 쓰는 과정은 그 자체가 작가의 삶의 과정이다. 작가가 이념을 선전하거나 윤리와 도덕을 제시하기 위해 작품을 쓰는 경우는, 문학 내측에서 보았을 때 문학이 목적성에 함몰할 수 있는 여지가 있다. 문학이 완벽한 자율성을 구가할 수는 없는 일이지만 상대적 자율성이기는 하더라도 자율성을 상실하면 문학은 다른 영역의 도구로 전락하고 만다. '전락한다'는 말은 문학의 고유성을 망실(亡失)한다는 뜻이다.

작가가 작품을 쓰는 과정에는 작가의 독창성과 전통의 힘이 동시에 작용하기 마련이다. 작가의 독창성이란 작가의 유다른 체험과 사색이 작가의 문체로 형상화되는 과정에서 드러난다. 전통은 이전부터 내려오는 민족이나 국가의 정서, 사상, 이념 등이 작가의 정신세계에 창조적 에너지로 작용하는 경우를 말한다. 작가의 창작에 구체적인 영향을 행사하는 것은 이전부터 전통이 되어 내려오는 텍스트들이다. 이런 텍스트는 언어적 소통이 가능한 지역 안에서 영향을 행사하는 것이 일반적인데, 교통의 발달로 문화의 교류가 빈번해지면서 한 문화가 다른 문화에 미치는 영향의 범위가 광범해졌다.

어떤 작가가 외국문학의 체험을 수용하기 위해서는 지역 간의 왕래가 전제된다. 사람들의 직접적인 왕래는 물론이고 서적과 문물의 교류를 통해 문화가 상호 교류되는 가운데 작가의 외국문학 수용이 가능해진다. 지역적 인접성과 언어적 인접성은 물론이고, 종교적 소통과 교통의 발달 또한 지역 간의 문화적 전이를 가능하게 하는 중요한 계기들이다.

〈당신들의 천국〉의 작가인 이청준은 전남 장흥에서 1939년 8월 9일에 출생한 것으로 되어 있다. 그의 고향이 장흥이라는 점은 〈당신들의 천국〉의 배경과 가깝다는 점에서 창작의 원천이라는 의미를 지닐 수 있다. 그는 이후에도 이른바 '남도'를 소재로 많은 작품을 창작하였다. 성장 과정에 대해서는 차후 다른 작가론적인 연구가 있어야 할 것이다. 따라서 유보사항으로 남겨두기로 하거니와, 그가 서울대학교 독어독문학과를 졸업했다는 점은 여기에서 탐구하고자 하는 주제와 깊이 연관된다.

학적부에 따르면 그가 대학에 들어간 것은 1960년이고, 1961년까지 대학에 다니다가 군대에 갔다 와서 복학하여 1964년과 1965년에 학업을 계속한 것으로 되어 있다. 당시 한국 대학의 외국문학 학과에서는 주로 외국의 고전문학을 역점을 두어 강의하였다. 영문학과에서는 셰익스피어를, 불문학과에서는 프랑스 고전문학을 집중 강의하였다. 독문학과의 경우는 독일 문학의 자랑거리인 괴테를 중심으로 강의가 이루어졌다. 이청준이 수강한 과목 가운데 괴테와 파우스트 외에 작가 이름이 거명되는 경우는 헤세(Hermann Hesse, 1877-1962)와 토마스 만(Thomas Mann, 1875-1955)뿐이다. 독문학과의 강의가 독일 고전문학에 치중해 있었던 것처럼 사범대학의 독어교육과에도 그러한 경향이 있었다고 한다.

이청준은 1965년 잡지 『사상계』에 단편소설 〈퇴원〉으로 등단한 이후 창작집 『별을 보여드립니다』, 『소문의 벽』, 『비화밀교』, 『키 작은 자유인』, 『가해자의 얼굴』, 『서편제』, 『목수의 집』 등을 출간하였다. 장편소설로는 〈당신들의 천국〉, 〈자유의 문〉, 〈춤추는 사제〉, 〈흰옷〉, 〈축제〉, 〈인문주의자 무소작씨의 종생기〉, 〈신화를 삼킨 섬〉 등을 발표하였다. 또한 『할미꽃은 봄을 세는 술래란다』라는 동화집을 출간하였다. 한양대학교에서 교수로 문학을 가르치기도 했고, 순천향대학교 문예창작과에서 가르치기도 했으나 큰 보람을 느끼지는 못한 것으로 보인다. 동아일보(2007년 11월 28일자 25면)에 새 소설집 『그

곳을 다시 잊어야 했다』를 소개하는 중에 이런 내용을 기술하고 있다. "백성에 대해 국가가 무엇인가, 그런 의식과 역사의 문제에 천착해 왔습니다만, 신화와 영혼의 세계에 관심을 갖게 되었어요. 이제 영혼의 그림자가 보이기 시작했는데, 그게 내 소설의 (더 가지 못할) 낭떠러지가 아닌가 싶고요." 여기서 '길이 시작되자 여행은 끝났다'로 표상되는 근대소설의 아이러니적 구조를 떠올리게 한다. 근대소설의 작가는 스스로가 '문제적 인물'의 속성을 지닌다는 점에서 보면 이는 루카치(G. Lukács, 1885-1971)의 이념과 연계성을 지닌다는 시사점을 얻게 된다.

이상에서 작가의 창작 원천으로서 독일 문학과 괴테의 〈파우스트〉가 자국의 체험과 삶의 궤적에 연계성을 지닐 수 있다는 점이 대개 확인되었다. 그렇다면 〈당신들의 천국〉과 〈파우스트〉를 창작론적 관점 혹은 문학생산론적 관점에서 비교할 수 있는 근거를 찾아보기로 한다.

〈당신들의 천국〉과 〈파우스트〉의 생산론적 비교

한국에 괴테가 소개될 때는 늘 '세계적인 문호(文豪)'라는 평가가 따라다닌다. 〈파우스트〉는 한국에 '세계문학'의 정전으로 소개되어 읽히는 작품이며, 〈젊은 베르테르의 슬픔〉에 나오는 주인공 로테는 한 기업의 상표가 되었고, 〈빌헬름 마이스터의 수업시대〉는 교양소설의 전형으로 알려져 있는데, 루카치의『소설의 이론』이 소개되면서 한국의 문학교육에서 더욱 친숙해졌다.

우리가 논의 대상으로 삼는 〈파우스트〉는 '극시' 형식으로 되어 있어서 일반 독자들은 접근이 좀 어려웠으나 독일 문학에 대한 선호의식과 원전의 번역을 통해 크게 각광을 받게 되었다. 지식인의 담론이나 강연에는 〈파우스트〉의 주제를 통괄하는 "노력하는 자 영원히 방황한다(Es irrt der Mensch, solang er strebt)”(317행)라는 구절이 자주 인용되곤 한다.

또 다른 예로 그것이 메피스토펠레스의 말이라는 것은 고려하지 않은 채, “모든 이론은 회색빛이고 생명의 황금나무만 푸르다(Grau, teurer Freund, ist alle Theorie, Und grün des Lebens goldner Baum)”(2039행)라는 구절도 지식의 행동적 실천이 결여되어 있는 상황을 이야기할 때 자주 인용되곤 한다. 어떤 작품의 특정 구절이 어느 사회의 언중들에게 관용어가 되어 있다는 것은 그 작품이 문학 수용자들에게 그만큼 친숙해져 있다는 의미이다. 이러한 바탕에서 독일 문학과 〈파우스트〉를 직접 공부한 이청준이 그의 작품에서 ‘파우스트 모티프’를 수용할 여건은 충분하다고 생각된다.

1) 인간의 한계와 운명에 대한 도전

어떤 예술이든지 예술은 불가능에 대한 도전이라는 의미와 가치를 지닌다는 점은 널리 인정되는 사항이다. 예술가가 실패를 알면서도 도전을 하는 이유가 여기 있다. 인간 존재조건의 초월이라든지, 인간의 운명에 대한 도전, 인간 인식의 한계 넘어서기 등이 예술의 궁극 목표로 설정된다는 점에서 인간의 예술행위는 모순을 본질로 하는 행위이다. 모순적 존재의 운명을 가장 극명하게 표현해 주는 것이 예술행위라 할 수 있다. 인간의 힘으로 할 수 있는 것만 하는 것은 결국 인간의 존재조건에 대한 타협이다. 그리고 그러한 행위의 결과가 성공하면 성공할수록 인간은 자신의 한계를 인정하고 거기에 얽매이는 형국이 된다.

인간의 존재조건 가운데 하나는 생명과 그 생명의 한계이다. 그 한계가 극한적인 형태로 나타난 것이 치료의 가망이 없는 불치병이다. 지금은 지구상에서 사라진 것으로 보고되어 있지만, 일제강점기와 6·25전쟁 이후의 한국에는 나병 환자가 다수 있었다. 그리고 나병은 수전 손택(Susan Sontag, 1933-2004)의 용어를 빌리자면 일종의 원형적인 이미지를 지니는 ‘은유형식’

이 되어 있었다. 인간 존재의 한계와 운명이 나병으로 구체화된 것이다. 천형(天刑)이라는 문둥병을 서정주(徐廷柱)는 〈문둥이〉라는 시에서 이렇게 읊고 있다.

해와 하늘 빛이
문둥이는 서러워

보리밭에 달 뜨면
애기 하나 먹고

꽃처럼 붉은 울음을
밤새 울었다.

인간의 운명이 지엄한 것이매 하늘과 해가 서럽기만 한 문둥병 환자, 꽃처럼 붉은 울음을 울며 몸부림하더라도 애기를 먹을 수밖에 없는 운명, 그 몸부림으로 나타나는 통한의 울음을 울어야 하는 존재가 〈당신들의 천국〉의 주인공들이다. 이러한 천형의 존재들에게 '천국'을 만들어 주려는 주인공 조백헌의 고투는 인간의 한계를 극복하고 지복(至福)의 세계를 성취하고자 하는 예술적 의지의 표명으로 읽힌다.

지복의 세계를 만들어 주는 일은 두 가지로 구체화된다. 하나는 득량만 간척공사를 하여 주민들에게 농토를 만들어 주겠다는 것이고, 다른 하나는 미감아(未感兒)들에게 '나환자의식'을 없애 주겠다는 것이다. 인간에게 운명으로 주어진 천형의 질병을 넘어설 수 있게 한다는 것은 인간의 가능성, 그 극대치를 향한 분투의 모습으로 드러난다.

무모하리만큼 맹렬한 욕망으로 들끓어 오르는 인간의 한계에 대한 도전의욕은 〈파우스트〉에서 세계에 대한 완벽한 인식으로 구체화된다. 세계의 모든 지식을 섭렵한 파우스트가 인간의 앎이란 너무 피상적이라는 인식 끝에 결국은 절망하고, 삶의 오롯한 실현을 위해 악마 메피스토펠레스와 결탁하여 인간의 욕정과 육신의 환락을 탐하면서, 인류와 더불어 영원한 타락의 구렁으로 빠지더라도 자신의 전존재를 던지는 모험에 나선다. 그레트헨과의 사랑, 그리고 그 결과로 낳은 아들의 죽음으로 참척(慘慽)의 고통을 겪으면서 늪 지역에서 고생하는 민중들에게 비옥한 농경지를 만들어 주기 위해 공사를 수행한다. 악마와 계약을 통해 청춘을 부여받았지만 시간이 흘러 늙고 눈이 먼 파우스트는 메피스토펠레스를 하인으로 부려 이 공사를 강력히 진척한다. 그 농토에서 협동하여 일하면서 희망을 가지고 살아가는 사람들을 바라보는 광경은 〈파우스트〉의 클라이맥스를 이룬다.

파우스트: 지혜의 마지막 결론은 이런 것이다.---
자유도 생명도 날마다 싸워서 차지하는 자만이
그것을 누릴 만한 값진 인간이다. […]
'멈춰라, 너는 진정 아름답구나!' (11573-11586)

이 장면에서 제2의 생명마저 종말에 다다른 늙은 파우스트는 쓰러지고 만다. "이 친구는 어떤 행운에도 만족 못하고, 변화무상한 모습을 줄곧 찾아 헤매고, 최후의 하찮은 허망한 순간을 불쌍하게도 붙잡아 두고자 원했다. 내게는 억세게도 항거를 한 놈이지만 / 시간에는 이기지 못해 늙은 것이 여기 누웠구나. 시계는 이제 멎었다."(11587-11593)

여기서 인간상의 문제, 구원의 문제가 제기된다. 이는 다른 항목에서 서술하기로 하거니와, 분투로써 인간의 한계를 초월하고자 하는 인간상을 여기서 보게 되며, 인간의 구원도 그러한 분투를 통해서만 가능하다는 인식을 확인하게 된다.

"자기 자신의 한계를 알고 있는 인간은 인식과 사랑과 행위에 있어 자신의 한계 저편에 놓여 있는 것을 체험할 줄 아는 것이다.” 그리하여 “인간의 제한됨을 정신으로 만드는 일(das Zu-Geist-Machen)인 것이다.”[3] 파우스트는 체념을 모르는 인간상, 달리 말하자면 프로메테우스적 인간상이다. 운명에 대한 도전, 인간의 한계에 대해 맞서는 투혼을 구현한 것이 파우스트이다.

2) 원형적 인간상의 창조

문학적으로 용납되기 어렵다는 비난을 무릅쓰고 말하자면, 영웅들만이 전형성을 지닌다. 전쟁의 영웅 아킬레스, 미의 화신 헬레나, 사랑의 여신 아프로디테, 인류의 복리를 위해 글자 그대로 헌신(獻身)하는 프로메테우스 등 그리스 신화에 나오는 신들 모두가 영웅이다. 이러한 인물(신)들 가운데 후세의 작품에 등장하여 의미 있는 반복을 거듭하는 경우를 ‘모티프’라고 한다. 모티프는 사물 대상, 인물, 특정 상황, 더 나누어지지 않는 이야기 등을 뜻한다. 그 모티프 가운데 한 단위가 인물이다. 아폴로, 이카루스, 디오니소스 등은 물론이고 돈 후안, 돈키호테, 햄릿, 오블로모프 등은 모티프이며 하나의 전형이 되어 있다. ‘파우스트’라는 이름으로 대변되는 인물은 그의 의식과 이념과 과업 등이 다른 인물의 행적과 구별됨으로써 독자성을 획득한다. 그러한 독자성이 나타나는 파우스트는 다른 영역에서 알레고리적인 의미를 지니는 존재로, 맥락에 따라 의미가 부여된다.

그리고 이들은 어떤 문화권의 단위 영역을 벗어나 인류 보편의 공통된 의미를 획득한다. 나아가 그것이 하나의 인간상을 넘어서서 시간과 공간의 제약을 벗어나는 항구성을 지닐 때 그것을 원형(原型, archetype)이라 하고, 이러한 원형이 어떻게 구체적 형상으로 나타나는가를 분석하고 거기에 의미부여

---

3 Johann Wolfgang Von Goethe, *Wilhelm Meisters Wanderjahre*, 김숙희 외 역, 『빌헬름 마이스터의 편력시대 2』, 민음사, 1999, p. 253.

를 하는 문학연구방법을 '원형비평'이라 하며, 그 방법론을 개척한 것은 캐나다의 노스럽 프라이(Northrop Frye, 1912-1991)였다.[4]

'파우스트'는 모티프로서 하나의 선명한 인간상으로 형상화되어 있다. 물론 민담으로 전해지는 파우스트 이야기의 파우스트는 악마와 결탁하여 인간이 가진 능력의 한계를 넘어서는 일을 해내고자 하였으나 결국 신의 저주로 패배하는 인간으로 그려져 있다. 인간이 자신의 능력을 넘어서기 위해 구사하는 방법 가운데 하나가 악마와 결탁하는 것이다. 사신의 힘을 빌려 선신과 대결하는 구도를 이룬다. 문학적 의미 단위로서 파우스트는 하나의 모티프에 해당한다. 그런데 그것은 프로메테우스적 인간상의 모티프이다. 괴테는 자신의 이념과 감성을 바탕으로 프로메테우스적 인간상을 '파우스트적 인간상'으로 창조해 낸 것이다. 이는 유럽 문화의 보편성을 일구어내는 작업에 해당한다. 괴테 자신이 문학적으로 하나의 영웅적 전형을 이루고 있는 셈이다.

인간 문명의 기원은 불에 있다. 잘 알고 있는 바처럼 프로메테우스는 제우스에 반기를 들고 인간의 편에서 인간의 행복을 위해 불을 전달해 준다. 그 결과 지혜와 능력을 얻게 된 인간은 신에 대해 고분고분하지 않을 뿐 아니라 오히려 신에게 저항하는 존재로 격상한다. 신의 능력 일부를 인간에게 전수한 프로메테우스는 제우스에 대한 반역행위를 한 셈이다. 제우스는 프로메테우스를 포박해다가 코카사스 산에 있는 바위 위에 결박하고 배를 갈라 그 간을 독수리가 쪼아 먹게 하는 형벌을 내린다. 서양의 경우 프로메테우스 모티프는 그림을 위시한 다양한 변형을 보인다. 한국 문학에서도 윤동주의 〈간〉이라든지 채만식의 희곡 〈제향(祭享) 날〉 같은 작품에 그런 모티프가 수용되어 있는 것을 볼 수 있다.

4 N. Frye, *Anatomy of Criticism: Four Essays*, 임철규 역, 『비평의 해부』, 한길사, 1988 참조.

이청준의 〈당신들의 천국〉과 괴테의 〈파우스트〉 두 작품에서 우리는 '파우스트 모티프'의 변형을 보게 된다. 〈당신들의 천국〉에서 주인공 조백헌은 나환자라는 의식에 질리고 수용소에 갇혀서 타율적으로 살아가는 이들에게 복지를 건설해 주고자 혼신의 투구를 한다. 그 가운데 구체적인 작업 하나가 득량만 간척사업이다. 〈파우스트〉도 대단히 유사한 방식으로 구성되어 있다. 산록에 펼쳐진 늪지대를 개간하여 농민들이 고통 없이 평화로운 삶을 살아가는 것을 보고자, 주인공 파우스트는 악마와 계약을 한 상황에서 작업을 한다. 인류, 타인, 민중, 이러한 타자들에게 낙원을 만들어 주고 거기서 고통 없이 즐거움 속에 살아가는 모습을 보고 흐뭇해하는 주인공들이라면 영웅적인 면모를 띨 수밖에 없다.

영웅의 생애가 비극적 결말로 끝난다는 것이 문화인식의 일반적 유형이다. 영웅이 과업을 성취한 후 자신이 행복하고 충족된 삶을 산다면, 그것은 영웅의 속성이라기보다는 타락한 세속인의 면모이다. 생애 전 과정을 부단히 분투하는 가운데 자유를 얻고 생애 최고의 기쁨을 맛보게 되는 것이 영웅적 인물의 특성이다. 파우스트는 이렇게 외친다. "지식에의 갈망에서 벗어나 나의 마음은/ 앞으로도 어떤 고통도 감수하면서/ 인류 전체에게 주어진 것을/ 내 내면의 자아로 음미해 보려네." 그리하여 "마침내 인류와 더불어 나 역시 파멸에 이르기까지."(1765-1775) 이렇게 선언하는 영웅의 생애는 투쟁의 험로일 수밖에 없다.

〈당신들의 천국〉의 영웅적 인물인 조백헌은 온갖 노력과 분투를 기울임에도 불구하고 결과적으로 나환자들에게 천국을 만들어 주는 일은 실패로 돌아간다. 개간사업으로 상징되는 사업의 실패와 결혼을 통한 이상향의 구축은 둘 다 실패로 귀결된다. 이에 비해 파우스트에게 이승의 과업은 이승의 과업으로 남는다. 그리고 그의 영혼은 구원된다.

이러한 결말의 차이는 극과 소설이라는 장르의 차이에서 비롯되는 것이기도 하고, 기독교적인 구원과 신 없는 세계의 종말에 드리우는 비극적 그림자의 차이일 수도 있다. 여기서 우리는 두 작품에서 다루고 있는 인간 구원의 문제에 다가갈 수 있다.

3) 구원에 이르는 두 길

문학과 종교는 인간 구원의 문제에서 만난다. 그런데 구원에 이르는 방법에는 지상의 길과 천상의 길이 있다. 〈파우스트〉의 주인공 파우스트가 천상의 길로 통하는 구원으로 자신의 구원을 성취한다면, 〈당신들의 천국〉의 조백헌은 지상의 구원에 헌신하다가 소설적 결말에 이르는 인물이라 할 수 있다. 이는 구원의 길이 어디서 갈리는가 하는 문제와 연관된다. 구원(救援)의 세속적인 의미는 구제(救濟)이다. 난경(難境)을 벗어날 수 있게 도와주는 일이 구제이다. 구호(救護)라는 말도 유사한 의미로 쓰인다. 그런데 기독교적 맥락에서 구원은 독특한 의미를 지닌다. 신의 은총으로 죄를 벗는 일을 뜻하는데, 예수의 희생을 통한 죄사함 받기, 즉 대속(代贖)이라는 의미를 지닌다. 신앙 형태상 자력신앙에 해당하는 불교에서 구원은 자기 구원에 국한된다. 자기 내면에 있는 불성의 성취를 뜻하는 성불은 원조, 즉 절대자의 지원 문제가 걸리지 않는다.

그러니까 〈파우스트〉에서 구원은 이중적인 의미를 지닌다. 지상에서 고통 속에 빠진 대중을 구하는 과업에서는 파우스트 자신이 구원자이다. 그러나 온갖 혼란과 환락과 고통을 경험하는 과정에서 악마에게 영혼을 판 파우스트가 '영원히 여성적인 것'에 의해 이끌어 올려지는 장면에서 그의 영혼은 다른 구원자의 도움으로 구원을 받는 것이다. 세속의 논리로 본다면 파우스트의 행동은 일탈적이고 쾌락을 탐닉하는 것이라서 구원의 여지가 없는 것이다.

신비의 합창 : 일체의 무상한 것은/ 한낱 비유일 뿐,
미칠 수 없는 것,/ 여기서 실현되고,
형언할 수 없는 것,/ 여기서 이루어진다.
영원히 여성적인 것이/ 우리를 이끌어 올리도다.(12105-12110)

비극 〈파우스트〉의 총결산에 해당하는 '신비의 합창(Chorus mysticus)'은 '숭고한 합창'으로 되어 있던 것을 이렇게 바꾸었다고 한다. 성모의 영원한 사랑이 구현되는 장면이다. 성모 신앙과 연관되기 때문에 '영원히 여성적인 것'은 그 의미가 단순하지 않다. '영원한 여성(das Ewig-Weibliche)'에 대해 이런 설명이 있다.

> 성모 마리아나 속세를 떠나 정화된 존재가 된 그레트헨 같은 여성으로 대표되는 여성으로서, 그들은 영원한 사랑을 베푸는 여인들이다. 그리고 이러한 여성의 몰아적(沒我的)인 영원한 사랑이 남성을 구원할 수 있다는 사상은 괴테가 가지고 있던 것이었다. 보이틀러 같은 사람은 이 영원한 여성에 대한 찬미는 바로 성모에 대한 찬미라고만 보았지만 파우스트 전곡과 괴테의 80년에 걸친 일생을 감안할 때 그것은 지상의 여성 속에 계시되고 있는 영원한 모성애에 대한 찬미라고도 생각된다.[5]

지상의 구원은 정치와 연관된다. 제국을 건설하는 일, 지상에 낙원을 건설하는 일이 그것이다. 〈당신들의 천국〉에는 주인공의 구원은 나타나지 않는다. 나환자들의 나환자 의식을 소거했다는 것을 현실적으로 증명하기 위해, 조백헌은 음성 나환자와 정상인의 결혼을 도모한다. 이들이 결혼하여 정상아를 낳는다면 나환자에 대한 의식(운명)은 그 족쇄의 고리가 끊어져 인간의 존재조건에서 해방되는 것이다. 그런데 그 실현방법은 매우 현실적이다. 달리

---

5 강두식 역주, 『(괴테)파우스트 1·2부: 解說과 註釋』, 서울대학교출판부, 1988, p. 406.

말하자면 계산적이다.

> 제가 두 분의 신접살림을 직원지대와 병사지대의 중간에 마련하고자 했던 것도 사실은 그런 뜻이 있어서였습니다. 두 분의 결합과 정착지를 시발점으로 해서 하루 빨리 이 섬에서부터 두 마을이 하나로 합해지기를 바랍니다. 두 분의 정착지가 하루 빨리 새로운 마을로 번성하여 이 섬 안엔 건강지대와 병사지대가 따로 없는 하나의 마을로 채워지기를 빕니다. 이제 두 사람으로 해서 그 오랜 둑길이 이어지고 길이 뚫렸습니다. 그리고 당신들의 이웃은 힘을 합해 길을 지키고 넓혀 나갈 것입니다.[6]

현실 속에서 인간의 한계를 극복하는 일로 작가의 역할을 제한하고 있다. 작품 속에 황 장로를 비롯하여 기독교적인 세계관을 지닌 인물이 나오기는 하지만, 주인공의 구원과는 거리가 있는 구도이다. '사랑과 자유'가 인간의 한계를 극복하는 방법이라는 점을 인식하고 있지만(pp. 262-263), 그것은 종교적인 구원과는 거리가 있는 것이다.

이는 앞에서 살핀 바와 마찬가지로 두 작품의 장르 차이에서 비롯되는 현상이라 할 수 있다. 극장르의 현실초월과 소설장르의 현실지향성이 그러한 차이를 빚어내는 것으로 볼 수 있다. 또한 시대적인 영향으로 형성되는 지향이 그러한 결과를 빚은 것이라 할 수도 있다. 낭만주의적 성향과 현실주의적 성향이 그러한 결과를 빚은 것이라 할 만하다. 그러나 여기서 유념할 사항은 어떤 모티프의 수용은 어떤 의미로든지 변용으로 이루어진다는 점이다. 모티프의 차용은 작품의 형상화 과정에서 변용되고 새로운 모티프를 수용하면서 다른 모티프를 생산해 내는 것이다. 그리고 새로 생산된 모티프는 이후 다른 작가의 작품생산에 자원이 된다. 문학적 문화는 그렇게 생산성을 유지해 간다.

---

6 이청준, 『제3세대 한국문학 1: 이청준』, 삼성출판사, 1986, p. 330. 이후 이 책에서 인용한 경우 본문 괄호 안에 면수만을 표시하기로 한다.

문학작품은 텍스트로 존재할 뿐만 아니라 독자의 독서를 통해 독자의 의식 공간에 해석된 텍스트 형태, 의미가 부여된 형태의 상징물로 존재하기도 한다. 그렇기 때문에 문학사는 작품의 역사로 기술할 수도 있고, 독자의 작품수용 역사, 다시 말하자면 해석의 역사, 가치부여의 역사로 기술할 수도 있다. 독일에서 괴테가 〈파우스트〉를 쓸 수 있었던 것은 민담으로 전해오는 〈요한 파우스트 박사 이야기〉가 텍스트로 존재했기 때문에 가능한 것이었다.[7] 이 책에 따르면 1480년경에 파우스트의 원형에 해당하는 실제 인물이 태어난 것으로 추정되고, 실제 인물의 이야기가 전설로 증폭되면서 변형되어 민중들 사이에 돌아다니는 이야기를 수집하기 시작한 것은 1880년대이며, 이후 이를 바탕으로 다양한 버전이 퍼지게 된다. 괴테가 〈파우스트〉를 구상하면서 읽은 것은 1725년 민중본으로 추정된다. 변형본이 지속적으로 출간된다는 것은 달리 읽기가 지속된다는 의미이다. 다른 해석이 추가되면서 그것이 다른 작품의 원천이 되는 것이다.

한국에서 1960년대에 독문학을 공부한 작가 이청준의 〈당신들의 천국〉은 괴테의 〈파우스트〉에서 몇 가지 모티프를('파우스트' 자체가 모티프이지만) 원용하여 재창조한 것이라 할 수 있다. 이런 설명은 이청준이 한국판 〈파우스트〉를 썼다는 의미는 아니다. 시대와 지역이 격해 있는 상황에서 문학의 창조적 생산력이 어떻게 나타나는가 하는 점을 지적하고 싶을 뿐이다.

거슬러 올라가면 이청준의 〈당신들의 천국〉과 괴테의 〈파우스트〉는 민중본 〈요한 파우스트 박사 이야기〉를 타고 그리스 신화의 프로메테우스로 거슬러 올라가 만난다. 그러한 과정에서 괴테는 유럽 문학의 전통 속에서 프로메테우스 모티프를 〈파우스트〉로 창조한 것이고, 이청준은 20세기 한국에서 유럽 문학의 전통을 계승하는 프로메테우스 모티프와, 독일 문학의 중요한

7 임영우 편역, 『(민중본)요한 파우스트 박사 이야기』, 한국외국어대학교출판부, 2004.

문학적 유산인 파우스트 모티프를 새로운 인간상으로 재창조한 것이다. 이러한 과정에서 독일 문학과 한국 문학, 나아가 유럽 문학과 동아시아 문학이 상호 생산성을 촉발하고 추동하는 역동성을 지니게 된 것이다. 그러나 작품의 구조는 동질적인 것이 될 수 없다.

4) 문학의 결말과 인생의 결말

어떤 작품의 문학적 성공과 현실적 성공은 각기 다른 맥락에서 평가된다. 문학적 성공이라는 것 또한 이중적인 의미를 지닌다. 구조상의 완결성과 형상화의 완벽성이 문학을 평가하는 잣대가 되기도 하고, 다른 한편으로는 작품의 주제적 깊이나 독자의 감동 등이 문학을 평가하는 기준이 되기도 한다. 괴테의 〈파우스트〉는 상연하기에 불편한 작품으로 알려져 있다. 작품의 길이가 상연에 적절치 않고, 작품의 2부는 환상과 비현실적인 공간 설정 등으로 무대에 올리는 데에 여러 가지 난관이 있다. 그러나 인간의 본질과 연관된 근원적인 질문을 함으로써 독자의 심금(心琴)을 울린다면 그것을 문학적 성공이라 하지 않을 이유가 없다. 문학이 자율성을 바탕으로 한다고 하지만 인간의 일을 형상화하는 한 인간의 감성과 사유와 이념을 벗어날 수 없는 것이다. 그러한 점에서 작품의 구조를 대비적으로 살펴볼 필요가 있다. 여기서는 작품의 결말에 논의를 집중하고자 한다.

서사양식의 결말은 삶의 결말과 대비적인 의미를 갖는다. 인생사의 결말과 대비하여 서사양식의 결말에 대해 물음을 제기할 때, 인생의 결말은 미래형인데 서사의 결말은 완성형이라는 점이 고려되어야 한다. 앞으로 살아갈 날이 얼마 남지 않은 사람이라도 이는 마찬가지이다. 이제까지 살아온 80년 그 이상의 어떤 변화를 기대할 것인가, 내 생애의 결말은 이미 나 있는 셈이다, 그렇게 이야기하는 이가 있다면 아마 착각일 것이다. 죽는 순간에 개종을 하는 이도 있고, 죽는 순간에 분열되어 와해(瓦解, 崩壞)되는 가족들의 저주를 감수해야 하는 경우도 있다. 그러나 작품은 텍스트 내에서 어떤 생애가 완결지점을 향해 달려온 그 끝을 보여 주기 때문에 그 끝이 어떤 모양으로 매듭지어지는가 하는 점이 중요한 의미를 지닌다.

악마에게 영혼을 걸고 능력을 얻어 육체적인 쾌락에 도취하고 비참한 역경을 겪는 것을 본다면 파우스트는 일종의 파락호(破落戶)이다. 그런데 파우스트가 결국은 구원을 받게 되는 것은 이미 작가의 예정이 그렇게 기획되어 있기 때문이다. "선한 인간은 비록 어두운 충동 속에서도 올바른 길을 잊지 않는다(Ein guter Mensch, in seinem dunklen Drange,/ Ist sich des rechten Weges wohl bewusst)."(328-329) 이러한 작가의 지향은 선험적인 속성을 지닌 것이다. 즉 그것은 작가 개인의 의지가 아니라 기독교 문화권에서 공감을 형성하고 있는 '주님'의 지향을 대변하기 때문이다. 이러한 포용력이 악마의 온갖 악의적인 작태와 목숨을 걸고 벌어지는 음험한 공작마저 장난으로 취급하게 되고, 파락호의 선의의 노력이 영혼의 구원으로 이어지는 구조를 만들어낸다. 〈파우스트〉는 주인공의 영혼이 '영원히 여성적인 것'에 의해 천상으로 이끌려 올라가는 완성형이다. 천상의 질서와 지상의 질서가 상통하는 세계상을 그리고 있다는 점에서 낭만적 이념이 기독교적 세계관과 통일됨으로써 귀결되는 결말이라 할 수 있다.

이에 비해 〈당신들의 천국〉은 근대소설의 소설구조에서 논의되는 공식을 그대로 따르고 있다. 이론적 결말로, 이른바 "길이 시작되자 여행은 끝났다."라는 루카치의 개념을 충실히 따르고 있는 셈이다. 조백헌 대령은 소록도 나환자 수용소에 부임한 이후 나환자 수용소의 원장들이 자기 동상을 세우고, 그것이 비극의 실마리가 되었다는 것을 깨닫게 된다. 이후 그는 동상을 세우는 것이 재소자들의 마음 가운데 극복할 수 없는 괴리감을 만들어 준다는 것을 알게 된다. 그런 점에서 동상은 사랑과 자유 등으로 표상되는 은혜나 은총이 아니라 저주어린 심리적 트라우마라는 것을 인식한다. 따라서 재소자들의 심리적 왜곡과 적대감과 나환자라는 의식을 퇴치하지 않는 한 이들에게 지복의 세상을 만들어 줄 수 없다는 판단에 이르게 된다.

조백헌은 신의 섭리를 거역하는 단종수술을 중단하고, 운동시합을 통해 상호 이해와 화해를 도모하고, 나환자의 현실을 아파하는 시를 읽히고, 자율적인 의지를 추동하게 하여 협동하여 일함으로써 삶의 터전을 마련하는 일 등을 시도한다. 그 가운데 오마도 간척사업은 재소자들의 자발적인 의지를 불러일으키는 과업이었는데, 이는 파우스트가 악마의 힘을 빌려 시혜적으로 공사를 하는 것과는 현격한 차이가 있는 점이다. 자유와 자율을 위해서는 그러한 과정이 필수적이기 때문이다.

앞에서 잠시 언급한 바이지만, 형식상의 결말은 〈파우스트〉가 개인 영혼의 구원으로 귀결되는 반면, 〈당신들의 천국〉의 경우 재소자들 가운데 '나환자 의식'을 씻어내고 새로운 생명을 탄생하게 하는 결혼식을 앞둔 시점에서 소설이 끝난다. 영혼의 구원은 이 소설의 주제와는 거리가 멀다. 이제까지 소설을 통해 전개해 온 사업의 완성과 그 결과가 어떻게 전개될 것인가에 대한 전망도 불투명하다. 그러한 상태에서 소설을 끝내는 것은 소설이 인생의 과정과 맞물려 있기 때문에 성급한 결론을 내지 않는 '산문적 거리유지'의 미학을 구현하는 사례라 할 만하다.

신의 은총과 섭리를 상정하는 〈파우스트〉에서는 방황과 타락 끝에도 종국적으로는 개인 영혼의 구원에 이른다. 그러나 신 없는 시대의 이상의 추구가 초월적 결말에 도달할 수 없다는 원칙을 바탕에 두고 쓰여진 〈당신들의 천국〉은 전망이 확실할 수 없다. 이러한 결말의 차이에 대한 해석은 쉽지 않다. 이는 독일과 한국의 정신사적 성향의 차이이기도 하고, 18세기와 20세기라는 시대의 차이를 상징하는 것이기도 하다. 아울러 장르의 차이가 가져오는 결과라고 할 수도 있다.[8]

8 같은 작가의 작품인데 장르에 따라 결말 처리가 상이하게 나타난다는 점은 과제로 부각

문학과 문화의 생산적 주고받기

독자들은 문학을 통해서 자신의 삶의 문제를 성찰하기도 하고, 인간의 보편성에 대한 이해를 도모하기도 한다. 자국 문학, 특히 동시대의 자국 문학은 독자들에게 삶의 촉각을 날카롭게 해 주고 시대적 감수성을 신선하게 해 준다. 아울러 당대의 문제에 자발적·적극적으로 관여하게 만들기도 한다. 작품을 쓰는 것은 물론이고 작품을 읽는 일은 동시대적 삶에 참여하는 문화적 방식이다.

외국 문학을 읽는 것은 자아의 인식 영역을 확대하는 일이다. 자아의 확장은 시간적 · 공간적 · 이념적 차원에서 다양하게 이루어진다. 독일 문학의 고전인 〈파우스트〉를 읽는 일은 시간적으로 180년이라는 격차를 극복하면서 텍스트에 참여하는 것이다. 그리고 독일이라는 역사공간을 다소간 짐작해야 〈파우스트〉를 제대로 읽을 수 있다. 아울러 인간의 '구원'이라는 문제를 편견을 제쳐두고 이해할 수 있는 수용력이 있어야 한다. 이러한 점은 다른 나라의 문학을 통해 인간의 보편성을 이해하는 계기가 마련된다는 사실을 보여 준다. 문학개론에서 문학의 개별성(독자성)과 보편성에 대한 논의는 독자의 독서체험을 통해 개인 내적으로 구체화된다. 이는 일종의 소통이라 할 수 있다.

한국에서 독문학을 공부한 이청준이 〈파우스트〉를 한국의 문화 맥락에서 재해석하여 〈당신들의 천국〉이라는 작품을 생산한 것은 독자에게는 세계문학에 참여하는 계기를 마련한 것이 된다. 괴테가 〈파우스트〉를 통해 새로운 인간상을 창조했다는 점을 알고, 그것이 한국의 근대라는 맥락에서 〈당신들의 천국〉으로 형상화되었다는 것은 문학과 문화의 주고받기가 결국은 문화의

된다(극의 결말에 구원이 오는데, 소설의 결말에는 구원이 오지 않는다는 점). 독일적인 현실인식과 이념이 같아도 장르의 차이는 이러한 결말의 차이를 가져온다. 교양소설 〈빌헬름 마이스터의 수업시대〉와 그에 연속되는 〈빌헬름 마이스터의 편력시대〉에서 어떤 결말이 보이는가를 비교 검토하는 것은 흥미로운 과제이다.

창조에 기여한다는 점을 단적으로 증거한다. 여기서 말하는 문화의 창조는 두 나라의 개별적 문화를 넘어서는 한 차원 다른 층위의 문화를 상정하게 된다. '세계문학'의 이념을 추종하지 않는다고 하더라도 인류의 보편성에 바탕을 둔 문화를 상정할 수 있고, 그러한 문화를 '보편문화'라 할 수 있을 것이다.

문학과 문학이 교류되면서 새로운 창조를 가능하게 하는, 이러한 연관성은 작가와 작가 사이에서만 이루어지는 것이 아니라 독자를 매개로 한다는 점을 강조해 두고자 한다. 필자의 경우, 고등학교 때 〈파우스트〉를 번역판으로 읽을 기회가 있었고(괴테가 독일의 대문호라고 배웠고), 대학에서는 문예사조를 배우는 중에 질풍노도(疾風怒濤, Sturm und Drang)라는 낭만주의 문학 사조가 있었으며, 그 가운데 괴테가 선봉이라는 것을 배운 바 있다. 그리고 대학에 입학하여 그 전해에 출간된 이청준의 〈병신과 머저리〉를 대상으로 독서토론을 하기도 했고, 〈당신들의 천국〉이 발간되었을 때(1976)는 중등학교에서 문학을 가르치며 공부를 하는 중에 이 작품을 읽었다. 어느 작가나 작품에 대한 관심과 독서와 교육은 그 작가와 작품을 의식공간에 내면화하게 된다. 이렇게 내면화된 문학은 일차적으로 자국 문학의 문학다움을 인식하는 기반이 된다. 그리고 인간의 보편성을 이해하는 바탕이 됨은 물론이다.

모든 작가는 독자 가운데 나오며, 독자는 잠재적인 작가이다. 따라서 독자의 독서는 생산성을 지닌다. 그것은 크리스테바(Julia Kristeva, 1941-)처럼 '텍스트연관성(intertextuality)'이라고 하든지, 야우스(Hans Robert Jauß, 1921-1997)가 『도전으로서의 문학사』에서 주장하는 '영향'이라고 하든지, 작가의 독서는 다른 작품의 생산에 흔적을 남기게 된다. 물론 그 흔적은 확인이 되는 경우도 있고, 잠재되어 묻혀 있는 경우도 있다. 일차적인 생산성은 텍스트에 대한 의미부여 형태로 나타난다. 다른 국면은 잠재적 작가가 실제 작가로 전환하여 작품을 쓸 때 구체화되어 나타나는 경우가 있다. 비교문학에서 영향관계를 확인할 수 있는 경우의 생산성은 이러한 측면을 뜻한다. 이러한 생산성은 작은 모티프에서 인물, 사유형태, 이념, 세계관 등의 차원에서 복합적으로 드러날 수 있다. 또한 언어적인 측면에서는 문체로 드러날 수 있다. 이러한 사실을 확인하고 의미부여를 하는 일은 개인적인 과업이 되기도 하고 집단의 과업이 될 수도 있다.

요컨대 두 나라 혹은 동서의 문학 또는 문화 교류는 생산성을 지닌다는 것이다. 인간의 문학행위 혹은 문화행위는 인간 행위의 생산성을 전제로 한다. 역설적으로 말하자면 소비의 생산 또한 생산이다. 이를 상위적(개념적) 생산(meta-production)이라 할 수 있다. 이렇게 본다면 독서행위는 의미의 생산행위이다. 독자의 독서 결과 의식상에 남는 정서, 가치, 사유 등은 잠재적 작가의 생산성으로 연계된다. 창작으로 지칭되는 텍스트의 생산에 잠재적 작가로서 읽은 문학과 문화 체험이 구체적인 생산성으로 작용하게 된다.

문학과 문화의 교류는 그 자체가 큰 교육작용을 하게 마련이다. 문학을 개념적으로 규정하자면 '가치 있는 체험의 언어적 형상화'가 된다. 그런데 이러한 작업의 결과를 수용하고 교류하는 데서는 가치가 어떻게 결정되고 체험내용이 무엇이며, 형상화 방법은 어떠한가 하는 등의 '경험'이 교류되어야 한다. 이는 문학연구의 차원을 벗어난다. 나아가 문학을 삶의 실천으로 보는 생산적 문학관에 입각하여 문학의 실천방법과 그 가치에 대한 논의가 이루어져야 한다. 여기에서 문학은 교육적 연관성의 자장 안으로 들어오게 된다.

교육은 '인간에 대한 깊은 이해를 바탕으로 인간의 성장을 도모하는 실천행위'로 규정된다. 인간 이해와 인간의 성장에 문학이 매개될 경우 우리는 이를 '문학교육'이라 한다. 문학교육은 제도적으로 수행되기도 하고 개인의 자기교육으로 수행되기도 한다. 자기교육은 도야의 이념과 연관되는 교양의 형성을 목적으로 한다. 이는 교양소설(Bildungs-roman)이 교육소설(Erzhieungs-roman)로 불리는 점에서 그 친연성을 간파할 수 있다.[9] 문학을 하는 일, 글을

9 오한진, 『독일 교양소설 연구』, 문학과지성사, 1989 참조.

쓰고 글을 읽고, 다시 글을 쓰는 이 순환적 행위는 학문이 아니라 실천의 성격이 짙다. 일찍이 르네 웰렉(René Wellek, 1903-1995)이 문학을 '일종의 학습(a kind of learning)'이라고 한 것은 문학이 진리를 추구하는 학문이라기보다는 인간 형성에 도움이 되는 배움이라는 속성에 중점을 두고 파악한 문학의 속성이다.[10]

문학의 경우 그것이 학문의 대상인가 하는 데는 의문이 있다. 문학연구의 특성은 그 연구 결과가 자신의 삶의 실천과 연관된다는 데 있다. 주체와 대상이 엄격히 분리되지 않는다. 따라서 인문현상의 속성 가운데 '주객동일성'이 가장 두드러지는 것이 문학연구의 영역일 것이다. 콜리지(Samuel Taylor Coleridge, 1772-1834)의 잘 알려진 표현대로 '불신의 자발적 중단(the willing suspension of disbelief)'을 전제한 문학연구는 문학에 대한 호교론으로 기울고, 아울러 문학연구의 학문적 성격이 이론과 비평의 경계에 있음을 인정하지 않을 수 없게 한다. 따라서 문학연구가 학문의 영역보다는 비평의 영역에 속한다는 점을 솔직하게 인정하고, 문학의 생산과 소통이 이루어지는 구조를 실천의 논리를 바탕으로 추구할 필요가 있다.

문학의 실천학문적 성격은 문학의 생산에 중점을 두고 논의를 전개하게 한다. 이 영역에서는 문학에 대한 공감의 전이를 대상으로 하여 그 원리와 실천 방법을 연구해야 한다. 막스 셸러(Max Scheler, 1874-1928)의 말대로 문학에 대한 사랑이 실천의 원동력이다. 이는 안생에 대한 사랑이 인간 탐구의 원동력인 것과 마찬가지이다. 셸러는 "사랑은 동감의 어머니이다."라고 명백하게 선언한다.[11]

---

10 René Wellek and Austin Warren, *Theory of Literature*, 이경수 역, 『문학의 이론』, 문예출판사, 1995 참조.

11 Max Scheler, *Wesen und der Sympathe*, 조정옥 역, 『동감의 본질과 형태들』, 아카넷, 2006 참조.

문학은 언어사(言語事)의 한 유형이고, 그것은 인간사를 형상적으로 다룬다. 이런 대상을 논의하는 방식은 인간의 개별성과 보편성을 동시에 포괄하는 것이라야 한다. 인간의 보편성을 감수성, 논리, 이념 등 차원에서 발견하고, 인간의 개별성을 시간과 공간의 규율을 받는 대상으로서 인간의 성정으로 파악해야 한다. 문학은 개별성이 보편성을 보증해 주는 역설적 속성을 지니고 있다. 문학이 과학이나 논리가 아닌 까닭이다. 한국 문학과 독일 문학 서로 간에 텍스트연관성(intertextuality)을 증대하는 방향의 실천이 필요한 이유가 여기 있다. 〈당신들의 천국〉과 〈파우스트〉를 같이 논할 수 있는 가능성 또한 여기서 도출된다. 그것은 어쩌면 괴테가 지향한 '세계문학'을 향해 가는 하나의 도정이 될 것이다.*

* 이 글은 2008년 6월 24-27일 독일 본(Bonn) 대학 학술대회 발표문을 손질한 것이다.

11 21세기 한국 사회의 다양성과 소설적 전망

– 박범신의 〈나마스테〉에 대한 다문화적 비평

혼미의 안개 속에서

앞으로 전개될 방향을 종잡을 수 없는 시대일수록 예지를 담은 전망이 절실하게 요구된다. 다양성이 두드러지는 21세기의 문화적 전망 또한 비슷한 맥락에 놓여 있다. 그러한 맥락을 형성하는 요건 중의 하나가 이른바 '다문화(multi-culture)'라는 것이다. 이제까지 단일민족, 민족적 정체성의 단일성 등을 아무 의심 없이 수용한 데 비하면 현재는 혼란과 충격에 휩싸여 있는 정황이다. 이제까지 아득하게 멀리 있었던 타자들을 우리 삶의 영역으로 수용하고 그들과 함께 삶을 엮어 나가야 한다. 이러한 상황에서 문학이란 무엇이며, 어떤 역할을 할 수 있는가 하는 자성은 의당 있어야 할 일이다. 소설에서 이러한 전망이 불가피한 까닭은 소설이 현실대응력이 높기 때문일 것이다.

혼란의 시대, 전망을 세울 수 없는 시대에 처해서 생각하는 참조의 틀은 단지 개인적인 취향이나 교양에 머물지 않는다. 일종의 상상적 공감을 전제하게 되는데, 급격한 변화와 전망이 부재한 상황에서 어렵사리 모색할 수 있는 전망은 상상력의 극한치를 상정하는 자장에 갇히게 된다. 이를 상징적으로 드러내는 사례를 윌리엄 블레이크(William Blake, 1757-1827)에서 찾는다면 다소 의외라는 생각을 할 수도 있다. 그러나 〈천국과 지옥의 결혼〉이라는 어사(語辭)로 상징되는 세계만큼 선명한 시대상을 드러내는 경우는 그리 많지 않을 듯하다.

시대적으로 21세기, 한국의 21세기, 한국의 문화적 상황 등을 고려한다면 양극단을 하나로 묶거나 그 양극적 스펙트럼을 합리적으로 해석해야 하는 것이 우리 시대의 과제요, 상황이란 느낌을 지울 수 없다.

우선 모순의 상황에 대한 인식이 뚜렷하다는 게 우리 시대의 표정이다. 〈사랑의 정원〉에서 블레이크는 모순이 가득한 세계를 이렇게 읊고 있다. "그런데 나는 꽃들이 있어야 할 곳에/ 무덤과 묘비가 가득 차 있음을 보았다./ 검은 가운을 걸친 신부들이 거닐면서/ 내 기쁨과 욕망을 가시덤불로써 묶고 있었다."[1] 사랑의 정원과 죽음이 대립적으로 공존하는 이러한 세계인식은 세계를 이원적으로 바라보는 방식으로 구체화된다. 순하디순한 양을 만든 하나님이 그 무서운 호랑이를 동시에 만들었다는 데 대한 모순의식이 빚어낸 시가 〈호랑이〉라는 작품이다. 이 시 가운데 '무시무시한 균형'은 양과 호랑이의 대비를 넘어서 호랑이 자체의 무서운 균형(fearful symmetry)으로 이미지가 압축된다.[2]

세계의 모순에 대한 이런 대칭적 인식은 세계 전망을 불안스럽게 한다. 〈순수의 전조〉라는 시에서 불안한 분위기로 세계를 전망한다. "학대받은 양은 전쟁을 낳지만,/ 그러나 그는 백정의 칼을 용서한다."[3]라는 데까지는 지적 통제가 이루어진 상상력의 발휘를 본다. 그러나 "이 거리 저 거리에서 들려오는 창부의 흐느낌은/ 늙은 영국의 수의(壽衣)를 짤 것이다."라는 대목에서는 공인된 악이 한 집단의 장래를 괴멸로 이끈다는 비극적 전망을 암시하고 있다.

---

1 William Blake, *Marrige of Heaven and Hell*, 김종철 역, 『천국과 지옥의 결혼』, 민음사, 2002, p. 50.

2 위의 책, p. 56.

3 위의 책, p. 82.

이러한 문화적 혼미의 안개 가운데 미래를 전망하는 것이 소설의 몫이라면 그 가능성이 어떤 것인지를 검토하는 것은 문학과 사회의 관계를 고려하는 모든 사람들의 과제가 되어야 하리라. 우리 시대의 문화적 상황을 점검하고 전망을 모색해 보는 것이 이 글의 지향점이 될 것이다.

소설장르와 시대성

문학의 장르 가운데 현실에 가장 민감한 것이 소설이다. 현실에 민감하다는 것은 소설이 현실의 변화에 나타나는 복합적인 기미(機微)를 구체적으로 그릴 수 있음을 의미한다. 소설이 추구하는 바를 일반화하여 말하자면 '대상의 전체성'이라고 하는 현실의 움직임과 가능한 전망의 탐색이다. 장르의 원리에 의거해 볼 때, 시적 전망[豫言]은 현실에 대한 과도한 기대를 갖게 하거나 때로는 현실을 잘못 진단하게 한다. 극적 행동의 구조적 완결성은 미적 요구 때문에 현실의 디테일과 역사 진전 양태의 정확한 포착을 차단한다. 소설은 현실의 변화에 민감하되 역사전망으로 표현되는 이념은 잠재태를 겨우 벗어나게 하는 데 그친다는 게 원칙이다. 결국 현실의 변화를 따라가면서 구체적으로 그릴 수 있는 장르는 소설이 대표적 사례가 된다.

이 글에서는 21세기 현재 한국이 겪고 있는 변화 가운데 비교적 선명한 양상을 나타내는 문화 영역과 연관된 소설의 문제를 논의하게 된다. '다문화'라는 화두가 그것인데, 다문화라는 용어는 우리 어법으로 보았을 때 다소 문제가 있는 듯하다. 다문화는 영어의 '멀티컬처(multi-culture)'에 대응하는 개념으로 문화의 다양성, 복합성, 이질성의 혼재 등을 뜻하는 용어이다. 그렇다면 '다문화'보다는 '복합문화'라는 표현이 적절할 것으로 보인다. 이 용어가 학술적인 용어가 되기 위해서는 정련된 재규정이 필요할 것이다. 그런데 그것이 다문화주의(multiculturalism), 다문화정책(multicultural policy) 등으로 개념이 확대되면 가치 개념이 도입되고, 다문화에 대한 긍정적 지향성을 나타내게 된다. 더구나 다문화교육(multicultural education)에 이르면 다문화의 가치를 자명한 것으로 전제하고 출발하는 셈이 된다.[4] 문화의 가치를 자명한 것으로 본다는 뜻은 현재의 문화에 대한 회의를 차단하고 이를 당위적 사실로 수용한다는 의미이다. 어제까지 한국인으로서 순혈주의(純血主義)를 주장하던 이들이 '잡종이 강하다', '나는 원래 잡종이다'라는 선언을 거침없이 한다. 이는 현재의 문화와 연관된 추이를 가감 없이, 비판 없이 수용하는 대표적인 사례가 된다.

그런데 21세기 한국 사회의 다양성을 대표하는 화두가 '다문화' 혹은 '다문화주의'라고 해서, 한국 문화의 실상이 그러한 용어와 상부(相符)하는가 하는 점은 신중한 검토가 있어야 하리라고 본다. 우선, 한국 사회의 '다문화현상'이 외국의 경우와 같은 성격의 것인가 하는 문제가 있고, 문화다양성협약[5]의 비준을 미루어오다가 겨우 타결된 현실 여건도 검토의 대상이 되어야 할 것이며, 마지막으로 문화를 형상화한 작품이 충분히 논의할 만한 양과 수준이 확보되었는가 하는 점도 문제로 부각된다. 그러나 논의를 비평적 시각으로 가져갈 경우 이는 크게 문제가 되지 않을 수도 있다. 사실의 제시보다는 전망을 위한 성찰의 성격을 띠는 논의가 될 것이기 때문이다.

리얼리즘으로 구체화되는 반영론은 일종의 모순 개념이다. 반영의 대상인 현실은 물질적 차원의 구체적 삶의 실상인 동시에 이념과 역사전망을 포함한다. 이념은 그것이 현실에서 빚어지더라도 현실을 초월하는 속성을 지닌다.

---

4 Joann Phillion et al. ed., *Narrative and Experience in Multicultural Education*, Sage Publications, 2005, p. 291 등 참조.

5 유네스코에서 2005년 10월 20일 제정되어 2007년 3월 18일부터 국제법적 효력이 발효되었고, 우리나라는 2010년 4월부터 효력이 발효되었다.

반영이되 원망과 염원의 반영인 셈이다. 마찬가지로 '정신사적 과제' 또한 유토피아적 속성을 지닌다. 소설적이라기보다는 서사적 속성을 지닌다. 소설을 순정한 의미의 소설로 볼 경우 정신사적 과제와 연관되는 가치 개념(유토피아 개념)은 놓칠 수도 있다.

소설은 시대를 반영하고 시대상을 만들어 낸다. 소설을 읽는 일은 당대의 풍속을 읽는 일이며 동시에 풍속을 만들어 가는 데 참여하는 일이다. 귀스타브 플로베르(Gustave Flaubert)의 〈마담 보바리〉는 19세기 중반 프랑스 사회의 면모를 반영하면서, 작중인물 엠마가 읽어 대는 '싸구려소설'은 당대 사회를 형성하는 하나의 지표 역할을 한다. 당대 소설과 문화를 결합하여 논의하는 경우, 반영적 측면만 볼 수 없는 이유가 이것이다. 현재 우리가 겪는 다문화사회의 각종 현실은 그것이 우리 사회의 변화를 얼마나 잘 반영하는가와는 상관없이 다소간의 전망을 피할 도리가 없다.

소설은 아득히 지나간 시간에 대한 그리움만도 아니고, 다가올 미래의 찬연한 꿈을 그리는 것만도 아니다. 현실을 그리되 현실을 넘어서는 모색을 하는 것이 소설의 본령이다. 다문화를 소설과 연관지어 논의하는 데도 이 사항은 반드시 짚어져야 한다.

문화 다양성의 연원과 현황

'문화'라는 용어는 단지 기술할 수 있을 뿐 정의할 수 없는 속성을 지니고 있다. 삶의 디테일과 연관되기 때문이다. 삶의 디테일은 삶의 근거이며 행동의 원칙이지만, 인간의 이념적 지향성과는 거리가 있는 개념이다. 그러나 문화 속에 가치 개념이 배제되어 있다면 가치를 문제삼는 제반 논의가 삶의 디테일과 무관하게 솟아나지 않는다는 점을 설명할 길이 막힌다. 문화를 대상으로 하여 작업하는 연구자로서 문화를 규정하는 방법은 객관성을 띤 것이라야 한다. 그러나 문화 안에서 문화를 향유하고 창조하는 작가로서 문화를 규정하는 방식은 가치지향적일 수 있다.

문화를 상징작용으로 설명한 대표적인 사례는 카시러(Ernst Cassirer, 1874-1945)일 것이다. 필자는 카시러의 개념을 빌려서 문화를 '상징적 상호작용(symbolic interaction)'으로 규정한 바 있다.[6] 상징은 삶의 양식과 의식을 대리표현할 뿐만 아니라 이념적 지표 역할을 한다. 그렇기 때문에 상징운용능력의 획득과 상실은 인간의 존재 개념과 연관된다. 이러한 시각은 다문화를 다루는 데에도 유용할 것이다. 문화가 삶의 양태일 뿐만 아니라 극복해야 하는 극복 대상이 되기 때문이다.

애초에는 서로 다른 문화를 향유하던 사람들이 어떤 계기로 일정한 공간에 모여 같이 살게 되면서 이루어지는 생활은 복합성을 띠고 많은 문제를 야기한다. 문화집단 사이에, 문화가 다른 개인과 집단, 개인과 개인 사이에 삶의 문제가 결부되기 때문이다. 그 삶은 구체적인 것이기 때문에 생존의 문제, 권리의 문제, 감정의 문제, 가치의 문제 등에서 상호 충돌이 생길 수 있다. 그러한 충돌을 완화하거나 해소하는 방법을 통틀어 '다문화정책'이라 한다.

다문화정책은 다문화의 성격에 따라 달라진다. 미국처럼 처음부터 다양한 민족과 종족이 모여서 국가를 구성한 경우는 다문화가 하나의 이상형으로 설정될 수 있다. 프랑스는 필요와 국가 이념에 따라 다른 인종과 다른 민족을 받아들여 다문화국가가 된 경우이다. 그렇기 때문에 프랑스는 동화(assimilation)를 다문화정책의 기조로 하다가 후에는 통합(intégration)으로 방향을 전환하였다. 통합은 소수인종의 고유성이 유지되고, 다양한 고유성이 상호 침투하는 것이다. 다시 말하자면 통합은 "서로의 차이를 인정하고, 이

6 우한용, 『문학교육과 문화론』, 서울대학교출판부, 1997, pp. 5-7.

차이를 받아들이고, 서로 다른 구성원들을 닮아가게 하여 하나로 뭉치게 하는 것"으로 규정된다.[7]

소수인종과 소수민족을 자국 문화에 동화하도록 하는 정책은 자국 문화의 기반이 확실하다는 것을 전제로 해야 성립한다. 자국 문화와 외국 문화가 개별적인 대립 국면에 있거나, 자국 문화와 소수 외국 문화의 집결체가 대립하는 상황에서 동화정책은 생각하기 어렵다. 다문화사회(multicultural society)에서 다문화정책이 수립되고 시행되기 위해서는 소수인종과 소수민족의 문화가 어느 정도 세력을 형성하고 있어야 한다. 즉 종족, 언어, 국가가 다른 집단의 문화가 일상생활과 사회제도 안에 통용되는 수준이 되어야 한다. 그러한 전제를 바탕으로 대립적인 문제를 제기할 수 있을 때라야 다문화로 규정된다. 이유야 여러 가지로 분석이 가능하겠지만, 외래 문화가 자국 문화에 동화되어 독자성을 드러내지 못하는 경우는 다문화 문제를 야기하지 않는다. 우리의 경우 자국 문화는 강력한 동화력을 지니고 있었던 것으로 보인다. 외국에서 들어온 문화가 자생력을 가지고 자국 문화와 공존하는 경우가 없는 셈이다. 다음의 예들을 통해 이를 증거 삼을 수 있을 것이다.

문화 배경이 다른 외국인이 와서 벼슬을 한 경우는 신라에서 그 예를 찾을 수 있다. 신라 왕릉의 문인석과 장군석에 그 모습을 발견할 수 있는 외국 출신 벼슬아치는 후손이 뒤에 드러나지 않을 정도로 묻혀 버렸다. 사라센 종족의 외국인으로 상정되는 '처용 설화'의 예도 그러하다. 문학과 민속으로 흔적을 남길 뿐 문화 차원으로 세력화되지는 못했다. 외국인이 생활 가운데 들어와 있는 경우는 고려가요 〈쌍화점〉에서 그 사례를 볼 수 있다. 흔적으로만 남아 있을 뿐 이들이 자국 문화와 맞서는 대립상을 형성하지 못한 것이다.

---

7 이산호, 「프랑스의 다문화현황과 정책」, 『중앙대학교 문화컨텐츠기술원 학술대회 발표요지』(2008. 9. 25), p. 42.

다문화는 자국 문화 안에서 이루어지는 것에만 한정되지 않는다. 외국으로 나가는 체험 가운데 개인이 경험하게 되는 문화도 다문화 개념으로 볼 수 있을 것이다. 외국으로 유학을 가는 외국지향성에서 다문화의 징후를 발견할 수도 있다. 이인직(李人稙)의 〈혈의 누〉, 이광수(李光洙)의 〈무정〉 등에서 그러한 예를 볼 수 있다. 물론 이들이 외국에 가서 흡수한 문화를 자국의 문화로 정착하게 하는 과정은 나타나 있지 않고 다문화 체험의 가능성만 제시되어 있을 뿐이다.

19세기 말과 20세기 초, 한국인이 중국으로 진출하여 겪게 되는 다문화 체험도 언급 대상으로 설정할 수 있다. 최서해(崔曙海)의 〈탈출기〉에서 확인할 수 있는 만주 체험, 이광수의 〈사랑〉에서 볼 수 있는 러시아 체험 등이 논의의 항목이 될 수 있을 것이다. 이광수의 〈군상(群像)〉 삼부작 가운데 〈삼봉이네 집〉은 만주에서 겪는 정착 체험을 그리고 있어 한국과 만주의 문화적 교섭을 논의하는 단서를 제공한다. 안수길(安壽吉)의 〈북간도〉도 문화 이동으로 생겨나는 정착 과정의 문제를 다루고 있다.

이러한 문제는 일제강점기 한일관계 속에서 이루어지는 문화를 대상으로 논의를 전개할 수 있을 것이다. 염상섭(廉想涉)의 〈만세전〉, 채만식(蔡萬植)의 〈과도기〉 등은 식민지 본국에서 이루어지는 생활 가운데 문화적 경험이 기술되어 있다. 아울러 채만식의 〈냉동어〉 등은 식민지적 삶의 문제를 다루고 있는데, 이 또한 다문화의 시각에서 논의할 수 있을 것이다. 그런데 이 계열의 작품들은 다문화주의보다는 식민주의 시각으로 다루는 것이 근래의 경향이다. 아무튼 식민지가 끝나고 귀향하는 사람들의 이야기를 다룬 '귀향소설' 계열은 식민통치로 인한 고향 떠나기와 돌아오는 여정을 보여 주는 가운데 문화다양성(작품의 가치는 다시 평가해야 할 것이지만)을 문제삼고 있다. 예컨대 채만식의 〈소년은 자란다〉, 허준(許俊)의 〈잔등〉 등이 그러한 예에 해당한다.[8]

---

8 우한용, 『채만식소설담론의 시학』, 개문사, 1992 참조.

한국전쟁으로 불리는 6·25는 왜곡된 모습이기는 하지만 다문화적 속성을 지닌 공간과 사건을 다루는 계기를 마련한 것으로 보인다. 송병수(宋炳洙)의 〈쇼리킴〉, 오상원(吳尙源)의 〈황선지대〉, 나아가 전광용(全光鏞)의 〈꺼삐딴-리〉 등에서 다문화적 징후를 발견하게 된다. 이후 한국군이 참전하여 경험의 폭이 확대된 '베트남전쟁'은 소설에서 다문화를 다룰 수 있는 소지가 생긴다. 안정효의 〈하얀전쟁〉, 황석영(黃晳暎)의 〈무기의 그늘〉, 박영한(朴榮漢)의 〈머나먼 쏭바강〉 등이 그 예에 해당한다. 이들 작품에 대한 다문화적 시각의 검토는 다른 연구가 진행되어야 할 것이나, 이 글에서 이를 모두 다루기는 어렵다.

한국에서 다문화주의가 수용되기 어려웠던 데에는 그 나름의 역사적 연원이 있다. 우리는 대대로 '단일민족'으로 표현되는 '순혈주의'를 이념적으로 강조해 왔다. 사실 여부를 떠나 그러한 이념을 바탕으로 해야 이민족의 침입과 압제를 넘어서는 에너지를 발굴할 수 있었기 때문으로 본다. 한국인이 이국인의 피가 섞이지 않았다는 사실적 증거보다는 역사·사회적 맥락에서 형성된 일종의 이념태가 순혈주의를 지속적으로 강화해 온 것이다.

핍박을 견디는 방법 가운데 하나는 대타항(타자)을 설정하고 그 타자와 대결하는 가운데 자신의 능력을 강화하는 것이다. '항일독립'을 중심으로 하는 민족주의는 민족 자체의 역량을 강화하기 위한 것이기는 하지만, 방법론상 대타항을 설정하고 자신의 투쟁력과 단결력을 강화하는 길로 나아갔다. 이는 한국의 문화순일주의를 보는 하나의 관점이 될 수 있다. 이에 대한 가치평가는 다른 연구가 있어야 하는 사항이지만, 한국에서 다문화주의 논의가 제한될 수밖에 없었던 정황에 대한 이해를 촉구하는 계기가 될 것이다.

하나의 시각, 박범신의 〈나마스테〉

근래 다문화 논의의 핵심에 해당하는 것이 외국인 노동자의 인권과 삶의 문제, 결혼이주여성의 한국 문화 적응 문제, 국제결혼 가정의 자녀들이 겪는 교육 과정상의 문화적 갈등 등이다. 그 가운데 외국인 노동자의 삶을 다루면서 한국 문화에 대한 다른 문화의 대질을 통하여 다문화사회로 진입하는 한국 문화의 문제를 리얼하게 형상화한 사례로 박범신(朴範信)의 장편소설 〈나마스테〉[9]를 들 수 있다. 이 작품이 다문화사회를 그린 전범이라든지, 문제를 제기하고 그 해결을 도모하는 사례라든지 하는 가치평가는 뒤로 미루어 두기로 한다. 이 작품을 다문화사회라는 관점에서 분석해 보고, 그 의미가 무엇인지를 검토하는 것으로 논의를 한정하기로 한다.

이 소설은 네팔인들의 인사말을 제목으로 삼고 있다. "'나마스테'는 안녕하세요, 안녕히 가세요, 어서 오세요, 건강하세요, 행복해지세요, 다시 만나요 등의 광범위한 뜻을 가진 네팔 말"(p. 13)이라고 본문에 설명하고 있다. 외국을 상징하는 종합적인 말인데, 인사말이라는 점이 의미 있는 사항이 된다. 인사말은 일차적으로 말을 건넨다는 의미를 지닌다. 인간관계는 말을 건네는 데서 시작한다. 마찬가지로 문화의 교섭은 인사를 건네는 데서, 말을 거는 데서 시작한다는 점이 이 소설의 제목, 주제 등과 연관되는 사항이다.

1) 문화적 공간의 대립

다문화는 공간의 이동과 이질적 공간의 접촉, 낯선 사람들의 만남으로 이루어진다. 생활공간에서는 정치적·경제적·문화적 이유 등 다양한 이유로 이동이 이루어진다. 이민, 무역, 교육, 종교 등이 공간이동의 원인이 된다. 그러

9 박범신, 『나마스테』, 한겨레출판, 2005. 이 책에서 인용하는 경우 본문 괄호 안에 면수만 표시하기로 한다.

한 공간이동 가운데 문화가 다른 낯선 사람들이 만나고 갈등하고 화해하며 삶을 이끌어가는 중에 '다문화'가 형성된다.

이 소설의 서술자이며 주인공인 나(신우)의 가족은 아메리칸 드림을 좇아 미국으로 이민을 간다. 미국은 자유와 평등의 나라이고 기회의 나라, 희망의 나라로 인식된다. 서술자가 고등학교에 다닐 무렵 로스앤젤레스 흑인 폭동이 일어난다. 1992년 4월 29일의 일로 기록되어 있다(p. 123). 거기서 작은오빠가 죽고 둘째오빠는 총상을 입는다. 아버지는 폭도들로부터 마켓을 지키기 위해 싸우다가 가슴 한쪽에 관통상을 입는다. 언론의 왜곡된 보도 등으로 절망한 아버지는 총상을 이겨내지 못하고 미국에서 죽고 만다. 그 후 가족은 큰오빠를 미국에 남겨둔 채 귀국한다. 그는 버지니아 주에서 세탁소를 운영하는 것으로 설정되어 있다. 미국으로 이민을 도모하는 이들에게는 '기회의 땅', '희망의 땅'이라는 미국이라는 공간이 한국인이 흑인과 백인, 유색인 사이에서 겪는 다문화 갈등의 현장으로 설정된다. 한국과 미국이라는 대립적 공간 설정은 네팔과 한국이라는 공간 설정과 마주 놓이게 된다. 이러한 이중의 공간적 대립은 구조적 유사성을 보여 준다.

주인공은 미국 생활 가운데 입은 상처를 무마해 가면서 올케네 옷가게에 가서 일을 도와주며 생활한다. 결혼을 했으나 가학적이고 변태적인 남편과 끝내 이혼을 하고 부천에 있는 낡은 건물에 거처를 마련하고 산다. 이들을 둘러싼 한국이라는 공간은 다시 이원화된다. 하나는 산벚꽃이 환하게 피는 부천이고, 다른 하나는 가혹한 노동과 소외 가운데 문화갈등을 겪는 서울 근교이다. 그리고 이 공간은 투쟁이 전개되는 서울과 대립적인 의미로 구성된다.

이처럼 공간을 대립적이고 상호 참조적으로 구성함으로써 문화 간의 유통을 보여 줄 수 있는 공간구조를 형성한다. 그리고 부천은 외국인 노동자들의 삶의 공간과 도시를 상징하는 서울의 중간지대 역할을 하기도 한다. 신우가 남자 주인공 카밀을 처음 만나는 곳이 부천이다. 산벚꽃이 '환하게' 피어나는,

그래서 아직 '자연이 살아 있는 곳'이라는 의미도 있고, 외국인 노동자들이 삶의 숨통을 틀 수 있는 일종의 '인접공간'이라는 의미도 띤다. 이는 외국인 노동자들이 시위 농성을 하는 시청 근처(성공회 성당이라는 종교적 공간과 함께)라는 도심의 상징성과 대립되는 공간이다.

작중인물 신우가 만나서 사랑하고, 의식이 깨이고, 마침내는 죽음을 같이 하는 카밀이라는 인물이 네팔 사람으로 되어 있어서, 한국과 네팔이라는 두 공간이 대립적 구성요소가 된다. 지리적으로는 성산 히말라야로 둘러싸인 네팔, 신화와 전설이 살아 있는 청정무구(淸靜無垢)의 자연과 현대화된 공업과 자본주의가 급격히 발전하는 한국이라는 공간의 대립도 의미 있는 구성이다.

소설에서 이러한 공간의 구성은 그 공간에 깃들여 삶을 이끌어가는 인간들의 감성과 의식과 이념의 문제와 연관됨으로써 소설적 형상화에 기여함은 물론이다. 따라서 다문화를 형성하는 가장 중요한 요인이 되기도 한다. 특정 공간을 벗어나서는 문화가 형성되지 않기 때문이다.

2) 인물의 관계망

이 소설에서 인물들이 이루어 가는 사건의 핵심은 서술자로 설정된 신우와 네팔인 노동자 카밀 사이에 있다. 앞에서 설명한 대로, 아메리칸 드림을 품고 미국으로 이민을 갔다가 실패하고 돌아온 신우가 한국에서 체험하는 외국인들이 겪는 문화(라는 이름의)적 질곡이 인간관계를 형성하는 줄기이다.

서술자이며 주인공인 나는 미국에서 문화적으로 패배한 집안의 딸이다. 미국에서 돌아온 둘째오빠는 동대문 두타빌딩에서 옷가게를 하고, 신우는 오빠의 가게에서 올케를 도와주며 살아간다. 그의 나이 서른, "아, 비루한 내 서른 살의 봄날들."(p. 55) 한국에 돌아와 결혼을 한 적도 있다. "내가 꽃다운 나이에 결혼해서 꼭 반년 살고 헤어진 남자는 술이 문제였다."(p. 51) 그의 결혼은 인간적 학대를 넘어 한국의 성적 왜곡의 한 단면을 상징적으로 보여 준다. 아무튼 미국 체험이 그렇게 만든 것이기도 하지만, 삶의 의미를 확실히 느끼지 못함은 물론 인간관계 또한 단출한 외톨이처럼 지내는 무적자(無籍者)인 셈이다.

네팔인 카밀은 돈을 벌기 위해 한국에 온 사비나를 따라서(혹은 찾으러) 한국에 와서 노동자가 된 인물이다. 카밀은 네팔의 수도 카트만두에서 카펫 공장을 경영하는 집안의 아들로 설정되어 있다. 네팔의 왜곡된 근대화 과정에서 성장하는 가운데 부친의 '돈'으로 모든 문제를 해결하면서 지내는 중에, 아버지가 경영하는 공장에서 일하는 노동자 사비나와 사귀게 되고, 한국에 오는 사비나를 따라 와서 노동자가 된 인물이다. 왜곡된 근대화가 빚어낸 왜곡된 성장을 거치지만 네팔의 정신을 고스란히 지닌 인물로 묘사되어 있다. 카밀은 신우에게 '아버지의 웃음을 떠올리게 하는 웃음을 지닌 사람'으로 인상지어진다.

카밀은 솜씨가 뛰어난 인물로 그려진다. 신우에게 폐자재를 이용한 '등받이가 높은 의자와 그네를 만들어 주기도 하며, 음식 솜씨가 좋아서 음식을 잘 만들어 주기도 한다. 솜씨가 좋다는 것은 자기 삶을 남에게 의존하지 않고 스스로 이끌어갈 수 있다는 의미를 지닌다. 먹고, 입고, 사는 것을 남에게 의존하는 것은 근대화 과정에서 간접화된 삶의 상징이다.

카밀의 웃음은 인물의 형상화에 크게 기여한다. "그는 시도 때도 없이 시선만 마주치면 환하게 앞니를 있는 대로 드러내곤 했는데, 웃을 때 소리를 내는 법은 거의 없었다. 그래서 그의 웃음은 밝으면서 고요했다." 그의 성격은 네팔의 종교적 심성을 바탕으로 하고 있다는 점을 이렇게 서술한다. "그는 사랑을 믿었고 세상을 받아들였으며 그가 품고 있는 신들에게 언제나 경배했다. …… 그의 본성이 환하니까 그가 보는 세상이 환할 터였다."(p. 44)

결국 신우에게 "카밀은 사랑이라기보다 내게 새로운 삶의 길을 비추는 환한 등불 같은 존재가 되었다"(p. 126). 그런데 카밀이 외국인 노동자와 연대 투쟁을 전개하는 과정에서 의식화의 과정을 거쳐 '생각하는 힘'을 얻게 되고, 강한 사람이 되어서, 결국은 분신자살을 하기까지의 과정은 문화접촉의 야만성을 노정하는 아이러니를 보여 준다. 이 과정에서 외국인 노동자의 권익을 위해 일하는 시민단체 요원 민혜주가 적정선을 유지하며 개입한다.

카밀과 같은 국적을 가진 사비나는 카밀의 아버지가 운영하는 카펫 공장의 직공이었다. 가난을 이기는 것이 유일한 삶의 이유인 인물이다. 가난을 이기는 것이 아니라 가족을 위해 전신의 희생을 수용하는 인물이다. 병에 걸린 아버지, 일곱이나 되는 동생들의 학비 대기, 집안 식구들 먹여 살리기가 사비나에게 주어진 생애의 임무이다. 사비나는 미국 돈으로 10달러 되는 월급으로 가족을 부양해야 하는 형편이었다. 가족 전체 월급 25달러, 아홉 식구가 먹고 살아야 하는 돈이다. 그렇기 때문에 사비나는 "히말라야 노새, 죽을 때가지 일만 해야 하는 히말라야 노새"(p. 62)인 셈이고 그것이 사비나의 카르마이다. 인종의 견딤으로만 씻어낼 수 있는 카르마. 그러나 "사과꽃 향기가 느껴지는 눈"(p. 271)을 가진 여인이기도 하다. 그 눈은 네팔 말로 '우잘로처(환하다)'라는 카밀의 감탄을 사던 눈이다.

사비나는 '심청이 모티프'를 떠올리게 하는 여성인데, 가족의 고통을 덜기 위해 모든 고통을 자신의 '카르마'로 수용한다. 방세를 아끼려고 남자와 동거를 하고(노루보: 카트만두에서 한국에 온 지 6년 되는 28세의 노동자와 사비나는 동거를 한다), 밤의 유흥가에서 아르바이트를 하는 일을 두고 이런 설명이 이어진다. 그녀는 가족들의 돈에 대한 "부름에 제 몸이 만신창이가 될망정 한사코 부응한다는 것이다. 그녀는 가족들에게 이를테면 관음보살, 또는 우유의 바다에서 현현한 여신 락슈미였다"(p. 273)라는 것이 서술자의 설명이다.

사비나는 네팔의 타망 족이다. "네팔은 60여 개 이상의 민족이 함께 사는 다민족 국가"(p. 26)인데, 티베트 불교와 힌두교가 공존하는 종교적 복합지역이기도 하다. 네팔의 다문화사회적 특성은 카밀과 신우 사이의 사랑이 깊어지는 과정에서 점묘식으로 드러난다. 이는 한국의 완악한 자본주의적 삶에 대한 반성의 의미를 띠게 된다.

카밀과 신우가 이룩한 사랑의 결과로 애린이라는 딸아이를 얻게 된다. 그리고 카밀과 사비나 사이에서 카밀 2세가 태어난다. 이러한 생명의 복합적 이어짐을 소설의 골격으로 설정함으로써 문화의 유지와 변형이 단시간에 이루어지지 않는다는 점을 암시받게 한다.

이 소설에서 한국에 노동자로 온 사람들 가운데 죽는 사람들이 하나의 계열을 이룬다. 러시아인 올레그, 우즈베키스탄 부르혼, 스리랑카의 다르카, 방글라데시인 비쿠 등이 여러 가지 형태로 죽는 사람들이다. 거기에 안드레이라는 실종된 러시아 노동자(37세)도 포함된다. 스리랑카 사람 다카르는 전문 크리켓 선수 생활을 하다가 한국에 와서 노동을 하다가 자살한 것으로 되어 있다. 전문 운동선수가 자국과 이국에서 이중으로 소외되는 양상이 드러나는 것이다.

구릉과 텐징은 카밀의 네팔 친구들인데, 구릉은 카밀의 딸 애린이 네팔을 찾아갔을 때 안내를 해 주는 인물이다. 그런데 텐징은 한국에서 입은 상처 때문에 폐인이 된 것으로 그려지고 있다. 열악한 노동조건으로 고통스런 생활을 하고, 업주들의 횡포를 견뎌야 하는 외국인 노동자들의 삶은 이 소설 도처에 흩어져 묘사된다. 네팔에서 카밀이 그 주소만 가지고 찾아온 친구 나왕(띠미라고 네팔 말로 인사를 하는 인물)은 모든 희망을 포기하고 이천 사보텐 농장에서 일하는 것으로 되어 있다. 한국 업주들의 횡포는 산업연수생이라는 명목으로 한국에 온 이들에게도 나타난다. 학바의 경우 3천 달러나 들여서 산업연수생으로 한국에 와서 피투성이가 되어, 한글로 된 계약서를 강압적으로 작성하고 고용된다. 네팔 사람을 한국 업소에 소개하는 일을 전문으로 하는 소개업자는 소개비 20만 원을 갈취하기도 한다. 이들 삶의 열악성이 한국의 현실이며 문화접촉 과정에서 빚어지는 희생의 구체상이기도 하다.

이 소설에 나타나는 외국인 노동자의 국적은 네팔을 비롯하여 필리핀, 카자흐스탄, 우즈베키스탄, 러시아, 중국 등 다양하다. 그런데 이들은 모두 피해자라는 공통점이 있다. 가해자는 물론 한국인 업주들이다. 단지 업주들이 이들을 횡포스럽게 대하는 것만이 문제가 아니라 한국 사회 전반에 깔린 의식 안의, 인종과 피부색과 외국인이라는 관념이 이들을 용납하지 않는 것이다. 한국은 집단화된 실체라서 제도적인 차별을 자행하고 피해자들은 제도적 보장이 없는 개인들이라는 점에서 그 대립상이 뚜렷하다. 이처럼 대립상이 뚜렷한 것은 소설적 형상화의 미숙함이 아니라 현실의 문화적 미성숙의 양상으로 보아야 할 것이다.

작중인물들 가운데 고물상을 하는 정씨 부부 같은 선의의 인간이 없는 것은 아니지만, 이들은 순전히 개인적인 차원의 선의일 뿐이다. 따라서 외국인들의 문화적 통합을 위해 큰 힘이 되지 못한다. 결국 문화는 어떤 형태든지 희생을 치르고서야 통합이 이루어지는 것인지도 모른다.

3) 현실인식과 종교적 포용/초월

어떤 소설을 대상으로 하든지 소설을 분석하는 데에 하나의 관점만 허용되는 경우는 거의 없다. 다양한 관점이 가능하고, 그 가능성의 폭이 소설의 가치를 증명해 주는 사항이 되기도 한다. 결국 텍스트 편에서 요구해 오는 최선의 관점이 무엇인가가 문제일 따름이다. 이 소설은 한국과 네팔의 문화적 접촉과 거기서 빚어지는 갈등을 중심으로, 한국에 들어와 일하는 외국인 노동자들의 삶을 다루고 있다. 그 가운데 한국인 여성 신우가 네팔 청년 카밀을 만나 이해하고, 사랑하고, 아이를 낳고 죽기까지의 이야기가 플롯의 중심이다. 신우가 카밀을 통해, 카밀을 이해하는 과정에서 네팔의 종교와 문화가 언급된다. 그 가운데 티베트 불교와 힌두의 종교관 등이 두드러지는 검토 항목이 된다. 그런데 이러한 종교적 관념과 문화는 인간의 현실인식과 연관된다는 점에서 현실인식을 먼저 검토할 필요가 있다.

이 소설에서 노동자들의 현실인식은 몇 가지 가닥으로 정리될 수 있다. 우선 사비나의 경우를 들 수 있다. 네팔에서 사비나의 생활은 극빈의 전형이다. 미국 돈으로 10달러 되는 월급으로 대가족을 부양해야 한다. 가족 전체 월급인 25달러 정도로 아홉 식구가 먹고 살아야 하는 것이다. 거기다 아버지의 와병, 어머니의 허약한 체질, 동생들의 학비 등으로 인해 사비나는 "히말라야 노새, 죽을 때가지 일만 해야 하는 히말라야 노새－사비나의 카르마"(p. 62)로 살아간다. 앞에서 본 것처럼, 그녀가 한국에 와서 방세를 아끼려고 남자와 동거를 하고, 유흥가에서 밤에 아르바이트를 하는 중에도 현실에 대한 불만을 크게 토로하지 않는다. 견딜 수 있으면 견디는 것이고 돈을 모아 가족들에게 보내야 하는 것은 일종의 '부름', 즉 소명이다. 그녀는 가족들의 돈에 대한 "부름에 제 몸이 만신창이가 될망정 한사코 부응한다는 것이다. 그녀는 가족들에게 이를테면 관음보살, 또는 우유의 바다에서 현현한 여신 락슈미였다"(p. 273). 이러한 인물에게 현실인식이 크게 부각될 수 없는 것은 성격적으로 당연한 일이기도 하다. 우악스런 한국의 현실에서는 분명한 대타항의 성격을 지닌 인물이 된다.

카밀을 통해 전개되는 현실인식은 강제 출국에 대응하는 외국인 노동자의 시위 과정에서 분명해진다. 외국인 근로자 고용법이 국회를 통과한 2003년 7월의 상황이 카밀을 죽음으로 몰아넣는다는 점은 아이러니이다. 현실에 대한 카밀의 인식은 "생각하는 힘"(p. 338)을 얻게 되고 스스로 '강해진 사람'으로 느끼면서 동료들을 위해 헌신하고, '더 이상 죽이지 마라'라는 표어로 한국의 노동조건에 항의를 제기하는 데서 확인하게 된다. 그것이 분신자살이라는 죽음으로 이어지는 것은, 현실의 사실 보고라기보다는 소설적 구상일 수도 있다.

카밀을 사랑하게 되고 카밀의 문화를 이해하는 축의 신우의 현실인식은 몇 단계를 거치게 된다. "사랑보다 더 강한 것이 민족일 수 있다는 것"(p. 243),

"조국과 가족이라는 말이 때로는 배타적"(p. 243)이라는 깨달음, "사랑으로 해결할 수 없는 문제들"(p. 294)에 대한 인식 등이 그것이다. 아울러 신우가 외국인 노동자들의 보호자 역할을 할 수 없는 형편, 즉 개인의 능력으로 넘어설 수 없는 제도상의 벽에 대한 인식 또한 현실인식의 한 단면이다. 외국인 노동자들의 희생의 산물에 기대어 사는 삶의 허위성, "그건 가짜야"(p. 278)라는 깨달음은 현실인식의 소설적 구체화가 이루어진 예가 된다. 다음 인용이 그러한 예의 핵심에 해당한다.

> 힘없는 사람들에 대한 일방적인 희생의 강요로 누리는 풍요와 행복은 도대체 무슨 의미가 있는가. 화장실에서 목을 맨 우즈베키스탄인 부르혼이 가공한 목재로 만든 가구들과, 철로에 뛰어든 다카르가 만든 텐트와 기계에 목매 죽은 방글라데시 사람 비쿠가 제작한 제품들에 의해 구가되는 풍요와 안락이라고 생각하자, 너무너무 화가 나서 손발이 부르르 떨렸다.(p. 278)

또한 카밀과 농성에 참여하면서 절망을 경험하는 것 또한 현실인식의 한 양상이라 할 수 있다. "카밀을 안고서 사랑 때문에, 희망 때문이 아니라 절망 때문에 운 것은 그 때가 처음이었다." 그리하여 "나는 시작과 달리, 이제 전사의 품에 있었다."(p. 301) 전사로 변한 카밀이 세계를 인식하는 것은 '어두움'이다. "세상이 캄캄해요……." 이는 이 소설이 '세상이 화안해요'로 시작되는 것과는 대립되는 이미지이다. 이러한 이미지의 급격한 전환은 의식의 단절을 상징적으로 표상한다.

작중인물의 현실인식과 연관된 의식구조는 '무서운 양분법'이다. "우리는 직원, 너희는 노동자./ 우리는 주인, 너희는 노비였다."(p. 193) 이러한 양분법적 대립은 그동안 쌓은 우정이나 사랑을 모두 무화하는 정신구조이다. 이러한 소통이 차단된 구조에 대해 의문을 제기하고, 문제제기를 하는 것이 네팔의 종교와 신화적 상상력이다.

힌두의 신들은 일견 양분법적으로 형상화된다고 볼 수 있다. 창조의 신 브라흐마, 가루다를 타고 다니는 신 비슈누는 문제 해결의 신인데, 죄를 씻어내는 일을 한다. 전쟁과 파괴, 복수 등 무서운 신을 시바라 한다. 파괴의 신 시바의 아내 "파르바티로 나타날 땐 연꽃을 들고, 칼리로 나타날 땐 칼과, 칼로 자른 목과 피를 받을 그릇을 들고" 있는 형상으로 나타난다(p. 69). 파르바티는 "가장 아름다운 히말라야의 딸"이라고 불리는 시바의 아내(p. 187). 선악이 대립되는 가운데 생성의 여지를 지닌 구조로 신들의 역할이 분담되어 있다는 점이 특징이다.

네팔의 정신세계를 지배하는 정신문화 가운데 하나는 티베트 불교이다. 티베트 불교에서는 인간의 운명을 카르마라고 한다. 카르마는 아래와 같은 역능을 수행하는 것으로 되어 있다.

> 카르마는 모든 걸 창조한다.
> 마치 예술가처럼.
> 카르마는 모든 걸 만들어 낸다.
> 마치 춤꾼처럼.(p. 65)

그러한 카르마를 수용하고 자신의 것으로 하는 데서 고통이 씻어진다고 보는 관점은, 그 자체가 생산적인 사유라 하기는 어렵다. 다만 삶의 구체적 맥락 속에서 생의 의미로 전환되어야 삶의 에너지에 해당하는 능력이 된다. "그는 꿈속에서 어머니를 만나고 있었고, 나는 나의 꿈속 같은 이승에서 늙은 한 마리 암소같이, 푸짐하고 고요하게 누워, 어린 그에게 젖을 물리고 있었다. 그것은 그의 카르마와 나의 카르마가 만나고 또 엇갈리는 운명적 미혹의 시간이었을 터였다."(p. 70) 이러한 삶의 에너지가 교류되는 가운데 느끼는 희열이 삶의 가치를 보장한다.

카밀의 "깊고 유순한 눈빛"은 "삶과 죽음의 경계가 없고 여기와 저기가 통합되어 있다는 티베트의 성소 카일라스 산과 그 장대한 만년빙하의 히말라야 이미지들이 그들에게 오버랩되어"(p. 54) 나타난다. 이는 자연스럽게 자연이라는 의미체를 문화맥락 안으로 이끌어들이게 한다. "다른 남자와 함께 사는 여자조차 용서하고 말고 할 것이 없다는 카밀을 내가 어떻게 이해할 수 있었겠는가."(p. 59) 그런 이해할 수 없음이 이해와 공감과 동조 속에 사랑으로 진행되는 여정이 이 소설의 스토리이다. 이러한 이해와 용서는 종교적 심성이 아니면 제도와 논리와 이성으로는 해결하지 못할 일들이다.

이러한 종교적 심성은 자연의 가르침으로 이어진다. "카일라스 산을 사람들은 지구의 배, 배꼽, 지구의 영혼이라고 불러요. 그곳에선 고통도 기쁨으로 바뀌고 시간도 느낄 수 없다고 했어요."(p. 137) 종교적 심성이 자연과 이어진다는 것은 자연스럽다. 그런데 네팔의 자연이 생산과 순환을 장애 없이 이루어내는 그런 오롯한 자연인가 하는 데는 의문의 여지가 있다. 카일라스 산이라는 것도 카밀의 아버지의 할아버지가 오체투지로 넘어야 하는 그러한 엄숙한 자연이기 때문이다.

종교와 자연으로 극복하지 못하는, 극복할 수 없는 인간의 한계는 생명으로 영역을 전이하여 가능성을 배태한다. 카밀의 아이를 갖게 된 신우가 느끼는 생명에 대한 감각은 이렇게 묘사되어 있다. "충만된 어떤 예감", "아랫배 어디쯤에서 꿈틀, 하고 무엇인가가 움직이는 것을 나는 느꼈다. 내가 구체적으로 느낀 태동이었다", "나는 생성의 바르도를 느꼈다."(pp. 181-182) 우주적인 에너지로서의 아이는 생명의 감각을 불러온다. "사랑보다 더 깊고 신묘한 비전"(p. 185)이 생명의 감각이라는 것이다. 그리고 그것은 성냄, 욕망, 무지의 '세 가지 독약'을 넘어서는 방법이 되기도 한다. 문화적 폭압을 극복하는 방법으로 생명을 내세운다는 것은, 어떻게 보면 낭만적 발상으로 보이기도 한다. 그러나 인간의 존재가 지속된다는 것이 전제되지 않은 문화는 문화일 수 없다는 점에서 그것은 근원적 대안이라는 의미를 지닌다.

4) 다문화 언어의 소설담론

문화적 접촉과 동화, 통합 등은 필연적으로 언어적인 변화를 가져온다. 한국과 네팔(외국)의 문화적 접촉과 충돌 속에서 살아가는 인물들의 이야기인 이 소설에서 언어운용이 이전과 달라질 것은 충분히 예상할 수 있다. 우선, 제목이 그러한 것처럼 이 소설에는 네팔 말이 다수 등장한다. 본문에 나오는 몇 가지 예를 들면, 루크(목재), 대슥(책상), 비스빤츠(25세), 디디(누나), 디디 버히니(여자 형제), 달(녹두를 끓여 만든 맑은 죽 같은 네팔 음식), 자오미엔(고기 야채 볶음), 쿠꾸리 럼(술, 소주), 퉁바(네팔 막걸리), 마르파(티베트 불교 성자 카밀의 고향), 포허르 깨따(더러운 놈), 가이 자트라(까마귀 축제), 캉자(오체투지), 모귀(헌신), 우잘로처(환하다), 마야껄추(사랑한다), 다르마타(죽음과 새로운 탄생 사이에 밝게 빛나는 바르도), 만트라(옴 마니 밧 메훔 같은 주문, 암송하는 말), 화신(툴쿠), 타카리(네팔의 정식), 속티와(밥에 섞어 먹는 음식), 수르와(죽순과 마를 갈아넣은 국), 모모(티베트식 만두), 뗀뚝(티베트식 수제비), 버짜(아기), 그리뻐야(제발), 사짜이 호(진정이야, 정말이야) 등이다.

네팔 혹은 티베트 현지어를 그대로 한국어 소설 본문에 도입하는 것은 리얼리티를 추구하는 하나의 방법이 될 수도 있고, 한국어와 맞서서 자립성을 유지할 수 있게 설정함으로써 언어 간의 교류와 소통을 도모하는 문화적 소통의 방법이 되기도 한다. 또는 언어 측면에서 문화적 소통이 얼마나 어려운지를 드러내는 방법이 되기도 할 것이다. 번역될 수 없는 말들을 겉으로 드러내는 방법이기 때문이다.

이 작품은 이미지로 시작하는 소설의 한 예가 될 듯하다. 이 소설의 첫 장 소제목은 "세상이 화안해요."라고 되어 있고, 본문의 첫 줄은 "눈을 감으면 세상이 환하다."로 시작한다. 소설을 그렇게 이미지로 시작하는 것은 스토리로 시작하는 소설문법에 대한 반성의 의미를 지닌다. "천지가 다 환하고 환하다./ 산벚나무가 우주에 이르도록 도미노로 피는 것을 나는 본다. …… 이렇게 환한데, 왜 구차하게 그것을 가리켜 사랑이라고 부르겠는가./ "세상이 화안…해요."/ 그의 목소리가 산벚꽃 그늘에서 솟아오르고 있다. 산벚꽃 환한 그늘이 세상의 중심이다. 그 중심에 환하고 환하게, 그 사람 카밀이 있다./ 내 사랑 카밀."(p. 10)

사랑의 이미지는 이렇게 화사하게 그려지는데, 현실은 깜깜한 암흑의 이미지로 대립적 형상화가 이루어진다. 카밀의 현실인식이 치열해지면서 '세상이 깜깜하다'는 것은 이 소설의 출발점에 대한 자기비판이라는 의미를 지닌다. 환한 이미지에서 깜깜한 이미지로 건너가는 것이 이 소설의 이미지 전환이다. 그리고 그것은 이 소설의 플롯 역할을 하기도 한다.

이 소설담론의 특징 가운데 하나는 신화적 언어가 대폭 도입된 점이다. 이런 예를 들 수 있다. "샹그리라는 '언덕 저쪽'이라는 뜻으로 히말라야 고산지대에 사는 사람들의 상상력으로 만들어낸 꿈같은 이상향"(p. 148), 만트라(p. 141, p. 144)는 일종의 진언으로서 염송을 계속하면 부정적인 카르마를 소멸시키고 편안한 불성과 만날 수 있다. "옴 아훔 벤자 구루 페마 싯디 훔"과 같이 반복되는 염송(念誦)의 주문은 종교적 관습이기도 하지만, 달리 보면 시적 언어, 언어가 사물이 되는 그러한 세계의 언어라는 의미를 지니기도 한다. 이 소설이 시적 언어가 생동하는 세계를 보여 준다는 점은 밀라레파(Milarespha)의 시가 인용되는 데서 근거를 찾을 수 있다. "밀라레파는 성자 마르파의 제자로서 아주 비참한 환경에서 고행을 통해 해탈의 경지에 오른 대단한 성자"(p. 75)라고 소개되는데, 그의 시가 인용된다.

> 즐거움은 밑에 까는 조그만 방석
> 즐거움은 위에 걸친 누더기 면포
> 즐거움은 무릎을 바치는 명상대
> 즐거움은 배고픔을 잘 견디는 몸뚱이
> 즐거움은 바로 이 순간에 머물며

궁극의 목표를 인식하는 이 마음
나에겐 이 모든 것이 다 즐거움의 원천
즐겁지 않은 것이 하나도 없네. (p. 76)[10]

시적 언어는 은유 형식의 종교적 언어로 나타나기도 한다. 네팔의 종교적 심성은 죽음에 대한 관념의 비유에 잘 드러난다. 바르도라는 것이 그것이다. "티베트 말로 바르(bar)는 사이, 틈, 그 뜻이구요, 도(do)는 매달린 뭐 그런 말인데요, 합해서 위험한 어떤 틈, 과도기. 아시지요, 누나, 과도기, 티베트에선 죽음이 끝이 아니라 새 시작의 전단계예요……. 어떤 것이 완성되면 어떤 것은 시작돼요. 어떤 것이 죽으면 어떤 것은 새로 태어나요. 모든 것은 카르마에 따라 반복돼요."(p. 79)

카르마에 대한 대처 방법은 고통으로 상정된다. 고통을 통해서만 카르마를 쓸어 버릴 수 있다고 하는데, "사비나도 나의 빗자루예요./ 나를 고통스럽게 하지만 그것으로 나의 카르마를 쓸어내버리는걸요."(p. 86) 이러한 발상은 이렇게 연결된다. "이 세상에서의 고통은, 카르마를 쓸어내는 커다란 빗자루라고 티베트 스승들은 가르쳐요."(p. 81)

티베트 불교 성인의 잠언에서는 "이 세상의 어떤 기쁨이든지/ 다른 모든 사람을/ 행복하게 하려는 의도에서 비롯된다./ 이 세상의 어떤 고통이든지/ 모두 자기 자신만 행복해지려는/ 욕망에서부터 시작된다."(p. 313)라고 가르친다. 그런데 자본주의의 속성상 '자신의 행복을 위한 욕구'로 가득한 세계는 통제가 불가능한 세계이다. 거기다가 문화적인 무지가 불러오는 다음과 같은 세계에서 얼마나 힘을 가질 수 있는가는 여전히 의문이다. "우리 과장님은 물어봐요. 어제도 물어보고 오늘도 물어봐요. 네팔에도 해가 뜨냐, 니네 나라도

10 그 변형이 105쪽에 다시 반복되고 있어서 작가가 이 시의 중요성을 강조하고 있음을 알 수 있다.

달이 뜨냐, 니네 나라 여자들도 애를 낳냐. 나 그럼 돌아요."(pp. 56-57)

"야 한국에도 꽃 피고 새가 우냐?"라는 흑인의 질문, "너희 나라 사람도 사랑하고 연애하느냐"라는 데모와 분단 이미지로 점철된 한국에 대한 조소(p. 57)를 미국에서 체험한 신우에게는 이러한 언어가 유다른 느낌으로 내면화된다.

앞에서 본 예들은 고유명사로 불리는 개인의 일과 책임과 그가 속한 나라를 동일시하는 오류에 빠진 담론이다. 어느 고유명사로 존재하는 개인이 아니라 네팔 사람, 한국 사람 등으로 미분화된 언어는 다문화적 소통을 차단하는 장벽 역할을 한다. 이러한 장벽을 부수는 일이 언어 층위에서 어떻게 가능한가 하는 것은 언어운용의 다른 조건과 대비되는 검토가 있어야 할 것이다.

5) 소설의 결말과 미래 전망

〈나마스테〉의 마지막 장은 '2021년 - 카일라스 가는 길'이란 소제목이 달려 있다. 카밀은 한국에 와서 노동자로 일하다가 의식이 깨이는 과정을 거친 다음 '더 이상 죽이지 마라'는 구호를 외치며 분신한 채로 투신하여 죽는다. 분신하며 떨어져 내리는 카밀을 몸으로 받았던 신우는 두개골 파열상으로 10년을 식물인간으로 지내다가 죽는다. 고아로 남겨진 애린은 미국 외삼촌댁에 보내졌고, 사비나와 카밀 사이에 태어난 카밀은 네팔에서 초등학교를 졸업하고 영국으로 유학을 떠났다. 카밀이 남긴 자식 둘이 네팔의 사비나 자마(이모)와 할아버지의 고향 마르파('카일라스')를 찾아가는 이야기로 소설은 끝난다. 티베트에 가서 아버지의 고향을 찾아가는 데는 한국에 와서 노동자로 생활하던 카밀의 친구 덴징의 도움을 받는다.

애린은 그의 어머니가 겪었던 것처럼 미국에서 무적자(無籍者)라는 강한 의식 때문에 괴로워한다. 그는 "나는 누구인가./ 한국인인가, 네팔인인가, 아니면 미국인인가. 나는 생각하고 또 생각했다."(p. 372) 이후 스탠포드 대학교 입학허가를 받고도 한국으로, 네팔로 카르마처럼 압도해 오는 힘을 따라 카일라스를 찾아간다. 이 과정에서 사비나가 한국에서 당한 일들이 설명된다. 한국에서 처음 당한 것이 '강간', 한국 남자들이 외국에서 돈벌러 온 여자들을 "미국 사람들이 흑인 노예 보듯" 한다는 인식을 갖게 된다(p. 374). 아울러 아버지 카밀과 어머니의 최후가 어떻게 전개되었는가를 이들은 알게 된다.

애린은 티베트의 영혼을 상징하는 룽다라는 깃발을 보면서, 아버지 카밀이 "카르마를 다 쓸어내고 얻는 자유"(p. 387)를 정말 얻었을까를 생각한다. 스무살에 고향을 떠나 카일라스를 거쳐 히말라야를 넘은 아버지의 할아버지, 더 넓은 세상을 떠나 카트만두로 온 아버지의 아버지, 항공로를 따라 서울로 간 아버지, 그들의 길 가운데 어느 것이 더 자유로운 길인가를 알 수 없는 상황, 판단이 안 되는 상황에 처한다.

아버지의 고향 마르파는 티베트 불교의 성자 밀레르파의 스승 마르파에서 유래된 이름이다. "돌탑 쌓고 허물기의 반복"을 통해, "고통이 아니면 원한과 분노를 씻어낼 길이 없으므로 밀레르파는 그런저런 고통을 통해 성자로서 새로 태어난 것"(p. 389)이다. 이러한 고통에 대한 해석(수용)이 현세의 카르마를 벗어날 수 있는 유일한 길이라는 것이 티베트 불교의 가르침이다.

애린이 아버지의 고향 마르파에 도착해서 무화과나무 아래서 쉬는 동안, 나팔꽃 덩굴이 무화과나무를 감고 올라가고 히말라야 준령을 넘어 지구의 중심 '카일라스'로 뻗어 가는 환상을 본다. 나팔꽃의 꽃말이 그리움이라는 것을 알고, "꿈속에서 본 나팔꽃은 그리움을 넘어 차라리 우주를 향해 뻗어 가고 있었다."(p. 393)라고 상징성이 짙은 서술을 해 놓고 있다. 잠에서 깨어난 다음, 누가 왔다가지도 않았는데 어머니가 짠 털목도리가 무화과나무 가지에 걸려 있는 것을 보고, 그가 털목도리를 붙잡으려고 손을 뻗는 순간 하나 더 높은 가지로 어떤 힘에 딸려 올라가는 것을 보는 그때 "세상이 화안해요."라는 환청을 듣는다. 그게 아버지의 영혼이라는 것을 알고는, '장난치지 말라'고 소리를 지르는 데서 소설의 이야기는 마무리된다.

이러한 흰 목도리의 설정은 카밀이 농성장에서 나무로 깎은 목각과 함께 소설의 말미를 상징성으로 결말짓는 장치 역할을 한다. 목각은 락슈미인데, "연꽃 위에 올라선 여신 락슈미－비슈누 신의 아내이자 부귀와 행복을 가져다준다는 락슈미는 우유의 바다에서 연꽃을 타고 나타난다고 했다. 부드러운 미소를 띠고 있는 락슈미 여신의 얼굴은 관음보살처럼 온화하고 아름다웠다."(pp. 337-378)라고 서술되어 있고, 흰 목도리와 더불어 사랑을 형상화하는 장치 역할을 한다.

이러한 상징적 장치보다는 이 소설의 중요 모티프가 되는 생명의 연장, 생명의 지속 문제가 더욱 의미 있는 초월의 이미지를 보여 준다. 카밀과 사랑의 결과로 신우가 낳은 아이를 두고 다음과 같은 의미부여가 이루어진다.

"나는 엄마가 되었다./ 아이는 딸이었다……. 제대로 눈도 못 뜨는 아이가 내 젖을 물고 맹렬히 빨 때 뜨거운 것이 목젖을 울컥 넘어왔다."(p. 213) 이 아이에게 네팔 말로 사랑을 뜻하는 '마야'라는 이름을 붙여 준다. 그 아이의 한국식 이름이 애린(愛隣)이다. '락슈미 신의 환생'으로 상징되는 존재. '세계를 유지하고 보호하는 비슈누 신의 아내로서 복되고 운이 좋다'는 뜻을 지닌 존재가 됨으로써 존재의 지속 가능성을 보여 주는 역할을 하는 것이다.

네팔 남자와 한국 여자의 결혼에서 생겨난 아이의 존재는 소설적이라기보다는 서사적 시간성을 상징하는 것으로 보인다. 일상과 생활로 표현되는 어느 시대의 시대성보다는 시대와 격절(隔絕)된 원형적 시간의 존재이기 때문이다. 이러한 결말 처리는 소설장르의 규칙에 철저하기보다는 오히려 서사적 상상력의 발로로 보인다. 그러한 세계는 근대로 표상되는 세계를 넘어서는 것이기 때문이다.

소설적 점검과 서사적 전망

한국인의 2퍼센트에 해당하는 116만 명의 외국인이 한국에 들어와 있다고 해서, 한국이 완전한 다문화사회가 되었다고 하기는 어렵다. 현재 한국 사회의 다문화 형성 맥락을 살필 이유가 여기 있다. 소설에 구체적인 자료가 제시되고, 사건 발생의 일자가 명기되어 있기 때문에 소설을 원자료로 삼아 논의를 할 수 있을 듯하다.

한국 사회의 인구구조의 변화, 노동력 수급의 변화로 외국인이 대거 한국으로 유입된 것은 사실이다. 그 과정에서 산업연수생이라는 제도를 타고 착취구조가 형성되고, 이는 정부도 알고 있는 일이며, '운이 보태져야' 이룰 수 있는 코리안 드림을 찾아 한국으로 진입하는 노동자의 삶은 완벽한 자유를 보장할 수 없는 실정이다.

한국 사회는 외국인들에게 '법이 없는 한국'으로 인식되고, 폭력의 일상화, 인권의 무시, 산재 판정을 받아도 돈만 가로채고 안 주는 부조리, 장해보상금까지 가로채는 사회로 인식된다. 거기다가 인종 편견은 말할 수 없는 지경이라서, "깜둥이만 보면 무조건 패고 싶다는 부장"(p. 108)의 말로 대표되는 편견의 대표적 상황이다.

이러한 상황은 네팔인의 경우라고 다르지 않다. 인간 안에 존재하는 억압이 도처에 제도화된 것을 볼 수 있다. 카스트제도(인도 말로 '자티', 네팔 말로 '바르나')는 잘 알려진 대로 브라만(승려), 크샤트리아(귀족과 무사), 바이샤(평민), 수드라(노동자 계급과 천민)로 고정되어 있다. 같은 계급이 아니면 결혼을 안 하는 엄격성을 보이는 제도이다. 작중인물 가운데 누루보는 크샤트리아 계급에 속하고 사비나는 수드라 계급에 속하는데, 사비나의 계급 상승 의지 때문에 둘이 동거하는 것은 아닌가 하는 짐작을 하게 한다.

다문화사회에서 한국인이 버려야 할 편견 가운데 하나는 피부색에 대한 편견이다. “한국에서의 편견이 국적 문제가 아니라 피부색에서 비롯된다는 것”(p. 226)이며, “얼굴색으로 등급 다르게 쳐요.”라고 할 정도로 완강한 고정관념이다. 이는 식민지 경험과 6·25전쟁 이후 미국으로 대표되는 서양 중심의 문화적 편향성과 연관되는 사항이라고 생각된다. 백인의 입장에서 보면 흑인에 가깝고, 한국인의 의식상으로는 백인과 가까워지기를 염원하는 중에 일종의 정체성 혼란을 경험하는 중이라 할 만하다.

다문화사회에 대한 한국의 구체적 위상은 양면성을 지닌다. 한국의 경제발전으로 인해 급격히 상승한 자부심과 근대화를 이루는 과정에서 생겨난 부작용으로 인한 열패감이 공존하는 상황이다. 21세기를 맞은 한국 사회의 현황은 20세기와 달라진 게 별로 없다. 희망적 전망을 할 수 없는 불투명한 미래를 앞에 두고 있다. 이는 경제적 상황만이 아니라 문화적 상황도 마찬가지로 판단된다.

이라크 전쟁은 아직 안 끝났고, 끝난다고 해도 그 후유증은 국제적인 문화소통에 지장을 초래할 게 기정사실로 보인다. 미국발 금융위기, 유가 파동, 태안반도 유조선 기름 유출 대형사고 등 군사, 경제, 환경 등에서 문제가 끊이지 않는다. 당분간 갈등은 계속될 것이고, 소설도 그러한 갈등을 중심으로 전개될 것으로 보인다.

일반적으로 말해서, 문학은 제시할 수 없는 전망을 모색하려는 예술적 투기의 성격이 짙은 장르이다. 문학은 상상력의 공간을 창조하는 것이지 사회학적 탐구가 아니다. 그러나 소설이라는 장르는 현실의 진전을 뒤따라가면서 전망을 내비치는 정도에 머무는 장르이다. 소설론에서는 현실적으로 진행되는 문화상황을 파악하는 작업이 우선되어야 하는 이유가 이것이다.

현상황을 바라보는 시각 가운데 비관적 전망을 하는 경우, 다문화현상을 문화의 다양성인가 야만(野蠻, barbarie, sauvagerie)의 범람인가 하고 물을 수 있다. 야만의 근원을 찾아서 올라가 보면 현실은 빈곤, 계급, 이기심, 편견, 무지, 무자비 등이 횡행하는 것을 볼 수 있다.

그러나 존재의 지속과 초월, 그 가능성을 찾아나서는 노력을 멈추지 말아야 하는 것이 문학의 윤리와 연관되는 사항이다. 티베트 불교가 대안이 될 수 있는가? 세계와 인간의 상호 이해와 애정으로 야만성을 극복할 수 있는가? 이런 물음은 문학으로 들어와서 이념적 속성을 띠게 된다. 현실의 초월을 이야기하는 모든 논의가 이념성을 띠듯이.

다문화사회의 소설적 상상력

다문화 혹은 복합문화와 다문화주의를 구분하는 것이 방법론을 세련하고 논의를 합리적으로 하는 데 종요로운 여건이 된다. 다문화 혹은 복합문화는 다른 문화권 사람들이 국내로 진입하는 수가 늘어나면서 발생, 운용되는 양태로서 복합적인 문화 속성을 보이는 경우를 말한다.

다문화주의(multi-culturalism)는 다양하고 복합적인 문화가 섞이면서 이루어 내는 복합문화적 지향성을 지닌다. 이러한 지향성은 사회·역사적으로 규정되는 것이기 때문에 어떤 의식인의 의욕이나 미래전망의 욕구만으로 성립되기 어렵다. 그것이 어떤 원인이 그러한 결과를 빚었는가를 비판적으로 검토할 필요가 있지만, '민족문화', '문화의 고유성', '문화의 단일성' 등을 강조해 온 한국에서 다문화주의를 내세우기는 어려운 점이 있다. 따라서 다문화주의를 방법론으로 하거나 이념으로 내세우는 데는 심리적 저항이 있을 것으로 보인다. 근간에 다문화주의가 세계화와 신자유주의 이념에 따라 재편되는 세계질서 가운데 포함되는 강요사항으로 작용한다는 점도 예의 주시할 일이다. 인종, 언어, 관습 등을 넘어 자유와 평등을 바탕으로 하는 문화를 형성하는 일은 이념적으로 하자가 없다. 그러나 심리적 트라우마를 형성하고 있는 민족문화의 근간을 흔들 수 있는 문화전이는 수용하기 쉽지 않을 것이다.

21세기 다문화환경에서 소설에 어떤 변화가 예상되는가? 이 문제에 대한 언급으로 글을 마무리하고자 한다.

첫째, 소설의 공간(영토)이 확장될 것이다. 소설에서 다문화적인 소재를 다루기 위해서는 일차적으로 지역, 지리적 경계를 확대하는 일이 우선되어야 한다. 작중인물의 행동 무대가 문화와 문화 사이의 오가기를 전제하기 때문이다. 외국 출신의 작중인물이 등장하거나, 등장인물이 외국으로 나가 다문화를 체험하거나, 작중인물의 문화적 기원을 이야기하기 위해서는 소설의 배경이 넓어질 수밖에 없다. 실제적인 공간이 넓어지지 않더라도 작중인물의 고향 이야기를 하자면, 외국의 어느 공간이 지시어(le démonstratif)로 문면에 드러난다. 그것이 아름다운 회상 또는 그리움의 대상이 되거나 저주의 공간으로 표상되는 것은 소설의 맥락에 따라 달라질 뿐이다. 공간요소에 부수되는 삶의 구체적 결(la veinure)이 드러나기도 할 것이다. 필리핀 출신 가정부 이야기에서는 필리핀의 공간이 소설에 묻어들지 않을 수 없다. 탈북자 이야기에서는 북한과 중국, 그리고 그가 거쳐온 공간들이 소설에서 언급되지 않을 수 없다.

둘째, 새로운 유형의 문제적 인물이 형상화될 것이다. 루카치의 개념화 이래 문제적 인물(l'individu problématique)은 리얼리즘 소설론 가운데 거의 항구성을 지닌 핵심어이다. 세계상의 변화를 예민하게 감지하는 반면 그러한 변화를 자신의 삶의 맥락으로 정당하게 수용하는 데는 한계를 느끼거나 수용할 수 없어서 거기에 터무니없는 저항을 하는 인물이 문제적 인물의 형상이다. 그러한 인물은 소설이 '문제제기의 양식'이라는 전제를 수용하는 한에서는 의미 있는 핵심어가 된다. 한국에 오는 외국인의 경우가 대부분 그러하듯이, 소설의 작중인물들 또한 이른바 '코리안 드림'을 가지고 한국에 와서는 각종의 문제상황에 부딪치면서 완악스런 현실의 질곡 속에 문제를 깨닫되 그 문제를 해결하는 실마리를 자신이 찾아내기는 대단히 어려운 상황에 처하게 된다. 문제에 대한 인식은 있으되 그 해결 방안을 구체화하지 못하고 방황하는 인물들이 자주 등장할 것으로 예상된다. 아무 문제가 없는 공간에서 소설은 쓰여지지 않는다.

셋째, 삶의 다른 이념을 모색하고 창출하는 데 바탕이 될 것으로 기대한다. 소설의 이념 혹은 주제는 다른 세계의 경험과 분리하여 말할 수 없다. 그것은 의미 있는 타자로서 기존의 것과 다른 사상(l'idées)을 수용하거나, 시간적으로 이전의 것을 전복하고 새로운 '미래(l'avenir)'를 모색하는 길을 마련하기 때문이다.[11] 이는 문화교류에서 일종의 규칙과도 같은 것이다. 자국을 떠나 이국체험으로써 '불교'를 수용한 신라의 의상대사(義相大師)나 토속신앙의 세계를 극복하고 새로운 세계를 구축하는 데 기여한 신라의 원효(元曉)는 사상으로서의 '다른 세계'를 체험한 것이라 할 수 있다. 인간 삶의 구조가 다르고, 추구하는 세계가 다른 사람들의 체험이 소설의 주제를 달리하게 한다.

인간의 존재조건을 극복하는 방법으로 설정되는 '고통'은 별로 새로울 것이 없을지 모른다. 그러나 현재에도 그러한 방법을 구사하면서 살아가는 이들이 있다는 것을 알고, 그러한 사고로 사는 이들을 쾌락의 추구로 집중되는 삶의 조건을 유지하는 현실과 대질하는 방법은 분명 소설적 주제의 영역을 확대하는 일이 될 것이다. 이는 인간의 구원과 연관되는 것이기 때문에 중요한 의미를 지닌다. 소설이 그 방법으로 정신적 초월을 문제삼지 않을 수 없다는 점은 누구나 안다. 사랑과 종교와 자유 등을 그 주제항목으로 거론할 수 있을 것이다. 전통적으로 알고 있는 우리들의 사랑과 신과 자유의 개념과 맞대결하는 정신가치를 소설이 형상화할 때 주제의 폭을 넓히는 역할을 하게 된다.

넷째, 새로운 양식의 소설언어[文體] 형성이 가능할 것이다. 소설의 언어는

---

11 M. Kundera, *L'Art du roman*, 권오룡 역, 『소설과 우리들의 시대』, 책세상, 1990, p. 31.

다양한 이질언어가 문체화된 담론이라는 것이 바흐친의 지적이다. 그러한 언급이 한국 소설에도 그대로 적용되는 것은 아닐 터이다. 그러나 외국인 작중 인물이 등장함으로써 문법과 톤에서 순정한 한국어와 다른 언어가 소설 문면에 나타날 수 있다. 연변지역 언어로 변질된 북한 언어가 소설에 등장한다든지, 한국에 와서 배운 한국어를 구사하는 외국인이 등장함으로써 한국어가 변모되는 모습을 볼 수도 있다. 이러한 언어가 한국어 문체에 어떤 영향을 줄 것인지 미리 두려워할 필요는 없다. 소설은 부단히 새로운 현실의 언어를 발굴하면서 한편으로는 새로운 어법을 창출하기 때문이다.

다섯째, 다문화주의 이념이 새로운 비평방법으로 정립할 수 있는지 그 가능성을 탐색할 필요가 있다. 한국 상황에서 다문화주의는 현실적 압력으로 작용하는 측면이 있다. 다문화로 살라는 압력을 받고 있는 느낌이다. 문화와 이념이 다른 외국인을 수용하여 가족관계를 다시 구성하고, 노동구조를 다시 짜야 하며, 그들의 문화를 문화로서 누리게 되는 상황에서 다문화주의는 자생적 역량으로 성장해야 마땅하다. 그리고 비평에서는 다문화적 문학현상과 문화현상에 대한 한국의 문화적 정황을 고려한 작업이 이루어져야 할 것이다.

교육에서처럼 다문화적 발상과 실천이 계몽의 대상이 되거나, 계몽적 발상으로 접근하는 방법은 성찰을 요하는 사항이다.[12] 밀란 쿤데라(Milan Kundera, 1929-)의 말대로, 소설의 정신은 복합성의 정신이며 연속성의 정신이다.[13] 우리와 색깔이 다른 피부 밑에 착색된 감성과 오랜 역사를 통해 형성한 사유와 상상력이 우리들 감성, 아울러 정신의 유전자와 상통한다는 공감이 필요한 것이다. 아울러 다른 문화를 수용하는 자율능력, 문화력을 키워 나가는 것이

---

12 윤여탁, 「다문화교육으로서의 한국어교육: 현실과 방법」, 『서울대학교 국어교육연구』, 22, 2008 참조.

13 M. Kundera, 앞의 책, pp. 31-32.

과제이다. 이상적으로는, 다문화가 복합문화로 숙성되어 한 단계 높은 수준의 문화로 향상되는 것이다. 그 지점에 가면 문화갈등이나 문화충격으로 인해 희생되는 인간들의 야만을 벗어날 수도 있을 것이다. 그러나 소설이 아포칼립스[종말, 救援, le secours]를 제시할 수 없는 것처럼, 문화의 무풍지대에서는 또 다른 양식의 소설이 나타나야 할 것이다.

문화 간의 갈등이 존재하는 한 인간 삶의 "즐거움과 욕망은 가시덤불로 묶이고," 금기는 여전히 건재하며, 신이 떠난 자리에서 인간 문명을 만든 "어떤 불멸의 손 또는 눈이/ (문명의) 무시무시한 균형을 감히 만드는가?" 하고 물어야 한다. 윌리엄 블레이크(William Blake, 1757-1827)가 노래한 대로 "학대받은 양은 전쟁을 낳지만,/ 그러나 그는 백정의 칼을 용서한다."라는 잠언을 그대로 믿어야 하는가. 백정의 칼을 용서하고 나서 그 양은 어떻게 구원되는가. 과연 구원될 수 있는 길이 소설에서 열리는가. 이런 물음들이 우리들 논의의 끝자락을 맴도는 것은 문화의 가치지향성 때문이다.*

* 이 글은 2008년 11월 22일 서울대학교에서 개최된 한국현대소설학회 학술대회에서 기조발제로 발표한 논문을 손질한 것이다.

12 카잔차키스 소설의 서사문학적 성격

– 카잔차키스 문학의 한국 수용의 의미

출발선에서

니코스 카잔차키스(Nikos Kazantzakis, 1883-1957)는 그리스뿐만 아니라 서구에서 '20세기 문학의 구도자'라는 평을 듣는 작가이다. 현대의 호메로스라 할 만큼 그리스의 서사전통에 뿌리를 두고 문학활동을 전개한 작가이지만, 그가 보여 준 작품세계는 문학의 모든 장르를 망라할 만큼 폭이 대단히 넓다. 아울러 작품에서 추구하는 주제는 인간 보편의 가치와 연관되는 것들이라서 20세기 문학의 최정점에 도달했다는 평이 과장이 아님을 확인하게 된다.

그의 사상은 최고의 경지에서 그 자체를 넘어서는, 어떻게 보면 불교의 '열반(nirvana)'을 연상하게 하는 것이다. 초월에 대한 욕구의 초월, 초월 자체의 초월을 지향하는 그 꼭대기에 상정되는 것은 불이 아니라 '빛'이다. 물질을 영혼으로 변하게 하는 기획, 그리고 그 기획 자체를 넘어서는 아스라한 경지를 추구하는 것은 서양 인식론의 한계를 넘어서는 일이다. 철학자의 인식론이 추상적 언어의 작업이라면 카잔차키스의 인식론은 문학적 언어로 형상화된 것이기 때문에 질적인 차이가 있다.

작가가 추구하는 '자유'의 이념은 일차적으로 '불꽃의 나무'나 '불새' 등으로 형상화되고, 종국에는 '불'을 넘어서는 허적(虛寂) 혹은 무한정적(無限靜寂), 적멸(寂滅)의 '빛'으로 형상화된다. 투쟁적 행동과 이성적 판단과 단호한 윤리적 억압 등으로는 파악되지 않는 세계를 모색하는 것이 그의 세계형상이다. 이러한 세계형상을 〈신을 구하는 자〉에서 다음과 같이 그리고 있다.

> 갑자기 우주가 하나의 불타는 나무가 된다. 연기와 화염 속에서, 불길의 맨 꼭대기 위에서 서늘하고, 평온하고, 온전하게 휴식을 취하는 나는 불의 최종 열매인 빛을 거머쥔다.(p. 252)[1]

자신을 스스로 불타는 존재로 상정하는 것은 삶의 열도를 높여 가면서 살아간 많은 작가들의 슬로건이기도 했다. 그러나 그 불을 넘어서서 마침내 빛으로 환원되는 삶이란 그리 쉽게 찾아지지 않는 희귀한 사례이다. 작가가 어떤 사상을 형상화하는 데 심혈을 기울이고 거기서 성공하는 경우, 우리는 그 작가를 '최상의 작가'라 한다. 자신의 사회적 존재조건을 초월하는 객관의 정신을 들어 발자크(Honoré de Balzac, 1799-1850)를 칭송한 엥겔스(Fridrich Engels, 1820-1895)의 시각이 그러한 예이다. 그러나 작가가 꼭 그러한 수준에 머물러야 하는가 하는 의문을 제기할 수 있다. 작가 자신이 주인공이며, 온갖 비극을 인간의 조건으로 수용하는 경우 그 작가의 위상을 달리 평가해야 하지 않겠는가. 이러한 작가를 우리는 '위대한 작가'라 할 수 있다. 그런데 작가가 그러한 위대한 인격이 되는 것은 그 자체가 비극을 지향하는 것이 될 가능성이 크다. 성자의 길과 예술의 길을 동시에 걸어야 하기 때문이다.

여기에서는 카잔차키스의 문학과 연관된 몇 가지 중요한 논의 항목을 짚어보고, 그러한 국면들이 소설문학의 역동성을 넘어 서사문학의 자장을 어떻게

---

1 도서출판 열린책들에서 발간된 전집의 이름과 해당 인용문의 소재를 본문 괄호 안에 약기(略記)한다.

형성하는가를 보고자 한다. 아울러 그러한 작가를 한국 문학에서 수용하는 것이 어떤 의미를 지니는가를 개괄적으로 논의하고자 한다.

철학에서 출발하여 문학적 형상화의 길로

대학 재학 시절인 23세에 에세이, 소설, 희곡 등을 발표하여 문학적 자질을 보인 카잔차키스는 39세에 이르러 〈신을 구하는 자〉라는 철학적 에세이를 내놓는다. 영어로는 'The Saviors of God: Spiritual Exercises'라고 되어 있는 이 글은 카잔차키스의 사상적 전체상과 그 골격을 서술하고 있다. 카잔차키스의 작품을 영어로 옮긴 키먼 프라이어는 이 작품을 "니코스 카잔차키스의 전 생애와 사상을 불태우는 거대한 화염"(향연 외, p. 322)이라고 평가한다. 생애 40년에 걸쳐 터득한 깨달음을 작가는 이렇게 쓰고 있다.

> "나는 확실히 깨달았다. 나는 아무것도 바라지 않는다. 나는 아무것도 두려워하지 않는다. 나는 마음과 가슴, 그 모두로부터 자유롭다. 훨씬 더 높이 올라갔기에 난 자유롭다. 이것이 내가 원하는 것이다. 더 이상 아무것도 원하지 않는다. 늘 자유를 찾아 헤매었고 이제 찾은 것이다."(향연 외, p. 199)

이 단락의 핵심어는 '자유'와 '높이 올라감'이다. 자유를 위한 비상이 작가의 상상력을 일궈내는 에너지이고, 실천의 원동력이다. 이러한 깨달음은 〈토다 라바〉의 소설적인 맥락 속에서 다시 반복된다. 작중인물 게라노스가 모스크바로 가려는 시점에서 아들에게서 편지를 받는다. 아버지는 스스로 경멸하는 이념을 열심히 방어하는 '외줄타기 곡예사'라면서, 그런 직업을 가지고 있는 아버지가 싫다는 노골적인 비난을 듣는다. 그리고 환청 속에서 모스크바로 가려는 게라노스의 행동에 대한 의문을 듣는다. 그 뒤에 허공에 글을 쓰는 데서 이렇게 자신의 신념을 그린다.

> "배를 타고 가던 힌두교도가 큰 폭포 쪽으로 그 배를 밀어내는 물살을 거스르기 위해 오랜 시간 싸웠다. 그 위대한 투사는 모든 노력이 소용없다는 것을 깨닫자, 노를 걸쳐 놓고는 노래를 부르기 시작했다.
>
> 아! 내 인생이 이 노래처럼 되게 하자. '나는 아무것도 바라지 않는다. 나는 아무것도 두려워하지 않는다. 나는 자유다.'"(토다 라바, p. 150)

이러한 자유의 이념이 가장 확실하게 형상화된 것은 소설 〈그리스인 조르바〉에 와서이다. 작가가 실토하는 것처럼 조르바는 실존인물이다. 작가는 자신의 영혼에 깊은 자취를 남긴 사람으로 호메로스, 붓다, 니체, 베르그송과 조르바를 꼽고 있다. 호메로스는 그리스의 서사전통을, 붓다는 초월 혹은 해탈의 진리를, 니체는 삶의 조건에 대한 초월을, 그리고 베르그송은 영육의 비분리와 삶의 원리로서 '생기'를 일깨운 인물들이다. 그 가운데 "조르바는 삶을 사랑하고 죽음을 두려워하지 말라고 가르쳤다."(영혼의 자서전 2, p. 619) 카잔차키스의 사유를 따라가면, 삶을 사랑하는 방법 가운데 하나는 온갖 고정관념으로부터 벗어나는 것이다. 그것은 자유의지를 실현하는 것과 통한다. 고정관념은 결국 부자유와 같은 것이 된다. 부자유를 향한 투쟁이 자유를 쟁취하는 방법이 된다. 이는 통념과 도덕과 낡은 논리의 '털옷'을 벗어 버리는 일과 상통한다. 그런데 〈그리스인 조르바〉는 한 편의 소설이기 때문에 자유를 획득하는 방법에 대한 자세한 논의는 그 작품에 대한 정밀한 분석이 있어야 하리라.

여기서는 다만 카잔차키스가 철학에서 출발하여 문학으로 나아갔다는 점만 지적하고 넘어가기로 한다. '자유'의 이념은 마침내 조르바를 통해 형상화되었고, 작가가 작품을 완성했다는 것은 작가의 이념을 실현했다는 의미가 된다. 그러나 절대자유는, 원칙적인 면에서, 인간이 육신을 지닌 존재이기 때문에 애초에 실현이 불가능하다. 불가능한 것이기 때문에 이념상의 지상목표로 설정될 가능성이 주어지는 모순을 보게 된다. 그것이 실현 불가능하다는 것을 알면서 추구하는 것이 예술가의 과업이라면, 이는 한 작가가 최상의 지경에 도달한 예라 할 만하다. 그리고 이 자유의 이념을 마침내 자신의 묘비명으로까지 삼게 된다.

작가의 출발점이 꼭 철학이어야 하는 것은 아닐 터이다. 작가는 문학 '예술'에 종사하는 자이기 때문에 철학보다는 형상화를 그 출발점으로 삼아야 마땅하다. 그렇다고 작가가 자신의 철학을 형성한다든지, 자신이 사상가의 위상을 확보한다든지, 혹은 새로운 사상을 제시하는 것을 거부할 일은 아니다. 다만 그렇게 성장하는 작가가 드물기 때문에 문학적 형상화 이전에 설익은 사상을 겉으로 노출하는 것을 우려할 따름이다. 어느 나라 어떤 작가든지 그 작가가 치열한 사유의 결과로 어떤 사상을 형성하게 되었다면, 이는 정당한 평가를 받아야 마땅하다. 문학을 하는 사람의 사상이기 때문에, 작가의 철학이기 때문에 아류나 수준 미달로 평가를 받아야 할 까닭은 없는 것이다. 자신의 사상을 형성한 작가로서 카잔차키스가 부각되어야 하는 이유가 여기 있다.

문학과 철학, 철학과 문학의 관계를 문학 중심으로 보는 것은 자칫 사고를 편협하게 할 소지가 있다. 철학을 형상화하는 것이 문학이라는 식으로. 철학을 형성해 나가는 것 자체가 서사성을 지니는 것이며, 그것의 형상화 또한 소설의 원리를 포용하지 않으면 안 되는 작업이다. 따라서 철학과 문학의 관계를 서사를 통해 확인하는 것은 논의의 본질에 맞는 일이기도 하다.

크레타, 카잔차키스 문학의 출발점과 회귀점

카잔차키스 문학의 원천은 크레타이다. 그는 크레타에서 태어났을 뿐만 아니라 거기서 성장하였다. 그리고 작가 스스로 크레타가 정신적 고향이라는 점을 자주 강조하기도 했다. 아울러 소설로서는 가장 카잔차키스다운 소설이라 할 수 있는 〈그리스인 조르바〉는 크레타 사람이 쓴 크레타 이야기이다. 크레타의 정신과 삶의 원칙, 그리고 크레타의 활력, 크레타인의 투쟁정신 등이 고스란히 형상화되어 있는 작품이기 때문이다.

작가가 태어난 시점은 크레타가 터키를 향해 자유를 위한 투쟁을 전개할 무렵이다. 작가는 '크레타와 터키 사이의 투쟁'이 씨앗이 되어 "자유에 대한 열망"(영혼의 자서전 1, p. 84)을 키워 나가게 된다. 작가는 〈영혼의 자서전〉에서 크레타를 이렇게 기술하고 있다.

> "우선 터키인들로부터 찾아야 하는 자유, 그것이 첫 단계였고, 그 다음에는 내면의 터키인인 교만과 악의와 시기로부터, 공포와 게으름으로부터, 눈을 멀게 하는 헛된 사상으로부터, 그리고 마지막으로 가장 사랑과 흠모를 받는 대상들까지 포함한 모든 우상들로부터 자유를 찾으려는 새로운 투쟁이 시작되었다."(영혼의 자서전 1, pp. 84-85)

그러한 투쟁의 범위는 나이를 먹음과 더불어 경계가 확장된다. "이제는 크레타와 터키의 싸움이 아니라 선과 악이, 빛과 어둠이, 신과 악마가 싸웠다. 싸움은 항상 영구했으며, 선과 빛과 신의 뒤에는 언제나 크레타가 섰고, 악과 어둠과 악마의 뒤에는 터키가 있었다."(영혼의 자서전 1, p. 85) 이러한 단계에서는 양분법적인 대립을 축으로 하는 사유가 크레타의 의미로 버티고 있음을 확인하게 된다. 이는 초월을 시도하면서 벌인 투쟁의 단초에 해당한다.

정신적인(실제의) 여행에 지친 몸을 이끌고 고향 크레타로 돌아온 작가는

‘도약의 계기’를 마련하고자 애를 쓴다. 그 과정에서 ‘자유를 위한 투쟁’이 소중함을 알게 되고, 그의 사유는 한결 구체화된다. 소설적 형상화의 길로 들어선 것이다.

> 언젠가 어느 크레타인이 나에게 말했다. “천국의 문 앞에 네가 나타났는데도 문이 열리지 않으면, 문을 두드리지 마라. 어깨에서 총을 내려 쏘아 버려.”
>
> “정말 신이 겁을 내고 문을 열어 주리라 믿으세요?”
>
> “아냐, 애야, 신은 겁을 내지 않아. 하지만 네가 싸움터에서 돌아오는 길이라는 사실을 깨닫고 문을 열게 되지.”
>
> 농부들에게서, 특히 투쟁을 끝마친 노인들에게서 들었던 그토록 심오한 얘기들을 나는 교육받은 사람에게서 들어 본 적이 없었다.(영혼의 자서전 2, p. 419)

크레타에 삶의 뿌리를 두고 살아온 이들에게서 작가는 여러 가지 지혜와 용기와 깨달음을 얻는다. 그것은 사색의 결과가 아니라 삶의 과정에서 얻은 실감이라는 데 특징이 있다. 죽음을 당당하게 맞이하는 양치기 노인을 만나 얻은 깨달음은 죽음을 극복할 수 있는가에 대한 답으로 승화된다. “우리들이 죽음을 정복하기가 불가능하다는 말은 사실이지만, 죽음에 대한 두려움은 정복이 가능하다.”(영혼의 자서전 2, p. 421) 죽음에 대한 두려움이 사라지는 그 자리에서 자유의 한 자락이 획득된다. 그러니까 죽음의 인식은 자유를 획득하기 위한 방법이 되는 셈이다.

그런가 하면 삶에 대한 애착이 죽음을 거부하는 이야기도 나온다. 백 살이 넘은 노인은 눈이 안 보인다. 동네 처녀들을 모아다가 손으로 어루만지면서 그 아름다움에 도취한다. 처녀애들이 달아나자 한숨 짓는 노인에게 손자가 묻는다. “왜 한숨을 짓나요, 할아버지?” 눈물을 흘리며 하는 할아버지의 대답, “난 그토록 예쁜 처녀들을 남겨두고 무덤으로 가야 해! 오, 만일 내가 왕이어서 그들을 모두 죽여 같이 데리고 간다면 얼마나 좋을까!”(영혼의 자서전 2,

p. 422) 삶에 대한 이러한 애착은 죽음에 대한 두려움을 제거하는 방법이라는 의미를 지닌다. 천국과 함께 지옥에 대한 윤리를 깨닫는 것도 삶의 구체적인 과정 속에서이다. 인물이 수려한 젊은 수사를 보면서 "그처럼 훌륭한 육체가 여인을 껴안고 아이들을 낳지 못하다니, 얼마나 수치스러운 운명이던가. 그의 아들딸들은 세상을 아름답게 만들었으리라."(영혼의 자서전 2, p. 425) 아기에게 젖을 물리는 젊은 엄마가 보여 주는 생명력, 그에 대한 감동, 아이의 죽음을 짐짓 감추고 나그네를 영접하는 마을의 성직자, 해적이었던 할아버지의 삶 등 영혼의 넓이와 깊이를 일러준 크레타야말로 작가의 문학적 텃밭이 아닐 수 없다. 특히 삶의 구체적인 과정에서 깨닫게 되는 진리는 예술적 형상화의 원천이요 원동력이라는 점에서 이성이라는 추상적 진리가 구체화된 것이라는 의미를 지닌다.

작가는 〈영혼의 자서전〉에서 '크레타의 세 가지 위대한 외침'을 구체적인 일화를 들면서 설명한다. "자유를 사랑하기 때문에 천국과 바꿔 준다고 하더라도 영혼의 종속을 용납하지 않으려는 거부, 사랑과 고통 그리고 죽음을 초월하는 험난한 승부, 더 이상 수용력이 없어지면 아무리 지성(至聖)하더라도 옛 형태를 때려부수기"가 그 위대한 외침이라는 것이다.

작가는 자유를 향한 일체의 용기와 혁명적 개혁을 크레타에서 발견하거니와 모든 절대가치의 초월을 배우는 것 또한 크레타에서이다. '구원으로부터의 구원'을, '자유로부터 자유'를 얻어 궁극적 초월에 도달하는 카잔차키스 사상의 최고 경지에 이르는 것은 역시 크레타정신의 구체화에서이다. 이는 크레타에서 행해지는 투우의 독특한 방식에서 구체적 물증을 얻게 된다.

크레타에서 발생하는 지진을 땅 속에 살고 있는 황소가 화를 내는 정도에 비유함으로써, 두려움에 대한 관념에 그러한 형상을 부여함으로써 두려움에서 벗어날 수 있게 해 주는 학교 선생님의 지혜는 크노소스 궁전의 신화와 연결되는 것이기도 하다. 아무튼 크레타에서는 투우를 하면서 소를 죽이지 않는다. 소와 유연하게 겨루는 사이 힘을 기르고, 용기를 얻으며, 인내심을 연마하는 '신체적 민첩성과 우아함'을 기르는 투우 그림을 보면서 작가는 이야말로 "저것이 크레타의 섬광이니라."(영혼의 자서전 2, p.676) 하고 감탄한다. 카잔차키스의 예술적 정신은 크레타의 지혜와 용기 속에서 성장했다 해도 지나치지 않다.

크레타에서 얻은 이러한 정신의 깨달음과 지극한 높이에 도달한 체험은 글쓰기를 통해 자신의 영혼을 구원하는 길을 열게 된다. 작가에게 글쓰기가 구원의 길이 된다는 것이 그리 신기할 것은 없다. 그러나 글쓰기를 자기 구원의 확증으로 제시하는 작가가 많지 않다는 점에서 이는 '세계의 창조'와 연관되는 소중한 증거이다. 그 작업은 일단은 고백이며 최후의 심판과 같은 것인데, 마침내 가히 '신에 대한 도전', '존재의 전환'을 가능하게 하는 막다른 길에 이르는 일이다.

〈영혼의 자서전〉은 들끓어오르는 창조와 초월의 의지로 세상의 모든 것을 초월하려는 용기있는 인간의 내면을 기록한 작품이다. 그런데 이 작품의 에필로그는 크레타가 아니라 톨레도로 장면이 바뀐다. 카잔차키스는 톨레도에서 정신적 동료로 엘 그레코를 만나는 것이다. 그것은 톨레도가 그리스 출신 화가 엘 그레코(El Greco, 1541-1614)가 이탈리아를 거쳐 정착하여 치열한 예술적 작업을 해낸 스페인의 옛 수도라는, 그래서 카잔차키스의 크레타와 톨레도가 의미적 동질성을 지니는 공간이기 때문이다. 일반 사람들이 나이가 들수록 '차분하고 침착해'지는 데 비해 엘 그레코는 더욱 거칠어지고 풍요로운 광기에 빠져든다. 그리하여 "인간의 정신과 육체 모두가 완전한 칼이 되어야 한다는 것"(스페인 기행, p.116)이며, "몸이 영혼처럼 점점 더 가뻐해지고 확장되며, 투명해지고 빛나면서 다른 세상의 것이 되어야 한다는 생각"에 이르게 된다. 그리하여 "그림은 기술이 아니다. 그것은 법칙이나 규칙이 아니다. 그림은 개척이다. 그것은 영감이다. 절대적으로 개인의 에너지다."(스페인 기행, p. 116)라고 하는 엘 그레코의 예술관에 공감하고 그의 그림에서 '변하지 않는 자유의 외침'을 듣는다.

크레타와 톨레도가 크레타정신이라는 공통항으로 상상력의 날개를 달고 비상하는 것이다. 이러한 모티프는 카잔차키스의 〈스페인 기행〉에 감동적으로 서술되어 있고, 〈영혼의 자서전〉의 '에필로그'를 장식한다. 〈영혼의 자서전〉이 작가가 생애를 마무리하기 직전에 서술한 것이라는 점에서 작가의 '크레타'와 화가의 '톨레도'가 동질적 속성을 지닌 공간이라는 의미를 가지는 것은 거의 확실하다.

작가의 예술적 사명과 철학은 다음과 같은 예에서 분명한 상을 제공한다. 하느님이 세상을 만들고 쉬는 일곱째 날, 신은 마지막 피조물인 인간을 불러놓고 말한다. "내 축복을 받고 싶다면, 아들아, 내 말을 듣거라. 나는 세상을 만들었지만, 미처 다 끝내지는 못했도다. 나는 중간에서 일을 집어치웠느니라. 네가 창조를 계속하라. 세상에 불꽃을 당겨 불로 만들어서 내 앞에 내놓아라. 나는 그것을 빛으로 바꿔 놓겠노라."(스페인 기행, p. 710)

신을 완결 개념으로 보지 않고 미완의 진행으로 보는 관점은 인간의 위엄을 극대화하는 방법이 아닐까. 그리하여 '선택을 스스로 해서' '창조를 계속하는' 정신과 그 실천은 크레타가 카잔차키스에게 부여한 진리인 동시에 카잔차키스가 크레타에 돌려준 진리이다. 크레타는 카잔차키스의 창조의 공간이며, 그의 문학이 뻗어나가는 출발점인 동시에 회귀점이기도 하다.

서사의 공간은 기술적인 속성을 지니기도 하고 이념적인 속성을 보여 주기도 한다. 어떤 공간을 어떻게 설정할 것인가 하는 문제는 기술적 설명이 가능한 지점이다. 어떤 도시에서 혁명이 일어났다든지, 사회운동이 전개되었다든지 하는 경우 그 공간은 이념성을 띠는 공간이 된다. 그런데 이런 속성이 다변적으로 녹아들어가는 '정신공간'을 상정할 수도 있지 않을까. 그러한 점에서 크레타는 카잔차키스의 정신공간이라는 의미를 지닌다.

삶의 본질요건에 대한 서사적 형상화

소설이 무엇인가에 대한 대답은 "문학을 위대하게 하는 것은 종교이다"(T. S. Eliot), "소설에서 다루는 인간은 범속한 인간과 그 이하의 문제적 인간이다"(G. Lukács, L. Goldmann 등) 같은 명제로 표현된다. 호메로스의 서사시를 비롯하여 그리스 비극과 그 이후 이른바 '위대한 문학'은 신과 인간의 갈등을 공통된 주제로 다룬다. 나아가 인간의 자기초월과 신에 대한 도전을 다룬다. 그리하여 위대한 작품의 반열에 드는 작품들은 '하나의 세계'를 형상화한다. 그런데 근대문학을 대표하는 소설의 세계는 신 없는 시대 인간들의 본질에 대한 향수를 형상화한다는 루카치의 지적이 적실하다. '향수'로나마 남아 있는 신성, 본질, 영원성, 초월성 등으로 인해 소설이 문학의 진정성을 담보할 수 있는 것이라면, 우리 시대에도 여전히 문학의 임무는 삶의 본질요건에 대한 형상화라는 과제를 지고 있다고 보아야 한다. 그러한 점에서 카잔차키스가 문학을 통해 인간의 가능성을 짚어보고 그 한계를 넘어서고자 하는 초월을 추구해 왔다는 것은 예술의 최고경지를 지향했다는 의미를 지닌다. 초월의 최정점에 '신'이라는 존재가 상정된다.

카잔차키스 문학에서 신과 대결을 한다든지, 신을 초월하는 등의 모티프는 반복적으로 발견된다. 그런데 글쓰기가 신을 창조하는 작업이라는 것은 그의 초기작 〈뱀과 백합〉을 쓸 무렵 확실한 상으로 장착된다. 고등학생 시절, 영어를 가르쳐 주던 에이레 아가씨와 산꼭대기 성당 성모상 앞에서 육체관계를 가지게 되었고 그것이 즐거움은 배제된 채 괴로움으로 남아 있었는데, 글을 쓰는 동안 상황이 달라져 사실은 그 육체관계에서 '굉장한 쾌감'을 맛보았다는 사실을 발견한다. "마음 내키는 대로, 내 기분에 맞도록 현실을 변형시키던 나는 신이 아니겠는가?"(영혼의 자서전 1, p. 192) 그리고 그 끝에 "나는 구원되었다!"라는 확신에 이른다. 물론 그러한 확신이 카잔차키스의 삶 전체를 통어

하는 벼리 역할을 하기는 어렵다. 그러나 글을 씀으로써 진실에 도달하는 체험은 작가의 근원적인 힘이 된다. "그토록 오랫동안 내 가슴속에 축적되었던 고뇌는 진실이 아니었고, 상상력에 의해 새로 태어난 존재가 진실이었다. 상상의 힘으로 나는 현실을 지워 버리고 안도감을 느꼈다."(영혼의 자서전 1, p. 193)

상상의 힘으로 현실을 지워 버리는 작업의 대상은 신으로 상정된다. "인간은 저마다 맞서 싸울 적의 정체를 결정짓는다. 비록 그것이 파멸을 뜻할지언정, 나는 신과 싸우게 되어 기뻤다. 그는 흙을 빚어 세상을 창조했고, 나는 어휘를 빚는다. 신은 지금처럼 땅위를 기어다니는 인간을 만들었고, 나는 꿈을 이루는 공기(靈氣)와 상상력으로 시간의 횡포에 항거하는 인간을, 보다 영적인 인간을 빚어내리라. 신의 인간은 죽지만, 내가 창조한 인간은 살리라!"(영혼의 자서전 1, pp. 193-194)

이러한 도전은 문학에서 다루는 주제를 삶의 본질과 연관된 문제를 중심으로 전개되도록 한다. "창조적인 작업을 하는 사람은 자신을 능가하는, 눈에 보이지 않으나 견고한 본질을 붙잡고 씨름한다."(지중해기행, 프롤로그) 그 '견고한 본질'이라는 것은 범박하게 말하자면 문학의 주제에 해당한다. 그런데 그러한 주제를 감당하는 인물이 세속의 인물일 수 없다는 점은 능히 짐작할 수 있는 일이다. 우선 작가로서 영향을 받은 인물을 열거하는 가운데 그들이 삶의 '본질'을 붙들고 평생을 고투한 인물들이라는 점을 알게 된다. 호메로스, 니체, 베르그송, 붓다, 예수, 성 프란체스코 같은 인물들이 작가의 정신을 키워낸 근원이다. 이들은 정신적인 영향을 주었을 뿐만 아니라 작품의 소재가 되어 문학적 형상화의 대상이 된다. 예수의 생애를 다룬 〈최후의 유혹〉, 〈수난〉(원제: 예수 십자가에 다시 달리다), 붓다의 생애를 극 형식으로 다룬 〈붓다〉, 빈자의 신앙을 몸으로 구현한 성자의 생애를 소설로 그린 〈성자 프란체스코〉, 신대륙의 발견자인 콜럼버스를 극으로 다룬 〈크리스토퍼 콜럼버스〉 등 영웅적인 소재로 다루는 것은 신과 맞서는 대결을 실현한 인물을 집중적으로 탐구한다는 의미가 된다. 인간의 영혼과 육체의 대립, 신과 인간의 대립, 지상과 천국의 겯고틀기 등을 다루면서, 속물과 범속한 인간을 대상으로 그런 작업을 한다는 것은 거의 불가능에 가깝다.

근대소설의 문법을 착실히 익힌 사람들이라면 카잔차키스의 문학에서 일종의 '영웅주의'를 연상할지도 모른다. 다루는 인물이, 인물의 사상이, 작가의 철학과 사상이 그러한 방향을 지향하고 있기 때문이다. 아울러 그리스 문학의 원조라 할 수 있는 호메로스와 양식적·발상적·세계관적 연계성을 지닌 〈오디세이아〉에 이르면, 근대문학을 운위하는 자리에 그를 참예(參預)하게 하기 어렵다는 판단을 할 수도 있다.

그러나 삶의 본질요건이 시대를 다소 넘어서는 보편가치를 지향하는 것이라면, 그러한 가치를 추구하는 데에 근대적 속물인 주인공을 동원하기는 지극히 어려울 것으로 보인다. 또한 그리스라는 문화풍토에서 숙성한 서사 전통에 대한 고려도 필요할 것으로 보인다. 신화와 서사시와 비극에 뿌리를 두고 있는 그리스 문학의 서사전통은 근대라는 시대의 변화를 수용하는 커다란 문화용기(文化容器) 혹은 문화용광로라 할 수 있다. 삶과 죽음, 육신과 영혼, 신과 세속, 천국과 지옥 등 상상력의 최극단에 닿아 있는 가치항목을 다룸으로써 인간정신의 고매함을 증명하고 인간의 자유를 위한 투혼이 내뿜는 광휘를 형상화하는 데 근대적 의미의 순문학(belles-lettres)으로 범위를 한정하는 것은 그 자체가 어설픈 시도이다.

이러한 경향은 인간 가능성의 한계를 초월하고자 하는 작가의 투혼과 연관되는 사항이기도 하다. 인간의 가능성을 탐구하고 확장하는 것이 예술가의 임무라면, 현실의 법칙과 규칙에 충실한 삶은 가능성을 포기하는 속물의 삶이 될 것이다. 니체나 베르그송에 머물지 않고 인간의 가능성을 추구하는 욕망 그 자체를 초월하는 근원적 초월을 도모하는 문학의 길에는 인류사 최고의 정신들을 다룰 수밖에 없는 것이다. 그러한 점에서 카잔차키스의 경우, 소재가 곧 주제라는 말이 적실해진다.

이렇게 보아 온다면, 근대소설을 대상으로 성립한 소설론은 그 적용 가능한 범위가 매우 한정적이다. 근대의 인간상을 형상화하는 소설, 근대를 초극하는 서사를 구축하는 소설이 서사문학의 궁극일 수 없는 일이다. 소설로써 소설을 넘어서는 방법을 모색하는 일이 긴요한 요청이 되는 것은 이러한 때문이다.

문학의 장르 해체와 원형적 글쓰기

글을 쓰는 사람만이 작가라는 말이 맞는다면, 카잔차키스는 진정한 의미의 '작가', 즉 문호(文豪)이다. 편지, 기행문, 에세이, 자서전, 희곡, 서사시 등 문학이 자장을 드리우는 모든 분야를 망라하고 있다. 이러한 폭넓은 영역에 걸친 작업은 그가 선택한 장르가 무엇이며, 그 장르가 어떻게 운영되었는가 하는 물음보다는 차라리 문학이란 무엇인가 하는 원론적인 물음을 제기하게 한다. 나아가 인간이 글을 쓴다는 것이 무엇인가 하는 궁극적인 관심사를 물음으로 제기한다.

글을 쓰는 일은 인간 존재의 증명이며 삶의 방법에 대한 탐구이고, 삶을 실천하는 방법이다. 에세이에서 철학을 마련하고 거기서 출발하여 자신의 철학을 형상화하는 방식으로 전개되는 카잔차키스의 문학적 삶은 어느 특정 장르에 국한되지 않는다. 자신이 쓰고자 하는 작품에 대한 구상을 미리 하고 그 구상을 편지, 수상 등을 통해 내보인 다음, 작업을 완결하면서 자신의 철학을 강화하고 수정하기를 거듭하는 것이다. 언어의 자기성찰기능을 십분 활용하는 글쓰기라 할 만하다. 문학은 다른 예술과 달리 언어를 매재로 하기 때문에 그 자체가 성찰적 기능, 철학적 기능을 지닌다. 형상이되 사유이고 사유이되

형상인 이 양면적 속성 혹은 자기포괄의 속성이 언어를 매재로 하는 문학의 탁월성이다.

장편소설로는 〈토다 라바〉, 〈돌의 정원〉, 〈수난〉, 〈미할리스 대장〉, 〈전쟁과 신부〉 등이 있다. 그런데 이런 작품들은 소재, 시대 상황, 작가가 겨냥하는 바 등이 분명하다는 특징이 있다. 장편소설로 분류되는 〈최후의 유혹〉과 〈성자 프란체스코〉는 역사상의 인물이 주인공이다. 신과 대결하는 자, 신과 싸우는 자 혹은 신의 이름으로 행해지는 인간의 행위에 대한 비판 등을 담고 있는 작품이다. 이들 작품의 종교적 명상과 실천의 의미는 작가의 사상과 결합되면서 새로운 인간형을 창조한다. 결과적으로 작가의 주장이 강하게 나타날 수밖에 없고 현대적인 소설기법과는 거리가 있는 것도 사실이다. 그러나 서사에서 '기법이 곧 주제'라는 마크 쇼러(Mark Shoorer, 1908-1977) 식의 방법으로는 그 분석과 해석의 한계 때문에 마침내 절망해야 하리라. 『논어(論語)』에 '군자불기(君子不器)'라는 말이 있다. 소설다운 소설은 소설론의 작은 그릇으로 되질할 수 없는 위용이 있다. 물론 카잔차키스가 다룬 인물들의 속성과 그가 택한 연극장르와 소설장르의 상관관계를 검토한다면 한 작가의 장르 선택에 어떤 법칙성이 나타나는가를 밝힐 수도 있을 것이다.

한국을 비롯하여 세계 여러 나라에 카잔차키스를 '소설가'로 부각한 그의 출세작은 〈그리스인 조르바〉이다. 그런데 작가의 연보에 따르면 1917년 전쟁으로 석탄 연료가 부족해지자 기오르고스 조르바라는 일꾼을 고용하여 펠로폰네소스에서 갈탄 채굴을 시도했다고 되어 있고, 그 거년(去年)에 있었던 아토스산의 벌목 계약 문제로 여행을 한 적이 있는데, 그 경험이 작품의 소재가 되었다고 한다. 그리고 〈영혼의 자서전〉에는 "내 영혼에 가장 깊은 자취를 남긴 사람들"로 호메로스, 붓다, 니체, 베르그송과 아울러 조르바를 꼽고 있다(영혼의 자서전 2, p.619). 작가의 증언에 따르면 "조르바는 삶을 사랑하고 죽음을 두려워하지 말라고 가르쳤다."(영혼의 자서전 2, p.619) 그러면서 종교적인 형식을 따라 조르바를 이른바 '대부'로 선택했으면 한다는 이야기 끝에, 그 까닭을 이렇게 서술하고 있다.

> "그 까닭은 글쓰는 사람이 구원을 위해 필요로 하는 바로 그것을 그가 갖추었으니, 화살처럼 허공에서 힘을 포착하는 원시적인 관찰력과, 마치 만물을 항상 처음 보듯 대기와 바다와 불과 여인과 빵 따위의 영구한 일상적 요소에 처녀성을 부여하게끔 해주며 아침마다 다시 새로워지는 창조적 단순성과, 영혼보다 우월한 힘을 내면에 지닌 듯 자신의 영혼을 멋대로 조종하는 대담성과, 신선한 마음과 분명한 행동력, 그리고 마지막으로 초라한 한 조각의 삶을 안전하게 더듬거리며 살아가기 위해 하찮은 겁쟁이 인간이 주변에 세워 놓은 도덕이나, 종교나, 고향 따위의 모든 울타리를 때려 부수려고 조르바의 나이 먹은 마음에서 회생의 힘을 분출해야 하던 결정적 순간마다 인간의 뱃속보다도 더 깊고 깊은 샘에서 쏟아져 나오는 야수적인 웃음을 그가 지녔기 때문이었다." (영혼의 자서전 2, pp. 619-620)

소설 〈그리스인 조르바〉는 위의 내용과 작가가 〈영혼의 자서전〉에서 밝히고 있는 인간관계 속에서 이루어진 일들에 대한 소설적 풀이(형상화)라고 할 수 있을 정도이다. 이렇게 본다면 '소설이 곧 허구'라는 경직된 시각으로는 카잔차키스의 소설을 정당하게 설명하고 평가할 수 없다는 점이 분명해진다. 그리고 장편소설로 분류되는 〈알렉산드로스 대왕〉과 〈크노소스 궁전〉은 교육용으로 쓴 것으로 일종의 청소년문학이라 할 수 있는데, 이는 그리스의 정신적 흐름과 문학적 전통을 교육을 통해 계승하고자 하는 의지의 표명이라는 의미를 지닌다. 특히 〈크노소스 궁전〉은 크레타 문명의 신화를 재현하고 있다는 점에서 문학적 전통의 계승과 연계된다고 할 수 있다. 신화는 서사시의 세계와 맞닿아 있다. '개인의 전기와 당대의 연대기가 결합된 소설'(L. Goldmann)에서 개인과 역사의 분리 현상을 서사시는 알지 못한다. 집단의 행동과 집단의 가치가 선험적으로 전제되는 서사시가 현대에 어떤 의미를 지니는가 하는 점은 다른 검토를 요한다.

한국에서 카잔차키스 수용의 의미

카잔차키스의 작품이 한국에 번역 소개되기 시작한 것은 1970년대 중반에서 1980년대 초이다. 백도기의 번역으로 나온 〈그리스도 최후의 유혹〉이 가장 앞선 소개로 보인다. 작가 이윤기(李潤基)가 〈그리스인 조르바〉를 처음 번역한 것은 1980년으로 되어 있다. 1980년대 초·중반 고려원이라는 출판사에서 전집을 기획 발간하기로 되어 있었다. 거기 포함되는 작품들로 〈영혼의 자서전〉, 〈그리스인 조르바〉, 〈그리스도 최후의 유혹〉, 〈예수 다시 십자가에 못박히다〉, 〈미칼레스 대장〉, 〈성 프란시스〉, 〈돌의 정원〉, 〈전쟁과 신부〉 등이 발간되어 나왔고, 〈오딧세이〉는 근간으로 예고되어 있다.[2] 〈영혼의 자서전〉을 제하고는 〈그리스인 조르바〉를 비롯한 소설류가 주로 번역 소개되었다. 〈그리스인 조르바〉는 영화로 보급되면서 소설보다 널리 알려졌다. 그리고 그 영화가 소설의 구매력을 높인 것도 사실이다. 소설을 읽지 않은 사람들도 '조르바의 춤'은 기억하고 술자리가 끝나고 여흥이 벌어지면 그 춤을 흉내내어 흥을 돋구는 이들도 있을 정도였다.

고려원에서 낸 선집(전집)은 판매에서 부분적 성공을 거두는 데 그친 것으로 보인다. 이후 전집다운 전집이 발간된 것은 2008년 출판사 '열린책들'의 기획에 의해서였다. 편지, 여행기, 자서전, 소설, 희곡, 그리고 이전에 미간으로 되어 있던 '서사시' 〈오디세이아〉가 3권으로 번역 출간됨으로써 전체적으로 30권의 전집이 나오게 되었다. 카잔차키스 문학의 전모를 파악하는 데 크게 기여할 것으로 본다. 그런데 그리스어 원전을 번역한 것이 아니라 영어판을 다시 번역한 중역이라는 점은 아쉬움으로 남는다. 〈오디세이아〉 말고는 작가가 서정시를 다량 내놓지 않았다는 점은 중역을 합리화하는 데에 다소 빌미

2 1985년 초판 발행, 1989년 6판 발행된 『성 프란시스』 서지란과 책광고를 참조한 것이다.

가 되기도 하리라. 산문영역에 속하는 작품들이기 때문에 언어와 문학형식에 그렇게 민감하지 않아도 된다는 점은 중역의 양해사항이 되어 오곤 했다.

그렇기는 하지만 작가가 '민중어'의 옹호자이고 실제 민중어 운동에 참여하는 등 활동을 한 점을 본다면 원전에서 번역이 이루어지는 날을 기다려야 한다. 그의 문학이 산문 영역에 치중되어 있다고 해도 시적인 운치를 담고 있는 산문이기 때문에 일차적 의미만 전달할 수 없는 노릇이다. 원전 번역의 문제는 현실적인 난관이 예상된다. 한국에서 현대 그리스어로 창작된 문학을 번역할 만한 인력의 문제, 원전 번역의 언어미감을 수용할 수 있는 수용력 수준 등이 문제가 된다.

카잔차키스 문학이 한국에 도입된 것이 어떤 의미를 지니는가 하는 점을 간단히 짚어 봄으로써 결론을 겸한 제언을 하고자 한다. 이는 소설문학, 서사문학의 영역과 장르적 역동성을 짐작하는 데 기여할 사항들이다.

첫째, 문학의 장르를 벗어나 문학행위가 진정 무엇인가를 추구하는 계기가 된다. 이는 문학현실에 민감한 비평이 활성화되어 있는 반면 문학의 본질에 대한 추구가 약한 편인 우리 풍토에서 시사하는 바가 크다. 문학연구의 영역을 확장하고 방법론을 새롭게 구비하는 계기가 될 수도 있을 것이다. 리얼리즘 문학에 치중하여 문학과 사회의 역동성에 몰두하던 연구 풍토는 모더니즘 문학론의 수용으로 방향을 전환하게 되었다. 일종의 충격이라 할 수 있다. 그러나 그것도 한국 문학의 한 양상이나 특정 국면에 불과하다는 점이 다시 드러났다. 한국 문학이 한국인에게 무엇인가, 그러한 문학을 생산한 작가에게 문학은 무엇이었는가, 나아가 인간에게 문학이란 무엇인가를 다시 따지는 작업이 이루어져야 할 것이다. 이 지점에서 작가론적 관점이 다시 부각될 필요가 있음을 절감한다. 아울러 문학과 삶의 연계성 혹은 그 필연성에 대해 주목할 필요도 있다.

둘째, 문학의 관념을 수정할 수 있는 계기를 마련할 수 있을 것이다. 한국의 근대문학은 현실주의 문학이 주종을 이룬다는 지적은 일단 수용할 만하다. 급변하는 시대상황과 무어라고 규정할 수 없는, 20세기의 눈부신 세계 변화 속에서 문학이 응전력을 갖추기 위해서는 현실을 부둥켜안고 몸부림하지 않을 수 없다. 응전력이든 현실대응력이든 간에 문학의 사회적 역할이 과도하게 강조되고 평론과 연구가 그러한 방향으로 전개된 것도 사실이다. 그러나 그러한 소용돌이를 거치는 동안 한국 문학은 논리적으로 수척해진 감이 없지 않다. 인간의 본원적 문제와 연관되는 사색이 깊지 못했고, 역사와 현실에 대한 형이상학적 비판과 탐구가 심도를 갖추기 어려웠다. 사상가로서의 작가, 작가의 철학 등이 자생력을 지니기 어려웠다는 점을 반성하게 된다. (위대한 사상을 보여 준 사례가 없다는 점을 지적하는 것이 아니라 일반적 경향이 그러하다는 것을 밝히고자 한다.) 그리고 작가와 문학의 장르에 대한 관념에서 순결주의에 대한 반성도 필요하다.

셋째, 문학적 전통의 계승과 창조 문제를 다시 생각할 필요가 있다. 작가의 고향과 그 고향의 토포스가 불러오는 역사적 상상력의 계승과 창조에 대한 관심이 작가의 작품을 깊이 있게 해석하고 의미를 부여할 수 있게 한다. 한국의 역사 전개, 한국의 문학적 전통과 그 원형에 대한 탐구 등이 근현대 작가의 작품과 연관되어 있다는 점을 고려한 연구가 진척되어야 한다. 이는 현재 널리 통용되는 문학연구방법론에 대한 반성을 촉구하는 것이기도 하다. 구조와 형식을 타고 넘는 문학적 상상력의 원형에 대한 관심이 있어야 한다. 이는 한국 문학 연구와 해석의 차원을 한층 높여 줄 것으로 기대되는 사항이다.

넷째, 문학에 대한 교육적 관점이 다시 정립될 필요가 있고, 관심이 제고되어야 한다. 문학으로 운용되는 문화는 가치 개념을 포함한다. 문화는 삶의 양식을 넘어서는 '상징적 상호작용'이며 어느 지역, 어느 시대 사람들의 교육적 지표가 된다. 우리가 구가하는 문학이, 우리가 추구하는 문학이 우리 시대, 나아가 미래 세대를 위한 교육의 장에서 어떻게 작용할 것인가 하는 문제에 대한 심도 있는 논의가 지속적으로 이루어져야 하는데, 이러한 계기를 카잔차키스 문학이 제공할 것으로 본다. 그는 스스로 청소년을 위한 작품을 쓰기도 했고, 학습용 교과서를 편찬하는 데 참여하기도 했다.

카잔차키스는 그 자신이 하나의 세계였으며, 그 세계는 불꽃의 나무로 여전히 타오르고 있다. 그러나 불꽃의 나무는 그 자체로 머물지 않고, 불꽃은 어둠을 지우고 그 밑바닥에서 발산되어 나오는 '빛'으로 화하기를 계속하면서 자신을 초월해 간다. 그것이 자유의 구극적(究極的) 의미일 터인데, 그 아스라한 높이와 형언할 수 없는 아득함은 시적인 세계에 속하는 것인지도 모른다. 자유를 위한 투쟁에서 문학의 장르니 기법이니 하는 것은 벗어 버려야 하는 한갓된 '털옷'인지도 모를 일이다. 산문적 전통과 시적 정신이 어떻게 철학과 만나 형이상학적 사유를 촉진하고 예술적 자유를 획득했는지, 혹은 그렇게 하기 위해 어떻게 분투했는지를 카잔차키스는 범례적으로 증언하는 작가이다.*

* 이 글은 '한국 차잔차키스 친구들의 모임 창립기념 학술대회'(2009. 10. 27)에서 발표한 논문을 다듬은 것이다.

니코스 카잔차키스 연보

(2008년판, 열린책들 전집의 연보에서 작품 중심으로 정리)

1883년 2월 18일(구력)	크레타 이라클리온에서 태어남. 아버지 미할리스는 바르바리 출신으로 곡물과 포도주 중개상을 함. 뒷날 미할리스는 소설 〈미할리스 대장〉의 여러 모델 가운데 하나가 됨.
1897–1898년(14–15세)	크레타에서 두 번째 반란이 일어남. 니코스는 안전을 위해 낙소스 섬으로 감. 프랑스 수도사들이 운영하는 학교에 등록하면서 프랑스어에 대한 그의 사랑이 시작됨.
1906년(23세)	대학을 졸업하기도 전에 에세이 〈병든 시대〉와 소설 〈뱀과 백합〉을 출간. 희곡 〈동이 트면〉 집필.
1907년(24세)	〈동이 트면〉이 희곡상을 수상하며 아테네에서 공연되어 커다란 논란을 일으켰고 카잔차키스는 단번에 유명 인사가 됨. 언론계에 발을 들여놓음. 프리메이슨에 입회함. 10월 파리에 유학함. 이곳에서 작품 집필과 저널리즘 활동을 병행함.
1908년(25세)	베르그송의 강의를 듣고 니체를 읽음. 소설 〈부서진 영혼〉 완성.
1909년(26세)	니체에 관한 학위 논문을 완성하고 희곡 〈도편수〉를 집필함. 이탈리아를 경유하여 크레타로 돌아감. 학위 논문과 단막극 〈희극: 단막 비극〉과 에세이 〈과학은 파산하였는가?〉를 출간함.
1910년(27세)	민중어의 옹호자 이온 드라구미스를 찬양하는 에세이 〈우리 젊음을 위하여〉를 발표. 고전 그리스 문화에 대한 추종을 극복해야만 한다고 역설하는 드라구미스가 그리스를 새로운 영광의 시기로 인도할 예언자라고 주장함.
1911년(28세)	갈라테아 알렉시우와 결혼함.
1912년(29세)	교육협회 회원을 대상으로 한 강연에서 베르그송의 철학을 그리스 지식인들에게 소개함. 이 강연 내용이 협회보에 실림.
1914년(31세)	생계를 위해 갈라테아와 함께 어린이 책을 집필함.
1915년(32세)	시켈리아노스와 함께 다시 그리스를 여행함. '나의 위대한 스승 세 명은 호메로스, 단테, 베르그송'이라고 일기에 적음. 수도원에 은거하며 책을 한 권 썼으나 현재 전해지지 않음. 아마도 아토스 산에 대한 책인 듯함. 〈오디세우스〉, 〈그리스도〉, 〈니키포로스 포카스〉의 초고를 씀.

10월 톨스토이를 읽고 문학보다 종교가 중요하다고 결심하며, 톨스토이가 멈춘 곳에서 시작하리라고 맹세함.

1917년(34세) 전쟁으로 석탄 연료가 부족해지자 기오르고스 조르바라는 일꾼을 고용하여 펠로폰네소스에서 갈탄을 캐려고 시도함. 이 경험은 1915년 벌목 계획과 결합하여 뒷날 소설 〈그리스인 조르바〉로 발전함.

1919년(36세) 베니젤로스 총리가 카잔차키스를 공공복지부 장관에 임명하고, 카프카스에서 볼셰비키에 의해 처형될 위기에 처한 15만 명의 그리스인을 송환하는 임무를 맡김.

7월 카잔차키스는 자신의 팀을 이끌고 출발. 여기에는 스타브리다키스와 조르바도 끼여 있었음.

8월 베니젤로스에게 보고하기 위해 베르사유로 감. 여기서 평화조약 협상에 참여함. 피난민 정착을 감독하기 위해 마케도니아와 트라케로 감. 이때 겪은 일들은 뒷날 〈수난〉에 사용됨.

1922년(39세) 전후 빈의 퇴폐적인 분위기 속에서 불경을 연구하고 붓다의 생애를 다룬 희곡을 집필하기 시작함. 프로이트를 연구하고 〈신을 구하는 자〉를 구상함.

9월 이전의 민족주의를 버리고 공산주의 혁명가들에게 동조함. 미완의 희곡인 〈붓다〉를 찢어 버리고 새로운 형태로 쓰기 시작함. 〈신을 구하는 자〉에 착수하면서 공산주의적인 행동주의와 불교적인 체념을 조화시키려 시도함.

1923년(40세) 4월 〈신을 구하는 자〉를 완성함. 다시 〈붓다〉의 집필을 계속함.

1924년(41세) 〈붓다〉를 완성하고, 성자 프란체스코에 대한 평생의 흠앙을 시작함. 서사시 〈오디세이아〉를 구상하기 시작함. 이때 〈향연〉도 썼을 것으로 추정됨.

1927년(44세) 5월 〈오디세이아〉를 완성하기 위해 아이기나에 홀로 머무름. 작업이 끝나자 생계를 위해 백과사전에 실릴 기사들을 서둘러 집필하고 〈여행기〉 제1권에 실릴 글을 모음. 디미트리오스 글리노스의 잡지 『아나예니시』에 〈신을 구하는 자〉가 발표됨.

1928년(45세) 4월 키예프에서 카잔차키스는 러시아 혁명에 관한 영화 시나리오를 집필함.

6월 카잔차키스는 〈신을 구하는 자〉의 마지막 부분을 수정하고 〈침묵〉장을 추가함. 『프라우다』에 그리스의 사회 상황에 대한 논설들을 기고함.

7월 바르뷔스의 잡지 『몽드』에 이스트라티가 쓴 카잔차키스 소개 기사가 실림. 이로써 유럽 독서계에 카잔차키스가 처음으로 알려짐.

8월 카잔차키스와 이스트라티는 엘레니 사미우와 이스트라티의 동반자 빌릴리 보드보비와 함께 남부 러시아로 긴 여행을 떠남. 여행의 목적은 〈붉은 별을 따라서〉라는 일련의 기사를 공동 집필하기 위해서였음.

2월 아테네에서 카잔차키스의 러시아 여행기가 두 권으로 출간됨.

1929년(46세) 5월 체코슬로바키아의 한적한 농촌으로 들어가 첫 번째 프랑스어 소설을 씀. 원래 〈모스크바는 외쳤다〉라는 제목이었으나 〈토다 라바〉로 바뀜. 이 소설은 작가의 변화한 러시아관을 별로 숨기지 않고 드러내고 있음.

프랑스어로 〈엘리아스 대장〉이라는 소설을 완성함. 이는 〈미할리스 대장〉의 선구가 되는 여러 작품 중 하나임. 프랑스어로 쓴 소설들은 서유럽에 자신의 존재를 드러내려는 최초의 시도였음. 동시에 소련에 대한 자신의 관점을 반영하기 위해 〈오디세이아〉의 근본적인 수정에 착수함.

1930년(47세) 돈을 벌기 위해 두 권짜리 〈러시아 문학사〉를 아테네에서 출간함.

그리스 당국은 〈신을 구하는 자〉에 나타난 무신론을 이유로 그를 재판에 회부하겠다고 위협함.

1931년(48세) 순수어와 민중어를 포괄하는 프랑스-그리스어 사전 편찬 작업에 착수함. 6월 파리에서 식민지 미술 전시회를 관람함. 여기서 〈오디세이아〉에 나오는 아프리카 장면의 아이디어를 얻음. 〈오디세이아〉의 제3고를 체코슬로바키아에서 은거하며 완성함.

1932년(49세) 여러 편의 영화 시나리오와 번역을 구상했으나 대체로 실패함. 3운구법을 살려 단테의 〈신곡〉 전편을 45일 만에 번역함.

1933년(50세) 스페인 인상기를 씀. 엘 그레코에 관한 3운구 시를 지음. 이는 훗날 〈영혼의 자서전〉의 전신이 됨. 〈오디세이아〉 제4고에 착수함.

1935년(52세) 〈오디세이아〉 제5고를 완성한 뒤 여행기 집필을 위해 일본과 중국을 방문함.

1936년(53세) 동아시아에서 겪은 일들을 바탕으로 한 프랑스어 소설 〈돌의 정원〉을 집필함. 또한 미할리스 대장 이야기의 새로운 원고를 완성함. 이를 〈나의 아버지〉라 부름. 필란델로풍의 희곡 〈돌아온 오셀로〉를 썼는데 생전에는 이 작품의 존재가 알려지지 않음. 괴테의 〈파우스트〉 제1부를 번역함.

1937년(54세) 아이기나에서 〈오디세이아〉 제6고를 완성함. 〈스페인 기행〉이 출간됨.

9월 펠로폰네소스를 여행함. 여기서 얻은 감상을 신문 연재 기사형식으로 발표함. 이 글들을 뒷날 〈모레아 기행〉으로 묶어 펴냄. 왕립 극장의 의뢰로 비극 〈멜리사〉를 씀.

1938년(55세) 〈오디세이아〉 제7고와 최종고를 완성한 뒤 인쇄 과정을 점검함. 호화판으로 제작된 이 서사시의 발행일은 12월 말일임.

1939년(56세) 〈아크리타스〉라는 제목으로 3만 3,333행의 새로운 서사시를 쓸 계획을 세움. 7–11월 스트랫퍼드 어폰 에이번에 기거하며 비극 〈배교자 율리아누스〉를 집필.

1940년(57세) 〈영국기행〉을 쓰고 〈아크리타스〉의 구상과 〈나의 아버지〉의 수정작업을 계속함. 청소년을 위한 일련의 전기 소설을 씀(〈알렉산드로 대왕〉, 〈크노소스 궁전〉).

1941년(58세) 〈붓다〉의 초고를 완성함. 단테의 번역을 수정함. 〈조르바의 성스러운 삶〉이라는 제목의 새로운 소설을 시작함.

1942년(59세) 이안니스 카크리디스 교수를 만나 호메로스의 〈일리아스〉를 공동번역하기로 합의함. 〈그리스도의 회상〉이라는 제목으로 예수에 대한 소설을 쓸 계획을 세움. 이것은 뒷날 〈최후의 유혹〉의 전신이 됨.

1943년(60세) 〈그리스인 조르바〉와 〈붓다〉의 두 번째 원고 및 〈일리아스〉의 번역을 완성함. 아이스킬로스의 〈프로메테우스〉 3부작을 모티프로 한 희곡 신판을 씀.

1944년(61세) 희곡 〈포디스트리아스〉와 〈콘스탄티누스 팔라이올로구스〉를 집필함. 〈프로메테우스〉 3부작과 함께 이들 희곡은 각각 고대, 비잔틴 시대, 현대 그리스를 다룸.

1946년(63세) 그리스 독립기념일에 왕립 극장에서 그의 희곡 〈카포디스트리아스〉가 공연됨.

6월 영국문화원이 케임브리지에 방 하나를 제공하여, 이곳에서 여름을 보내며 〈오름길〉이라는 제목의 소설을 씀. 이 역시 〈미할리스 대장〉의 선구적 작품이 됨.

9월 〈그리스인 조르바〉가 프랑스어로 번역되도록 준비함.

1947년(64세) 스웨덴의 지식인이자 정부 관리인 뵈리에 크뇌스가 〈그리스인 조르바〉를 번역함. 스스로 자신의 희곡 〈배교자 율리아누스〉를 번역함. 〈그리스인 조르바〉가 파리에서 출간됨.

1948년(65세) 자신의 희곡들을 계속 번역함. 3월 〈배교자 율리아누스〉가 파리에서 공연됨. 앙티브에서 희곡 〈소돔과 고모라〉를 씀. 영국, 미국, 스웨덴, 체코슬로바키아의 출판사에서 〈그리스인 조르바〉 출간을 결정함. 카잔차키스는 〈수난〉의 초고를 3개월 만에 완성하고 2개월간 수정함.

1949년(66세) 격렬한 그리스 내전을 소재로 한 새로운 소설 〈전쟁과 신부〉에 착수함. 희곡 〈쿠로스〉와 〈크리스토퍼 콜롬버스〉를 씀. 12월 〈미할리스 대장〉의 집필에 착수함.

1950년(67세) 7월 말까지 〈미할리스 대장〉에만 몰두함. 11월 〈최후의 유혹〉에 착수함. 〈그리스인 조르바〉와 〈수난〉이 스웨덴에서 출간됨.

1953년(70세) 앙티브로 돌아가 수개월간 카크리디스 교수와 함께 〈일리아스〉의 공역을 마무리함. 소설 〈성자 프란체스코〉를 씀. 〈미할리스 대장〉이 출간됨.

1954년(71세) 교황이 〈최후의 유혹〉을 가톨릭교회의 금서 목록에 올림. 여름 〈오디세이아〉를 영어로 번역하는 키머 프라이어와 매일 공동 작업함.

1955년(72세) 정신적 자서전인 〈영혼의 자서전〉을 쓰기 시작함. 왕실 인사가 개입한 끝에 〈최후의 유혹〉이 마침내 그리스에서 출간됨.

1956년(73세) 6월 빈에서 국제평화상을 받음. 전집 출간이 진행됨.

1957년(74세) 타계.

참고문헌

강두식 역주, 『(괴테)파우스트 1·2부: 解說과 註釋』, 서울대학교출판부, 1988.
강한영 교주, 『신재효 판소리사설』, 민중서관, 1972.
강한영 역주, 『신재효판소리사설집』(3판), 민중서관, 1974.
구인환, 「문체론적 비평고」, 『동악어문논집』 1, 동악어문학회, 1964.
구인환, 『한국근대소설연구』, 삼영사, 1977.
구인환 외, 『문학교육론』, 삼지원, 1992.
국립극장 편, 『국립극장 완창판소리』, 국립극장, 2006.
국립창극단, 「우리시대 창극2 〈청〉」, 국립창극단, 2006.
권영민, 「개화기소설의 문체 연구」, 『현대문학연구』 14, 서울대학교, 1975.
김대행, 「창극의 미래를 위한 여건들」, 『판소리연구』 14, 판소리학회, 1993.
김대행, 『우리 시대의 판소리 문화』, 역락, 2001.
김동리, 「온정과 선의의 세계: 오영수 저 〈명암〉을 중심으로」, 『신문예』 7, 정양사, 1959.
김동리, 『사반의 십자가』, 홍성사, 1981.
김동욱, 『김동인 연구』, 새문사, 1989.
김병욱 외, 『한국문학과 신화』, 예림기획, 2006.
김봉군, 『문학 작품 속의 인간상 읽기』, 민지사, 2003.
김상태, 『문체의 이론과 해석』, 새문사, 1982.
김영아, 『한국 근대소설의 카니발리즘』, 푸른사상, 2005.
김욱동 편역, 『대화적 상상력』, 문학과지성사, 1988.
김윤식, 「염상섭의 소설구조」, 『염상섭』(김윤식 편), 문학과지성사, 1977.
김윤식, 『한국현대소설비판』, 일지사, 1981.
김윤식, 「김동인 문학의 세 가지 형식」, 『한국학보』 11, 일지사, 1985.

김윤식,『한국현대문학사』, 서울대학교출판부, 1999.

김윤식 · 김현,『한국문학사』, 민음사, 1972.

김정자,『 한국근대소설의 문체론적 연구』, 삼지원, 1985.

김종욱,『한국 소설의 시간과 공간』, 태학사, 2000.

김종철,『판소리의 정서와 미학: 창을 잃은 판소리를 중심으로』, 역사비평사, 1996.

김주연,「아버지상징, 그 파괴의 서사적 힘」(『변경』의 해설평론),『변경』 12권, 문학과지성사, 1998.

김천혜,『소설구조의 이론』, 문학과지성사, 1990.

김춘진,「보르헤스의 돈키호테 읽기」,『문학과 사회』, 2004년 가을호.

김현,「베끼기의 문학적 의미」,『황제를 위하여』, 삼성출판사, 1983.

나송주,『스페인 황금세기 문학』, 월인, 2003.

박갑수,『문체의 이론과 실제』, 세운문화사, 1977.

박갑수 편저,『국어문체론』, 대한교과서, 1994.

박완서,『그 산이 정말 거기 있었을까』, 웅진출판, 1995.

박완서,『그 많던 싱아는 누가 다 먹었을까』, 웅진출판, 2004.

박찬국,「현대에 있어서 고향상실의 극복과 하이데거의 존재물음」,『하이데거연구』 1, 한국하이데거학회, 1995.

박희병,『한국전기소설의 미학』, 돌베개, 1997.

배경한 편,『20세기초 상해인의 생활과 근대성』, 지식산업사, 2007.

서연호,「창극 발전의 새로운 방향과 방법 재고」,『판소리연구』 2, 판소리학회, 1991.

서정철,『인문학과 소설텍스트의 해석』, 민음사, 2002.

석경징 외,『현대 서술이론의 흐름』, 솔, 1997,

심재기,『국어문체 변천사』, 집문당, 1999.

오한진,『독일 교양소설 연구』, 문학과지성사, 1989.

우한용,『한국현대소설구조연구』, 삼지원, 1990.

우한용,「채만식소설의 담론 특성에 관한 연구」, 서울대학교 박사학위논문, 1991.

우한용,「"메밀꽃 필무렵"의 기호론적 해석」,『한국현대문학연구』 1, 한국현대문학회, 1992.

우한용,『채만식소설담론의 시학』, 개문사, 1992.

우한용,『한국 현대소설 담론연구』, 삼지원, 1996.

우한용,『문학교육과 문화론』, 서울대학교출판부, 1997.

우한용,『생명의 노래1,2』, 푸른사상, 2001.
우한용,『한국 근대문학교육사 연구』, 서울대학교출판부, 2009.
우한용 외,『소설교육론』, 평민사, 1993.
우한용 외,『서사교육론』, 동아시아, 2001.
유인순,『김유정을 찾아서』, 솔과학, 2003.
윤여탁,「다문화교육으로서의 한국어교육: 현실과 방법」, 국제한국어문화학회 서울대학교 국어교육연구소 발표요지, 2008. 11. 8.
이광수,『이광수전집』, 우신사, 1979.
이문열,「황제를 위하여」,『제3세대 한국문학』, 삼성출판사, 1983.
이문열,「황제를 위하여」 1·2, 민음사, 2001.
이미림,『한국현대소설의 떠남과 머묾』, 예림기획, 2007.
이보영 외,『성장소설이란 무엇인가』, 정예원, 1999.
이산호,「프랑스의 다문화현황과 정책」, 중앙대학교 문화컨텐츠기술원 학술대회 발표요지, 2008. 9. 25.
이상신,『소설의 문체와 기호론』, 느티나무, 1990.
이소영 외 편역,『자연, 여성, 환경: 에코페미니즘의 이론과 실제』, 한신문화사, 2000.
이인모,『문체론』, 선명문화사, 1959.
이인화,『디지털 스토리텔링』, 황금가지, 2003.
이인화,『하비로』, 해냄, 2004.
이정우,『사건의 철학』, 철학아카데미, 2003.
이재인,『오영수 문학 연구』, 문예출판사, 2000.
이주일,「김유정소설연구」, 명지대학교 박사학위논문, 1991.
이청준,『제3세대 한국문학 1: 이청준』, 삼성출판사, 1986.
이태준,『문장강화』, 박문사, 1946.
이필영,『국어의 인용구문 연구』, 탑출판사, 1993.
이현진,「원초적 세계로의 갈구」,『예술세계』 74, 한국예술문화단체총연합회, 1996.
임영우 편역,『(민중본)요한 파우스트 박사 이야기』, 한국외국어대학교출판부, 2004.
장문평,「반문명적 인간상의 예시, 오영수의 작품세계」,『한국문학』 69, 한국문학사, 1979.
전신재 편,『원본김유정전집』, 한림대학교출판부, 1987.
전영태,「김유정의 〈산골〉」,『한국현대소설 작품론』, 문장, 1981.
전혜자,『한국 현대소설사 연구』, 새문사, 1987.

정병헌,『판소리와 한국 문화』, 역락, 2002.
정병헌,「남북한 극예술의 판소리 수용과 창극의 진로」,『판소리연구』 17, 판소리학회, 2004.
정병헌,「판소리의 전승과 공간적 배경의 관계 연구」,『판소리연구』 25, 판소리학회, 2008.
정한모,「김동인과 이효석」,『현대작가연구』, 범조사, 1957.
조남현,『소설신론』, 서울대학교출판부, 2004.
차봉희 편,『디지로스 스토리텔링』, 문매미, 2007.
천승준,「대간의 긍정: 오영수론」,『현대문학』 5, 현대문학, 1959.
천이두,「선의 · 해학의 문학: 오영수론」,『작가연구』 10, 새미, 2000.
최병우,「〈만무방〉의 서술구조」,『先淸語文』 제16 · 17호 합집, 서울대학교, 1988.
최병우,「한국근대 일인칭소설연구」, 서울대학교 박사학위논문, 1992.
최병우,「서술자의 신빙성에 관한 연구」,『현대소설연구』 19, 한국현대소설학회, 2003.
최성윤,「김동인의 창작방법론과 〈소설작법〉의 의의」,『한국문학이론과 비평』 30, 한국문학이론과비평학회, 2006.
최유찬,『리얼리즘이론과 실제비평』, 두리, 1992.
최창록,『한국소설의 문체론적 연구』, 형설출판사, 1973.
최혜실,『문화산업과 스토리텔링』, 다할미디어, 2007.
최혜실,『테마파크의 스토리텔링』, 글누림, 2008.
『한국소설대계』, 동아출판사, 1988.
황도경,『문체로 읽는 소설』, 소명출판사, 2002.

Arendt, H., *The Human Condition*, 이진우 외 역,『인간의 조건』, 한길사, 1996.
Bakhtin, M. M., *The Dialogic Imagination*, University of Texas Press, 1981.
Bakhtin, M. M., *The Dialogic Imagination*, 전승희 외 역,『장편소설과 민중언어』, 창작과비평사, 1988.
Bakhtin, M. M., *Estetika slovesnogo tvorchestva*, 김희숙 외 역,『말의 미학』, 솔, 2006.
Beckett, S., *En attendant Godot*, 오증자 역,『고도를 기다리며』, 정우사, 2000.
Boia, L., *Pour une histoire de l'imaginaire*, 김웅권 역,『상상력의 세계사』, 동문선, 2000.
Booth, W. C., *The Rhetoric of Fiction*, University of Chicago Press, 1961.
Bourdieu, P., *Les Règles de l'art*, 하태환 역,『예술의 규칙』, 동문선, 1999.
Burckhardt, J., *The Altarpiece in Renaissance Italy*, 이기숙 역,『이탈리아 르네상스의 문

화』, 한길사, 2003.

Canguilem, G., *Le normal et le pathologique*, 이광래 역, 『정상과 병리』, 한길사, 1996.

Cassirer, E., *An Essay on Man: An Introduction to the Philosophy of Human Culture*, 최명관 역, 『인간이란 무엇인가』, 창, 2008.

Chatman, S., *Story and Discourse in Fiction and Film*, 한용환 역, 『이야기와 담론』, 고려원, 1989.

Dante, *La Divina Commedia*, Rusconi, 2005.

Descartes, R., *Discours de la méthode*, 권오석 역, 『방법서설: 성찰, 세계론』, 홍신문화사, 2006.

Edwards, S. D., *Phylosophy of Nursing: An Intruduction*, 공병혜 외 역, 『돌봄과 치유의 철학』, 철학과현실사, 2004.

Frye, N., *Anatomy of Criticism: Four Essays*, 임철규 역, 『비평의 해부』, 한길사, 1988.

Fuchs, E., *Illustrierte Sittengeschichte vom Mittelalter bis zur Gegenwart*, 이기웅 · 박종만 역, 『풍속의 역사 1』, 까치, 2004(개역판).

Genette, G., *Figures III*, 권택영 역, 『서사담론』, 교보문고, 1992.

Girard, R., *Mensonge romantique et vérité romanesque*, 김치수 · 송의경 역, 『낭만적 거짓과 소설적 진실』, 한길사, 2002.

Goethe, J. W. von, *Wilhelm Meisters Wanderjahre*, 김숙희 외 역, 『빌헬름 마이스터의 편력시대 2』, 민음사, 1999.

Guattari, F., *Chaosmose*, 윤수종 역, 『카오스모제』, 동문선, 2003.

Guattari, F., *L'inconscient machinique: essais de schizo-analyse*, 윤수종 역, 『기계적 무의식』, 푸른숲, 2003.

Hobsbawm, E. J., *On History*, 강성호 역, 『역사론』, 민음사, 2002.

Hochman, B., *Character in Literature*, Cornell University Press, 1985.

Hutcheon, L., *A Theory of Parody*, 김상구 · 윤여복 공역, 『패로디 이론』, 문예출판사, 1992.

Jakobson, R., *Language in Literature*, 신문수 역, 『문학 속의 언어학』, 문학과지성사, 1989.

Jauss, H. R., *Literaturgeschichte als Provokation*, 장영태 역, 『도전으로서의 문학사』, 문학과지성사, 1983.

Johnson, R. A., *She Understanding Feminine Psychology: An Interpretation*

Based on the Myth of Amor and Psyche and using Jungian Psychological Concept, 고혜경 역,『(신화로 읽는 여성성)She』, 동연, 2006.

Jonas, H., *The Phenomenon of Life: Toward a Philosophical Biology*, 한정선 역,『생명의 원리』, 아카넷, 2001.

Kundera, M., *L'art du roman*, 권오룡 역,『소설과 우리들의 시대』, 책세상, 1990.

Leech, G. N. and M. H. Short, *Style in Fiction*, London: Longman, 1981.

Lessing, Gotthold Ephraim, *Laokoon: oder über die Grenzen der Malerei und Poesie*, 윤도중 역,『라오콘—미술과 문학의 경계에 관하여』, 나남, 2008.

Lodge, D., *The Modes of Modern Writing*, Edward Arnold Ltd, 1977.

Lown, B., *The Lost Art of Healing*, 서정돈 외 역,『치유의 예술을 찾아서』, 몸과 마음, 2003.

Lubbock, P., *The Craft of Fiction*, Jonathan Cape, 1957.

Lukács, G., *Die Theorie des Romans*, 반성완 역,『소설의 이론』, 심설당, 1985.

Macherey, P., *Pour une théorie de la production littéraire*, 배영달 역,『문학 생산 이론을 위하여』, 백의, 1994.

Morson, G. S. et al., *Mikhaill Bakhtin: Creation of a Prosaics*, 오문석 외 역,『바흐친의 산문학』, 책세상, 2006.

Olsen, S. H., *The End of Literary Theory*, Cambridge University Press, 1987.

Paz, O., *El Arco y la Lira*, 김홍근 외 역,『활과 리라』, 솔, 1998.

Phillion, J. et al. eds., *Narrative and Experience in Multicultural Education*, Sage Publications, 2005.

Ray, W., *Literary Meaning*, 임명진 역,『문학의 의미』, 신아출판사, 1988.

Ricoeur, P., *Temps et récit I*, 김한식 역,『시간과 이야기 1』, 문학과지성사, 1999.

Ricoeur, P., *Temps et récit II*, 김한식 역,『시간과 이야기 2』, 문학과지성사, 2000.

Ricoeur, P., *Temps et récit III*, 김한식 역,『시간과 이야기 3』, 문학과지성사, 2004.

Ricoeur, P., *Interpretation Theory: Discourse and the Surplus of Meaning*, 김윤성 역,『해석이론』, 서광사, 1998.

Ruthven, K. K., *Critical Assumptions*, Cambridge University Press, 1979.

Scheler, M., *Wesen und Formen der Sympathie*, 조정옥 역,『동감의 본질과 형태들』, 아카넷, 2006.

Searle, J., *Intentionality*, Cambridge University Press, 1983.

Veyne, P., *Comment on écrit l'histoire*, 이상길 외 역, 『역사를 어떻게 쓰는가』, 새물결, 2004.

Waugh, P., *Meta-fiction*, 김상구 역, 『메타픽션』, 열음사, 1992.

Wellek, R. and A. Warren, *Theory of Literature*, 이경수 역, 『문학의 이론』, 문예출판사, 1995.

찾아보기

〔ㅅ〕

저자소개

우한용(禹漢鎔)

서울대학교 사범대학 국어교육과 졸업

서울대학교 대학원 석사, 문학박사

전북대학교 사범대학 교수 역임

한국현대문학이론학회 회장, 국어국문학회 대표이사,

한국현대소설학회 회장, 한국서사학회 회장 역임

(현) 서울대학교 사범대학 국어교육과 교수

이메일: wookong@snu.ac.kr

홈페이지: http://wookong.snu.ac.kr